Manfred van Doorn

Paradoxien des Glücks

Manfred van Doorn

Paradoxien
des Glücks

Die Kunst, kreativ mit Widersprüchen zu leben

Verlag Urachhaus

Aus dem Niederländischen von IMF Textdienste, Lohr am Main

Die niederländische Originalausgabe erschien 2000 unter dem Titel *Flitsen van het sublime* bei Indigo, Zeist.

ISBN 978-3-8251-7492-7

Erschienen 2009 im Verlag Urachhaus
www.urachhaus.com

Gestaltung: Ursula Weismann
Gesamtherstellung: DZA Druckerei zu Altenburg GmbH, Altenburg

Prolog

Eine neue Art des Denkens,
die auf die Überbrückung von Gegensätzen zielt,
darf kein frommer Wunsch bleiben.
Die Erkenntnis wird greifen müssen,
dass der Schritt vom »Entweder-Oder«
zu einem »Sowohl-als-auch«
unvermeidlich ist.

J. Heidema

Das Sublime

Dieses Buch befasst sich mit dem Sublimen. Ich verstehe darunter eine intensive Form von Bewusstsein, die dem Glück ähnelt und die erreichbar ist, wenn wir eine Erfahrung machen, bei welcher Gegensätze, wie zum Beispiel Trauer und Freude, gleichzeitig anwesend sind und doch im selben Moment transformiert werden. Diese Erfahrung der »paradoxen Verzückung« nenne ich also *sublim*. Das Sublime tritt bei Ereignissen auf, die überwältigend und erschütternd sind und dadurch zugleich sehr hässlich und wunderschön. So betrachtet, ist ein vernichtender Orkan gleichzeitig so schön und so hässlich, dass diese Erfahrung uns über das Trennende hinaushebt.

Der Zugang zum Sublimen ist sehr persönlich. Ein schwerer Autounfall kann für den einen nur eine Quelle bleibenden Kummers darstellen, während er für einen anderen das Beste sein kann, was ihm je widerfahren ist. Auch umgekehrt gilt, dass zum Beispiel ein Lottogewinn sich zunächst als größtes Glück darstellte, dieses Ereignis sich nach zehn Jahren allerdings als Quelle von vielerlei Elend erwiesen hat. In der Definition, die ich in diesem Buch benutze, ist in beiden Fällen keine Rede von einer Erfahrung des Sublimen. Diese tritt erst auf, wenn sowohl die Grausamkeit als auch die Schönheit erfahren wird, sowohl das Glück als auch die Katastrophe. Es muss sich nicht per se um etwas Grausames handeln, das auch schön sein kann; es kann auch etwas sein, das so schön ist, dass es unsere gesamte Kraft beansprucht, um es erleben zu können. Andere Erfahrungen des Sublimen hängen mit den Gewaltaspekten des Lebens zusammen. Der Gegensatz kann außerdem auch in der Erfahrung von etwas Banalem liegen, das sich gleichzeitig als etwas ganz Besonderes erweist.

Blitze des Sublimen – so der niederländische Originaltitel dieses Buches – entstehen also, wenn die Welt der Gegensätze dazu dient, *Einheit* zu erfahren. Der Blitz ist wie eine elektrische Ladung, die frei wird, wenn sich Plus- und Minus-Pol berühren und dabei einen Funkensprung bewirken. Dieser Vergleich zeigt auch, dass wir Gegensätze benötigen, um zu einer Erfahrung des Sublimen zu gelangen: Wenn wir lediglich auf der Plus- oder der Minus-Seite verharren, wird kein Funke überspringen. Die Blitze sind Momente des Glücks oder des intensiven Bewusstseins – nicht nur in unserem Kopf! –, die uns mit der eigentlichen Urquelle in Berührung bringen, aus der alle Gegensätze hervorgehen und in der sie sich wieder auflösen. Es handelt sich um eine Form des ungetrennten Bewusstseins, innerhalb dessen die Welt einen Ort erhält.

Mit anderen Worten: Die Lebenshaltung, die diesem Buch zugrunde liegt, heißt die Erfahrung des Lebendigseins willkommen und sucht auf jeder Ebene die Möglichkeit, zu einer stillen Art von Ekstase zu gelangen.

Leben mit dem Sublimen bedeutet dann, dass wir nicht darauf aus sind, Gegensätze aufzulösen oder die Welt verständlich und handhabbar zu machen. Für derartige Momente zu leben – die manchmal viel länger dauern können, als wir es je für möglich hielten –, bedeutet, dass wir Ja sagen zur Welt, so wie sie ist. Dies beinhaltet auch das Akzeptieren unseres Protests gegen genau diese Welt.

Acht unterschiedliche Wege

Dieses Buch zeigt acht Wege auf, auf denen sich das Sublime erreichen lässt. Ich nenne sie *Leere, Bewegung, Kampf, Tanz, Spiel, Opfer, Dank und Stille.* Es sind Lebenshaltungen, Kräfte, die sehr unterschiedlich aussehen können. Das hängt von der jeweiligen Person ab, die sich mit ihnen konfrontiert, sowie von der Lebensphase, in welcher diese Konfrontationen stattfinden. Manchmal ist mehr als nur ein Tor zum Sublimen gleichzeitig geöffnet, und es lassen sich mehrere Zugänge zu ihm finden. Doch immer stellen diese Wege Bedingungen, bilden sie Pforten, durch die wir zu dem Mysterium vordringen, dessen mögliche Manifestation das Sublime ist. Diese Pforten zeigen sich in verschiedenen Gegensätzen, die paradoxer Natur sind und den jeweiligen Weg charakterisieren.

So ist zum Beispiel *Leere* ein Zustand, in welchem wir furchtlos den Dingen des Lebens entgegengehen können, in dem wir jedoch auch fähig sein müssen, alle Hoffnung und Erwartung fahren zu lassen. Das lässt uns schließlich *unbestechlich* werden: Nichts vermag uns zu berühren. Das halbvolle Glas ist zugleich auch halb leer. Wir entscheiden uns dafür, uns *nicht* zu entscheiden.

Ein anderes Beispiel: In der Haltung, in der die Qualität *Spiel* eine Hauptrolle spielt, geht es häufig sehr ernst zu. Nehmen Sie nur einmal das Spiel, das auf Handelsmessen und im Marketing gespielt wird. Gelingt es Ihnen jedoch, gleichzeitig zum Zuschauer des Stückes zu werden, in dem Sie so ernsthaft mitspielen, kann es zu einer Umkehrung kommen. Plötzlich sehen Sie Ihre Rolle in einem anderen Licht und bemerken, dass es möglich ist, sich, während man immer weiter spielt, aus dem Bann des Spiels zu lösen und neue Regeln auszudenken. Es zeigt sich plötzlich, dass Sie nicht nur Spieler, sondern auch Regisseur in diesem Spiel sind. So ließe sich über jede der acht Haltungen vieles sagen, und das will ich in diesem Buch versuchen.

Der Aufbau dieses Buches

Obwohl diesem Buch ein klares Ordnungsprinzip zugrunde liegt, liegt es weder in meiner Natur noch in der des Themas selbst, den Inhalt zu raffen und in schematischer Weise zu präsentieren. Daher habe ich mich für eine Mischform aus Fragmenten, kurzen Abschnitten, Zitaten, Gedanken, Geschichten, Bildern und Ideen entschieden, durch welche Sie als Leser reisen, manchmal länger verweilen, oder von denen Sie, wenn Sie es wünschen, auch Teile überspringen können. Es führt zwar ein roter Faden von diesem Prolog bis zum Ende, dem Abschnitt über die Stille, doch Sie können dieses Buch mit großem Vergnügen durchaus auch *zappend* genießen. Sie können also Ihre eigene Ordnung entwerfen. Ich habe versucht, die Themen verschiedene Male, in immer wieder anderen Formulierungen darzustellen, und hoffe, dass dies Ihnen als Leser etwas nützt. Mir hat es jedenfalls beim Schreiben geholfen, das nicht ganz leicht zu greifende Thema so facettenreich und farbig wie möglich darzustellen.

Jedem Teil liegt ein festes, allgemeines Schema zugrunde. Ich beginne zunächst mit kurzen, ganz allgemeinen Aussagen über die jeweilige Lebenshaltung. Danach folgen eine Reihe von Zitaten aus Literatur, Kunst, Wissenschaft, Philosophie und Religion. Hier haben also die Musen das Wort. Dann beschreibe ich, wie sich die betreffende Haltung in der klassischen Mythologie wiederfinden lässt. Auf diese Weise zeige ich, wie jede Religion ihren bevorzugten Zugang zum Sublimen sucht. Beim nächsten Schritt – wir betreten dann das Gebiet der modernen Mythologie – zeige ich auf, wie diese klassischen Themen verborgen oder ganz unverstellt in unseren modernen Lebensanschauungen wiederkehren. So zeige ich zum Beispiel anhand des Themas *Kampf*, welche Übereinstimmungen zwischen scheinbar so konträren Weltbildern wie dem des Alten Testaments und dem Buch *Über den Ursprung der Arten* von Charles Darwin bestehen.

In den Passagen über die Paradoxien und Eigenschaften der jeweiligen Haltungen nehme ich die – sich häufig vermeintlich ausschließenden – Gesichtspunkte genauer ins Visier, unter die Lupe und manchmal auch aufs Korn. Fast immer steht am Ende jedes Teils eine Betrachtung mit dem Titel »Der Schleier der Maya«. Hier beschreibe ich noch einmal kurz, welche spezifische Sinnestäuschung zu der jeweiligen Haltung bzw. Kraft gehört und was diese uns vermitteln kann.

Schlussendlich vollziehe ich jeweils den Schritt ins Alltagsleben. Mittels Übungen und bestimmter Gedankengänge ist der Leser eingeladen, das Dargestellte mit seiner eigenen Lebenserfahrung zu verbinden, um so im Umgang mit Gegensätzen zu lernen, dass er auf konstruktive Weise die Funken auf die Gegensätze in seinem persönlichen Leben überspringen lassen kann.

Innerhalb dieser festen, allgemeinen Struktur werden reichlich Zitate, Geschichten, Witze, Aphorismen und Gedanken verstreut. Parallel dazu erscheinen immer wieder gesonderte Texte, in welchen ich auf eine Reihe allgemeiner Gesichtspunkte des Sublimen eingehe. Diese sogenannten »Blitze« (des Sublimen) lassen sich also unabhängig vom durchgehenden Text lesen.

All diese Ingredienzien sind natürlich nicht nur als Zerstreuung gemeint. Häufig liefern sie einen Vorausblick auf ein Thema oder einen Kommentar zu dem, was in einem bestimmten Abschnitt behandelt wird. Und nicht zuletzt bilden sie die beweglichen Übergänge zwischen den vielen Einzelfragmenten, aus denen dieses Buch besteht.

Ich hoffe, dass all diese losen Fäden, all die Geschichten und aphoristisch formulierten Weisheiten (bzw. Besserwissereien) Ihnen, liebe Leserinnen und Leser, in Kombination mit Ihrer eigenen, persönlichen Sichtweise eine im wahrsten Sinne blitzende Perspektive vermitteln. Ich wünsche allen, die dieses Buch lesen, dass Sie in derselben, verwirrenden Weise vom Inhalt inspiriert werden wie ich, während ich es schrieb.

Manfred van Doorn

The substance of universal religion

Our mission
Our mission is to represent the sublime.
This encompasses light and darkness as we travel through the labyrinth.

The circle
It is in leaving home that we discover home is everywhere.
It is in vulnerability that we find our strength.
We break down to build up, we sleep to be conscious.
We scatter in differences, striving for one goal.
We protect what needs to be sacrificed, through fear our courage gets born.
In blame begins responsibility, it takes a lot to give.

The resurrection
In the inevitable wounding and being wounded, dying and resurrecting,
we learn to heal and reconcile.
In our mortality we experience and express the eternal.

The other
We are the eyes and ears of God.
We carry in our soul all faces of humanity.
In the joyful struggle between our personal identity
and the laws that guide us,
in the magic of meeting the other in ourselves and ourselves in the other,
the mystery of love becomes manifest.

Presence
To be present in this mystery, to know and not know
to feel and not feel
to act and not act,
to be and not be,
is our destiny.

In this forever becoming,
we weave the substance of universal religion.

Manfred van Doorn

Inhalt

Leere

Bewegung

Kampf

Tanz

Spiel

Opfer

Dank

Stille

Leere ist Raum.
Frieda Aelen

Die Lebenshaltung, die in diesem Buch an erster Stelle behandelt wird, ist zugleich auch die schwierigste. Aus der »Leere« zu leben fordert von uns, all unser Wissen, all unsere Ideen und Meinungen loszulassen und *nichts* zu wissen. Nicht zu wissen, ob das Leben einen Sinn hat oder nicht, oder ob irgendwelche Ereignisse eine Bedeutung haben, ob es einen schaffenden Gott gibt oder nicht. Nicht zu wissen, ob es ein Leben nach dem Tod gibt. Es verlangt ein Bewusstsein ohne Denken, ein Wahrnehmen, ohne zu trennen. Es verlangt die Bereitschaft, ohne Identität zu leben, ohne Sinngebung, ohne Sicherheiten.

Ein Aufbruch aus der Leere heraus erfordert ein Gewahrsein ohne ein »Ohne« und ohne ein »Mit«. Es fordert von uns, dass wir uns von unseren Scheingefechten lösen, von unseren Ängsten und Sehnsüchten.

Sich eine adäquate Vorstellung von »Leere« zu bilden, ist unmöglich, und wenn wir es doch versuchen, können wir lediglich beschreiben, was sie *nicht* ist, was also fehlt.

Dem hat die Leere auch ihren schlechten Ruf zu verdanken. Wenn uns etwas fehlt, schlussfolgern wir, dass wir »Leere« spüren. Ein leerer Magen bedeutet Hunger, ein leeres Bett Einsamkeit. Doch eigentlich ist das keine echte Leere. Es ist das *Fehlen* von etwas. Manchmal ist es die Abwesenheit von Ablenkung, und dann nennen wir unsere eigene Unruhe »Leere«.

In diesem ersten Teil werden klassische Mythologien der Leere betrachtet. Ich werde zeigen, wie die Qualität der Leere im Mittelpunkt unserer modernen Mythologien der »schwarzen Löcher« und des »allumfassenden Vakuums« steht und welcher Zu-

➤ Es gibt eine Passage im indischen Mahabarata, die mich jedes Mal wieder tief berührt. Es ist die Geschichte des edlen Yudhistira. Er ist der Sohn der Urmutter Kunti und der Gott des Dharma. Dieser begleitet seinen geliebten Sohn, legt ihm Fragen vor und erlegt ihm Prüfungen auf.
In der erwähnten Episode führt Yudhistira einen Dialog mit seinem Vater. Vor allem die Antwort auf die Frage: »Was ist für jeden Menschen unabwendbar?«, traf mich tief. Yudhistira antwortet nämlich: »Glück!«
Das Einzige, was mir selbst eingefallen wäre, wäre gewesen: der Tod, der Niedergang oder das Alter. Niemals hätte ich erwartet, dass es das Glück sei. Sollte damit vielleicht darauf hingewiesen werden, dass nach dem Tod das Glück auf uns wartet? Oder hatte der Gott des Dhar-

ma eine ganz andere Glücksauffassung als wir?
Ich habe mich auf die Suche nach einer Antwort auf diese Fragen begeben, indem ich Vorträge über das Mahabarata hielt. Das Buch, das Sie jetzt in den Händen halten, ist die Frucht meiner Erkundungsreise nach den vielen Gesichtern des menschlichen Glücks und wie dieses Glück für jeden von uns unabwendbar ist.

sammenhang zwischen diesen naturwissenschaftlichen Theorien und den Erfahrungen besteht, die wir haben können: dass wir in einem schwarzen Loch verschwinden oder aus unserem Körper herausgesaugt werden.

Daneben beschreibe ich, welche Formen der Leere einen hohen Stellenwert genießen bei Lebensgenießern, Künstlern und Meditationsmeistern. Wir gehen auf die Suche nach einer Leere, die uns tragen kann, einer Leere, die uns Raum bietet, und wir werden bei einer Leere anlangen, die erfüllt. Doch zunächst eine kleine Blütenlese aus der Welt der Literatur, der Wissenschaft und der Kunst.

Leere bei den Musen

Alles umsonst?

Mephistopheles:
Und hättest du den Ozean durchschwommen,
Das Grenzenlose dort geschaut,
So sähst du dort doch Well' auf Welle kommen,
Selbst wenn es dir vorm Untergange graut.
Du sähst doch etwas. Sähst wohl in der Grüne
Gestillter Meere streichende Delphine;
Sähst Wolken ziehen, Sonne, Mond und Sterne –
Nichts wirst du sehn in ewig leerer Ferne,
Den Schritt nicht hören, den du tust,
Nichts Festes finden, wo du ruhst.

Faust:
Du sprichst als erster aller Mystagogen,
Die treue Neophyten je betrogen;
Nur umgekehrt. Du sendest mich ins Leere,
Damit ich dort so Kunst als Kraft vermehre;

Behandelst mich, daß ich, wie jene Katze,
Dir die Kastanien aus den Gluten kratze.
Nur immer zu! wir wollen es ergründen,
In deinem Nichts hoff' ich das All zu finden.

Goethe, *Faust II,* Finstere Galerie

Ein Ring ist ein Loch mit einem Rand drumherum.

Lao Tse

Er wunderte sich, dass den Katzen gerade an der Stelle zwei Löcher in den Pelz geschnitten wären, wo sie die Augen hätten.

Georg Christoph Lichtenberg

Nichts ist kostbarer als Edelsteine und Gold; nichts ist feiner als Adamant, nichts ist erhabener als das Blut eines Königs; nichts ist heiliger als Krieg, nichts höher als der Himmel; nichts niedriger als die Hölle, nichts glänzt mehr als Tugend.

Passerat

»Ich sehe niemand auf der Straße«, sagte Alice.
»Ich wollte, ich hätte solche Augen«, sagte der König verdrießlich. »Niemand sehen können! Und auf eine solche Entfernung. Ich kann bei dieser Beleuchtung selbst Leute, die es gibt, bloß mit Mühe erkennen.«

Lewis Carroll, *Alice im Wunderland*

Sobald du dich fragst, ob du glücklich bist, hörst du auf es zu sein.

John Stuart Mill

Nichts genügt dem, dem das Genügende zu wenig ist.

Epikur

Seine Jünger sagten zu ihm: »Das Königreich, an welchem Tag wird es kommen?« Jesus sagte: »Es wird nicht kommen, wenn man Ausschau nach ihm hält. Man wird nicht sagen: ›Siehe hier oder siehe dort‹, sondern das Königreich des Vaters ist ausgebreitet über die Erde, und die Menschen sehen es nicht.«

Aus dem apokryphen Thomas-Evangelium, Logion 113

Nichts ist schwieriger, als sich einfach auszudrücken.

Albert Einstein

Über die besten Dinge kann man nicht reden, und die zweitbesten werden meistens missverstanden. Deswegen verbringen wir die meiste Zeit unseres Lebens damit, über die drittbesten Dinge zu reden.

Heinrich Zimmer

Im Prinzip bin ich gegen alle Prinzipien.

Tristan Tzara

Er log die Wahrheit, in sieben Zungen zugleich.

J. Bernlef

Das moderne Denken ist durchdrungen von der Idee,
dass das Undenkbare gedacht wird.

Michel Foucault

Was sind denn zuletzt die Wahrheiten des Menschen? –
Es sind die unwiderlegbaren Irrtümer des Menschen.

Friedrich Nietzsche

Wenn du die Wahrheit suchst, sei offen für das Unerwartete, denn es ist schwer zu finden und verwirrend, wenn du es findest.

Heraklit

Ein guter Ausdruck ist so viel wert als ein guter Gedanke, weil es fast unmöglich ist, sich gut auszudrücken, ohne das Ausgedrückte von einer guten Seite zu zeigen.

Georg Christoph Lichtenberg

Das Wenige, das ich weiß, habe ich meiner Unwissenheit zu verdanken.

Sascha Guitry

Klassische Mythologie der Leere

Ein bekannter Zen-Meister lehrte, dass alles letztendlich Einheit ist und dass sich dahinter Leere verbirgt und dass das Denken in Getrenntem nur eine Illusion ist. Eines Tages kam ein Samurai bei ihm vorbei und fragte: »Stimmt es, dass es, wenn man die letzte Konsequenz aus Eurer Auffassung zieht, schließlich gar keinen Unterschied mehr macht, ob man Fleisch isst oder nicht?«
Hierauf antwortete der Zen-Meister: »Das stimmt.«
Der Samurai forderte ihn heraus und sagte: »Ihr seid Vegetarier, wenn es letztendlich nichts ausmacht, warum esst Ihr dann nicht einfach Fleisch?«
Der Zen-Meister antwortete: »Wenn es letztendlich nichts ausmacht, warum willst du dann, dass ich mich ändere?«

Aus: *Zen and the ways* von Trevor Leggett

Schöpfung aus dem Nichts

Der Urgrund des Daseins lässt sich nicht beschreiben oder in Bilder fassen, er lässt sich nur erfahren. Obwohl alle Versuche, das Unbeschreibbare zu beschreiben, zum Scheitern verurteilt sind – das Tao, das in Worte gekleidet werden kann, ist nicht das wahre Tao –, machen wir immer wieder Versuche, das Unmögliche zu verwirklichen. Während doch das Einzige, was wir zu tun bräuchten, darin bestünde, zuzugeben, dass wir es letztendlich *nicht* wissen und unser Haupt vor einem überwältigen Mysterium zu beugen. Wenn wir vermeiden wollen, dass wir mit dem falschen Gepäck auf die Reise gehen, bleibt uns nur die Leere als Ausgangspunkt.

Der griechische Mythograph Hesiod beschreibt den schwarzen Vogel Nux, der durch das Chaos fliegt und ein goldenes Ei legt, aus welchem Eros, der Gott der Liebe, zum Vorschein kommt. Aus der obersten Hälfte des Eis wird der Himmel geboren und aus der unteren Hälfte die Erde. Chaos bedeutet buchstäblich *Gähnen* und verweist auf den gähnenden Abgrund oder die gähnende Leere.

Andere Mythologien beschreiben den Urgrund als einen kosmischen Ozean. Der Hinduismus kennt den schlafenden Vishnu, der auf dem Ozean seines eigenen Unbewussten treibt. Er träumt die Welt

➤ Eines der Ziele dieses Buches besteht darin, zu zeigen, dass kein grundsätzlicher Unterschied existiert zwischen der Erfahrung des Sublimen, die man machen kann, wenn man zum ersten Mal durch den Grand Canyon geht, und der Erfahrung, die man machen kann, wenn man eine Grube, die man selbst gegraben hat, genauer betrachtet.

In dem Moment, da wir die Tür zum Sublimen öffnen und schließen lernen, fügen wir unserem Dasein eine Dimension der energetisch extrem geladenen Ruhe hinzu. Diese hohe Schwingung kann uns vernichten, aber gerade wenn wir dafür aufnahmefähig sind, finden wir dies nicht schlimm. Und wenn diese Erfahrung uns nicht vernichtet, erneuert sie uns und bietet uns die Möglichkeit, unterschiedliche Wahrheiten gleichzeitig zu erfahren.
So kann uns jeder kleinste Sinneseindruck Zugang zu einer sublimen Erfahrung der Schönheit verschaffen, und jede überwältigende Schönheitserfahrung kann uns einen Zugang zur Ruhe vermitteln. Lebenlernen mit dem Sublimen macht es uns möglich, uns selbst als mehrdimensionale Persönlichkeit zu erfahren, wir leben in der ›normalen‹ Sinneswelt, und gleichzeitig erheben wir uns über sie.
Das Leben zeigt sich so gleichzeitig als Leere, Bewegung, Kampf, Spiel, Tanz, Opfer und Dank. Innerhalb dieses Rahmens sind wir die perfekten Arbeitstiere. Das kann einen ganz still werden lassen.

und weiß selbst nicht, was er schafft. In der Bibel schwebt Gottes Geist über den Wassern und trennt danach das Land vom Meer.

Die Bilder variieren zwischen der sich erstreckenden Leere bis zu dem sich erstreckenden Ozean, der *gleichzeitig* die Fülle und die Leere des Anfangs symbolisiert. Die Leere ist auf diesem mythischen Niveau also fast gleichzusetzen mit der tosenden Fülle des Ozeans. Beide, Fülle und Leere, repräsentieren das Prinzip der *Möglichkeit*, die Potenz, das Paradox von etwas, das niemals zuvor war und doch plötzlich ist.

Im Johannesevangelium findet sich die Aussage: »Im Urbeginne war das Wort.« *Im Urbeginne* suggeriert hier eine Zeitlinie, die angeblich einen Anfang kennt. Aber Ewigkeit kennt keinen Anfang und kein Ende. Allein schon all das Nachdenken über etwas, das bereits vor der Vorstellung existiert haben soll, hat etwas Unmögliches. Man könnte die Aussage fast umdrehen: »Im Wort war der Urbeginn.« Denn das Denken selbst macht der reichen Leere des ungetrennten Bewusstseins ein Ende.

Wie man es auch nennen mag – es ist auffallend, wie häufig der Urgrund des Daseins in einer »leugnenden« Form beschrieben wird. Dieses Problem wird dadurch verursacht, dass wir mittels eines Begriffssystems eine Beschreibung von etwas zu liefern versuchen, das außerhalb dieses Systems liegt. Die Vorstellung versucht sich selbst aufzuheben, indem sie sich leugnet. Es ist fast wie beim Baron Münchhausen, der sich an den eigenen Haaren aus dem Sumpf zu ziehen versuchte. Aus diesem Grunde sprechen die Veden vom »Weder-noch-Prinzip« (neti-neti). Damit ist gemeint, dass unser Urgrund jenseits der Kategorien von *Sein* und *Nichtsein* verortet werden muss: Weder *ist* (neti) das Transzendente, noch *ist* es *nicht*.

Den Hindus zufolge muss das »Wort« als die schaffende Kraft des Klanges – für sie das »aum« –

aufgefasst werden. Dieser Klang wird auch als »Viersilbenklang« bezeichnet: »a« steht für das sich öffnende Bewusstsein, »u« für die Vertiefung, »m« für das geschlossene Verarbeiten. Der vierte Klang ist dann die Stille, aus der alles hervorgeht und in die alles wieder zurückkehrt.

Das chinesische *Tao Te Ching* beginnt mit derselben Ehrbezeugung gegenüber dem Unbeschreiblichen: das Tao, das sich in Worte fassen lässt, sei nicht das wahre Tao. Anschließend lesen wir einen wunderbaren Lobgesang auf das Nichts:

> Dreißig Speichen bilden ein Rad,
> doch nur das Loch in ihrer Mitte verleiht dem Rad Brauchbarkeit.
>
> Aus Ton formt man Töpfe und Krüge,
> doch nur ihr Hohlraum macht sie nutzbar.
>
> Man bricht Fenster und Türen in die Wände der Häuser,
> und erst ihre Aussparung bringt dem Raum Wohnlichkeit.
>
> So bildet das Materielle den äußeren Rahmen
> für den eigentlichen Nutzen des Immateriellen.

Zen

Die kraftvollste »Mythologie der Leere« wird vom Zen-Budhismus verbreitet. Diese Lehre ist ganz darauf ausgerichtet, den Geist leer zu machen, ihn zum Stillstand zu bringen. Die Grundüberzeugung besteht darin, dass ein Bewusstsein existiert, das eine glückselige Form des Gewahrseins ermöglicht. Die Methoden variieren: schwere Sitzmeditationen, Wochen in völliger Stille, verwirrende Sprüche (Koans) sowie eine Kunst, die das Einfache in seine Schönheit erhebt. Zen ist bekannt für seine Paradoxa bezüglich des Weges und des Ziels (»der Weg *ist* das Ziel«). Insbesondere die Art und Weise, wie im Zen das Bogenschießen geübt wird, ist beeindruckend: Es wird ein komplexes Ritual um eine einfache Handlung herum eingerichtet, welches dazu führen soll, dass ohne bewusste Intention ins Ziel getroffen wird. Immer wieder kehrt hier das Grundprinzip der »Einfachheit« wieder, und es wird auf die Gefahr des dazwischentretenden, trennenden Gedankens hingewiesen. Einfach zu sein durch einfaches *Sein*, nichts zu wünschen, nichts zu fürchten. Es klingt so selbstverständlich, aber in der Praxis entpuppt es sich als ein langer Weg des Abgewöhnens …

Dass schließlich auch Zen von seinem eigenen Paradox eingeholt wird, ist unvermeidlich. Denn es handelt sich um ein komplettes System von Bedeutungen und Vorschriften, das darauf abzielt, aufzuzeigen, dass so etwas unnötig ist – eine komplizierte Methode, Dinge zu vereinfachen ...

Moderne Mythologien der Leere

Die Basis der modernen »Mythologien der Leere« wird von zwei wissenschaftlichen Hypothesen geliefert. Die erste lautet, dass unser Universum (übrigens wieder in der Form eines Eies) in einem *unendlich großen Vakuum* treibt: eine »leere Leere«. Hier ist die Leere also allumfassend und »saugend«. Das moderne Bekenntnis (welches ganz nach den Regeln der vorherrschenden Mythologie gültig bleiben darf, bis eine mehr zu den »Tatsachen« passende Mythologie formuliert wird), lautet dann: Im Urbeginne war ein großer Knall in einem unendlichen Vakuum, worin und woraus alles zum Vorschein kam. Die Zeit begann zu verlaufen, erst sehr langsam, später dann schneller, und mit der Zeit kam Raum zum Vorschein. Die Materie begann sich in dem Raum auszubreiten, der mit ihr zusammen zustande kommt.

Das Universum expandiert noch immer. Manche Propheten behaupten, dass diese Ausdehnung sich noch unendlich lange fortsetzen wird, andere sagen, dieser Prozess werde sich einst umkehren; alles wird sich wieder zusammenziehen wie in einem großen Atemprozess.

Mit dem Prinzip der Kontraktion gelangen wir zur zweiten modernen »Mythologie der Leere«, nämlich der des »schwarzen Loches«: eine »volle« Leere. Man sagt, dass im Universum sehr große Räume *zwischen* den hypothetischen Materieteilchen existieren. Von Zeit zu Zeit kommen diese Teilchen auf intensivste Weise miteinander in Berührung, um sich in etwas zu verwandeln, das unendlich klein ist, jedoch eine unendlich große Masse besitzt. Die Schwerkraft, die dieses unendlich kleine Pünktchen mit unendlich großer Masse auf seine Umgebung ausübt, wird ebenfalls unendlich groß, sodass die Umgebung in diese volle Leere hineingesogen wird. Dies geschieht mit solcher Kraft, dass aus diesen sogenannten »schwarzen Löchern« nicht einmal Licht zu entweichen vermag. Die Hohepriester dieser modernen Mythologie unterstellen, dass es im Universum derartige Leeren gibt, in welchen ganze Sternsysteme verschwinden, als handle es sich um leerströmende Rinnsteine ...

Kurz, die moderne Mythologie kennt zwei Arten von Leere: das *Vakuum*, eine unendlich große Leere ohne Masse, und das *schwarze Loch*, eine unendlich kleine Leere mit unendlich viel Masse.

Das Vakuum bietet Raum, das schwarze Loch saugt diesen wieder auf. Ist es nicht seltsam, dass »Leere« in diesen Modellen der Hinweis auf etwas ist, das voller Raum ist? Und dass das, was am allerleersten scheint – das schwarze Loch – der am meisten »gefüllte« Ort im Universum ist?

Ein schwarzes Loch ist also nichts, wo etwas von Leere erfüllt ist, sondern wo etwas leer wird durch Fülle ...

Die neue Mythologie behauptet, dass diese schwarzen Löcher eine Art »Nabelschnur« zu neuen Universen hinter sich haben, sogenannte Wurmlöcher, *wormholes*. In dem Film *Contact* sehen wir Jodie Foster als Heldin durch diese Tunnels reisen, ohne dass sie von der unendlich großen Schwerkraft erdrückt wird. Wem begegnet sie dort? Einem außerirdischen Wesen in der Gestalt ihres Vaters! Es ist bewegt und gerührt über die Menschheit und beruhigt sie: »Es existiert viel mehr, als ich dir erklären kann; und nun kehre zurück!« Sie kehrt zurück, und von außen sieht es so aus, als sei nichts geschehen. Doch sie selbst hat das Gefühl, lange unterwegs gewesen zu sein, und die Flugleitung weiß insgeheim, dass sich auf den Cockpittonaufzeichnungen tatsächlich achtzehn Stunden unerklärliches Rauschen befinden.

Maß für Maß

Die modernen Bilder von Leere und Raum verdanken wir also in erster Linie den Entwicklungen in der Astronomie. Filmemacher haben die Perspektiven, die die Astronomie bietet, dankbar aufgegriffen. Ein Klassiker auf diesem Gebiet ist der Kurzfilm *Hoch zehn (Powers of Ten)* des amerikanischen Designer-Ehepaares Ray und Charles Eames [*www.powersof10.com]*. Sie filmten die Hand eines Mannes, der sich während eines Picknicks auf einer Wiese in der Großstadt ausruht, und machten dann alle zehn Sekunden ein Bild aus einer zehnmal größeren Entfernung. Innerhalb einer halben Minute sind wir bereits bei einer Aufnahme angelangt, die von einem Satelliten aus gemacht wurde, ein paar Minuten später haben wir bereits die Lichtgeschwindigkeit erreicht. Die Erde verschwindet aus dem Blickfeld und unser gesamtes Milchstraßensystem erscheint, von außen betrachtet, wie ein nichtiges Sternchen. Schließlich würde sogar unser Universum selbst wie ein Stecknadelkopf in einer unendlichen Leere erscheinen. Doch dann setzt die Rückkehr zur Erde ein, und nun wird in die unendliche Kleinheit der Körperzellen der Hand des Mannes eingetaucht. Auch jetzt schreitet die Vergrößerung in Zehnerpotenzen fort. Wir sehen die Hautstruktur, ein weißes Blutkörperchen und dann ein Kohlenstoffmolekül. Auf der Ebene der Atome werden Bilder sichtbar, die sich mit denen der Reise entlang der Sternnebel vergleichen lassen. Der Raum zwischen den Teilchen nimmt zu und wir enden in einem vergleichbaren unendlichen Raum ...

Eine andere Reise, eine Reise in das Nichts, schildert folgende Geschichte:

Es lebte einmal ein einfacher Junge in China, ungefähr 1200 Jahre nach Buddha, sein Name war Hui-Neng. Er war arm und verdiente den Lebensunterhalt für sich und seine Mutter durch das Sammeln und Verkaufen von Brennholz. Eines Tages kam er an einem Haus vorbei, in welchem jemand die buddhistische Diamantensutra rezitierte. Er war so tief von deren Lehre vom Nichts berührt, dass er Abschied von seiner Mutter nahm und sich in einem buddhistischen Kloster anmeldete. Weil er nicht lesen konnte, wurde er in der Küche beschäftigt, wo er sich rasch große Wertschätzung aufgrund seiner herrlichen Reisgerichte erwarb.
Eines Tages kündigte der Abt des Klosters an, dass er sich wegen seines hohen Alters zurückziehen wolle. Seine Funktion und seine Ehrenzeichen, den Bettelnapf und sein Gewand, würde er demjenigen Mönch übergeben, der die Essenz der buddhistischen Lehre am treffendsten in wenigen Sätzen zusammenzufassen vermochte. Jeder erwartete, dass dies der klügste und begabteste Schüler sein würde. An der Wand erglänzte bereits dessen Zusammenfassung. Hui-Neng bat einen Freund, ihm diesen Text vorzulesen. Folgendes stand da:

Der Körper ist der Baum der Erleuchtung;
Der Geist ist wie ein reiner Spiegel;
Halte sie beide immer sauber,
Damit sich kein Staub auf ihnen sammelt.

Hui-Neng bat seinen Freund, neben dieses Gedicht folgenden Text zu schreiben:

Die Erleuchtung ist nicht wie ein Baum;
Nirgends strahlt ein reiner Spiegel;
Da in Wahrheit kein Ding vorhanden ist,
Woran sollte der Staub haften?

Am nächsten Tag kam es zu einem Tumult über diesen aufrührerischen Text. Der Abt las ihn, tat so, als werde er ungehalten und wischte mit seinen Pantoffeln die hinzugefügten Worte aus. Abends ließ er Hui-Neng zu sich kommen und sprach: ›Hier hast du meinen Bettelnapf. Mach, dass du wegkommst!‹

Der Abt hatte begriffen, dass dieser einfache Koch bereits weiter fortgeschritten war als alle anderen Mönche. Die Wahrheit über das Nichts hätte ihr gesamtes Streben untergraben. Das Kloster würde nicht mehr benötigt, das ganze harte Studium sinnlos. Man könnte einfach so zur Erleuchtung gelangen, ohne Anstrengung. Es gibt keinen Weg, man ist jederzeit da. Darum schickte er den Koch mit einer versteckten Anerkennung fort und ließ sich von seinem ergebenen Schüler ablösen, der den ersten Text verfasst hatte.

Nach: Daisetz T. Suzuki, *Essays in Zen Buddhism*

Paradoxien der Leere

»Oh, hat dieses Spiel gar keinen Sinn?
Gut, dann brauchen wir auch nicht danach zu suchen.«

Die Königin in *Alice im Wunderland* von Lewis Carrol

Das Leben an sich stellt nichts dar, es ist das, was du daraus machst.

Trijnte Oosterhuis im Kinderfilm *Abeltje*

Es gibt keine Lösung, weil es kein Problem gibt.

Marcel Duchamp

Wenn man mit diesen modernen Mythen lebt, gelangt man zu einem Gott, der »Zufall« heißt oder »reine Potenz«. Es ist ein Evolutionsmodell, das keinen präexistenten Schöpfer kennt. Leere gebiert den Urgrund, die Materie. Wenn die Leere die Materie hervorgebracht hat, dann hat die Materie (vom lateinischen Wort *mater* = Mutter) wiederum den Menschen hervorgebracht. Wir sind dann gewissermaßen »Enkel« der Leere, welche Mutter Erde hervorgebracht hat, geboren aus einer Art von Vakuumextraktion (»das ewig Weibliche zieht uns hinan ...«), einfach so, ohne Absicht, ohne Plan, ohne Bewusstsein. Um mit Johannes Scotus Eriugena, dem großen irischen Philosophen des 9. Jahrhunderts, zu sprechen: »Gott weiß nicht, was er tut, bis er im Menschen nachzudenken beginnt.« Und wenn der Mensch seine »Mutter« unter dem Elektronenmikroskop und dem Teilchenbeschleuniger zu erforschen beginnt, dann zeigt sich wiederum, auch sie besteht aus – Leere.

Das Angenehme an einem derartigen Ausgangspunkt ist, dass man nicht lange nach dem Sinn des Daseins zu suchen braucht. Denn es gibt ihn einfach nicht. Dies schafft ungeahnte Möglichkeiten: Das Leben ist dann das, was wir daraus machen. Es gibt keine Lösung, weil es kein Problem gibt. Wenn das Universum aus dem Vakuum hervorgegangen ist, dann ist das Nichts ein schöpferisches Prinzip.

Jemand, der den Mythos der Leere zur Grundlage seines Daseins macht, lehnt Fragen nach dem »Sinn des Daseins« als sinnlosen Hobbyismus ab. Der fröhliche Nihilist braucht sich um viel weniger Dinge Sorgen zu machen.

Es existiert eine Legende über die Schüler des Buddha, die sich um ihren Meister versammelt hatten und auf weise Belehrungen hofften.

Buddha kam, mit einer Blume in seiner Hand, die er bedeutungsvoll vor sich hielt, ohne irgendetwas zu sagen. Die Menschen ärgerten sich über dieses lächerliche Verhalten, bis einer von ihnen plötzlich begriff, dass Buddha damit hatte zeigen wollen, dass sich über eine Blume eben nichts sagen lässt. Denn welch anderen Sinn hat eine Blume als den, dass sie existiert? Welchen anderen Sinn hat das Leben außer eben dem, dass es existiert? Was ist also die Bedeutung einer Blume? Es gibt keine, außer dass sie da ist und dass wir uns an ihr erfreuen können.

Nur einen Schritt weiter, und wir begreifen, dass das Sein und die Glückseligkeit, die wir an ihm erleben können, gerade dadurch geschwächt werden, dass wir darüber philosophieren. Und mit Norman Austin zu sprechen: »Meaning eclipses being« – Sinngebung verdunkelt die Seinserfahrung.

»Die Leute finden es manchmal unerträglich, wenn ich die Sinnlosigkeit betone. Sie wurden wütend, als ich einmal eine Cola-Flasche ins Meer ausgoss. Es sind für mich Rituale, die meine Überzeugung wiedergeben: dass letztlich nichts irgendetwas ausmacht. Einmal fragte mich ein Journalist: ›Warum machen Sie Ihrem Leben dann kein Ende, wenn letztlich doch alles unerheblich ist?‹ Meine Antwort: ›Weil ich damit ja gerade zeigen würde, dass es eben doch etwas gibt, was nicht unerheblich ist.‹«

Wim T. Shippers, frei zitiert nach einem Interview in der Zeitschrift »Rails«.

Falsche Leere, falsche Fülle

Eine der größten Verwirrungen, die der westliche Geist kennt, wird durch die Umstülpung des Paradoxons der Leere zu Wege gebracht: Das Sublime zeigt sich, wenn wir wirklich so leer sind, dass wir den Reichtum, die Fülle spüren können. Doch auf der anderen Seite verschließen wir uns immer stärker, gerade weil wir uns leer fühlen, während wir doch eigentlich voller Wahnideen sind. Daraufhin versuchen wir uns mit allerlei leeren Aktivitäten zu »füllen«, wodurch unsere Leere, die gar nicht leer war, mit einer Fülle gefüllt wird, die eigentlich leer ist.

Der erste Schritt, den der westliche Geist machen müsste, bestünde darin, etwas genießen zu lernen, das *jetzt* existiert. Und dafür müssen wir Raum schaffen. Manchmal wird geglaubt, diese Aussage besage, dass wir nur ein flatternder kleiner Vogel im Jetzt sein sollen. Dies ist ein Irrtum. Sogar der Heilige, der als Bettelmönch von Tür zu Tür geht, rechnet mit Mitmenschen, die doch immerhin so viel Bewusstsein für die Zukunft haben, dass sie ihm etwas abgeben und schenken. (Das Verhältnis zwischen der Leere und den Bewegungen der Zeit wird im nächsten Kapitel näher behandelt.)

Der Mensch ist (auch) ein Gewohnheitstier. Muster, die eine Zeitlang funktionierten, prägen sich unserem Gehirn ein und werden so zu bevorzugten Mustern. Das Wunderliche dabei ist, dass sich die Leere auf diese Weise zwar füllt, die Muster sich schließlich jedoch auch wieder entleeren können. Die tägliche gemeinsame Mahlzeit kann so zu einem seelenlosen Ritual werden. Dies ist dann eine unbequeme Art von Leere, weil sie nicht wirklich leer ist, sondern nur aus toten Handlungen besteht. Die Kunst besteht dann darin, zur Leere zurückzukehren und die Welt umzustülpen. Ein leeres Muster so zu füllen, dass wiederum eine neue Leere möglich wird – eine Leere mit einer starken Qualität von Offenheit.

Volle Leere

Für viele Menschen ist die Leere, vor allem aber die Sinnlosigkeit des Daseins, eine Art Albtraum, von dem sie glauben, dass er sie krank macht. Möglicherweise tun sie damit der Wirklichkeit Unrecht, denn die Wirklichkeit hat uns nie versprochen, irgendeinen bestimmten Sinn in sich zu haben. Die Wirklichkeit lässt sich nur erleben in der Form von Sinneseindrücken und Meinungen, die wir in Bezug auf sie formulieren. Die Wirklichkeit *ist* einfach, und unser Problem liegt in der Gewalt, die wir der Wirklichkeit antun, als Folge des Schmerzes, den uns die Wirklichkeit zugefügt hat.

Vielen Depressionen – doch gewiss nicht allen – liegt die Wut über die Tatsache zugrunde, dass das Leben keinen Sinn hat, aber wehtut. Ich habe viele Rituale mit Menschen durchgeführt, die ein Verhältnis zu einer neuen

Art von Gott finden mussten, der scheinbar irrational Menschen vernichtet und gleichzeitig die Schönheit genießt.

Ein solches Ritual besteht zum Beispiel aus einem Rollenspiel, in welchem ein Gruppenmitglied eine milde, hohe Gottheit repräsentiert. Unten, sozusagen im Tränental, sitzt das depressive Gruppenmitglied und beschwert sich. Wie sehr es sich auch weigert bzw. nicht in der Lage ist, aus seinem Leben ein Fest zu machen – dieser Gott blickt es liebevoll, ja fast gleichgültig, jedenfalls akzeptierend an und findet das Ganze wahrlich wunderbar. Fröhlich zappt er weiter zu einem anderen Leben, einem anderen Zeitalter, einem anderen Planeten.

Manchmal nimmt ein solches Ritual eine fröhliche Wendung. Wenn ein ›Opfer‹ dieses grausamen, niemals Zwang ausübenden, lachenden Gottes zum Beispiel einmal zuzugeben vermag, dass es sich aus purer Wut weigert, das Leben zu genießen, erfolgt das befreiende Lachen. Gott selbst ist in diesem Ritual ein ›sinnloser‹ Schöpfer. Recht und Unrecht vermischen sich. Gesetze, die für uns gelten, gelten nicht per se für den Urgrund des Daseins. Wenn wir lernen, ›unsinnige‹ Handlungen zu genießen, Rituale, die um des Rituals willen durchgeführt werden, dann bricht aus der Leere eine Art freudiges Mitleid hervor – ein Mitleid mit uns selbst, mit den Menschen, die in einer krampfhaften Anstrengung befangen sind, dem Leben einen Sinn zu geben, und mit den fröhlichen Tölpeln, die die Leere akzeptiert haben und heiter aus ihr schöpfen.

Eigentlich ist dies das Paradoxon jeglicher Psychotherapie: Der Therapeut nimmt für eine gewisse Zeit Menschen ernst, die längere Zeit nicht genügend ernst genommen worden sind. Anders ausgedrückt: Indem er sie ernst nimmt, hilft der Therapeut Menschen, die glauben, dass sie nicht wichtig sind, dabei, sich weniger ernst zu nehmen.

Viel Lärm um nichts.
William Shakespeare

Freche Bescheidenheit

Die Leere des Nicht-Wissens zum Ausgangspunkt zu wählen, kann Hochmut verhindern. Denn Systeme, die auf der Basis eines ›heiligen Buches‹ verkünden, was Gottes Plan sei, geben vor, bescheiden zu sein, doch eigentlich haben sie einen sehr anspruchsvollen Ausgangspunkt. Wir können uns zwar einem Text unterwerfen, den wir als ›Offenbarung Gottes‹ auffassen, dennoch bleiben wir selbst diejenigen, die glauben, beurteilen zu können, was Gottes Offenbarung ist bzw. nicht ist. Dies führt uns zu dem *Paradox der anmaßenden Bescheidenheit*: Jeder Glaube präsentiert sich als dienend und einer Gottheit unterworfen, aber gerade durch das Definieren dessen, was Gott will bzw. nicht will, kommt die Missachtung dieses Gottes zum Vorschein. Man glaube nicht, dass dies nur für dogmatische Christen, Buddhisten, Juden, Hindus oder Muslime gelte. Der Fortschrittsglaube, die Demokratie und vor allem die Wirtschaft sind die von uns ausgerufenen Götter, vor denen wir, ihre Schöpfer also, uns selbst verbeugen.

Qualitäten von Leere

Die Schattenseite

Die Schattenseite der Mythologie der Leere wird gebildet durch den Verlust an Intentionen. Wenn sich keine von Gott gegebenen Werte (mehr) finden lassen, ist alles lediglich ›Zeitvertreib‹. Das macht uns gleichgültig und abgestumpft. Wir werden wütend und haben Angst, denn wir möchten gerne wichtig sein. Wir wünschen uns einen Gott, der mit allem eine Absicht verfolgt und dessen Gunst wir erwerben können, indem wir seinen Normen nachstreben. Nach dem Tod des sinngebenden Gottes entstehen neue Ideale, zum Beispiel der Humanismus. Wenn wir Gott nicht mehr auf uns selbst projizieren dürfen, dann müssen wir wenigstens vom Menschen etwas besonders Schönes erwarten dürfen. Wir müssen besser werden, unsere guten Seiten verstärken. Nicht Gott zuliebe, sondern uns selbst zuliebe.

➤ Die Schönheit der Welt entzückte mich. Solche Erregung und solch außerordentliche Freude hatte ich noch nie empfunden. Ich hatte ein seltsames Gefühl, ein Zittern, das in meinen Füßen begann und bis zu meinem Kopf hinaufwanderte, und es war mir, als ob ich plötzlich, meines Körpers entledigt, als reiner Geist einer Schönheit teilhaftig wäre, die ich nie geahnt hatte. Mir war, als hätte ein übermenschliches Wesen von mir Besitz ergriffen, sodass alles, was wirr gewesen war, klar wurde, und alles, was mich beunruhigt hatte, sich jetzt erhellte. Ich war so glücklich, dass es schmerzte, und ich kämpfte, um mich davon zu befreien, denn ich fühlte, ich würde sterben, wenn es noch einen Augenblick länger andauern sollte; und doch war es solche ein Entzücken, dass ich lieber sterben als er verlieren wollte. Wie kann ich Ihnen sagen, was ich fühlte? Keine Worte vermögen die Ekstase meiner Seligkeit wiederzugeben. Als ich wieder zur Besinnung kam, war ich erschöpft und zitterte. Ich schlief ein.

William Somerset Maugham,
Auf Messers Schneide

➤ Dieses Buch handelt von Verliebtheit. Jene Art von Verliebtheit, wo Funken zwischen den Liebenden überspringen. Funken, die zugleich ein ekstatisches Glücksgefühl wie auch einen schneidenden Schmerz erzeugen. So eine tiefe Verliebtheit, von der man weiß, dass sie sowohl vorübergehend ist wie ewig. Vorübergehend, weil diese Intensität irgendwann einmal, hoffentlich und leider, verebben wird. Ewig, weil wir etwas erkennen, das so tief ist, dass wir nicht einmal wissen, was wir da erkennen. Um es nur noch weiter auf die Spitze zu treiben: Es geht in diesem Buch nicht einfach um irgendeine beliebige Verliebtheit, es geht um die Liebe des Ewigen zum Zeitlichen. Es geht um die Funken, die überspringen, wenn das Ewige das Zeitliche küsst und das Zeitliche dadurch stirbt und ewig wird in seiner Veränderlichkeit.
Dieses Buch handelt von acht Arten von Funken, von acht Arten des Küssens. Es handelt auch von acht Lebenshaltungen, acht Arten, das Glück zu ertragen, acht Mythologien, die einst die Welt gestaltet haben und sie noch stets gestalten.

Derartige Thesen sind durchaus diskutabel, und die Verzweiflung über die Unvollkommenheit, die Vergänglichkeit und die Leere ist spürbar, wenn Glaubensgruppierungen Mythen missbrauchen, indem sie sie umtaufen und zur Wahrheit erheben oder aus ihnen ein Ziel im Leben ableiten, das auch für andere gelten soll.

Das Grab als ›schwarzes Loch‹

Die Neigung der Menschen, bestimmte Dinge zu tun, lässt sich oft auf einen Unfrieden damit zurückführen, wie es im Leben eben so zugeht oder wie der Mensch sich eben benimmt. Wir denken uns Dinge aus, weil wir ein Bedürfnis nach Bedeutung, Sinngebung haben. Die Angst vor Bedeutungslosigkeit ist verbunden mit der Unfähigkeit, Unsinn, Sinnloses genießen zu können. Die sinnlose Einsamkeit und die Angst, unter der Last der eigenen Schwere gewissermaßen zu implodieren, sind die seelischen Parallelen der kosmischen Mythe des ›schwarzen Lochs‹. In den verborgenen Winkeln unserer Seele lauert eine dunkle, saugende Kraft, in der wir zu verschwinden fürchten.

Zum Teil lässt sich dieses Gefühl auf die Angst vor dem Tod zurückführen. Das ›schwarze Loch‹ ist dann ein Bild für den Mangel an weiterführenden Perspektiven und für das buchstäblich schwarze Loch des Grabes. Doch zum Teil spielt hier auch die Wahrnehmung einer realen Kraft mit hinein, eines Archetypus, der sowohl dem inneren als dem äußeren Phänomen zugrunde liegen könnte. Das ›schwarze Loch‹ kann dann ein Teil der Mythologie des Devachan sein, jenes geistigen Bereichs der Welt, in dem alles ausgeglichen wird, wo jede Handlung eine ihr entsprechende Spiegelhandlung hat und wo für alles, was geboren wird, gleichzeitig etwas anderes verschwindet.

Go out and get hurt again.
Kate Bush

Das seelische Vakuum

Der ›leere Mythos‹ der Leere kehrt wieder im manischen Gegenpol zum schwarzen Loch: wenn man außer sich ist oder ›aus der Haut fährt‹. Hier entsteht die Angst, dass man sich in nichts auflöst, dass man in den Weiten der Unendlichkeit verschwinden könnte. Die moderne Mythologie bestätigt dies in den Bildern der Astronauten, die quasi in den Weltraum hineingesaugt werden. Doch auch wir normalen Menschen wissen, dass wir bei einem Loch in der Wandung des Flugzeugs hinausgesaugt werden können. So wie das schwarze Loch den Übergang zum Grab repräsentieren kann, so repräsentiert das Vakuum die Angst vor dem Verschwinden des Ich. Die Leere hat hier einen mehr ›ozeanischen‹ Charakter. Im schwarzen Loch erstarren wir, im Vakuum lösen wir uns auf.

It's so lonely, when you don't even know yourself, so lonely.
Red Hot Chili Peppers

Reine Potenzialität

Deepak Chopra stellt eine Beziehung zwischen geistiger Leere, reicher Leere und der Welt der Quanten her. Er weist darauf hin, dass kleinste Teilchen aus dem Nichts zum Vorschein kommen und auch wieder ins Nichts verschwinden. Er sieht dies als Beweis dafür, dass die unsichtbare Licht- und Liebeskraft des Geistes der Urgrund alles Existierenden ist und dass wir darum keine Angst vor der Leere zu haben brauchen: Gerade weil aus der Leere heraus *noch alles möglich ist*. In seinem Buch *Die sieben Gesetze des Erfolgs* behandelt er diesen Zusammenhang als das erste Gesetz, das »Gesetz der reinen Potenzialität«.

Leben mit Leere

Leben mit Leere muss keine Angst erzeugen. Im Gegenteil, wenn wir die Illusion jeglicher ›Bedeutung‹ durchbrechen, können wir auf eine intensivere Art gegenwärtig sein in einem endlosen Mysterium. Dies ist die »Leere der Mitte«: frei von Angst und offen, ohne zu entschweben.

Der Mensch, der in einem ›schwarzen Loch‹ gefangen ist, ist möglicherweise in seinen eigenen Enttäuschungen gefangen und wahrscheinlich als solcher doch nicht wirklich leer. Wer außerhalb seines Körpers in der Leere wohnt, ist Eigentümer einer Müllkippe, die immer mehr zu stinken beginnt.

Beide Pole, die manische Leere und die depressive Leere, vermeiden die jeweils andere Seite der Leere. Beiden fehlt die »Leere der Mitte«. Das soll nicht heißen, dass das Leiden eines Menschen, der in einem dieser Extreme steckt, dadurch minder real wäre. Doch sie sorgen dafür, dass die Leere einen schlechten Ruf hat. Sie sind nicht wirklich leer, weil sie nicht loslassen können. Wirklich leer sein ist nicht tödlich! Es ist lebendig, weil man ständig aufs Neue geboren werden kann.

Doch Leben mit wahrer Leere bedeutet auch, dass man für niemanden Lösungen anzubieten hat. Denn es gibt schließlich keine Probleme, lediglich *Phänomene*, die aus einem Mysterium zum Vorschein kommen und wieder darin verschwinden.

In diesem Buch benutze ich den paradoxen Terminus »volle Leere«. In praktischem Sinne bedeutet dies, dass alle Gedanken, Handlungen und Materialisationen wieder in die Leere zurückkehren sollen, aus welcher sie entstanden sind. Die Leere ist also voller Möglichkeiten. Jeder Gedanke ist lediglich, genau wie wir selbst, eine vorübergehende Form. Wir suchen nach der Wahrheit, wir nähern uns ihr, sie zeigt sich uns in einem blitzartigen, kurzen Moment und hat sich danach wieder entfernt. Wenn wir versuchen, Probleme in einem System zu definieren, welches wir gerade eben noch als ›Wahrheit‹ erfahren konnten, wird dieses rasch zur Lüge.

Wir wissen letztendlich gar nichts – und das hat wirklich etwas Göttlich-Befreiendes! Wir wissen nicht, ob das Leben einen Sinn hat. Und genauso wenig wissen wir, ob das Leben keinen Sinn hat. Das Einzige, was wir haben, ist die Erfahrung, *dass* wir am Leben sind, und die Erfahrung, dass wir uns Vorstellungen darüber bilden können. Doch Erfahrungen sind etwas Vorübergehendes, genauso wie wir selbst etwas Vorübergehendes, Zeitliches, sind. Die einzige Art und Weise, wie wir uns selbst als gegründet erfahren können, besteht darin, unsere Angst vor Leere und Stille zu überwinden und daraus unser Haus zu bauen. Dies wird in allen Schulungswegen empfohlen: Hege keine Hoffnung, keine Furcht und keinerlei Illusionen bezüglich irgendeiner Pflicht.

Vielleicht ist es ein tröstlicher Gedanke, dass wir so wenig wissen können, weil wir dieses Wissen selbst *sind*. Kosmische Weisheit ist in die Körperlichkeit und die Substanz der Materie ›eingebaut‹. Wenn wir es wagen, unser Bewusstsein zu leeren, können wir uns in die Weisheit hineinschmiegen, die unseren Körper erbaut hat, die jedes Sandkorn und jedes Sonnensystem durchzieht. Wenn wir es wagen, leer zu sein, haben wir die größte Chance, zur Erfüllung zu gelangen.

Was uns gerade eben noch als Leere angähnte, erweist sich plötzlich als der einzige feste Punkt in dieser Welt vorübergehender, zeitlicher Formen. Wer der Meinung ist, dass dies alles viel zu ›östlich‹ klinge, kann sich an der großen christlichen Mystikerin Hildegard von Bingen orientieren. Sie arbeitete ihre Engel-Mandalas von außen nach innen hierarchisch aus, bis sie zum göttlichen Urgrund gelangte. Dort ließ sie aus Ehrfurcht eine strahlende Leere frei (siehe die Abbildung im Farbteil).

Der Ausgangspunkt von allem: das Akzeptieren des Nichts

Gerade das krampfartige, schwunglose Füllenwollen der Leere bestätigt diese Leere. Zuzugeben, dass die Leere da ist, macht sie weniger bedrohlich. Zuzugeben, dass wir kein Vertrauen haben, erfordert Mut und wird belohnt, wenn wir nicht heimlich unsere Leere als etwas verteidigen, das statisch bleiben muss. Freundschaft mit der Leere bedeutet: darauf vertrauen, dass etwas kommen *kann*, ohne dass es dies zu tun braucht.

➤ Paradoxer Reichtum, wie er in diesem Buch definiert wird, bedient sich aller menschlichen Weltanschauungen. Diese sollen nicht im Widerstreit miteinander liegen, sondern sich ergänzen, weil sie sich auf verschiedene Ebenen der Wirklichkeit beziehen.
Neben östlichen Weltanschauungen wie zum Beispiel dem Taoismus, dem (Zen-)-Buddhismus und dem Hinduismus sind dies das Christentum, der Islam und das Judentum. Als moderne »Religionen« nehme ich die Psychoanalyse, den Logischen Rationalismus und den Empirismus hinzu. Die Unterhaltungsindustrie und die in ihr produzierten Kunstwerke wie Filme und Bücher werde ich in diesem Buch als das zentrale, religiös-mythologische Netzwerk unserer Zeit betrachten.

Der nullte Schleier der Maya

Maya ist der Name der Göttin der Sinneswelt. Die Sanskritwurzel dieses Wortes ist *ma*, und dessen Bedeutung ist verwandt mit unseren Worten *Maß* und *messen*. Sobald wir geboren sind, beginnen wir uns in das Netz der illusionären Messbarkeit zu verstricken, das Maya für uns bereithält. Wir beginnen in Kategorien wie Chaos versus Ordnung zu denken, Vorher versus

Nachher, Ursache versus Folge und so weiter. Diese unterschiedlichen Illusionen werden als die »Schleier der Maya« bezeichnet.

Die Welt, wie wir sie kennen, ist ihre ›Gebärmutter‹, die Schleier sind die Häute, in welchen wir gefangen sind, geborgen und geschützt gegen zu viel direktes geistiges Licht. Und wir begeben uns nur aus ihr heraus, wenn wir sterben oder wenn wir den kurzen Moment eines *Blitzes des Sublimen* erleben, wobei wir durch die Häute hindurchblicken können in eine Welt des ungeteilten Bewusstseins.

Es gibt noch mehr Worte für diese vedische Form der Maya. Im jüngeren Buddhismus wird sie als Samsara bezeichnet und im Westen kennen wir die sogenannten a priori-Kategorien des Bewusstseins des Philosophen Immanuel Kant. Damit deutete er auf das Problem hin, dass wir die Welt nicht wirklich erkennen können, weil wir nur durch Filter aus Vorstellungen wahrnehmen und denken.

Die östlichen Philosophien sind weniger pessimistisch in Bezug auf die Erkenntnismöglichkeit unseres Ursprungs. Auf dem Weg über Meditation oder erleuchtete Momente können wir sehr wohl durch die Schleier der Maya hindurch die Welt der Ursprünge erfahren. Aus diesem Grunde wird dort auch ein Unterschied zwischen den *drei Funktionen* der Maya gemacht.

Die erste ist die *verhüllende* Wirkung: Die Schleier halten uns vom wahren Bewusstsein fern. So wie Licht durch ein Prisma fällt, zersplittern die Schleier das göttliche Bewusstsein. Man könnte auch sagen, dass der Schleier das Licht zu verdaulichen Proportionen herunterdämpft.

Die zweite Funktion der Schleier ist die *projektive* Wirkung. Hiermit wird ausgesagt, dass der Quell sich just in seiner Schönheit manifestieren kann. Der Quell ist dann sozusagen weißes Licht, das vom Prisma gebrochen wird und seine ganze Farbenpracht entfaltet. Dieser Aspekt ist auch die Basis der Mythen, in welchen Gott sich selbst durch seine Schöpfung kennenlernt.

Die dritte Funktion steht in diametralem Gegensatz zur ersten, weil es hier gerade um die *enthüllende* Wirkung geht. Oder, wie Goethe es nennt, das »offenbare Geheimnis«. Wenn man die gegensätzlichen Arten, wie man Wirklichkeit erleben kann, ins rechte Spannungsverhältnis zueinander setzt, kann man direkt in den Ursprung hineinblicken. Und davon handelt dieses Buch.

Ich unterscheide in diesem Buch *sechs* Schleier der Maya. Der erste: das Erkennen von Mustern, das auf der Zeit-Raum-Wahrnehmung beruht. Dies wird im Kapitel über *Bewegung* ausgearbeitet. Zweitens: die illusionäre

Wahrnehmung von Ursachen und Folgen. Dies wird in dem Abschnitt über »Kausalität« in dem Kapitel über *Kampf* behandelt. Der dritte Schleier ist der Unterschied zwischen Schmerz und Genuss. Dies wird behandelt unter dem Thema »Leidenschaft« im Kapitel über den *Tanz*. Der vierte Schleier ist die Basis für den Unterschied zwischen echt und unecht. Dies wird unter dem Nenner »Bedeutung« im Kapitel über das *Spiel* dargestellt. Der fünfte Schleier sorgt für den Unterschied zwischen Geist und Materie und wird im Kapitel über das *Opfer* als Spannungsfeld zwischen Selbsterlösung und Gnade als Transformation ausgearbeitet. Der letzte Schleier ist der der Glückseligkeit, er wird in dem Kapitel über den *Dank* behandelt.

Der Titel dieses Abschnitts, »Der nullte Schleier der Maya«, klingt zunächst etwas paradox, denn eigentlich kann bei Leere noch keine Rede von einem Schleier sein. Doch es gibt hier eine Fallgrube, weil das Konzept »Leere« eben ein *Konzept* ist. Und weil jedes Konzept ein Gegenkonzept hervorruft, kann man doch wieder von einem Schleier reden.

Die Theologie kennt ein verwandtes Problem. Es ist die Auffassung Gottes als *transzendentem Wesen*. Das heißt, es lässt sich nichts über ihn (oder sie) sagen, denn »transzendent« bedeutet: alles übersteigend, vor allem unser Vorstellungsvermögen. Hier sehen wir eine Verwandtschaft mit der ersten Funktion der Maya, insofern sie uns wegführt von einem unerkennbaren Gott.

Eine andere Weise, sich denkend dem Urquell zu nähern, besteht in solchen Begriffen wie »*Gottes indirekte Manifestation*« in der Schöpfung. Hier haben wir einen sogenannten *immanenten* Gott. Dieser Ansatz deckt sich mit der projektiven Funktion der Maya.

Die dritte Art, die mit der dritten Funktion der Maya korrespondiert, besteht darin, *alles gleichzeitig* wahr sein zu lassen, um auf dem Wege über den immanenten Gott zur Erfahrung der Transzendenz zu gelangen.

Eine Synthese dieser Ansätze begegnet uns sowohl im Hinduismus als auch im Buddhismus. Der transzendente Gott kann dort als *neti neti* beschrieben werden, also als »nicht dies, nicht jenes«. Damit wird auf die Unmöglichkeit gedeutet, mit Begriffen die transzendente Erfahrung einzukreisen. Weder *ist* Gott, noch ist er *nicht*. Es ist ein Versuch, zu erklären, dass das Transzendente auch die Kategorien des *Seins* versus das *Nicht-Sein* sprengt. Dasselbe Problem stellt sich beim Begriff der »Ewigkeit«: Diese *ist* weder eine »sehr lange Zeit«, noch ist sie es *nicht*. Denn Ewigkeit deutet auf eine Zeitlosigkeit. Sie hat nichts mit Zeit zu tun, sie steht in diametralem Gegensatz zu ihr. Daher also *neti neti.*

Aber wenn der Schüler sich gerade mit der fundamentalen Erkenntnis der Unerkennbarkeit durchdrungen hat, ruft der Meister: »*Iti, iti,* es ist hier, es ist hier!« Mit anderen Worten: In dem Augenblick, da wir bereit sind, alles loszulassen, erhalten wir die Möglichkeit, in allem das Nichts zu finden.

Dies wird als die Aufhebung der Trennung zwischen Nirwana (Erleuchtung) und Samsara (Verfinsterung) bezeichnet. Die Welt der Illusion verliert ihre verfinsternde Funktion und wird zur reinen Ekstase. Oder, um einen tibetischen Meister zu zitieren:

Die Grenze des Nirwana ist die Grenze von Samsara.
Zwischen den beiden besteht nicht der geringste Unterschied.
Alles bisher Gesehene wird ausgelöscht;
die Aufeinanderfolge ist zur Ruhe gekommen.
Niemals, nirgends wurde das Gesetz irgendjemandem gelehrt von einem Buddha.
Madhyamika-Sastra

Daher also das Fehlen eines Schleiers bei der Leere. Aber indem wir sagen, dass er nicht vorhanden ist, müssen wir quasi ›zur Strafe‹ vom *nullten Schleier* sprechen.

Gedanken und Übungen

Bericht von der Insel Chaos

Wie lang sind wir nun schon hier, Freunde,
einst war das als Urlaub gedacht,
aber jetzt – ?

Wir sahen den Prospekt: Chaos, meine Damen und Herren,
Ihre Insel; die Hochglanzfotos,
die hellblaue chaotische Bucht,
das kreideweiße Fischerdorf Krisis.

Wir lasen, dass das Eiland gerühmt wird,
ob seiner besonders tiefen Ruhe,

die letzten Bewohner werden sogar
als glücklich bezeichnet unter ihrer Platane.

Wir dachten, dass es sich um einen Witz handelte,
und fuhren dorthin; aber war es wirklich einer – ?
Wir sitzen an der Hafenmauer
jeden Tag

und zu unseren Füßen liegt einer der Hunde,
jeden Tag, voller Angst, dass wir weggehen könnten.

Wir sehen die Hagia Katastrophia
dort vor Anker liegen, wie sie allmählich
völlig von den Möwenexkrementen zugedeckt wird,
daliegt und auf Passagiere wartet.
Wie lange wohl schon ...

Unsere Geschichte wird,
immer seltsamer,
je länger sie dauert.

Vielleicht erreicht diese Nachricht Euch irgendwann,
vielleicht auch nicht ...

Rutger Kopland (* 1934), niederländischer Dichter und Psychiater

Unbestechlichkeit

Leere ist das Sich-Weigern gegen eine Sinngebung, Verweigerung einer Spaltung, Verweigern der Weigerung. Sogar Freiheit ist keine Norm, auch nicht Kreativität, noch Vertrauen. Doch sind dies drei Werte, die wachsen, je mehr man in der Mythologie der Leere beheimatet ist. Durch die Abwesenheit jeglicher Spaltung gibt es keine Angst, keine wesentliche Sehnsucht. Man ist nicht bestechlich. Es gibt keine wesentlichen Gedanken. Es gibt höchstens eine Erkenntnis, dass alles ständig aufs Neue geboren wird, aus dem Nichts entsteht. Jeder Gedanke über die Wirklichkeit ist eine Täuschung, jeder Willensimpuls eine Illusion. In diesem Sinne führt das Leben mit der Leere tatsächlich zu einer Disziplin des Reinemachens, des Sichleermachens und des Sichlösens. Keine Hoffnung – keine Furcht. Unbestechlichkeit.

Just B

- Können Sie Momente genießen, in denen Sie nichts tun?
- Gibt es Augenblicke, in welchen Sie nichts denken und dennoch bewusst sind?
- Können Sie jemandem mit offenem Geist entgegentreten?
- Wie stark hängen Sie an Ihrer Identität?
- Können Sie mit Dingen spielerisch umgehen, die Ihnen wichtig sind?
- Können Sie sich vorstellen, dass Sie alles verlieren und dennoch strahlen?
- Können Sie sich sich selbst vorstellen als Präsidenten, als Müllmann, als Mutter, als Vater, als Käfer, als Sandkorn, als Wolke, als explodierenden Stern?
- Können Sie sich vorstellen, dass Sie keinerlei Ängste haben und keine Begierden kennen?
- Können Sie etwas genießen, wenn es vorhanden ist, und es wieder vergessen, wenn es weg ist?
- Können Sie sich vorstellen, dass alles Energie ist?
- Können Sie sich vorstellen, dass der Wind Sie durchwehen kann, weil Sie transparent sind?

Die Übungen zur Leere bestehen aus der Betonung des Raumes, in dem man absieht von Denken, Handeln oder gefühlsmäßigem Mitgehen. Sogar wenn man voller Begierden ist, voller Gedanken, kann man im Hintergrund dennoch ganz ohne Worte wahrnehmen. Dieser Teil Ihres Bewusstseins befindet sich dann in Leere. Er ist achtsam, ohne Trennung.

Nehmen Sie alles wahr und haben Sie dennoch keine Meinung dazu. Sehen Sie in allem einen unendlichen Raum. Lassen Sie Räume zwischen Gedanken stehen, Momente, in welchen Sie zwar bewusst sind, aber nichts denken. Der Trick, um nicht von den eigenen Gedanken mitgerissen zu werden, besteht darin, sie zu betrachten. Oder darin, immer wieder, wenn Ihnen etwas durch den Kopf schießt, zu konstatieren: denken!

Erkennen Sie die Fallgruben

Es gibt eine Reihe von Fallgruben, auf die man achten kann, ohne sich allzu sehr darüber aufzuregen, wenn man doch wieder einmal hineingefallen ist.

Die erste besteht darin, dass man einer Sache immer Sinn verleihen möchte, indem man fragt: Wofür ist dies gut? So kann man sich auch fragen, wofür die soeben dargestellten Übungen gut sind. Die Antwort kann nicht anders lauten als: Sie sind gut für ... nichts. Sie sind bestimmt für *Hohl*köpfe und *Nichts*nutze.

Die zweite Grube besteht darin, dass wir denken, etwas könnte ›falsch‹ sein. Etwas kann aber allenfalls nicht im Einklang mit Ihren Intentionen im jeweiligen Moment sein; doch der Moment ändert sich und auch Sie ändern sich.

Übungen in Bezug auf Leere verlangen von Ihnen, dass Sie sich lösen von den Normen von Gut und Böse. Vergeben Sie sich selbst also im Voraus, dass Sie in Ihrem Denken befangen sind. Sprechen Sie den Wunsch aus, dass Sie gerne erfahren möchten, was ungeteiltes Bewusstsein ist, und machen Sie einen neuen Versuch. Seien Sie auf der Hut vor Systemen! Alles, was Sie fanatisch üben, zieht Sie ab von Ihrer vollen Leere.

Die dritte Grube besteht darin, dass Sie plötzlich zu bemerken beginnen, dass Sie leer sind. Dann können Sie höchstens zufrieden feststellen, dass Sie möglicherweise *vor* dieser Feststellung ohne Gedanken, Begierden oder Ängste waren. Meistens erreichen Sie diese Art von Höhepunkten ganz unabsichtlich. Dasselbe gilt, wenn man dem eigenen Glück oder Unglück zu viel Aufmerksamkeit beimisst. Solcherlei konkrete Gedanken wirken immer teilend. Und ein teilendes Bewusstsein ist nichts für ›Hohlköpfe‹.

Das gilt auch für die Suche nach Freiheit. Sie sind zugleich frei und doch nicht frei. So ist es auch mit Ihrem Ich: Die Suche danach ist eine reale Illusion.

Ich suche nicht, ich finde.
Pablo Picasso

Konkrete Lebenshaltung

Leere ist Raum, Raum ist heilig. Jeder Raum, in dem Sie sich befinden, verwandelt sich durch Ihre eigene Einstellung in einen Kampfplatz, ein Spielfeld oder einen Tanzboden. Auch wenn die Umstände Ihnen diktieren, dass Sie eine Kampfreaktion zeigen müssen, so können Sie diese doch aufgrund Ihrer inneren Haltung umwandeln in Spiel oder Tanz. Der Trick besteht darin, immer wieder die Sinngebung zu verändern, indem Sie quasi ›bewusst halluzinieren‹. Was Sie hier üben können, ist die Erkenntnis, dass jeder Raum Ihnen die Gelegenheit bietet, die Formen, die sich in ihm befinden, zu heiligen, indem Sie ihnen eine tiefere Bedeutung zusprechen. Ein Stapel Kissen kann

FOTO TONY STONE IMAGES

Ein Baum, ein Weg, Wolken und Weite: eine Landschaft

SEBASTIAO SALGAD/ABC PRESS

50 000 schlammbedeckte menschliche Arbeitsbienen in der Sierra Pelada, Para, Brasilien, am 3. April 1987. Auf jeweils sechs Quadratmetern Boden suchen jeweils zehn Menschen nach Gold. Wertlose Erde wird in Säcken à 30 bis 60 kg nach oben geschleppt.

so zu einem Monument werden, ein Teppich eine unendliche Ebene, ein leerer Stuhl kann die Erinnerung an jemanden hervorrufen, der irgendwann darin hätte sitzen können.

Das ist der Vorteil des Reduzierenkönnens der Welt auf die Leere: Aus der Leere kann neuer Raum, neue Tiefe geboren werden. Dies ist etwas wesentlich anderes, als ›Bedeutung‹ zu erfahren. Es ist die Erfahrung des mysteriösen Paradoxons, dass etwas jenseits Ihres Verstehens liegt und Sie dennoch mit einem Reichtum erfüllen kann, der wie ein brausender Raum ist.

Das Heiligen eines Raumes

Üben Sie sich regelmäßig im Heiligen eines Raumes. Verstärken Sie Ihr magisches Bewusstsein, indem Sie erkennen, dass sich in jedem Raum, in welchem Sie sich befinden, rituelle Handlungen vollziehen könnten. Das funktioniert bereits, wenn Sie nur mit Aufmerksamkeit in diesem Raum sind. Sich bewusst in dem Raum zu orientieren, indem Sie sich beispielsweise klarmachen, wo Norden, Süden, Westen und Osten sind, genügt bereits, um Kräfte hervorzurufen. Die Leere in Ihrem Bewusstsein macht Sie offen für das, was sich Ihnen offenbaren will. Eine Art ›wacher Leere‹ bringt Räume zum Sprechen.

Machen Sie einen Raum energetisch leer, bevor oder nachdem Sie darin arbeiten. Bei diesem Leermachen können Sie alle möglichen Techniken benutzen, die auch beim Tanzen nützlich sind. Es geht um eine Art innerer und äußerer Reinigung. Wenn Ihnen dies mithilfe energetischer Übungen wie zum Beispiel Ableiten oder Abschütteln nicht gelingt, können Sie dazu übergehen, verschiedene Laute hervorzubringen. Sie können dabei die vier Elemente als Leitfaden benutzen: Erde für die Angst gegenüber dem Sich-Gründen, Wasser für den Kummer gegenüber der Gelassenheit, Luft für die Verwirrung gegenüber der Freude und Feuer für die Wut gegenüber der Begeisterung. Es existieren viele Meditationen, in welchen Sie buchstäblich oder gedanklich in diese Elemente eintauchen. Auch können Sie beim Sich-Leermachen Ihre störenden Gedanken oder Muster aufschreiben und entweder in der Erde begraben, im Wasser auflösen, in der Luft verstreuen oder im Feuer verbrennen. Finden Sie diesbezüglich Ihr eigenes Ritual. Verbrennen Sie buchstäblich oder symbolisch Dinge im Raum, öffnen Sie buchstäblich oder in der Vorstellung Fenster, schicken Sie Wesen, Gedanken, Energien zurück oder lauschen Sie auf sie und helfen Sie ihnen, zur Ruhe zu kommen.

Machen Sie auch Ihren Körper leer, im ganz konkreten Sinne, indem Sie ausreichend ausscheiden, aber auch vor allem energetisch. Schütteln Sie Gedanken von sich ab, machen Sie sich frei von Erinnerungen, notfalls, indem Sie diese immer wieder aufs Neue denken, bis sie Sie langweilen oder indem Sie sie aufschreiben und verbrennen.

Das Abgrenzen eines heiligen Raumes

Anfangs kann es so sein, dass Sie mithilfe von Symbolen einen Raum abteilen, in welchem Sie sich gegen die üblichen marternden Seiten der Wirklichkeit abschließen können. Sie können sich in einen Wald zurückziehen, in einem Zimmer Bilder und Symbole um sich sammeln oder sich auf die Schönheit des Ortes konzentrieren bzw. auf das, was Sie ihm aufgrund Ihrer Anwesenheit oder Ihrer Symbole hinzufügen.

Letztendlich geht es darum, dass Sie auf jenen Punkt zuwachsen, wo Sie überall und jederzeit in der Lage sind, einen ›heiligen Ort‹ zu schaffen und zu erleben. Es kann einfach so sein, dass Sie zum Beispiel die Gewohnheit annehmen, mit dem Rücken zur Wand in einem Café zu sitzen und den Tisch, an welchem Sie sitzen, zu Ihrem ›heiligen Ort‹ werden lassen. Sie sitzen da und sind leer und offen. Sie können sicher sein, dass die Welt dies würdigt und Ihnen Geschichten erzählen wird. Wenn Sie leer und geschlossen sein wollen: Üben Sie auch das und erforschen Sie dann den Kontrast.

Es kann auch so sein, dass es Ihnen gelingt, die selige Erfahrung der Heiligkeit und des inneren Glücks zu kultivieren, und dass Sie Ihre Glückseligkeit mit sich nehmen, wenn Sie auf der Straße spazieren gehen. Dies sind ›chronische‹ Formen des Glücks, die durch äußerste Aufmerksamkeit erreicht werden können. Sie können jedoch auch immer wie-

➤ Rudolf Steiner beschrieb einmal die Blume als dasjenige Gebiet, wo die farbige Welt des Bewusstseins (die Astralwelt) die Welt der grünen Lebenskräfte (die ätherische Welt) küsst. Eine Art, das Phänomen des Sublimen zu beschreiben, beginnt damit, dieses Phänomen als eine Liebesbeziehung zwischen dem Ewigen und dem Zeitlichen zu betrachten. Das Ewige küsst das Zeitliche, das dadurch intensiver strahlt und schneller vergeht. In dieser Liebesbeziehung kommt das Ewige zur Erfüllung, weil es sich erkannt weiß in seinem Ausdruck im Zeitlichen. Das Zeitliche gelangt zur Erfüllung, weil es sich mit seinem Quell verbunden weiß und mit der geheimen Ursache seines Abgetrenntseins in Zeit und Raum.

Zeus verbrennt Semele, Isis hält ein Kind ins Feuer, Ganga ertränkt ihre Kinder, um ihnen die Zeitlichkeit zu ersparen.

Jede Form von Glück trägt ein Samenkorn dieser Liebesbeziehung in sich. Darum ist Glück manchmal auch so verwirrend, weil sich etwas Ewiges in einem zeit-räumlichen Prozess ausdrückt. Darum scheint es, als habe ein be-

stimmtes Ereignis eine unangenehme und eine angenehme Seite. Das Glück verdanken wir gerade dem Zeitlichen des Ereignisses, und das macht es zugleich auch traurig.
Das sublime Glück fügt diese zwei Seiten wieder zusammen. Das Einzige, was wir tun müssen, besteht darin, mit Aufmerksamkeit bei jedem Ereignis anwesend zu sein. Das bezeichne ich als Geistesgegenwart.

der attackiert werden durch gewisse Aspekte der Wirklichkeit, insbesondere durch Menschen, die dies nicht ertragen. Denn eine derartige fundamentale Form des Glücks wirkt zwar auf einer bestimmten Ebene inspirierend, auf einer anderen kann sie jedoch vielen Menschen Schmerz zufügen, weil diese dadurch zu stark mit ihrer eigenen Neigung konfrontiert werden, sich in Bedeutungen festzulegen. Genauso polarisierend wirkt es, wenn Sie gelassen bleiben gegenüber dem, was einen anderen sehr beschäftigt. Auf der einen Seite möchte der andere dies auch können, andererseits fühlt er sich vielleicht von Ihnen beleidigt oder gar verraten. Solche Mitmenschen werden Sie auf die Probe stellen, indem sie Ihnen ihre Sorgen vortragen. Weisen Sie sie nicht zurück, sondern geben Sie das Problem weiter an das Vakuum und zaubern Sie daraus neue Möglichkeiten hervor. Letztendlich strahlt eine authentische Form des Glücks eine Befreiung aus, die auch andere inspiriert.

Keine Hoffnung, keine Furcht

Der Kern der Leere liegt in der Art und Weise, wie wir uns ent-ledigen: Jagen wir krampfhaft dem Ziel nach, uns von jeglicher Begierde und Angst zu lösen, dann *streben* wir danach, *nicht* zu streben, wir sind also wieder in einem neuen Paradoxon gefangen. Die Kunst besteht darin, mit Freude *und* Kampf, in Liebe *und* Irritation zu leben, während wir im tiefsten Grunde unseres Herzens weder gestorben noch geboren sind.

Joseph Campbell beschreibt dieses Prinzip mit dem Bilde des Tigers unter den Ziegen. Je nachdem, wie es uns passt, sagen wir »Bääh« oder fressen ein Zicklein. Wir leben mit Menschen mit, die einen Verlust betrauern, vielleicht leben wir sogar mit unseren eigenen Verlusten mit, doch tief in unserem Herzen sind wir gut Freund mit einer Leere, sind wir jenseits von Sehnsucht und Angst.

Die Befreiung von der Illusion, dass wir befreit werden müssen

Leere hängt zusammen mit der Aufhebung der Erfahrung von Gegensätzen. Eine Leere, die nicht mehr beängstigend ist, sondern wohltätig neutral und als solche auch heilend. Es ist eines der Gesichter der Hingabe, sich von dem Gedanken lösen zu können, dass man noch irgendetwas *tun muss* oder *erstreben sollte*. Solche Momente reicher Leere können einen überfallen, aber man kann auch lernen, sich ihrer zu erinnern. In dem Moment, da kein Unterschied mehr zwischen Pflicht und Freiheit gemacht werden muss, macht es nichts mehr aus, ob wir alles Pflicht oder alles Freiheit nennen. Diese Erfahrung könnte man dann als »wachsame Leere« bezeichnen oder durch das Bild des »Beobachters des eigenen Handelns« umschreiben.

Eine solche Haltung bedarf zunächst der Gewöhnung, wie man zum Beispiel auch am Beginn einer Ansprache oder eines Gespräches nicht weiß, was man sagen wird, und sich darüber wundert, was man von sich gibt.

Dasselbe gilt in Bezug auf das Sich-lösen-Können von unseren Begierden. Es ist natürlich Unsinn, zu erwarten, dass grundlegende Lebensbedürfnisse wie die nach Schlaf, Nahrung, Zärtlichkeit oder sexueller Befriedigung allesamt überwunden werden müssten. Nach einer Periode, in der wir *damit, dagegen* und *darum ringen*, entstehen im Laufe des Älterwerdens immer häufiger Möglichkeiten, etwas zu genießen, ohne sich damit identifizieren zu müssen.

Dies geht noch weiter als die Haltung, die Franziskus von Assisi gegenüber seinem Körper einnahm, den er als seinen »Bruder Esel« bezeichnete. Franziskus streute ab und zu Steinchen in seine Sandalen, um seinen Körper zu züchtigen, zur Erinnerung an die Tatsache, dass er nicht mit ihm identisch sei. Wenn wir die Polarität zwischen Körper und Geist loslassen, sind wir sowohl Geist als auch Körper, und zugleich keines von beiden.

Das Erleben von Rückschlägen oder Glücksfällen mit all ihrem Reichtum ist auf einer bestimmten Ebene von der Kurzsichtigkeit gefärbt, dass ein Rückschlag unangenehm und ein Glücksfall angenehm sein kann. Doch bei intimerer Kenntnis menschlicher Erwartungen muss es eigentlich als ein Unglück betrachtet werden, wenn wir angesichts eines Glücksfalls mit Erleichterung reagieren; wogegen es sich für einen Geübten wiederum als positiv darstellen kann, wenn wir mit einem Stöhnen darauf reagieren, denn das beweist, dass wir noch immer in Verbindung mit jenem Teil von uns stehen, in welchem noch Erwartungen leben. Der nächste Schritt bestünde dann darin, dass wir bei einer scheinbar positiven Erfahrung sowohl Genuss verspüren als auch vor Schmerz stöhnen können, wonach wieder Ruhe eintreten kann. Und ebenso bei unangenehmen Ereignissen ...

Leere

Bewegung

Kampf

Tanz

Spiel

Opfer

Dank

Stille

»In dieser Welt ist Veränderung das einzig Stabile.«
Jonathan Swift

Wenn wir den Urgrund der Leere hinter uns lassen, uns jedoch noch nicht in Zerrissenheit und Konflikte verlieren wollen, lohnt es sich, sich der Wirklichkeit als einem *Gewebe aus Bewegungen* zu nähern. Auf diese Weise nehmen wir Unterschiede und Veränderungen wahr, messen ihnen zunächst allerdings so wenig Bedeutung wie möglich bei. Wir bleiben weitestgehend außerhalb des *Inhalts* der Ereignisse und interpretieren diese – so unbeteiligt wie möglich – als Bewegung.

Das Gewimmel der Ameisen ist dann nichts grundsätzlich anderes als die Truppenbewegungen menschlicher Soldaten. Eine neue Bienenkönigin tritt so ihre Herrschaft nach vergleichbaren Gesetzmäßigkeiten an wie ein menschlicher Präsident oder ein Clanchef der Mafia. Zivilisationen vergehen wie Schnee in der Sonne. Einige Jahreszeiten später kehrt der Schnee zurück.

Bei der Leere als Lebenshaltung liegt die Betonung auf dem neutralen und variabel zu füllenden *Raum*. Bei der *Bewegung* liegt ein vergleichbarer Akzent auf der neutralen und variabel auszufüllenden *Zeit*. Bei dieser Lebenshaltung brauchen wir nichts persönlich zu nehmen, wir erfüllen unsere Rolle in einem ewig veränderlichen und dadurch stabilen Theaterstück.

Die dazugehörige Mythologie ist die eines sich ewig wiederholenden Stroms von Ereignissen, in welchem alles in Rhythmen und Zyklen festgelegt ist, immer anders und doch immer dasselbe. Jedes Individuum legt einen voraussagbaren Weg zurück, der bei der Geburt beginnt und über das Erwachsensein zum Alter und schließlich zum Tod führt. Auf diesem Weg gibt es voraussagbare Überraschungen. Das Einzige, was der weise Mensch tun kann, ist, Beweglichkeit und Flexibilität zu kultivieren. Er spielt mit Zeit und Bewegung, Beschleunigung und Verzögerung. *Go with the flow and may the force be with you.*

Bewegung bei den Musen

Zeit

Ich träumte, dass ich langsam lebte …
Langsamer als der ält'ste Stein.
Es war ganz schrecklich: um mich herum
schoss alles in die Höhe, stieß und bebte,
was ruhig schien zuvor. Ich sah den Drang,
womit die Bäume der Erde sich entrangen,
während sie heiser und ruckweise sangen;
während die Jahreszeiten nur so flogen,
die Farbe wechselnd wie der Regenbogen …
Ich sah den Tremor auch der hohen See,
ihr Anschwellen und hast'ges Sinken,
als würde eine große Gurgel aus ihr trinken.
Tag und Nacht, von kurzer Dauer nur,
Aufflammen und Erlöschen, eines Flackerfeuers Spur.
– Verzweiflung und Beredtheit in der Dinge
Gebärden, die sonst so starr sind, und ihr Drängen,
den atemlosen, schonungslosen Kampf ...
Wie kommt es, dass ich das nicht eher bemerkte,
nicht besser sah in früh'rer Zeit?
Und wie kann ich's vergessen nur?

M. Vasalis

Indem sie sich verändern, kommen die Dinge zur Ruhe.

Heraklit

Der Irrtum verdiente einen Ehrenplatz, denn ihm verdankt man es, dass die Bewegung nicht aufhört … dass die Wahrhaftigkeit niemals Wahrheit wird; denn es wäre kaum zu ertragen, wenn wir die Wahrheit wüssten.

Arnold Schönberg (aus der *Harmonielehre*)

Kommende Ereignisse werfen ihre Schatten voraus.

Sprichwort

Das Morgen kommt nie.

Sprichwort

Wir können Koinzidenzien nicht dem Zufall überlassen.
N. F. Simpson

Du kannst dich nur einmal in denselben Strom hineinstellen.
Heraklit

Nicht ein einziges Mal kannst du dich in denselben Strom stellen.
Kratylos

Nur das Vorübergehende ist von bleibendem Wert.
Eugene Ionesco

Wir gehen den vollen Kreis, indem wir vom Grab des Schoßes zum Schoß des Grabes kommen, durch eine vieldeutige und rätselhafte Einkehr in eine Welt fester Materie, die bald wieder von uns schmelzen soll wie der Stoff eines Traums. Und wenn wir zurücksehen auf das, was versprochen hatte, unser ureigenes, unbestimmbares und gefährliches Abenteuer zu werden, so finden wir schließlich eine Reihe fast standardisierter Verwandlungen, wie sie Männer und Frauen in jedem Winkel der Erde, in allen geschichtlichen Jahrhunderten, unter der dünnen Verkleidung aller besonderen Kulturen durchgemacht haben.
Joseph Campbell, *Der Heros in tausend Gestalten*

Arbeit dehnt sich in genau dem Maß aus,
wie Zeit für ihre Erledigung zur Verfügung steht.
Parkinsonsches Gesetz

Der Fuß spürt den Fuß, wenn er den Boden spürt.
Buddha

Derjenige, dessen Geist nicht mehr im Unergründlichen wurzelt, muss aus der Ursprünglichkeit seines Herzens leben.
Wer diese Ursprünglichkeit verloren hat, muss aus der Liebe leben.

➤ Die Brücke zwischen dem Tagesbewusstsein mit all seinen Gegensätzen und der mystischen Erfahrung der Ganzheit und des Verbundenseins wird vom Wahrnehmen in absoluten Qualitäten gebildet. Wie in der Mathematik der absolute Wert einer Zahl unabhängig von ihrer Positivität oder Negativität ist, so kann man im eigenen Bewusstsein entdecken, dass es eine Erfahrung der Liebe gibt, die sich sowohl der Liebe wie auch des Hasses bedient, eine Erkenntnis, die sich sowohl der Unwissenheit als auch des Verstandes bedient. Ein Mut, der sich sowohl in Feigheit als auch in (Über-)Mut manifestiert, eine Form von Anteilnahme, die den Bogen zwischen Gleichgültigkeit und Fanatismus schlägt.

Wer nicht mehr voller Liebe leben kann, der muss zumindest gerecht handeln.
Wer selbst das nicht mehr kann, muss sich durch Sitten und Gewohnheiten leiten lassen. Das Abhängigwerden von der herrschenden Moral ist jedoch die unterste Stufe der Sittlichkeit und weist bereits auf Verfall hin.
Wer dann noch glaubt, sein Herz dadurch ersetzen zu können, dass er seinen Verstand entwickelt, ist ein Tor.
Bedenke darum: Der wahre Mensch folgt einem inneren Gesetz und keinem äußeren Gebot. Er richtet sich nach der Quelle und nicht nach dem Wasser, das Abfallstoffe mit sich führt.
Er sucht immer den Ursprung.
Laotse

Vor Gott sind alle Dinge schön und gut und richtig,
doch die Menschen halten manche Dinge für schlecht und andere für gut.
Heraklit

Die kürzeste Biografie der Geschichte:
Er wurde geboren, nahm sich eine Frau und starb.
Anonym

Im Moment der Begegnung beginnt die Trennung.
Sprichwort

Plus ça change, plus ça reste la même chose.
Je mehr sich ändert, desto mehr bleibt gleich.
Französisches Sprichwort

Klassische Mythologie der Bewegung

Große Zyklen

Schon früh in der Geschichte des menschlichen Bewusstseins entdeckten Hohepriesterinnen feste Gesetzmäßigkeiten im Lauf der Planeten. Es waren höchstwahrscheinlich Frauen, die den Zusammenhang zwischen der Menstruation und dem Mondzyklus entdeckten. Die Entdeckung dieses und anderer Zusammenhänge bildete die Grundlage für die *Mythen der großen*

Zyklen: der Zeitalter mit einer festen Aufeinanderfolge von Schöpfung, Aufgang, Blüte, Niedergang, Destruktion, einer ›leeren‹ Zwischenperiode und schließlich der Wiederauferstehung.

Mythen, die die großen Zyklen zum Inhalt haben, basieren auf dem Erscheinen, Aufglänzen und Wiederverschwinden der unterschiedlichen Planeten, kurz, den für Menschen wahrnehmbaren Planetengestalten. Durch die Entdeckung der Voraussagbarkeit dieser Planetenbewegungen kamen Menschen auf die Idee, dass ein rationaler Gott vergleichbare Gesetzmäßigkeiten auch in der Menschheit veranlagt haben müsse. Daraufhin begannen sie, diesen Gesetzen auch dann zu folgen, wenn sie zum Beispiel im Untergangsmoment eines Planeten den Vertreter dieses Planeten rituell opferten.

In älteren Mythologien gehorchen auch die Götter den kosmischen Gesetzen. Als der große Donnergott Indra zu stark von sich selbst eingenommen ist, erhält er vom Oberwesen Vishnu eine Lektion in Bescheidenheit: »Es existierten bereits unzählige Indras vor dir, die alle so von sich eingenommen waren, dass sie nach ihrer Vernichtung als Ameisen zurückkamen.«

Die ersten großen Zivilisationen, wie die der Inkas, der Chinesen und der alten Sumerer, waren äußerst streng im Befolgen dessen, was die Planetenbewegungen forderten. Wenn ein wichtiger Planet erschienen war, wurde ein neuer König gewählt, der im Amt blieb, solange der Planet sichtbar war, um danach mit dem Verschwinden des Planeten wieder geopfert zu werden, häufig zusammen mit dem gesamten Hofstaat.

Unter der Perspektive der großen Zyklen relativiert sich die Bedeutung des Individuums. Alles vollzieht sich nach festen Gesetzmäßigkeiten. Alles erscheint, erblüht, verschwindet und kommt irgendwann wieder. Das kann einen bescheiden machen, doch ebenso gut auch übermütig. Denn wenn man nur einen Moment lang hier weilt, doch unzählige Male wiederkommt, empfindet man sich als *nichtig und ewig* zugleich.

In vielen Schöpfungsmythen folgen dem Urgrund der Leere die geordnete Bewegung und der Pulsschlag der Zeit. Bei den Griechen gebiert das Chaos Gaia, als das Prinzip des *Raumes*. Diese gebiert wiederum Kronos, das Prinzip der *Zeit* (welcher seine eigenen Kinder frisst). Bei den Hindus bringt der zeitlos träumende Vishnu den sich rhythmisch reinkarnierenden und schaffenden Brahma hervor. Die Hindus sprechen von einem Zeitraum von Milliarden mal Milliarden Jahren, innerhalb derer der Kosmos sich *einmal* erneuert: ein Wimpernschlag Brahmas. Und diese Erneuerung findet wiederum Milliarden mal Milliarden Male statt: ein Tag Brahmas. Und die vielen Leben Brahmas sind nur Luftblasen im Ozean von Vishnu …

Auch die Taoisten kennen ähnliche Ansichten in Bezug auf die ewig wiederkehrenden Schöpfungsrunden. Auch sie benutzen den Kreis als Basis ihrer Mythologie. Dies ist der *Pa Kua* mit dem bekannten Yin-Yang-Symbol in der Mitte des Kreises. Ihr heiliges Buch der Veränderungen heißt *I Ching*. Darin werden anhand von Hexagrammen die aufeinanderfolgenden Schöpfungsphasen mit mathematischer Präzision beschrieben. Hexagramme sind sechslinige Zeichen, die aus zwei Trigrammen aufgebaut sind, die wiederum aus einer Kombination von Yin (unterbrochenen) und Yang (durchlaufenden) Linien bestehen. Bei den 64 Hexagrammen folgen das vorletzte (vor der Vollendung) und das letzte Hexagramm (nach der Vollendung) so aufeinander, als ginge es um die Vorbereitung eines neuen Zyklus. Diese Mythologie der ewig strömenden und sich transformierenden Energie liegt auch der chinesischen Gesundheitslehre zugrunde. Auch dort geht es um eine ›Imitation‹ kosmischer Bewegungen. Die Hexagramme finden sich als Haltungen wieder in der Bewegungslehre des *Tai Chi*, die dadurch selbst zu einer Nachahmung großer kosmischer Abfolgen wird.

Auch in der Astrologie werden die zyklischen Bewegungen der Planeten als Hinweise darauf betrachtet, dass der Kosmos eine Art Uhrwerk ist, das immer wieder zum Anfangspunkt zurückkehrt. Das Leben, das wir führen, ist dieser Theorie zufolge stark durch das bestimmt, was in den großen Gesetzmäßigkeiten der Planeten und der Sterne beschlossen liegt. Überall wird die Kreisbewegung wahrgenommen: beim Tag- und Nachtrhythmus, den Monaten, den Jahreszeiten, beim Gang der Sonne durch die Bilder des Tierkreises und letztendlich beim Erscheinen und Verschwinden des gesamten Weltalls.

Die Buddhisten kennen den Zyklus in ihrem zwölfspeichigen Rad von Karma und Reinkarnation. Sie sind ein wenig ›moderner‹ als die Hindus und Taoisten, denn sie haben in ihrer Philosophie quasi eine Art Fluchtweg, eine *Endzeit,* eingebaut. Denn wenn jemand das Nirwana erreicht hat, endet seine Verpflichtung, immer wiederzukehren. Wenn dereinst jeder Mensch das Nirwana erreicht hat, hat die Menschheit ihr Ziel erreicht. Auf diese Weise schleicht sich ganz vorsichtig die Einmaligkeit, die zum Ego dazugehört, in ein System ein, das doch gerade zum Ziel hat, das Ego aufzuheben.

Spätere Buddhisten sprechen von *dem* Buddha und den auf ihn folgenden Boddhisatvas. Dies suggeriert, dass der Buddha aus der Zeit um 500 v. Chr. der einzige Buddha war. Doch ältere buddhistische Texte bleiben etwas näher bei den hinduistischen Auffassungen von der unendlichen Wiederkehr. Sie behandeln Versuchungen und Erleuchtung des Buddha als etwas, das dieser ebenso durchlebte wie die *vielen Buddhas vor ihm.*

Vom Kreis zur Linie

Im jüdischen, christlichen und islamischen Denken kommt der Kreis zum Stillstand, um zu einer Linie aufgebrochen zu werden. Es ist keine unendliche Linie, die damit eigentlich wiederum ein Kreis wäre, sondern eine Linie mit einem Anfangspunkt, der bei der Schöpfung liegt, und einem Endpunkt beim Jüngsten Gericht. Die Zahl 1 hält ihren Einzug: Es gibt nur *einen* Gott, *ein* auserwähltes Volk und *eine* Schöpfung. Die Vorstellungen von der Reinkarnation werden gewissermaßen ›durchgestrichen‹. Nicht länger dürfen wir uns viele Ewigkeiten lang abmühen, dabei ständig Geschlecht und Persönlichkeit wechselnd. Nicht länger nimmt Gott auf allen Ebenen der Schöpfung am Geschehen teil. Nicht länger ist Gott sowohl Mann als auch Frau. Nein, Gott wohnt *woanders*, und für uns wird *dieses* Leben in *dieser* Schöpfung zur *einzigen* Chance, an deren Ende ein Urteil steht: bestanden oder durchgefallen.

Die Mythologie der Einmaligkeit hat uns im Westen einen starken Individualismus beschert. Die eigene Entscheidung und die Eigenverantwortung haben einen hohen Stellenwert. Doch sie hat uns auch etwas verkrampft gemacht. Bei uns gibt es nur noch *einen* Glauben, *einen* Gott, *einen* Sohn, *ein* auserwähltes Volk und auch nur *ein einziges* Leben. Einzig und allein mit unserer heutigen, jetzigen Persönlichkeit müssen wir versuchen, unsere Aufgaben so gut wie möglich zu erfüllen. Für den Buddhisten, der an die Möglichkeit der Selbsterlösung am Ende vieler Leben glaubt, ist es kein Wunder, dass die Christen die Erlösung *außerhalb* ihrer selbst suchen. Denn diese haben einfach zu wenig *Zeit,* um sie selbst zu vollbringen.

Die klassischen Mythologien der Bewegung können uns Vorstellungen vermitteln, mit denen wir uns von dem beengenden Gefühl der verletzlichen Einmaligkeit befreien können. Alles kommt unendlich oft zurück, und alles ist Bewegung – nicht mehr und nicht weniger. Diese Ansicht hilft uns auch, milder zu werden im Hinblick auf unser eigenes, tastendes, hinkendes Streben nach Selbstverbesserung. Wir haben genügend Zeit dafür, und wenn eine Runde misslungen ist, ist deshalb noch nichts verloren. Mehr noch: Wenn wir alles als Bewegung betrachten, verschwindet die Trennung zwischen Misslingen und Erfolg. Wir haben nicht nur alle Zeit der Welt, wir haben sogar die Ewigkeit.

Dass übrigens im Chassidismus auch Gedanken über Reinkarnation existieren, widerspricht nicht dem oben Gesagten über das Aufbrechen des Kreises zur Linie. Innerhalb des Chassidismus wird der Reinkarnationsgedanke zwar nicht ausgeklammert, ja er wird sogar akzeptiert, doch er ist als solcher nicht in die Lebenspraxis integriert. Was zählt, ist das Hier und Jetzt unseres heutigen Lebens, das so gelebt werden soll, als sei es das einzige, das uns zugeteilt ist. Das Hier und Jetzt ist das Wichtigste, nicht der Zusammenhang mit der Vergangenheit oder der Zukunft. Rabbi Jonathan Gershom beschreibt in seinem Buch *Kehren die Opfer des Holocaust wieder?* eine beeindruckende Reihe von Erfahrungen von Menschen, die sich an ein früheres Leben zur Zeit des Holocaust erinnern. Auch ihm geht es darum, diese traumatischen Erfahrungen zu heilen, sodass sie nicht länger als ein Störfaktor im jetzigen Leben auftreten.

Auch das abschließende wunderbare Zitat von Ilya Prigogine aus dem Talmud deutet in die Richtung von wiederholten Schöpfungsrunden:

Der heutigen Schöpfung gingen 26 Versuche voran, die allesamt dazu verdammt waren, zu misslingen. Die Welt der Menschen ist zum Vorschein gekommen aus dem chaotischen Herzen der vorangegangenen Trümmer; auch sie läuft Gefahr, zu misslingen und ins Nichts zurückzukehren.
»Lasst uns hoffen, dass es funktioniert« *(halway sheyaamod)*, rief Gott aus, als er die Welt schuf, und diese Hoffnung, die die ganze weitere Geschichte der Welt und der Menschheit begleitet hat, hat von Anfang an deutlich gemacht, dass diese Geschichte mit dem Stigma der größtmöglichen Unsicherheit versehen ist.«

A. Neher, zitiert von Ilya Prigogine und Isabelle Stengers
in: *Die Gesetze des Chaos*

Moderne Mythologie der Bewegung

Energie, von verschiedenen Seiten betrachtet

Heute, nachdem der jüdische und christliche Mythos der »einmaligen Schöpfung« mit einem endlichen Universum fast 2000 Jahre lang seine Vorherrschaft behauptet hat, korrigieren Astronomen die Mythologie der großen Bewegungen. Zunächst wird das alte Weltbild demontiert: Was heißt »leibliche Himmelfahrt«? Was heißt das, ein Himmel hinter den Fixsternen? Selbst wenn Jesus und Maria mit Lichtgeschwindigkeit reisen würden, hätten sie sich bis heute nicht aus unserem Milchstraßensystem herausbewegt. Die Genesis wurde in unserer Zeit durch die Theorien des Urknalls und der Evolution verdrängt.

Wir empfangen neue Bilder von der Geburt ganzer Sonnensysteme, herumirrender Planeten und sterbender Sterne. Zum ersten Mal in der Geschichte können wir aus einer gewissen Distanz auf uns und unseren Blauen Planeten blicken. Alles ist relativ geworden, und das nicht nur dank Albert Einstein. Der Kosmos erweist sich als ausgedehnter, schöner und gewalt(tät)iger, als wir uns je vorzustellen vermochten. Sogar die Möglichkeit anderer, selbstbewusster Lebensformen müssen wir ernsthaft in Erwägung ziehen.

Auch in der Physik hat der neue Mythos der Bewegung an Kraft gewonnen aufgrund der Definition des Lichtes als Wellenbewegung und von Masse als Energie. Die Ergebnisse der Quantenmechanik zeigen, dass das Bewusstsein des wahrnehmenden Forschers einen Einfluss auf die Bewegungen der kleinsten Teilchen hat. Teilchen, die übrigens aus einer Leere zum Vorschein kommen, aus der sie sich mit hoher Frequenz hinein- und herausbewegen. Die Trennung zwischen Materie und Geist ist unscharf geworden dank derselben Wissenschaft, die den Geist noch kurz davor verbannt hatte.

Nicht zuletzt dank Einstein wurde *Energie* auch zu einem spirituellen Begriff. Während innerhalb der alten Machtverhältnisse der Klerus seine Terminologie den Naturwissenschaftlern aufdrängte, ist dies heute umgekehrt. In der modernen New Age-Mythologie wird fast alles auf Energie zurückgeführt. Verstorbene sind »Energiefelder«, bei Streit und Auseinandersetzungen spricht man von »schlechten Schwingungen«, und Menschen, die sich gut leiden können, befinden sich auf »derselben Wellenlänge«. Es zeigt sich, dass Farbe Wellenlängen hat und diese sich wiederum in Musik übertragen lässt. Auren erweisen sich als magnetische Felder, die wir fotografieren können. Aufgrund dieser Mythologie und der daraus her-

➤ »Glück und Frieden in großem Schmerz, ein phantastisches Unglück, das beeindruckende Sterben eines nahestehenden Menschen.«
»Etwas, das so schön ist, dass es weh tut.«
»Ein Detail, das plötzlich zu sprechen beginnt.«
»Einfach so verstehen, wie zauberhaft schön die Straße ist, in der ich wohne, wie dramatisch mein Schicksal und eigentlich auch das eines jeden Menschen ist. Wie spannend diese Zeit ist. Wie reich und wie leer zugleich.«
»Entdecken, dass das Leben, das ich führe, genau das für mich maßgeschneiderte Drama ist.«
»Überpersönliche Gewalt: Ein Unwetter, eine Lawine, ein Erdbeben, die Geburt meiner Kinder, der Tod meines Vaters.«

Dies sind einige spontane Antworten meiner Freunde auf die Frage: Was ist sublim?

vorgehenden Terminologie entsteht ein neues *Spannungsfeld* zwischen dem, was noch spirituell ist, und dem, was noch materiell ist. Alles hängt plötzlich mit allem zusammen. Die alten Mystiker erfahren mehr Bestätigung, als es ihnen selbst lieb gewesen wäre. Denn die Gefahr, die darin liegt, alles auf Begriffe wie ›Frequenz‹ und ›Energie‹ zurückzuführen, liegt darin, dass das geheimnisvolle *Wesen* der Dinge aus dem Vergleich verschwindet. Mit anderen Worten: Wenn alles Bewegung ist, ist nichts mehr weder Materie noch Geist.

Zugleich ist dieser geistige Reduktionismus äußerst attraktiv für den westlichen Menschen, der sich nach einem frischen Wind in seinem ›Gefängnis‹ der Nabelschau, Selbstverherrlichung oder Selbstdestruktion sieht. Denn wenn alles Bewegung und Energie ist, so ist nichts persönlich. Die Trennung zwischen Erfolg und Misserfolg wäre dann geradezu lächerlich. Auf dieser Ebene ist nichts meine Schuld noch mein Verdienst. Lass die Egoschmeichler, die Aufpepper und Managementgurus ruhig weiterplappern, lass die Calvinisten, die Lutheraner, die Bischöfe und Päpste sich in ihrem Grabe umdrehen. Auch das alles ist Bewegung ...

Krishna zu Arjuna:
Du musst lernen, mit demselben Blick auf einen Berg Gold und einen Berg Mist zu blicken. Mit derselben Haltung mit einem Hund umzugehen wie mit dem Mann, der den Hund isst.

Aus dem *Mahabharata*

Die neuesten Entwicklungen

Wenn wir die Welt als Bewegung auffassen, verfügen wir über eine nüchterne Forscherhaltung, bei der wir uns nicht von den Erscheinungen imponieren lassen. Ein Nachteil dieser Haltung besteht im Fehlen eines moralischen Standpunktes. Darum lassen sich ihre Ergebnisse so leicht missbrauchen, wenn es zu Kampf und Manipulationen kommt.

Die neuesten Entwicklungen auf dem Gebiet der Bewegung spielen sich auf dem Gebiet der Kommunikation und der Information ab. Es ist kein Zufall, dass sowohl das ältestes System (Tao) wie auch das neueste (Informatik) auf einer binären, dualistischen Logik basieren, auf Yin und Yang oder Null und Eins, die danach in eine hexadezimale, also eine zweimal dreigliedrige, übersetzt wird. Etwas *ist* entweder oder es ist *nicht* (binär), und wenn es ist (oder nicht ist), tritt die polare Komponente, meist mit einem verbindenden Mittelstück (Dreigliedrigkeit), hinzu.

Wir müssen erkennen, dass diese Ebene der Mythologie ziemlich amoralisch ist und in dieser Hinsicht wenig Verbindung zeigt mit dem, was in der europäischen Kultur als höchstes Gut gilt: das zur Entfaltung kommende Individuum.

Alle neuesten Entwicklungen auf dem Gebiet von Kommunikation und Information haben einen mechanistischen und pragmatischen Charakter. Man braucht nur die Namen populärer Rituale zu hören, und man weiß, dass neurolinguistisches *Programmieren*, neuroassoziatives *Konditionieren* und ihre Nachfolger ein mechanistisches Menschenbild bieten, das dem ältesten Zählmechanismus in einem neuen Gewand aufgepfropft wurde: dem Computer. Der Mensch ist etwas, an dem herumgebastelt und das programmiert werden kann, mit dem paradoxen Ziel, ihn zu befreien. Dadurch entsteht ein Widerspruch in der Terminologie selbst: Kann man eigentlich jemanden zur Freiheit konditionieren oder programmieren?

So wie Einsteins wertfreie Erfindungen letztlich die Atombombe möglich machten, so lassen sich die Folgen dessen, was der Psychologe Paul Watzlawick einst in Bezug auf die *pragmatischen Aspekte der menschlichen Kommunikation* formulierte, heute in der Manipulation durch die Medien und andere Informationssysteme wiederfinden.

Bewegung, wie sie beispielsweise im Tai Chi trainiert wird, mit dem Ziel, die Gesundheit zu fördern, führt letztlich zur Unangreifbarkeit im Kampf. Es handelt sich bei Bewegung also um große Lebenskräfte, die jedoch auch dem Pragmatiker offen preisgegeben werden. Darum ist es auch unvermeidlich, dass diese neutrale, transparente *Bewegung* irgendwann in blutigen *Kampf* übergeht.

»Ich kenne ein Rätsel«, sagte der Pfau, »möchtest du es hören?«
»Ja gerne«, sagte die Schildkröte.
»Es ist wunderschön und blau und hat einen langen hübschen Schwanz mit hundert prächtigen Federn, und in diesen Federn befinden sich die schönsten Augen der Welt. Rate mal, was ist das?«
»Einmal kurz nachdenken«, sagte die Schildkröte, »ein Hahn.«
»Falsch, ein Hahn ist doch nicht blau!«
»Na, dann eben ein Truthahn«, sagte die Schildkröte.
»Verzeihung«, sagte der Pfau, »ein Truthahn hat doch keine schönen Augen in seinen Schwanzfedern.«

»Dann weiß ich es nicht«, sagte die Schildkröte.
»Ein Pfau natürlich«, sagte der Pfau. »So, und jetzt sag du mir ein Rätsel.«
»Einmal kurz nachdenken«, sagte die Schildkröte. »Es ist groß.«
»Na«, sagte der Pfau, »das kann alles Mögliche sein. Ein Baum, ein Haus, ein Hochhaus, ein Zug, ein Elefant ...«
»Alles richtig«, sagte die Schildkröte.
Erik van Os

Am Ende des Films *Forest Gump* fragt sich der grenzdebile Held, ob seine Mutter recht hatte mit dem Gedanken, dass das Leben eine lange Kette von Zufällen ist, oder eher sein Freund, Leutnant Dan, der davon überzeugt war, dass wir alle eine Bestimmung haben. Ungehindert durch das trennende Denken schlussfolgert der Held des Films: »Ich denke, dass sie alle beide recht haben.«

Paradoxien der Bewegung

Chaos und Muster

Es sind Fälle von Blindgeborenen bekannt, die im Erwachsenenalter operiert wurden und danach sehen konnten. Wider Erwarten zeigte sich, dass diese Menschen aufgrund dessen, was an chaotischen Eindrücken auf ihr Gehirn einströmte, häufig sehr unglücklich wurden. Die meisten von ihnen lernten niemals, richtig gut zu sehen, und manche schlossen schließlich ihre Augen wieder, um die Sicherheit des Blindseins wiederzufinden.

Sehen ist nicht einfach das Eindringenlassen von Licht, sondern eine komplexe Aktivität. Dazu gehören auch verschiedenste Funktionen, mit denen *Muster* unterschieden werden, um so Gegenstände unabhängig von ihrem Hintergrund wahrnehmen zu lernen. Die wichtigsten Wahrnehmungskomponenten sind die Unterschiede in der *Bewegung* und die Fähigkeit, diese Bewegungen innerlich *festzuhalten*, d. h. sie zu erinnern. Wir verdanken unser Bewusstsein also dem *Faktor Bewegung*. Unsere Gehirnnerven ›feuern‹ fortwährend, unsere Augen stehen niemals still und so weiter. Bewegung als solche nehmen wir nur dann wahr, wenn es *Unterschiede* in dieser Bewegung gibt. Andere Termini für Bewegung sind Energie, Schwingung und Dichtegrad des Lichts. Das Wahrnehmen ist also stark von wiederkehrenden zyklischen Bewegungen, von Gewohnheiten abhängig, die aufgrund von Veränderung miteinander kontrastieren.

Das Bedürfnis, Muster zu erkennen, spricht besonders deutlich aus der folgenden Geschichte:

Als in den Fünfzigerjahren die ersten tragbaren Filmprojektoren hergestellt wurden, beschlossen einige Missionare, mit Filmen über das Evangelium durch Afrika zu reisen. Während der ersten Vorführungen in einer verdunkelten Hütte waren die Einheimischen begeistert. So etwas Schönes hatten sie noch nie gesehen. Bei genauerer Nachfrage stellte sich jedoch heraus, dass sie – obwohl der Film in ihrem eigenen Dialekt gesprochen worden war – überhaupt keine Geschichte wahrgenommen hatten. Sie hatten nicht einmal Menschen in den Filmbildern erkannt. Das Betrachten von Filmen scheint also eine längere kulturelle Vorbereitung zu erfordern. Man muss in der Lage sein, zweidimensionale Bilder in dreidimensionale zu übersetzen. Die Eingeborenen hatten zwar die abwechselnden Geräusche und die tanzenden Schattenbilder genossen, doch sie waren für sie, obwohl schön, bedeutungslos geblieben.

Zu den vielen Geschenken, die wir der Filmkunst verdanken, gehört die Tatsache, dass wir einen Sinn für die Dehnbarkeit von Zeit entwickelt haben. Unter Ausnutzung der Tatsache, dass das Gehirn ungefähr 24 Bilder pro Sekunde benötigt, um die Erfahrung einer fließenden Bewegung hervorzubringen, hat sich die Filmkunst aus der Fotografie entwickelt. Wir nehmen also eine schnelle Aufeinanderfolge von Momentaufnahmen wahr. Wenn wir diese in der Geschwindigkeit abspielen, mit der sie hergestellt wurde, erhalten wir eine normal strömende Bewegung; wenn wir sie beschleunigt abspielen, eine beschleunigte Bewegung; tun wir dies in Zeitlupe, eine gedehnte.

Das Paradoxe moderner Filme besteht darin, dass wir häufig Szenen verlangsamt abspielen, wenn wir einen raschen Ablauf wiedergeben wollen. Besonders bekannt geworden sind die Kampfszenen aus der Fernsehserie *Kung Fu* in den frühen 70er-Jahren. Doch eigentlich wird jeder herausragende heroische Moment verlangsamt abgespielt, um anzudeuten, dass das besonders Kurze häufig sehr lange dauert.

Umgekehrt gilt, dass wir dank der Filmkunst die Entfaltung einer Blüte im Zeitraffer darstellen können, um damit zu betonen, wie langsam sich der Vorgang eigentlich vollzieht.

Diese Technik des beschleunigten und verzögerten Abspielens verhalf uns dazu, zu erkennen, dass etwas, was stabil zu sein scheint, im Grunde einfach in einem anderen Zeitverhältnis strömt. Umgekehrt können wir dank des Films die lange Dauer eines Blitzes deutlich machen. In dem Film *Matrix* sehen wir Gewehrkugeln, die abgeschossen werden und während ihres Fluges zum Stillstand kommen. Der Geist ist schneller als das Licht ...

Eine andere Technik, die hier angewendet wird, wird als *Time Slicing* bezeichnet: Um eine Aktion herum wird eine große Menge von Kameras in einem Kreis aufgestellt, mit denen kurz nacheinander jeweils ein Bild aufgenommen wird. Wenn man danach die Fotos rasch nacheinander abspielt, scheint es, als würde man mit der Vorstellung um die blitzartige Aktion »herumreisen«. Als ließe sie sich, gleichsam eingefroren in der Zeit, von allen Seiten studieren.

Der Grund dafür, dass uns diese Verfahren so stark ansprechen, liegt vielleicht darin, dass es in uns etwas gibt, was zu diesen Erfahrungen auch ohne technische Tricks in der Lage wäre. Der Film macht lediglich eine Wirklichkeit zugänglich, die wir *vor*sinnlich bereits kannten.

Ein englischer Entdeckungsreisender freundete sich mit einem Häuptling eines Stammes von Urwaldbewohnern an. Als er entdeckte, dass dieser den Urwald noch niemals verlassen hatte, bot er dem Häuptling an, ihn einmal auf eine der Bergspitzen mitzunehmen, sodass er die Hochebene überblicken könne. Als der Häuptling zum ersten Mal in seinem Leben einen fernen Horizont erblickte, fiel er beinahe um. Die Antilopenherden, die er in der Ferne sah, nahm er als Ameisen auf einem Steilhang wahr. Er versuchte sie anzufassen, und ihm wurde übel und schwindelig, als es ihm nicht gelang. In Panik bat er seinen Freund, ihn so rasch wie möglich wieder in den Urwald zurückzubringen.

Das Bedürfnis, Muster zu erkennen, ist also etwas ganz Fundamentales für den Menschen. Ohne es wären wir vermutlich ewig im Chaos geblieben. Doch Musterbildung kann auch zu einem Gefängnis werden: auf der persönlichen Ebene aufgrund der Erstarrung von Gewohnheiten, auf der religiösen Ebene durch starre Ansichten über beispielsweise Vorbestimmung oder welches sonstige starre Dogma auch immer. Die bereits geschilderten Erlösungstechniken sprechen klugerweise nicht von *Deprogrammieren*, sondern von der Bildung neuer Gewohnheiten!

Beweglichkeit wechselt sich mit Erstarrung ab, wir differenzieren dasjenige, was gleich bleibt. Dadurch entwickeln wir ein Bewusstsein für die Dinge. Für diejenige Form des Bewusstseins, die sich nicht des Mittels der Unterschiede bedient, müssten wir dann eigentlich einen neuen Terminus finden.

Möglicherweise könnten wir dann die Vorsilbe »be« weglassen und ein ungeteiltes Bewusstsein als »Wusstsein« benennen, im Englischen »sciousness« statt »consciousness«. Wir haben dann eine Art begriffsloses, trennungsloses, gewohnheitsloses Bewusstsein vor uns, das keine Meinung hat und nicht einmal wahrnimmt, sondern lediglich gewahrt. Bewegung nähert sich dann stark der Leere an. Die Taoisten sprechen in diesem Fall vom »ungekerbten Block«.

Je tiefer wir in die Welt der Bewegung eintreten, umso mehr beginnen wir zu *vergleichen*. Dies tun wir, indem wir *polarisieren*: warm – kalt; leicht – schwer; hell – dunkel; hart – weich; selbst – anders; gut – schlecht. Der Block bekommt durch Begriffe Kerben. Begriffe verstärken die Unterschiede. Bevor wir es uns versehen, sind wir im Begriff, zu kollidieren und zu kämpfen.

Weggehen, um anwesend zu sein

Ein weiteres Paradox der Bewegung besteht darin, dass wir manchmal gut daran tun, uns aus einer Situation *herauszubegeben*, um dann umso mehr wieder zu uns selbst, in unseren Körper *zurückzukehren*. Manchmal genügt ein Urlaub, um gestärkt nach Hause zu kommen. Manchmal muss man einen Arbeitsplatz oder eine Beziehung verlassen, um besser zu spüren, wer man ist, was uns etwas bedeutet hat und was wir eigentlich wollen.

In extremen Fällen habe ich beobachtet, wie Freunde bewusst ihren Sterbeprozess beschleunigten, weil sie davon überzeugt waren, dass sie als ein vom Körper befreites Wesen besser an ihren Idealen auf Erden arbeiten könnten.

Das Leben ist unfassbar einfach.
Erster Lama Sittuh

Aufhören mit dem Aufhören

Dieses Paradox sehen wir häufig bei Rauchern. Sie hören nicht mit ihrer Sucht auf, sondern sie hören damit auf, aufzuhören. Auch in manchen Beziehungen ist die eingetretene Bewegung(slosigkeit) der Tatsache zu verdanken, dass einer oder beide Partner bereits allzu häufig vergeblich versucht haben, die Beziehung zu verlassen.

Das umgekehrte Paradox lautet natürlich: Aufhören, anzufangen. Das Zum-Stillstand-Kommen des *Flows* ist hier ebenfalls sichtbar.

Zyklizität und Freiheit

Bewegung ist die Basis für eine neutrale Art von Moralität. Tun wir dieses, so folgt daraus jenes. So aufgefasst, bildet sie eine ›angenehme‹ Basis für Ideen über Karma und Reinkarnation. Der schönste und eindringlichste Film über die zyklischen Aspekte des Lebens ist meines Erachtens *Und täglich grüßt das Murmeltier* (1993), eine Komödie mit Bill Murray in der Hauptrolle, basierend auf dem Lebenswerk von Elisabeth Kübler-Ross, die sich der Begleitung Sterbender widmete, sowie dem Buch von P. D. Ouspensky, *Das seltsame Leben des Iwan Osokin*. Die Geschichte ist, kurz zusammengefasst, folgende:

Ein ziemlich unsympathischer Fernsehreporter, Phil Connors, muss einen Bericht über den jährlichen »Murmeltiertag« verfassen. Er tut dies mit großem Widerwillen und mit Verachtung für die einfachen Bewohner des Dorfes, in dem das Fest stattfindet. Am Morgen nach dem Schreiben der Reportage zeigt sich, dass er wiederum am Beginn des Murmeltiertages steht. Er ist jedoch der Einzige, der sich dessen bewusst ist. Verwirrt verfasst er die Reportage noch einmal, nur um zu bemerken, dass am nächsten Morgen wieder Murmeltiertag ist ...

Am Abend betrinkt er sich zusammen mit zwei Restaurantgästen. Es fällt auf, wie negativ Phil ist. Er wendet ein: »Was würdest du tun, wenn jeder Tag eine exakte Wiederholung des vorigen ist und wenn nichts von all dem, was du tust, irgendeinen Unterschied ausmacht?«

Der Netteste und Trotteligste der beiden Gäste, Ralph, starrt ein wenig dumpf vor sich und murmelt: »Du beschreibst exakt mein Leben.«

Am Ende des Abends sind alle sternhagelvoll. Kurz bevor sie ins Auto steigen, muss Ralph sich übergeben, woraufhin Phil fragt: »Möchtest du dich hier übergeben oder im Auto?« Ralph denkt kurz nach und sagt dann: »Ich denke, beides.«

Der Tag wiederholt sich viele Male, und die Assoziation zum Gedanken der Reinkarnation beginnt sich aufzudrängen. Zunächst widersetzt Phil sich der immer wiederkehrenden Routine, irgendwann beginnt er die Tatsache, dass er Dinge im Voraus weiß, auszunutzen, indem er Geldautos ausraubt und Frauen verführt. Doch jedes Mal hat er am nächsten Morgen seinen Besitz verloren und erhält neue Chancen.

Das eigentliche Drama setzt erst ein, als Phil versucht, seine große Liebe, gespielt von Andie McDowell, zu verführen. Er passt sein gesamtes Verhalten dem an, was er über ihre Vorlieben erfahren hat, denn er verfügt über eine Erinnerung an die vorangegangenen Tage, sie jedoch nicht. Trotz seiner immer raffinierteren Versuche, sie zu verführen, wird sie seiner immer früher überdrüssig. Dies bringt Phil Connors dermaßen zur Verzweiflung, dass er versucht, Selbstmord zu begehen. So fährt er mit einem Auto gegen eine Wand. Doch auch danach erwacht er wiederum am selben Murmeltiertag. Nach vielen Selbstmordversuchen und ebenso vielen Wiederauferstehungen macht sein falsches Ego allmählich Platz für eine authentische Begeisterung für die kleinen und schönen Dinge des Lebens. Nach einem Rückschlag murmelt er: »Das ist nicht schlimm. Ich bin schon so oft gestorben, dass ich nicht einmal mehr existiere.« Weniger auf Lust und Macht fixiert, lernt er, für das Leben selbst, für sein eigenes Glück und das seiner Mitmenschen zu leben. Er lernt, freudig zu dienen. Wie von einer unsichtbaren Kraft angezogen, kommt seine große Liebe von selbst auf ihn zu. Sie entscheidet sich für ihn und verbringt die Nacht mit ihm. Am nächsten Morgen zeigt es sich, dass der Murmeltiertag vorbei ist, er kann sich entscheiden, wohin er geht. Er entscheidet sich freiwillig – wie ein wahrer Boddhisatva –, in dem kleinen Dorf zu bleiben.

Dieser Film enthält eine griffige Metapher für die Vielzahl von Leben, die wir ›abarbeiten‹ müssen, um zu einer tieferen Erkenntnisebene zu gelangen und eine liebevollere Haltung uns selbst und dem anderen gegenüber zu entwickeln. Es handelt sich hier um den extrem dünnen Grat zwischen Vorbestimmtheit und Freiheit.

Unbewegtes Anteilnehmen

Das Besondere an der Moral des Films *Und täglich grüßt das Murmeltier* liegt darin, dass sie nicht moralistisch ist. Sie ist nicht persönlich, verfolgt nicht die Absicht, irgendjemanden zu strafen oder zu belohnen. Es handelt sich um ein ganz einfaches Gesetz, das die Verstärkung dessen beinhaltet, was wir selbst in die Welt stellen, und dessen Echo. Dass es sich dabei nicht um das angenehme einfache Gesetz des »Gott wird dich belohnen« handelt, entdeckt Bill Murray in einem anderen Top-Film mit dem Titel *Auf Messers Schneide* (1984) nach dem Roman von William Somerset Maugham. Allerdings gibt es dort für ihn kein Happy End im Sinne des »boy gets girl«. Seine Geliebte begeht Selbstmord, doch er kommt darüber hinweg. Es gibt keine Belohnung außer in Gestalt seiner eigenen Schwungkraft und der immerzu anwesenden Schönheit, jenseits der menschlichen Moralität. Anders ausgedrückt, man kann von unterschiedlichen Ebenen der Moralität sprechen:

die blinden, sich verschiebenden Erdschichten, die alles unter sich begraben, und die niederen Ebenen der Schicksale von Gruppen und Individuen. Manchmal wird man verschont, manchmal wird man zerschmettert. Die Frage ist nur: Ist man in der Lage, *ungerührt Anteil zu nehmen*, sogar dann, wenn der Tod bevorsteht?

In der Mythologie der großen Zyklen ist die Erfahrung der Freiheit eine Illusion, weil auf jede Veränderung eine Korrektur folgt: Wir sind unweigerlich unterwegs zu einem Endpunkt des Neubeginns, entweder im Licht oder im Dunkel, abhängig vom jeweiligen Weltbild. In dem Film *Stardust Memories* von Woody Allen (1980) wird dies durch zwei verschiedene Züge symbolisiert, die auf unterschiedlichen Gleisen unterwegs sind. Im einen Zug sitzen fröhliche, schöne Menschen, in dem anderen die dummen, hässlichen. Woody Allen selbst sitzt natürlich aus Versehen im Zug mit den Hässlichen, doch es ist zu spät zum Umsteigen. Am Ende zeigt sich, dass die Reise zur selben Müllhalde führt, wo die Hässlichen und Schönen einander verstört anschauen.

Die einzige Freiheit, die wir haben, wenn wir dem Mythos der unvermeidlichen Erlösung folgen, besteht darin, unsere Erleuchtung noch einige Leben hinauszuschieben oder sie jetzt gleich anzugehen. In jeder Handlung haben wir dann einen Spielraum, den wir als »Freiheit« bezeichnen können. Diese bildet die Möglichkeit, innerhalb der unvermeidlichen Bewegungen zu beschleunigen, zu verzögern oder aber einen Umweg zu wählen, bevor wir unser Ziel erreichen.

In der langen Kette von Leben sind wir im Grunde auf dem Wege von der einen Art Unfreiheit zur anderen. In der Zwischenzeit balancieren wir in einer Art von Halbschlaf über einem Abgrund, der kein Abgrund ist, in Richtung des Paradieses, aus dem wir gerade gekommen sind.

Zur Moral von *Und täglich grüßt das Murmeltier* gehört auch, dass es, wenn wir nicht gut aufpassen, so zu sein *scheint*, als wiederhole sich im Leben alles. Doch wenn wir auf die Nuancen und die unterschiedlichen Ebenen achten, zeigt es sich, dass große Verschiebungen möglich sind. Diese Verschiebungen werden jedoch wieder von einem anderen Gesetz bestimmt, nämlich dem der Begeisterung und der Liebe. In dem Augenblick, wo wir dies erfassen, werden wir uns wiederum einer weiteren Gesetzmäßigkeit bewusst, nämlich der, dass es eigentlich nur einen einzigen Weg gibt: den des freudigen Dienens.

Die lange Suche findet so ein Ende, und was wir in unserer Illusion zunächst als Freiheit zu erleben glauben, wird abgelöst vom »harten Muss«, um mit Goethe zu sprechen:

Nötigung

Da ist's denn wieder, wie die Sterne wollten:
Bedingung und Gesetz; und aller Wille
Ist nur ein Wollen, weil wir eben sollten,
Und vor dem Willen schweigt die Willkür stille;
Das Liebste wird vom Herzen weggescholten,
Dem harten Muss bequemt sich Will' und Grille.
So sind wir scheinfrei denn, nach manchen Jahren
Nur enger dran, als wir am Anfang waren.

Qualitäten von Bewegung

Bewegung, Zeit und Ewigkeit

Der weise und liebevolle Umgang mit der Leere zeigt sich im fruchtbaren und respektvollen Umgang mit dem Raum. Weil Bewegung dem Bewusstsein den Faktor Zeit hinzufügt, liegt es auf der Hand, dass *Zeit* das Schlüsselwort zu dieser Pforte zum Sublimen bildet.

Bewegung hat zwei Gesichter: Auf der ersten Ebene ist sie etwas, das von irgendwoher kommt und jetzt irgendwohin unterwegs ist (Bewegung als Zeit), auf der zweiten Ebene ist sie stabile, in und um sich selbst kreisende Bewegung (Bewegung als Ewigkeit).

Auf der ersten Ebene führt Bewegung dazu, dass wir einen Unterschied zwischen Vergangenheit und Zukunft machen. Einstein sagte es bereits: Die Wahrnehmung von Bewegung erfordert einen unabhängigen Punkt, von dem aus wir wahrnehmen. Nicht nur physisch, sondern auch seelisch erfordert Bewegung einen festen Orientierungspunkt. Wir wissen, dass wir irgendwohin unterwegs sind, weil wir uns *erinnern,* dass wir zuvor irgendwo anders waren. Zukunft existiert, weil wir uns an eine Vergangen-

➤ ›Glück‹ manifestiert sich auf zwei Erscheinungsebenen. Seine direkt erfahrbare Seite ist ein Gefühl der Dankbarkeit, der Freude und der Wertschätzung in Bezug auf die offen zutage liegende Schönheit. Dieses Gefühl kann zum Beispiel nach einer liebevoll bereiteten Mahlzeit aufkommen, nach einer zarten Liebesstunde, beim Anblick der Unschuld eines Kindes, aber auch bei einem Sonnenuntergang, bei Blüten im Frühling, dem Singen eines Vogels. Die zweite Form erfordert mehr Einsatz und Anstrengung, sie ist verbunden mit dem Erleben des Sublimen. Schmerz und Genuss ver-

ABC PRESS

28. Januar 1986: Das Challenger Space Shuttle explodiert nur 73 Sekunden nach dem Start in rund 15 Kilometern Höhe. Sieben Astronauten verbrennen.

ABC PRESS

Feuernde Panzer bei Nacht. Feuerwerk während der Schlacht bei Stalingrad, 1942.

heit erinnern! In dem Moment, in welchem wir die Vergangenheit vergessen, verschwindet die Zukunft.

Dann gelangen wir zur zweiten Ebene. Indem wir ganz mit der Bewegung mitgehen, bringen wir sie zum Stillstand. Zukunft und Vergangenheit verschwinden, wenn wir den festen Punkt in die Bewegung selbst verlegen. Wir koppeln die Bewegung dann vom Beginn und dem Ende, von der Vergangenheit und der Zukunft ab, trennen sie von Ursache, Folge oder Ziel. Wenn wir dies tun, wird Bewegung zum Tor zur Ewigkeit. Wer kennt nicht den Schock, den man verspürt, wenn man sich rhythmisch bewegt und plötzlich bemerkt, dass die Zeit an einem vorbeigerast ist oder völlig stillgestanden hat? In allen guten Bewegungsmeditationen wird dieses Prinzip angewandt: Strömende, wiederholte Bewegung ohne Beginn und Ende führt uns in eine andere Welt, jenseits der Zeit. Oder anders ausgedrückt: *Wir werden selbst zur Zeit* und umfassen damit die Zeitlichkeit.

Ein ähnliches Bewusstsein tritt möglicherweise auch dann auf, wenn Menschen sterben: Die Zeitlinie, in der sie sich zuerst befanden, bricht auf und wird zu einer Dimension, die wie eine Art Raum überblickt werden kann. Ein weiser Umgang mit Bewegung macht uns diese erlösende Erfahrung zugänglich, ohne dass wir zuvor einen physischen Tod durchmachen müssen.

schmelzen auf dieser Ebene miteinander. Ein intensiv erlebter Sonnenuntergang kann physisch wehtun, sogar ein leichtes Streicheln kann verwunden, und in manchen Fällen kann ein Schlag eine unglaubliche Befreiung darstellen.

Ein Bombardement oder ein schicksalhafter Unfall vernichtet unser Gefühl des ›Behagens‹, aber er bricht uns vielleicht auch auf für die Erfahrung des Sublimen. Wir sterben schon, bevor wir sterben, und wer wollte das nicht? Aber wer wagt zu sagen: »Gib mir heute einmal einen Todesschlag!«?

Perspektive

Das Sublime in der Kunst hat deutliche Verbindungen mit der bewusst manipulierten Perspektive, mit der Bewegung also. Für mich persönlich öffnete sich eine neue Welt, als ich zum ersten Mal ein Gemälde von William Turner sah. Es war die Darstellung eines Sonnenuntergangs über dem Meer: Das flammende Orange des Himmels wurde dunkler von den peitschenden Wellen widergespiegelt, in denen ein Segelschiff mit seiner eigenen Nichtigkeit rang. Eine Ehrfurcht erweckende, aber immer distanziert bleibende Schönheit. Als ich den Titel des Gemäldes las, durchfuhr mich ein Schreck: »Sklavenschiff wirft die toten und sterbenden Sklaven über Bord, ein Taifun erhebt sich«. Vorbewusst hatte ich bereits Details gesehen und verdrängt, die nun nach Aufmerksamkeit schrien: Ein verzweifelter schwarzer Arm mit einem Stück Kette um das Handgelenk streckt sich aus dem Wasser, irgendwo anders sieht man ein Bein. Ein ungewöhnlich großer Fisch scheint die Menschen verschlingen zu wollen. Mit diesem Perspektivenwechsel nimmt einen das Bild ganz anders gefangen. Ich musste mir eingestehen, dass das furchtbare Thema mir gerade eben noch reizvoll erschienen war. Gelingt es uns, die Wirklichkeiten der bezaubernden Farben, der großartigen Natur und der menschlichen Grausamkeit in einem intensiven Spannungsverhältnis zueinander zu halten, so wird dieses Gemälde ein Tor zu einem schmerzhaften Glück, einem tieferen Wissen (siehe die Abbildung hinten im Buch).

In vergleichbarer Weise arbeitet der amerikanische Video-Künstler Bill Viola. Er filmt aus verschiedenen Entfernungen einen Fluss und wechselt danach zu Harz, das an einem Baumstamm herabströmt. Gerade haben wir uns an der Schönheit unterschiedlicher Wasserläufe und Formen erfreut, da zeigt es sich, dass wir die heraussickernde Feuchtigkeit einer offenen Wunde einer toten Kuh betrachtet haben. Unsere an Bedeutungen gebundene Reflexreaktion zwingt uns fast, dies als hässlich zu erleben. Doch gelingt es uns, die Erfahrung der Schönheit festzuhalten, so öffnet sich eine sublime Tür.

Beschleunigung

Die Filmtechnik bietet auch die Möglichkeit, mit Zeitraffern zu filmen. Das bedeutet, dass wir beispielsweise alle zehn Sekunden ein Bild aufnehmen und diese Reihe danach so abspielen, als sei sie in normaler Geschwindigkeit aufgenommen. Vor allem bei Wolkenbewegungen liefert dies schöne Resultate. Sie werden aus ihrer eigenen Zeitdimension herausgeholt und in eine raschere, fließendere Wiedergabe übersetzt. Auch in der Darstellung von Blüten, die sich öffnen und schließen, wird dies häufig angewandt.

Wir können dies auch fotografisch mit einer mechanischen Blende erreichen, die wir länger geöffnet lassen. Wenn wir auf diese Weise eine nächtliche Autobahn fotografieren, entstehen lang gezogene Lichtstreifen.

Auf diese Weise sind Meisterwerke entstanden, die die Grenze zwischen Ewigkeit und Vergänglichkeit zum Zerfließen bringen, wie zum Beispiel die Filme *Kooyanisqatsi* und *Powaqqatsi* mit der Musik von Philipp Glass und die mindestens genauso starke visuelle Mediation *Baraka* von Ron Fricke, der in seinem Film einen ergreifenden Kontrast zwischen unserer mechanischen, elektronischen Kultur und der organischen Schönheit der Naturvölker vor uns hinstellt.

Falsche Vergangenheit, falsche Zukunft

So wie bei der Leere Unsicherheit darüber entstehen kann, was voll ist und was leer, so kann auch Unsicherheit darüber entstehen, was Vergangenheit ist und was Zukunft. Es wird immer wieder gesagt, dass wir unsere Vergangenheit nicht ändern können, lediglich unsere Meinung darüber. Dies hängt mit der Erinnerung zusammen. Offenbar gibt es eine Art des Erinnerns, die die Vergangenheit zur Vergangenheit macht, und eine Art des Erinnerns, die die Vergangenheit wie ein Heute konserviert. Im letzten Fall landen wir in einer anderen Variante der Ewigkeit. Hier kommt ein Paradoxon ins Spiel, auf das bereits Sigmund Freud hinwies, dass nämlich die Vergangenheit, die wir ›vergessen‹ haben, sich so lange in der Zukunft wiederholt, bis wir uns in der richtigen Weise erinnern und dann erst richtig vergessen können. Eine andere Weise, dieses Paradoxon zu formulieren, wäre: Alles, was wir uns von der Geschichte anzunehmen weigern, wird zeitlos. Meistens handelt es sich um schwer zu verarbeitenden Schmerz, doch auch eine wunderbare Vergangenheit kann uns in ihren Bann ziehen.

Im Kapitel über das Thema Spiel wird tiefer auf die tragikomische Neigung des Menschen eingegangen werden, sich in einer bestimmten Rolle verewigen zu wollen. Der Held, der fordert, dass ihm ein Monument errichtet wird, hofft im Grunde, dass die Vergangenheit zur Zukunft wird, wodurch diese Zukunft ihren überraschenden Charakter verliert und zu einer vorhersagbaren Vergangenheit wird. So gesehen ist jede Neurose ein Versuch, die Bewegung einzufrieren, weil dabei zu viel Schmerz involviert war. Alles ändert sich, außer mir. Es kommt mir so vor, als müsste ich ein ganzes Leben lang Eigenschaften mit mir herumschleppen, von denen ich gerne wollte, dass sie sich ändern. Joseph Campbell zufolge besteht die einzige Möglichkeit, die uns hilft, unser Gefängnis zu akzeptieren, darin: If you are nasty, *be* nasty.

Der planvoll durchkreuzte Plan

Wie die Mythologie des Raumes den Gegensatz zwischen dem umfassenden Vakuum und dem schwarzen Loch kennt, so kann in der Mythologie der Zeit und der Bewegung unterschieden werden zwischen einer Kraft, die uns in Richtung der Zukunft saugen will, und einer Kraft, die uns an die Vergangenheit ketten möchte. Zwischen dem unendlich weiten Vakuum und dem unendlich engen schwarzen Loch erscheint die Leere, die Raum bietet. Zwischen dem Versprechen einer Zukunft und der Erinnerung an eine

Vergangenheit entsteht das *ewige Jetzt*. Beide Kräfte, die saugende und die festlegende, können dieses ewig bewegliche Jetzt nicht ertragen und machen doch gerade durch ihre Weigerung, die Schönheit des Jetzt zu akzeptieren, diese Gegenwart möglich. Denn das, was sich ewig verändert, scheint sich von einem Punkt in der Vergangenheit zu einem Punkt in der Zukunft hinzubewegen. Doch unser Bewusstsein fühlt sich zu Hause in dieser Spannung zwischen Erinnerung und Versprechen. Daher haben wir einen Teil unserer Freiheit der Tatsache zu verdanken, dass unsere Taten erhalten bleiben. Es besteht natürlich die Gefahr, dass wir uns zu stark mit unserer Vergangenheit identifizieren und dadurch den offenen Horizont des neugierigen Reisenden verlieren. Oder aber, dass wir uns so sehr nach der Zukunft sehnen, dass wir blind werden für den Reichtum dessen, was ist und war.

Leben aus Bewegung erfordert ein Bewusstsein einer Vergangenheit und einer Zukunft, ohne beiden allzu viel Wert beizulegen. Hierophanten aller Zeiten rieten daher immer: Hege keine Hoffnung, doch auch keine Furcht. Konkret bedeutet dies: Man sollte sich lieber rechtzeitig von Ängsten und Sehnsüchten lösen, denn sonst kettet man sich an die Illusion der Zeit.

Wenn der Kabarettist Freek de Jonge sagt: »Ich hatte die Ehre, dass ich sowohl meinen Vater als auch meinen Sohn begraben durfte«, dann will er damit eigentlich sagen: Ich habe mich von der Hoffnung gelöst, dass sich an mir die Zeit nach einem bestimmten Erwartungsmuster vollzieht. Denn genau das tun wir, wenn wir hoffen, dass jemand genauso lange lebt, wie wir es als notwendig erachten.

Diesbezüglich lässt sich viel aus der Komödie *Der Guru* (1998) lernen. Eddy Murphy spielt darin eine erleuchtete Seele, die sich mit viel Opferkraft der Erlösung eines Mitmenschen widmet. Letzterer ist Produzent bei einem Homeshopping-Network (einem Fernsehsender, der sich auf TV-Shopping spezialisiert hat) und benutzt den »holy man« als Lockvogel für seine Kunden. Vieles von dem, was dieser am Bildschirm als Weisheiten verkündigt, ist wie Perlen, die vor die Säue geworfen werden. Denn seine Mahnung, weniger materialistisch zu werden, dient paradoxerweise dazu, die Kauflust zu stimulieren. Der Guru beschreibt im Fernsehen die Geschichte eines Mannes, der nach einem schweren Sturm am Strand entlanggeht und sieht, dass dort gerade Tausende von Seesternen angespült worden sind. Während er betroffen dem massenhaften Sterben dieser Seetiere zuschaut, sieht er ein Mädchen, das hastig Seesterne ins Wasser zurückwirft. Ziemlich skeptisch fragt er sie: »Was macht es für einen Unterschied?« Das Mädchen zeigt auf den Seestern, den es in diesem Moment in seiner Hand hält, und antwortet: »Für diesen hier macht es einen Unterschied«, und wirft ihn zurück ins Wasser.

Falsches Ego, falsche Egolosigkeit

Der Reinkarnationsgedanke hat einen Vorzug, der, auf einer anderen Ebene, sofort in einen Nachteil umschlagen kann: Der Gedanke, dass mein heutiges Leben nur eines unter unzähligen anderen ist, relativiert zwar die Wichtigkeit meiner heutigen Persönlichkeit, doch im Handumdrehen entsteht das Problem eines noch größeren Egos, wenn ich bedenke, dass mein Ich ewig ist.

Ich möchte im Folgenden einige Gedanken skizzieren, die heilsam sein können gegen diese subtile und verborgene Eitelkeit. Der erste besteht darin, den Begriff Reinkarnation einfach einmal in Anführungszeichen zu setzen und davon auszugehen, dass das jetzige Leben das einzige Leben sei, das nur jetzt in diesem Moment zählt. Ein anderer Rat besteht darin, sich klarzumachen, dass letztendlich der Einzige, der sich wiederverkörpert, Gott ist. Denn gerade der enge Anzug unseres Egos verschwindet, wenn dieses Leben zu Ende ist, und macht Platz für einen anderen. Der Besitzer dieses Anzugs ist jedoch ein Gottesfunke.

Eine dritte Weise, den Reinkarnationsgedanken fruchtbar zu machen, besteht darin, sich vorzustellen, dass Reinkarnation lediglich der Entwicklung von Mitleid dient. Anders ausgedrückt: Der einzige Grund, dass wir wiederkommen, liegt darin, uns so gut wie möglich in so viele Leben anderer Menschen wie möglich versetzen zu können. Die Frage, ob wir in unserem vorigen Leben tatsächlich Napoleon waren, wird dann weniger dringlich. Denn wir hätten *jeder* und *alles* sein können, und insofern wir dies nicht waren, steht es uns möglicherweise noch bevor …

Das Leben als Geschichte

Indem wir unseren ›Egoanzug‹ relativieren, können wir zu einer Haltung gegenüber der eigenen Biografie gelangen, die der eines interessierten Lesers ähnelt. Irgendwann einmal wurde uns eine Geschichte zugeteilt, von der wir vielleicht in unserem Unter- oder Überbewussten wissen, wie sie ablaufen wird. Doch die Geschichte erhält mehr Wert durch die Tatsache, dass wir den nächsten Schritt nicht genau kennen. Diese *halbe Unwissenheit* bietet uns die Möglichkeit, uns selbst wie auch die Götter zu überraschen.

Steven Spielbergs Film *Schindlers Liste* enthält eine Szene, in der eine Gruppe von Frauen aus der Fabrik Oskar Schindlers nach Auschwitz transportiert wird. Sie sind erschöpft, gedemütigt und der Verzweiflung nahe. Eine der übermüdeten Frauen murmelt halb betäubt ihrer Nachbarin zu: »Sie sagen, dass es eine Gnade ist, wenn man sich auf die Stromleitungen wirft«, worauf ihre Nachbarin besorgt antwortet: »Tu das nicht, denn dann wirst du niemals wissen, was aus dir geworden ist.«

Der erste Schleier der Maya: Zeit und Raum

Im Westen freuen wir uns, wenn ein Kind zu sprechen beginnt. Es beginnt, einen Unterschied zwischen sich und der Welt zu machen. Jedes Mal, wenn es auf einen Gegenstand zeigt und ihn benennt, entfernt es sich ein Stückchen von der Einheit.

Es gibt Indianerstämme, die dies als einen zwar notwendigen aber dennoch betrüblichen Moment betrachten. Ihr Sprachgebrauch ist darauf hinorientiert, ein Bewusstsein der Einheit zu erhalten. So sprechen sie vom Bruder Pferd, von der Schwester Wind und so weiter, um ihre Verwandtschaft mit ihrer Umgebung auszudrücken.

Bewegung basiert also auf einer Reihe von ›Sinnestäuschungen‹: Unterschiede und Aufeinanderfolgen von Ereignissen in Zeit und Raum.

Das Erfahren von Mustern und Unterschieden bildet den ersten Schleier der Maya, jener Göttin, die es möglich macht, dass wir Bewusstsein erfahren und Geschichten leben, die irgendwann einmal irgendwo ausgedacht wurden. Das Verbrennen dieses ersten Schleiers erzeugt einen Blitz des Sublimen. Zeit wird Raum, Abfolge und Unterschiede fallen weg, feste Formen werden fließend. Die Lebensgeschichte, die sich in einer Bewegungsabfolge entwickelt, erweist sich als ein göttlicher Gedanke: ewig und gleichzeitig. Die Welt der Bewegung ist das Schachbrett, worauf eine göttliche Intelligenz ihre Züge übt. Wir sind das Schachbrett, wir sind die Bauern, und wir sind die Schachspieler. In diesem Blitz steht die Abfolge still, und wir können sie überblicken.

Oder aber wir *sind* die Bewegung und fühlen uns still während unserer Aktion. Es ist eine angenehme Art von Demenz, in der wir nicht mehr wissen, was Vergangenheit ist und was Zukunft. Es gibt nur dieses Jetzt, das wiederum wegfällt, weil es mit nichts konfrontiert wird.

Gedanken und Übungen

Flow und Flexibilität

Bewegung ist Flexibilität, Mühelosigkeit und überströmende Lebenskraft. Ihre Gegenbilder sind Verstopfung, Uninspiriertsein, das Absaugen von Energie anderer, Starre in Körper und Geist. Auch feste Formen scheinen fortwährend in Veränderung begriffen zu sein, auch wenn dies für das menschliche Auge nicht immer wahrnehmbar ist. Umgekehrt kann auch die konstante Bewegung als stabil erlebt werden. Dies ist ein Paradox: Wir sind in Bewegung, um so lange wie möglich zu leben. Also wollen wir lange jung, lange derselbe bleiben.

Die dahinter verborgenen Normen sind mit denen, die wir bei der Leere antrafen, verwandt. Denn jede Spaltung außer der in Raum und Zeit und Gesundheit wird als überflüssige Hobbyreiterei abgetan, zwar unvermeidlich, doch nutzlos. Immer wenn die Situation zu beengend wird, können wir die Perspektive wechseln und im Innern zu uns sagen: Dies ist bereits unendlich oft geschehen, das wird gleich wieder vorbei sein, *ich* als Wahrnehmer bin gleich wieder vorbei, ströme gleich wieder über, fließe, flow …

Mit Aufmerksamkeit bewegen

Als ich dreiundzwanzig Jahre alt war, hatte ich bereits sieben Jahre lang Unterricht von einem Meditations- und Fechtkunstlehrer, der in inspirierender Weise Freundlichkeit und Disziplin miteinander verband. Ich erzählte ihm, dass ich mich von ihm verabschieden müsse, weil mein Studium und meine Arbeit mich daran hinderten, täglich mit ihm zu trainieren. Aber ich erzählte ihm auch, dass ich sämtliche Freizeit, die mir übrig blieb, dafür benutzen würde, mich in Kondition zu halten.

Er lächelte und sagte: »Mein lieber Junge, ich sehe voraus, dass du bereits nach einem Monat nicht mehr trainieren wirst, dass du innerhalb eines Jahres steif geworden bist und innerhalb von fünf Jahren dick und träge. Du wirst wieder beginnen Fleisch zu essen, rauchen und trinken und hinter den Frauen her sein.«

Ich wandte ein, dass ich es auf keinen Fall so weit kommen lassen würde, doch er unterbrach mich und sagte: »Betrachte das nicht als Verirrung, sondern als deinen Weg. Wisse, dass ich keinerlei Treue oder Disziplin von dir verlange. Außer einem: Du musst mir versprechen, dass du, wie sehr du auch von dem Weg abweichst, den wir zusammen zurückgelegt haben, bei jedem Schritt, den du auf dieser schönen Erde machst, mit deinen Füßen den Boden küsst.«

Nach einem Monat, einem Jahr beziehungsweise fünf Jahren bekam er jeweils recht. Doch bis heute habe ich mein ihm gegebenes Versprechen gehalten: Bei jedem Schritt, den ich mache, rolle ich bewusst oder unbewusst meine Sohlen ab, um die Erde zu ehren, die meinen Körper hervorgebracht hat, die ihn jetzt trägt und die ihn dereinst wieder in ihrem Schoß empfangen wird. Ich brauche nicht mehr dabei nachzudenken, es ist mir zur zweiten Natur geworden, ein Automatismus, jedoch nichts Selbstverständliches.

Das Heiligen der Bewegung

Eine mit andächtiger Aufmerksamkeit vollzogene Bewegung ruft eine Energie hervor, die viel weiter geht als bei Routinebewegungen. In dem Moment, da wir unsere Liebe, Ehrfurcht und Verbundenheit in unsere Bewegung legen, bekommt diese gleichsam auch eine Ladung. In dem Moment, da wir uns vorstellen, dass die Bewegung länger, größer ist als unser physischer Körper, wird die Energie, die in Bewegung gebracht wird, ebenfalls länger, größer. Auf diese Art und Weise können wir unsere eigenen Körper bis ins Unendliche wachsen lassen, größer werden lassen, wodurch wir, auf Umwegen, in Berührung mit uns selbst kommen. Denn wenn wir unendlich weit nach oben gehen, werden wir von unendlich weit unten wieder zu uns selbst zurückkehren. Jede Berührung aus dem Gefühl heraus, dass wir mehr sind als lediglich unser physischer Körper, kann uns die Erfahrung vermitteln, dass unsere Wärme den Gegenstand durchdringt, den wir berühren, oder dass unsere Energie sich mit der Energie desjenigen vermischt, in dessen Nähe wir kommen.

Bewusst bewegen

Spüren Sie die Anmut, spüren Sie die Kraft der bewussten Bewegung, wiederholen Sie viele Bewegungen. Es gibt bestimmte Sport-, Kampf-, Tanz- oder Meditationsbewegungen, die man nicht oft genug wiederholen kann.

Dies ist der Pol der disziplinierten, wiederholten Bewegung. Der Gegenpol besteht darin, dass man sich in spontanen und chaotischen Bewegungen übt. Überraschen Sie sich mit ungewohnten Bewegungen, lassen Sie diese aus sich selbst heraus entstehen. Das Tai Chi ist eine streng regulierte Folge von Hal-

➤ Es ist komisch, dass in der Etymologie des Wortes »sublim« ein Paradox auftritt. Das Wort kommt aus dem Lateinischen und wurde gebraucht, um etwas zu beschreiben, das übermäßig groß war. Genauer und wörtlich betrachtet ist dieses Wort eine Kombination von sub (unter) und limen, (Grenze). Die Erklärung dafür ist, dass das Sublime so groß war, dass es bis grade noch unter dem höchsten Firstbalken reichte. Sublim ist also gleichzeitig *super* und *sub*, über und unter.

tungen und Bewegungen, doch in einem bestimmten Moment kann man auch diese loslassen. Man gelangt dann zu einer Art ›diszipliniertem Chaos‹. Die Kombination dieser beiden Pole entsteht schließlich im sogenannten Wu Chi Kung, einer Bewegungsschule, in welcher man auf der Basis dessen, was spontan aus dem geübten Körper aufsteigt, sein eigenes Tai Chi entwirft.

Mit und ohne Gegner

Eine andere Bewegungsmeditation besteht aus zielgerichteter Bewegung ohne einen Gegner, wie zum Beispiel beim Bogenschießen, beim Golf oder beim Dartspiel. Der Gegenpol dazu ist das In-Bewegung-Kommen als Reaktion auf etwas. Beim Boxen beispielsweise besteht die Kunst darin, auf einen Angriff zu reagieren und dann rascher als der Gegner ans Ziel zu kommen. Auf der seelischen Ebene handelt es sich um die körperliche, mentale und emotionale Beweglichkeit. Wenn Sie spüren, dass eine Initiative des Gegners naht: Können Sie sich ihr anpassen, sich mitbewegen und zugleich ihren eigenen Strom aufrechterhalten?

Bewegung aufladen

Das Ausüben von Kampfsportarten kann uns helfen, unsere Bewegungen mit mehr ›Ladung‹ zu versehen, doch es ist nicht per se notwendig. Das Ausführen bestimmter Bewegungen mit Ruhe und einer gewissen Trägheit, indem wir beispielsweise einen Schritt bewusst ausführen oder unseren Fuß beim Laufen bewusst abrollen, wird uns ein Gefühl vermitteln, als gerieten wir in eine ›dickere‹ Energie, als käme eine vitale Art von ›Wässrigkeit‹ in der Welt zum Vorschein, die unseren Handlungen und Bewegungen mit einem stärkeren Echo antwortet.

Im Jargon des Tai Chi könnte man sagen: Man ist im Begriff, sich selbst mit Chi, mit Lebenskraft, aufzuladen. Aber auch ganz abgesehen davon könnte man hier davon sprechen, dass man eine Übung in Hingabe zu vollführen im Begriff ist. Die Entladungen des Chi gehen mit stoßartigen Bewegungen des Körpers einher, die manche vom Orgasmus her kennen, andere kennen solche Wirkungen unerwarteter Kraft aus Situationen, in denen sie zutiefst erschrecken.

Man kann diese Ladung benutzen, um zu einer plötzlichen Kraftexplosion zu gelangen. Dabei entladen wir die aufgebaute Vitalität. Wir können sie jedoch auch dehnen und dazu verwenden, unseren Gedanken und Handlungen eine größere und tiefere Wirkung zu verleihen. Priester tun dies zum Beispiel, wenn sie ein Ritual mit ausreichender Hingabe und angemessener Feierlichkeit ausführen. Bewegung kommt dem Sublimen am nächsten, wenn man diese ›Weiheintensität‹ in vollem Umfange einsetzt.

Wiederholen und auswendig lernen

Wenn wir etwas schön finden – ein Gedicht, ein Lied oder einen Tanz –, so sollten wir es auswendig lernen und damit leben wie mit einer Geliebten. Im Englischen existiert ein wunderbarer Ausdruck für diese wiederholte Form der Liebesbezeugung: *to learn something by heart.*

Bewegung bedeutet Variation auf der Grundlage von Wiederholung. Der Auftrag auf dieser Ebene lautet: sich Gewohnheiten aneignen und ablegen. Wie groß wir den Terminus »Freiheit« hierbei schreiben wollen, ist auf der Ebene der Bewegung belanglos. Ob diese Hinweise von Ihnen gelesen werden, ob sie Sie ansprechen und ob sie Ihnen ein Gefühl des Glücks und der Freiheit vermitteln – all das lag bereits fest. *You just have to go through the motions.*

Spielen mit Perspektiven

Auf der Ebene der Bewegung besteht die Kunst darin, sich von Urteilen aller Art freizuhalten. Eine der Methoden, durch welche das geübt werden kann, besteht darin, mit *Perspektiven* zu spielen. Wir können dies zum Beispiel tun, indem wir mit einer (Video-)Kamera stark heran- oder herauszoomen. Seelisch-psychologisch können wir dasselbe tun, indem wir uns einer Sache emotional stärker annähern oder uns von ihr entfernen.

Im Film *Notting Hill* sehen wir, wie der männliche Held auf diese Weise mit seinen persönlichen Dramen umzugehen versucht: Er setzt sie jeweils in ein Verhältnis zu den größeren Weltproblemen, und dadurch bleibt er in ihnen gefangen …

Auch beim Betrachten bedeutungsvoller Bilder, beispielsweise figurativer Kunst, können wir uns darin üben, Bedeutung zu eliminieren oder zu verändern. Wir können uns der gegenständlichen Kunst beispielsweise so nähern, als handele es sich um abstrakte Kunst. Auf diese Weise entfernen wir im Innern die Vorstellung und nehmen Linien, Unterschiede, Formen und Farben wahr.

Ereignisse entladen

So wie wir unseren eigenen bedeutungslosen Bewegungen eine Ladung verleihen können, so können wir Ereignisse *entladen*, indem wir sie als bedeutungslose Bewegungen betrachten oder deren Bedeutung ›umdrehen‹. Wenn wir zum Beispiel beobachten, wie jemand vom Fahrrad fällt, können wir uns wie die Chinesen so verhalten, dass wir die ›Schönheit‹ dieses Falles wahrnehmen. Wenn wir sehen, wie Menschen einander küssen, studieren Sie dann die abstoßende Seite dieses Vorgangs. Kneten Sie gewissermaßen Ihre Urteile. Setzen Sie sich einmal hingebungsvoll vor den Fernseher und stellen Sie dabei den Ton ab. Achten Sie einmal auf die Bewegungen eines Details im Gesicht desjenigen, mit dem Sie gerade sprechen. Schauen Sie einmal durch das Fenster so ins Freie, als würden Sie einen Spitzenfilm betrachten. Betrachten Sie Ihre Trauer nach einem großen Verlust und seien Sie dabei distanziert und involviert zugleich.

Das Höchste, was sich aus der Bewegung heraus erreichen lässt, ist eine Haltung gegenüber dem eigenen Lebenslauf, als handle es sich dabei um eine Geschichte, die sich selbst schreibt. Verbinden Sie sich mit Ihrem eigenen Schicksal, bewegen Sie sich mit ihm mit, steigen Sie in es hinein und steigen Sie auch wieder aus. Seien Sie neugierig darauf, was da für Sie ausgedacht worden ist; betrachten Sie Ihre Wurzeln in der Zeitenwende und spüren Sie, wie viel beziehungsweise wie wenig sich ändert.

Leere

Bewegung

Kampf

Tanz

Spiel

Opfer

Dank

Stille

Ist dies ein geschlossener Kampf,
oder darf jeder mitmachen?
Irisches Sprichwort

Wir lassen nun die großen kosmischen Bewegungen hinter uns und zoomen uns näher heran an das Gewimmel der irdischen Lebewesen. Dort stoßen wir auf die schaurige Schönheit des *Kampfes ums Dasein.* Von den niedrigsten Lebensformen bis hinauf zum heiligsten Asketen gilt: *Fressen oder gefressen werden.*

Nachdem Buddha vergeblich versucht hatte, sich diesem Gesetz zu entziehen, indem er sich nur noch von Vogelkot ernährte, gab er schließlich seinen Widerstand auf, ging wieder dazu über, Reis zu essen, und formulierte sein erstes erhabenes Gesetz: *Alles Leben ist Leiden.* Es war dieser unablässige Kampf ums Dasein, der Arthur Schopenhauer im 19. Jahrhundert zu dem Seufzer bewegte, das Leben sei etwas, das es eigentlich gar nicht geben dürfte. Denn der Quell der Schönheit und Schöpfung erneuert sich auf der Grundlage von Schmerz und Vernichtung. Auf dieser Daseinsebene gilt das *Recht des Stärksten.* Nur die am besten Angepassten können in diesem Kampf überleben (*»the survival of the fittest«*). Dies gilt nicht nur für die Tiere oder ferne, ›barbarische‹ Länder, auch zwischen Freunden, Ehepartnern, Eltern und ihren Kindern wird gekämpft, und zwar um Anerkennung, Energie und Macht. Es gilt, diesen Kampf zu erkennen, damit Frieden zu schließen und den eigenen Kampfstil zu verfeinern.

Sumo-Ringen: Survival of the fattest.

Kampf bei den Musen

Als die rituellen Totenfeiern für Pandu zu Ende waren, näherte sich Vyasa seiner Mutter Satyavati, »die vor Schmerz erblindet war«. Er sagte bewegte Worte zu ihr, die er dann in das Mahabharata einfügen sollte:
»Vorüber sind die glücklichen Zeiten, jetzt nahen die Greuel. Von morgen auf morgen werden die Tage schlimmer. Die Erde hat ihre Jugend eingebüßt.« Dieser Epitaph für Pandu war auch ein vorweggenommener Epitaph für die Pandavas und breitete durch das ganze Gedicht seinen trauervollen Klang aus. Doch Anandavardhana, der

höchste Kenner des dhvani, der »dichterischen Suggestionskraft«, behauptete, der vorherrschende rasa – »Geschmack, Manier, Ton« – im Mahabharata sei der santarasa, der »rasa des Friedens«. Das erschien vielen als eine paradoxe Provokation. Wo sollte in dieser grauenvollen Kette von Ereignissen denn der Friede sein? Keine der Hauptpersonen des Epos konnte als ein geeigneter Träger dieses rasa betrachtet werden. Bei wem konnten die unaufhörlichen Massaker und der allgemeine Untergang dieses Gefühl hervorrufen? Yudhisthira, eine Fleischwerdung des dharma, konnte nicht einmal in Indras Himmel Ruhe finden.
Aber Anandavardhana hatte richtig gesehen. Der Friede lag im Ton der erzählenden Stimme, die niemals schwankend wurde, niemals abwich. Ihr Ton war gleichermaßen bereit, die »Erkenntnis« darzustellen, die »geheimer war als das Geheimnis«, eine Naga-Dynastie aufzuzählen, in einer Geschichte weiterzumachen, die innerhalb einer Geschichte erzählt wurde, die anderen Geschichten als Rahmen diente, und ebenso, ein Gemetzel in seinen Einzelheiten zu schildern ...

Roberto Calasso, *Ka*

Ein gewalttätiger Mensch wird eines gewalttätigen Todes sterben.
Dies soll dir die erste Lektion sein.

Laotse im *Tao Te King*

Wer mit dem Schwert lebt, wird durch das Schwert umkommen.

Jesus Christus

Der Dualismus Christi – jenes Schmachten des Menschen nach Gott, so menschlich, so übermenschlich – ist mir immer ein unergründliches Rätsel gewesen.
Mein größter Schmerz und zugleich der Quell all meiner Freude und meiner Trauer ist bereits seit meiner Jugend der fortwährende gnadenlose Kampf zwischen dem Geist und dem Fleisch ... Und meine Seele ist die Arena, in welcher diese beiden Heere aneinandergeraten sind.

Nikos Kazantzakis, *Die letzte Versuchung*

Ich komme nicht, um Frieden zu bringen, sondern das Schwert.

Jesus Christus

Klassische Mythologie des Kampfes

Aus Bewegungen ergeben sich Zusammenstöße. Zusammenstöße führen zu Kämpfen. Diese beiden Sätze bilden eine kurze Zusammenfassung der Veränderungen, die auftraten, als der Mensch im großen Stil und rasch zu reisen lernte. Die Mythologien des Kampfes haben sich am stärksten in einer Zeit entwickelt, als die nomadischen Hirtenvölker lernten, rascher ihren Ort zu wechseln und dadurch die älteren agrarischen Kulturen zu überrumpeln begannen. Anthropologen und Archäologen gehen davon aus, dass diese Veränderung vor etwa 7000 Jahren einsetzte und mit dem Übergang vom Matriarchat zum Patriarchat in Europa und Asien zusammenfiel. Dieser Prozess hatte eingreifende Folgen für die Art und Weise, wie das Element des *Wettbewerbs* zum zentralen Ausgangspunkt zwischen und innerhalb von Gruppen wurde.

Männlich und weiblich

In einer matriarchalen, von Frauen her orientierten, *Landwirtschaftsgemeinschaft* war jedes Mitglied in gleichem Maße in der Lage, zu säen und zu ernten. Frauen hatten einen hohen Marktwert: Sie bestellten das Land genauso gut wie Männer. Außerdem standen sie aufgrund ihres Monatszyklus und ihrer Fähigkeit, Leben hervorzubringen, den Lebensprozessen näher als die Männer. Diese Tatsache lag einer Kultur der *Gleichheit und Zusammenarbeit* zugrunde. Es gab wenig Wettbewerb, das Individuum war der Gemeinschaft untergeordnet. Außerdem waren Gemeinschaften, wenn sie sich einmal stabil herausgebildet hatten, relativ sesshaft. Wenn das Land einmal gut verteilt war, brauchte darüber kein Streit zu entstehen. Und wenn das Land fruchtbar war, existierte kein Grund, umzuziehen.

In einer *Jägerkultur* lag dies anders, nur die allerstärksten Männer glänzten in der Jagd auf die wilden Tiere. In einer solchen Kultur entstanden rasch bestimmte Ideen bezüglich des Wertes eines starken Individuums, und das Bedürfnis nach einer *Hierarchie* kam auf. Jägermythologien handeln von individuellen Helden, die beim Besiegen starker tierischer Mächte viele Kämpfe zu durchstehen haben. Außerdem waren Jäger häufig Nomaden, die immer wieder neue Gebiete aufsuchten. Sie vergossen viel Blut und waren daran gewöhnt, die Gesetze und Interessen anderer mit Füßen zu treten.

Die Jägerkultur mit ihrer Affinität zu Tieren wurde zu einer nomadischen *Hirtenkultur.* Nach dem Zähmen des Kamels und des Pferdes, die die Hirten buchstäblich vor ihren Karren spannten, war der Deichbruch vollzogen. Der unbesiegbare Streitwagen erschien auf der Bühne. Der Expansionstrieb bekam Räder. Bis dahin waren die Siedlungen der älteren agrarischen Kulturen nicht befestigt. Dies wurde ab diesem Moment anders.

Erobern und vernichten

Während in den matriarchalen Kulturen die männliche Kraft durch das rituelle Opfern von Männern und das Dienstbarmachen ihrer Kraft eingeschränkt wurde, musste in der patriarchalen Gesellschaft der Überschuss an männlichem Eroberungs- und Vernichtungstrieb in angemessener Weise stimuliert, kanalisiert und zum Teil unterdrückt werden.

Aus dieser Notwendigkeit heraus wurden die Kampfesmythologien geboren, Geschichten, die charakterisiert sind durch ein intensives Ringen mit dem Triebhaften im Menschen, insbesondere im Mann.

In der langen Reihe von Kriegen zu Zeiten des Patriarchats der letzten 4000 Jahre lässt sich deutlich erkennen, wie dieses Triebleben in unterschiedlicher Weise eine Rolle gespielt hat, wenn sich Menschen – hauptsächlich handelte es sich um Männer – gegenseitig abschlachteten. Was dabei auffällt, ist, dass der männliche Körper stärker auf Aktion hin orientiert ist und zugleich weniger auf Fürsorge und ›Weichheit‹ als der weibliche, sowie die relative Entbehrlichkeit des Mannes, sobald er seine Rolle als Befruchter erfüllt hat.

In dem Maße, wie die Bedrohung durch wilde Tiere abnahm, wurde es zur wichtigsten Aufgabe des Mannes, die Frau gegen eben diesen zu beschützen. Dieses ziemlich beschränkte Repertoire des *sleeping with the enemy* suchte eine mythische Legitimation. Das Prinzip des trennenden, teilenden Denkens hielt Einzug. Die Liebe musste innerhalb des Stammes betrieben werden; lag ihr Ziel außerhalb des Stammes, bildete dies eine Legitimation für Gewalt. Innerhalb des Stammes herrschte das Gute, außerhalb das Böse, das bekämpft werden musste.

Um sich mit dem Blut, das an seinen Händen klebte, zu versöhnen, kombinierte der Mann Kampf mit Religion. Es wurde *ein* Gott zum Stammesgott erhoben, der den Auftrag zum Morden gab und der die Gewalttätigkeiten mittels übernatürlicher Verhaltenscodes legitimierte:

Ihre Altäre sollst du niederreißen, ihre geweihten Steine zertrümmern, ihre geweihten Pfähle umhauen und ihre geschnitzten Götterbilder mit Feuer verbrennen.

Deuteronomium 7,5

Das Göttliche ließ sich jetzt nicht mehr in jenem einen besonderen Baum oder diesem einen Fluss wiederfinden. Es mussten Reisen unternommen werden, und der neue Gott wurde im überall Sichtbaren, im Himmel gefunden. Die Altäre mussten transportabel sein und bekamen einen symbolischen Charakter, zum Beispiel in der Form der Bundeslade, des Heiligen Buches und so weiter. Die konkrete Muttergöttin wurde verbannt. Missachtung der Erde und der weiblichen Qualitäten der Fürsorge und Verehrung passten gut zum Bedürfnis nach Kampf und Expansion. An deren Stelle trat eine abstraktere, angepasste Religion der Bekehrung und Evangelisation:

> Gehet hin und schlaget die Bewohner von Jabes-Gilead mit der Schärfe des Schwertes, auch die Weiber und die Kinder. Und dies ist, was Ihr tun sollt: Alle Männlichen und alle Weiber, die den Beischlaf eines Mannes gekannt haben, sollt ihr verbannen. Und sie fanden unter den Bewohnern von Jabes-Gilead vierhundert Mädchen, Jungfrauen, die keinen Mann im Beischlaf erkannt hatten; und sie brachten sie ins Lager nach Silo, das im Lande Kanaan ist.
>
> Richter 21,10–12

Eroberungsdrang, der zu Unterwerfung und Vernichtung des Feindes führte, erhielt eine paradoxe Legitimation: Eigentlich befreite man den anderen, indem man ihn unterwarf. Und was gab es Schöneres, als für den eigenen Stammesgott jenseits der Grenzen des eigenen Territoriums Werbung zu machen? Was funktionierte besser als die Teilung der Welt in Gute und Schlechte, um dann den Hass auf das Schlechte zu richten? Wer war populärer bei den Männern als ein Gott, der das Vergewaltigen von Frauen erlaubte?

Die meisten Gewalttaten auf diesem Gebiet sind in der Zeit begangen worden, als das monotheistische Trio aus Judentum, Christentum und Islam die Kultur beherrschte. Die Eroberung des Gelobten Landes, Kreuzzüge, heilige Kriege – die allergrößten Blutbäder wurden im Namen eines liebevollen Hirten angerichtet. Als handle es sich um das Abschlachten von Schafen, wurden Jahrhunderte lang Massaker an andersdenkenden »Heiden«, intuitiven, naturliebenden »Hexen«, Mystikern, Schwarzen und Indianern verübt.

Verfeinerung und Würde

Die etwas verfeinerten Kampfmythen betonen die *Willkür*, mit der das Schicksal Menschen zu Feinden macht. Beim großen Trojanischen Krieg, wie ihn Homer in seiner *Ilias* beschreibt, kämpfen die Götter auf beiden Seiten mit, und über die Helden beider Parteien wird mit Ehrfurcht gesprochen. Hier herrscht eine *Wertschätzung* des Gegners, die beispielsweise im Alten Testament und im Koran fast völlig fehlt.

Im Grunde sind die Worte Jesu Christi »Liebe deine Feinde« die Zusammenfassung der Erkenntnis, dass die Gegner und ich letztendlich zusammengehören. Jesus sagt nicht: »Du sollst keine Feinde haben.« Nein, innerhalb der Akzeptanz des Kampfes herrschen Friede und Liebe.

In seiner verfeinertsten Form wurde dieses Prinzip von den japanischen Samurai in die Praxis umgesetzt, die ihrem Gegner die Ehre erweisen. Vor Beginn einer Schlacht lernten sich die gegnerischen Parteien zunächst ausgiebig kennen. Es wurde bereits im Vorfeld geregelt, dass ranghohe Krieger würdige Gegner bekamen. Sogar der Haarbusch auf dem Kopf des Samurai bedeutete eine Geste in Richtung des Gegners: Wenn dieser gewinnen sollte, konnte er das abgehackte Haupt leichter als Trophäe nach Hause tragen.

Diese ganze Kultur begann bei der Invasion der Mongolen zu wanken. Diese Krieger, die vom asiatischen Festland kamen, vollführten ihren Angriff *ohne Ansehen der Person* und ohne Rituale des gegenseitigen Kennenlernens, mit massenhaften Pfeilregen, denen wilde Hackorgien mit den damals noch überlegenen Schwertern folgten. In späteren Zeiten mussten die Samurai fassungslos zusehen, wie die Europäer nicht einmal ihre Boote verließen und mit ihren Schiffskanonen die japanischen Küstenstädte zu beschießen begannen. Die Samurai schrien von den Stadtmauern herab ihren barbarischen Belagerern wütend zu, dass diese überhaupt nicht begriffen, worum es beim Leben und Sterben eigentlich gehe …

Hier stoßen zwei unterschiedliche Kampfmythologien aufeinander: Die eine basiert auf Würde und persönlichem Kräftemessen, die andere auf Massenwirkungen und funktionaler Schlachtung. Insbesondere die Art und Weise, wie die europäischen Kolonisten die nord- und südamerikanischen Indianer ausgerottet haben, spricht in diesem Zusammenhang Bände. Dies geschah nicht nur mithilfe der den Indianern noch unbekannten Feuerwaffen, sondern vor allem durch das absichtliche Verbreiten von Krankheiten, gegen die die Indianer keine Widerstandskräfte hatten, durch das Vernichten ihrer Nahrung, des Büffels, und das Vergiften ihrer Brunnen. Ironischerweise hat sich also die europäische Kultur, in welcher sich zum ersten Mal in der Geschichte ein fundamentaler Respekt für das Individuum entwickelte, dort durch das Mittel von Massenabschlachtungen etabliert.

Die Würde, mit der Völker sich durch etwas vernichten ließen, was in ihren Augen reine Dummheit war, ist beeindruckend. So beschlossen indianische

Krieger nach einer schweren Schlacht, die auf ihrer Seite viele Opfer gefordert hatte, dass sie sich nicht ergeben wollten. Kurz bevor sie dem Kugelhagel entgegengaloppierten, blickte sich ihr Anführer nach der von ihm so tief geliebten Natur um und schlussfolgerte strahlend: »Es ist ein schöner Tag zum Sterben.«

Es war einmal ein Samurai, dessen Meister von einem Meuchelmörder getötet worden war. Er erhielt den Auftrag, diesen Mann aufzuspüren und zu enthaupten. Als er ihn nach wochenlanger Suche schließlich gefunden hatte, kam es zu einem Schwertkampf zwischen ihnen, wobei der Samurai den Mörder seines Meisters entwaffnete und sich ihm nahte, um ihn zu enthaupten. Jener war so verzweifelt und ängstlich, dass er dem Samurai mitten ins Gesicht spuckte. Dieser steckte sein Schwert zurück in die Scheide und zog ab. Als seine Freunde überrascht fragten, warum er den Verräter nicht enthauptet habe, antwortete er: »Weil ich nicht aus Wut töten will.«

Joseph Campbell

Wenn du dich über Dummheit ärgerst,
braucht das nicht zu heißen, dass du schlau bist.

Erster Lama Sittuh

Moderne Mythologie des Kampfes

Maschinelle Vernichtung

Das 20. Jahrhundert ist das blutigste der Menschheitsgeschichte. Wir haben gelernt, maschinell zu morden. Die Ausrottung der Juden als eine Reinkarnation der Ausrottungen, die die Inquisition im Mittelalter betrieb, trug industriell-wissenschaftliche Züge. Das Jahrhundert des rationalen Aufbaus wurde damit zugleich zum Jahrhundert der irrationalen Destruktion.

Einen Moment lang glaubten wir, ohne neuen Glauben leben zu können. Doch das Bedürfnis nach einer Mythologie lässt sich nicht vertreiben. Diese kriecht in die Haut neuer Normen und Werte und bedient sich ahnungsloser Verkündiger, die mit der Ächtung der alten Mythen zugleich die neuen einführen. So wurden die fanatischsten antireligiösen Köpfe – die Vertreter des logischen Positivismus – ohne es zu wollen zu den Propheten eines neuen

Fortschrittglaubens, der auf natürlicher Selektion und technischem Erfindungsgeist basierte. Ein Mythos mit zwei Gesichtern, denn jene Anschauungen in Bezug auf Verfeinerung und Fortschritt ruhen auf äußerst primitiven und grausamen mythischen Motiven.

Die Bibel der Positivisten (und eigentlich aller »erleuchteten« Geister des vergangenen Jahrhunderts) heißt *Über die Entstehung der Arten*. In völliger Übereinstimmung mit seinem großen Konkurrenten – dem Alten Testament – handelt Charles Darwins Meisterwerk vom *Kampf*. In diesem Fall steht jedoch kein auserkorenes Volk im Zentrum, sondern eine durch *Zufall* und *natürliche Selektion* entstandene Kombination der richtigen Eigenschaften vor dem Hintergrund der jeweiligen Umstände: nicht mehr das auserkorene *Volk*, sondern die auserkorenen *Gene*. Wie auch Buddha verkündigt Darwin, dass alles Leben schmerzhaft ist, denn es ist ein einziger großer Kampf. Dem Widerstandsfähigsten winkt der Preis: das Überleben. May the best *man* win.

Los von Gott

Ausgehend von der Philosophie des Kampfes und des Zufalls haben wir unsere Kultur mit einem enormen Wettbewerbsdrang durchzogen. Wir beschönigen unsere gnadenlosen Plünderungen von Mitmensch und Umwelt mit den Idealen von Freiheit und Demokratie. Der darwinistische Zufallsglaube wurde allerdings im Laufe der letzten Jahre recht heftig hinterfragt aufgrund der Ideen über eine Evolution, die *ohne Kampf* auskommt, auf der Basis spontaner oder sogar zielgerichteter genetischer Mutationen. Dennoch hat Darwins Theorie allen Angriffen standgehalten und es uns inzwischen ermöglicht, uns von einer »allwissenden Gottheit« zu lösen.

Nun unterjochten wir mittels patriarchaler (und somit frauen- und naturfeindlicher) Religionen »Bruder Tier« und »Schwester Pflanze« bereits in erheblichem Maße, doch das vollzog sich wenigstens noch unter der Tarnung als Lehnsherr und Pächter. Aber ab dem Moment, da kein Schöpfer mehr auf uns herabblickte, war aufs Neue ein Damm gebrochen. Die industrielle Revolution machte aus Pflanzen, Tieren und schließlich auch Menschen Verlängerungen der Maschine. Die Schöpfung war nicht länger ein Ehrfurcht gebietendes Wunder, sondern etwas *Unbeabsichtigtes*, ein *Zufall*, und stand damit für Ausbeutung und Kolonialisierung zur Verfügung. Wie ein grimmiger Ödipus haben wir unseren Vater im Himmel getötet und unsere Mutter Erde besudelt.

Ökonomie versus Ökologie

Ein moderner Kampfmythos spielt sich heute auf wirtschaftlichem Gebiet ab. Und weil Zeit Geld ist, wird auch um Zeit gekämpft. Eine freie Marktwirtschaft stimuliert den Wettbewerb zwischen Lieferanten und müsste eigentlich den Konsumenten den Vorteil eines niedereren Preises bescheren. Es zeigt sich jedoch, dass ein nicht- regulierter Kampf zu Kartellbildung und Preisabsprachen führen kann. Also müssen wir das Recht des Stärkeren untergraben, um den Kampf in Gang zu halten.

Die neueste Version der Kampfmythologie kann anhand des Credos der Umweltorganisation Greenpeace zusammengefasst werden: *No time to waste*. Dieser Slogan nennt die beiden Gebiete, auf denen sich der wichtigste Krieg unserer Zeit abspielt: *auf der Müllhalde und in der Zukunft*. Wir führen buchstäblich Krieg mit ›Zeitbomben‹. Wir legen Müllminen vor die Füße von Feinden, die wir nicht einmal kennen. Und uns unbekannte Menschen, mit denen wir uns nicht einmal in einer Auseinandersetzung befinden, sollen auf hochexplosive Landminen treten. Doch auch unsere Müll-Zeitbomben hinterlassen wir einer uns unbekannten Generation. Unsere Ausbeute besteht in der Zeit, die wir gewinnen, weil wir unseren eigenen Dreck nicht aufzuräumen brauchen. Wir stehlen die Zeit von Menschen, die in der Zukunft leben werden. Es sind unsere eigenen Kinder, deren Freizeit wir rauben. Wir sind die Könige, die in der Zeit der neuen Generation herrschen wollen. Ödipus ist nach wie vor aktuell.

Wie gerecht wäre es doch, wenn Reinkarnation tatsächlich existierte. Wir müssten dann wiederkommen, um unseren eigenen Dreck aufzuräumen. Was für ein Trost wäre es, wenn wir uns dann wenigstens an die Genüsse von ›damals‹ erinnern könnten …

Erziehung

Die Ödipus-Mythe lässt sich also auf unseren falschen Umgang mit Mutter Erde und unsere ökologische Feindseligkeit gegenüber künftigen Generationen anwenden. Aber auch auf der psychologischen Ebene stellt der Ödipus-Mythos ein zentrales Element der Kultur des vergangenen Jahrhunderts dar. Seitens der neuen Priesterkaste der Psychotherapeuten wurde bemerkt, wie Eltern, die selbst niemals erwachsen geworden sind, ihr Leiden mittels einer schlechten Erziehung an ihre Kinder weitergeben. Sigmund Freud selbst siedelte die Verantwortung noch bei den sexuellen Bedürfnissen des Kin-

➤ Zwischen der Erfahrung des Absoluten als einer Einheit, die alles trägt, und der zersplitterten Welt der Gegensätze befindet sich eine umfangreiche Bewusstseinsschicht. Diese Zwischenwelt ist die Welt der Archetypen, die sich in unserer Sinneswelt als Symbole oder Ereignisse manifestieren, auf einer höheren Ebene jedoch ungeahnt starke Schöpfungsquellen bilden.
Diese Archetypen sind von Bedeutung, wenn man über die Gegensätze des Lebens hinauswachsen will, ohne in den Einheitsbrei des »Alles-hängt-mit-allem-zusammen« zu verfallen. Sie lassen sich am besten wie Lebewesen beschreiben, mit denen man Freundschaft schließen und für die man sich öffnen kann und die die Seele in ungeahnter Weise bereichern können. Dies geschieht übrigens meistens erst, nachdem man auch mit ihrer destruktiven Seite Bekanntschaft gemacht hat.
In diesem Buch werden acht solcher Archetypen, absoluter Qualitäten, zum Ausgangspunkt gewählt. Gleichzeitig existiert eine solche Qualität auf einer tieferen Ebene aus

des an. Auf diese Weise lag jegliche Schuld stets bei Ödipus. Zieht man aber die Statistiken über Kindesmisshandlung heran, über die man zu Zeiten Freuds auch schon verfügte, müssen wir die Sache anders betrachten. Alice Miller beschreibt in ihrem Buch *Am Anfang war Erziehung*, wie viele Generationen ihre Traumata, legitimiert durch eine »schwarze Pädagogik«, an ihre Kinder weitergegeben haben. Der mahnende Zeigefinger wendete sich gegen den Vater, der seinem Kind keinen Raum geben wollte, und die Mutter, die nicht dagegen aufbegehrte.

Auch die älteren griechischen und hinduistischen Mythologien sprechen von Göttern und Göttinnen, Königen und Königinnen, die auf Kosten ihrer Kinder an der Macht bleiben wollen. Hier sehen wir ein vergleichbares Motiv: den »Zeitraub«.

Eine moderne, esoterische Version des Kampfesmythos wurde von James Redfield als »Kampf um die Energie« formuliert. Er ergänzt, was wir bereits von Darwin zu hören bekommen haben und was durch die Psychotherapie bestätigt wurde: dass Menschen dazu neigen, einander Zeit, Geld und Lebenskraft zu stehlen.

Reparaturarbeiten und Milde

Das Aufräumen all dieser Ungerechtigkeiten und Unlauterkeiten kostet Zeit, und das wiederum ruft so starke Irritationen hervor, dass diese wiederum auf dem Rücken einer nächsten Generation ausgetragen werden. Was mir angetan wurde, das werde ich wiederholen, sowohl in meinem eigenen Leben als dem meiner Kinder. Freud nannte dies den *Wiederholungszwang*. Seine Schülerin Melanie Klein sah die Sache konstruktiver und sprach von *Reparaturbedürfnis*. Man könnte auch sagen, dass wir durch die mangelhafte, unvollkommene Erziehung in unserer Jugend in die Menschheit eingeweiht werden. Mittels der auf diese Weise erworbenen eigenen Unvollkommenheit können wir lernen zu vergeben. Denn auch wir schädigen andere, gegen unseren bewussten guten Willen. Weil wir dann nicht mehr nur Opfer, sondern auch zu Tätern geworden sind, können wir Schritt für Schritt wieder lernen, einander zu vergeben.

ihren aufgespalteten Gegenteilen. Ein Beispiel: Absoluter Kampf umfasst ebenso Frieden wie Krieg. Aus diesem Grund werde ich also auch von *Kampf* und *Spiel* sprechen. Und so beinhaltet Spiel sowohl Ernst als auch Humor. Es könnte mit derselben Berechtigung auch *Ernst* genannt werden oder *Freiheit* oder *Wahlmöglichkeit* ...

Die andere Seite des Kampfes besteht nämlich darin, dass wir selbst auch wiederum Opfer produzieren; zum Glück, muss man sagen, denn dadurch werden wir fast gezwungen, den anderen, die uns geschädigt haben, zu vergeben. Auf diesem Gebiet lässt sich übrigens gut beobachten, wie mit Kausalität und Verantwortung gerungen wird. Wie lange wollen wir uns auf unsere ›schwierige Jugend‹ berufen? Wann haben wir uns von dieser Kausalität gelöst und suchen die ursächlichen Zusammenhänge in unserem eigenen Inneren? Aus den unterschiedlichen Antworten auf solche Fragen sind unterschiedliche *Schulen* entstanden, auf der einen Seite jene, die mehr die Seite der Opfer betonen, auf der anderen die der »Selbstbefreier«. Dieser Punkt ist die Ursache einer der fundamentalsten religiösen Spannungslinien: Warten wir auf die Erlösung durch einen Gott, durch die Lotterie und so weiter, oder befreien wir uns selbst?

Wer den Mut nicht hat, Hammer zu sein,
findet sich mit der Rolle des Ambosses ab.
Oswald Spengler

Eine Variante:
Wir müssen Hammer werden, wenn wir nicht Amboss sein wollen.
Otto von Bismarck

Kampf zwischen Partnern

Auch zwischen Partnern vollzieht sich im Kleinen, was die Mythen im Großen beschreiben. Persönliche Motive mischen sich mit Menschheitsmotiven. Wenn Mann und Frau ein Tauziehen darüber veranstalten, wer den Abwasch macht, dann handelt es sich dabei um unendlich viel mehr als nur ein pedantisches Detail. Wenn eine Frau versucht, ihren Mann monogam zu halten, ist dies ein kultureller Kampf, der in den Mythen aller Kulturen beschrieben wird. Umgekehrt gilt aber auch, dass die individuellen Triumphe ihr Echo in der ›großen Welt‹ finden. Wenn ein einziger Mann sich nicht krank arbeitet, sondern lernt, mit seinen Kindern zu spielen, müsste dies eigentlich festlich auf der Titelseite aller Tageszeitungen erscheinen.

Das Sublime zeigt sich in diesem Bereich immer da, wo volle Kraft und zugleich sehr Verletzliches aufeinanderprallen. Manche Beziehungen bestehen größtenteils aus Kampf, andere zeigen relativ wenig Konfrontation. Ein gut geführter Streit kann zu einem Gefühl der Befriedigung führen, und sei es auch nur aufgrund der ›Wiedergutmachung‹ danach.

Dummheit oder reale Kräfte?

Der Kampf zwischen Gut und Böse wird zum ersten Mal von Zarathustra beschrieben, der einen guten Obergott, Ahura Mazdao, gegen den Herrn des Bösen, Angra Mainyu, kämpfen sah. Die Welt befand sich zunächst in Harmonie und zerfiel danach in Dummheit und Hass. Dies ist der Mythos des Sündenfalls, der in unterschiedlichen Versionen wiederkehrt, doch dessen grundlegende Botschaft darin besteht, dass die Welt nicht mehr gut ist, so wie sie ist, und dass wir Menschen darum kämpfen müssen, die ursprüngliche Ordnung wiederherzustellen.

Die Formulierung des Unterschieds zwischen Gut und Böse variiert von Kultur zu Kultur. Bei Kulturen, die vom Prinzip der Selbsterlösung ausgehen, wie zum Beispiel der buddhistischen, ist »das Böse« häufig ein Synonym für »Unwissenheit«. Auch fehlende Gesundheit und früher Tod fallen dann in die Kategorie »fehlende Selbstdisziplin« und somit »Dummheit«. Das Böse ist hier keine externe Entität, sondern schlicht menschliches Versagen.

Dennoch erscheinen in den Mythen aller Kulturen, also auch der buddhistischen, böse Dämonen, die uns bedrohen und betrügen. Sie möchten uns ein für allemal an den Hass, die Angst oder das Begehren fesseln. Das Böse wird dann zu einer selbstständigen Entität. Je nach der psychologischen Verfeinerung des Systems werden diese Dämonen als *reale Wesen* oder *Projektionen* unserer eigenen Ängste, Begierden und unverarbeiteten Wut betrachtet. Im einen System werden wir dazu stimuliert, mitzukämpfen *gegen* das Böse oder *für* das Gute, im anderen erhalten wir den Ratschlag, uns davon fernzuhalten. Der eine Mythos suggeriert, dass es wünschenswert oder möglich ist, sich die Hände nicht schmutzig zu machen, der andere gesteht uns zu, dass wir töten, wenn es einem guten Ziel dient.

Joseph Campbell definiert in diesem Zusammenhang ein ganz einfaches Unterscheidungsmerkmal zwischen unterschiedlichen Lebenshaltungen und Mythologien. Es gibt eine Haltung, mit der wir aus voller Seele Ja zum Leben sagen und auch zu dem damit verbundenen Kampf. Wir werfen uns in das Gefecht und genießen es. Doch wir können auch Nein sagen. Dann halten wir uns vor, dass diese Welt eine Illusion ist, und wir versuchen, uns von Begierden und Ängsten zu lösen. Als dritte Möglichkeit können wir auch »ja, aber« sagen. In diesem Fall war die Welt ihrem Ursprung nach gut, doch sie wurde durch einen sündigen Menschen oder einen verführenden Teufel korrumpiert. Als letzte Möglichkeit können wir auch »nein, aber« sagen. Dann ist die Welt schlecht, doch aufgrund unserer Bemühungen noch zu retten. Sowohl die Ja-aber- wie auch die Nein-aber-Mythologien gehen von einem Szenario aus, in welchem das Licht (Liebe, Weisheit, Gott) über die Finsternis (Hass, Dummheit, der Teufel) triumphieren wird.

Der Kampf zwischen Licht und Finsternis

Der Mythos des Bösen hat sowohl stimulierende als auch destruktive Seiten. Der stimulierende Aspekt besteht darin, dass durch das Prinzip des Buhmanns ein Mittel gefunden wurde, mit dem sich größere Massen lenken und zu Selbstbespiegelung und Selbstentwicklung stimulieren lassen. Der destruktive Aspekt besteht darin, dass häufig die Natur als »verdorben« erklärt wird. Tod und Krankheit sind dann nicht länger ein Teil des sublimen Mysteriums. Nein, die Welt war von Gott so schön geplant, niemand hätte zu sterben brauchen, niemand hätte leiden müssen. Doch dieses Paradies wurde durch einen ›unzufriedenen Arbeitnehmer‹ vergiftet. Dadurch wird Gott selbst amputiert, und zwar durch einen Menschen, der glaubt sagen zu können, dass Gott einst allmächtig *war*, sich jedoch nicht gegen einen »bad guy« durchsetzen konnte. Und weil Gott nicht in seiner eigenen Schöpfung wohnt, mithin seine Schöpfung nicht *ist*, müssen wir selbst zusehen, wie wir uns durchschlagen.

Sogar eine atheistische Weltanschauung wie der Humanismus spricht von der Notwendigkeit der Korrektur der tierischen Seite des Menschen, als sei diese unerwünscht. Dies führt zu einem doppelten Kampf: zu dem gegen die »tierische Seite« in uns selbst, und zu dem der Leugnung, dass diese Seite triumphiert.

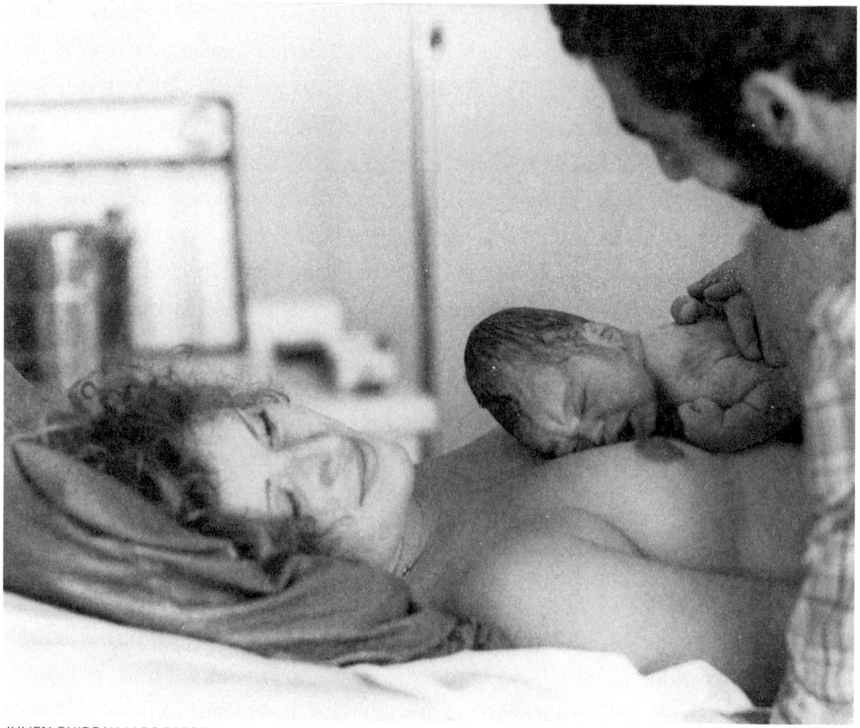

JULIEN QUIDEAU / ABC PRESS

Endlich vereint. Auf das Ringen und die Extase folgt die Befriedigung.

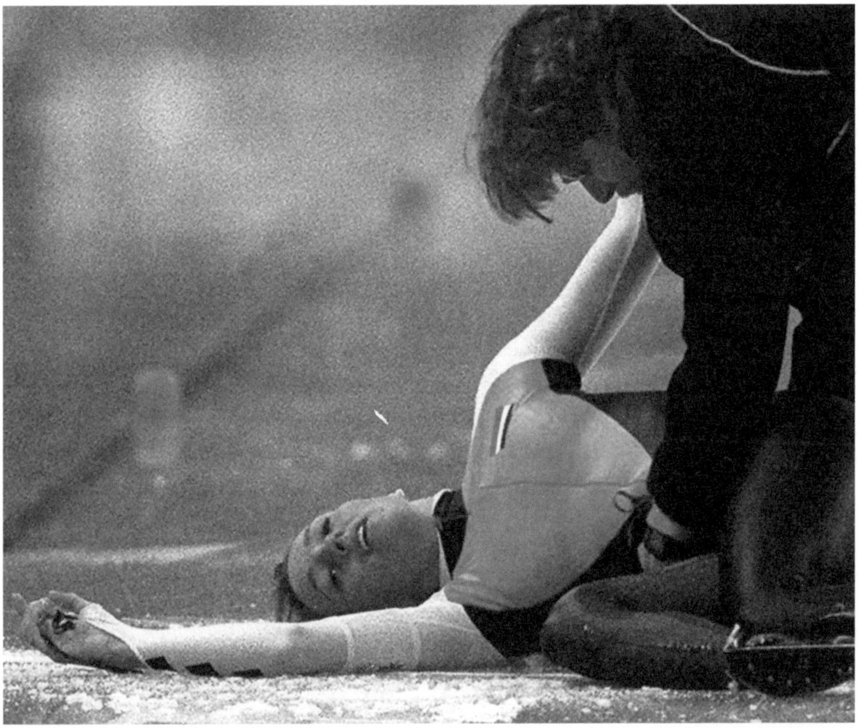

AP

Wieder allein. Auf den Kampf und den Fall folgt die Resignation.

Paradoxien des Kampfes

Nothing is more savage than civilization.
Slogan zum Film *Instinct*

Umstülpung

Häufig taucht die Frage auf: Was ist eigentlich nun der Unterschied zwischen einem inneren und einem äußeren Kampf? Wer sind eigentlich die Opfer und wer die Täter? Und was machen diese durch, wie spielen sie ihre Rolle? Ist es beispielsweise nicht so, dass ein Täter häufig die tragischere Figur ist als das Opfer, sogar wenn Letzteres tot ist?

Und was bedeutet hier »innen« und was »außen«? Sie können das Gebiet, in dem sich der Kampf abspielt, innerhalb Ihres eigenen Körpers ansiedeln. Dann können Sie von einem inneren Kampf sprechen. Aber Sie können einen Kampf auch innerhalb einer ganzen Kulturepoche ansiedeln oder innerhalb eines göttlichen Mysteriums.

Das Sublime kann sich dadurch zeigen, dass wir inmitten unseres eigenen Strebens von etwas Größerem überfallen werden. Es zeigt sich in der Entdeckung, dass unser Ringen mit unseren kleinen Ängsten aus unserer kleinen Jugend zugleich das große Gefecht der Menschheit mit der Angst, dem Hass, aber auch der Freude darstellt.

Wir können diese Emotionen natürlich auch als getrennte Kräfte erleben. Angst überfällt uns. Hass kann gleichsam wie ein Wesen irgendwo sein Dasein fristen. Wir betreten irgendeinen bestimmten Raum und wir werden von seiner Wirkung umfangen. Wir haben einen Einfall, und irgendjemand ruft uns an, um genau über diesen Einfall zu sprechen. Wir wollen etwas erreichen, aber es ist, als hätte der Teufel seine Finger im Spiel.

Bei derartigen Erfahrungen begegnen wir der mysteriösen Schönheit des Kampfes. Immer wieder stellt sich die Frage, wie wir an uns selbst arbeiten können, während wir doch akzeptieren, dass wir so sind, wie wir eben sind. Dass wir mit von uns unabhängigen Kräften kämpfen können, während wir doch wissen, dass sie *in* und *außerhalb* von uns angesiedelt sind. Unser Gegner ist dann zugleich ein anderes Wesen *und* wir selbst. Wir können etwas an der Situation ändern und zugleich wiederum auch nicht.

Wenn diese Grenzen zwischen Innen und Außen, zwischen Tätern und Opfern diffuser werden, so wird auch der Unterschied zwischen Kampf und Frieden weniger scharf, er löst sich teilweise sogar auf.

Wir können eine Erfahrung des Sublimen haben, wenn wir die Trennung zwischen Täter und Opfer, Feinden also, zwar auf einer bestimmten Ebene aufrechterhalten, zugleich aber auf einer anderen Ebene transformieren. Eine der Methoden, zu einer derartigen Erfahrung zu gelangen, besteht darin, Ursache und Wirkung in ein Spannungsfeld zueinander zu setzen und danach den Kurzschluss, der dadurch entsteht, aus dem Gebiet der Kausalität ›herauszukatapultieren‹. Kampf wird dann zum Mysterium von Aufbau und Vernichtung, von Kraft und Verwundbarkeit. Kampf liefert dann einen Funken, mit dem ein inneres Feuer entzündet werden kann. Er wird in diesem Moment zu etwas Absoluten und wird deckungsgleich mit seinem Gegenteil, dem Frieden.

In der sublimen Erfahrung des Kampfes sind wir gleichzeitig Spielball des Schicksals *und* Spieler. Wir sind das Lamm *und* der Metzger. Wir sind Ursache *und* Wirkung. Wir sind der Kampf *und* der Friede.

Si vis pacem, para bellum.
Wenn du Friede willst, so bereite dich auf den Krieg vor.
Römisches Sprichwort

Übe dich im Schweigen, übe dich im Sprechen. Der Mensch lernt in drei Jahren sprechen, aber er braucht mehr als fünfzig Jahre, um Schweigen zu lernen.
Konfuzius

Der Mythos der »sauberen Hände«

Eines der größten Paradoxa unserer Kultur besteht darin, dass wir als Kulturmenschen gegen Gewalt sind, es sei denn, sie ist unvermeidlich. Wenn wir in einer derartigen Kultur aufwachsen, stoßen wir ständig auf Tatsachen, die einander widersprechen. Wir hören zum Beispiel das Loblied auf die Vernunft und das sozial-humanitäre Engagement. Aber wir lernen auch, dass unsere westliche Kultur groß geworden ist auf der Grundlage von Goldraub, unehrlichem Handel, Kolonialismus und Sklaverei. Noch immer ist die Waffenindustrie eine unserer wesentlichen Einkommensquellen. Doch »irgendwann« wird dies vorüber sein, so hoffen alle.

Wir dürfen für den Frieden oder gegen die Ausländerpolitik demonstrieren. Die repressive Toleranz – eine der besten Kampftechniken – ist groß. Mit dem Geld, das durch Verschmutzung verdient wird, bezahlen wir die großen Transparente, die wir mit uns führen. Wir fahren mit dem Zug zu einer Demo und denken, dass wir ein ›sauberer‹ Mensch sind. Danach bekommen wir als Belohnung für unser gewaltloses Verhalten ein Auto oder ein Flugzeugticket.

Wir lesen in der Zeitung, dass ein geplanter Großflughafen alle Umweltnormen erfüllt, weil die Lärmbelästigung innerhalb der vorgeschriebenen Werte bleibt. Über die Luftverschmutzung hören wir nichts. Man könnte dies mit der beruhigenden Nachricht vergleichen, dass die Atombombe jetzt glücklicherweise keinen Gestank mehr verursacht ...

Wir werden in einem elektronischen Netz begrüßt durch saugende Seelenlosigkeit, und wir dürfen die Batterien unseres Walkmans in einem früheren Ostblockland deponieren. In den Bergwerken dort wird zugleich auch der radioaktive Abfall entsorgt, der von den Apparaten stammt, die wir hier benutzen, um, ja, Sie lesen richtig, Menschen gesund zu machen.

Now that we found love what are we gonna do with it?
Let hate, let hate be your enemy.

Text der Band *Third World*

Der Friedensnobelpreis wird mit Geld finanziert,
das durch den Verkauf von Dynamit verdient wurde.

Einfache Tatsache

Hate sin, love Jesus.

Text auf einem christlichen Meinungsbutton

Falscher Friede

Einer der ältesten Belege menschlicher Spiritualität wurde in Behausungen von Höhlenbären gefunden. Unter anderem in den Schweizer Alpen entdeckte man Altäre mit Schädeln von Höhlenbären, bei denen der Speichenknochen des Bären in sein eigenes Maul geschoben worden war. Hier wurde offenbar in einem Ritual sichtbar und nachvollziehbar gemacht, was fast unerträglich war, nämlich die Tatsache, dass das Leben sich selbst auffrisst.

Ansätze zu Gewaltlosigkeit gab es bereits in alten Zeiten. Die extremsten Pazifisten sind noch immer die Jains, eine kleine indische Sekte. Diese Menschen trinken filtriertes Wasser, weil sie nicht aus Versehen irgendein Kleinstlebewesen mittrinken wollen. Sie laufen wie Chirurgen mit einem

Mund- und Atemschutz herum, weil sie nicht versehentlich eine Fliege einatmen möchten. Bei jedem Schritt, den sie tun, kehren sie zuvor den Staub vom Weg, um nicht versehentlich irgendein Tier zu zertreten. Sie essen lediglich überreife Früchte, die vom Baum gefallen und nicht gepflückt worden sind, um nicht etwas Lebendes zu essen. Die fanatischsten Vertreter des Jainismus sind die Mönche, die sich bemühen, in diesem Leben kein neues Karma mehr zu schaffen. Sie sind nackt und bewegen sich so wenig wie möglich. Die ultimative Erleuchtung besteht für sie darin, irgendwo in einer Ecke völlig auf Bewegung zu verzichten und schließlich in völliger Loslösung zu sterben. Die Paradoxie liegt hier natürlich darin, dass diese Menschen, die so viel Respekt vor dem Leben zu haben vermeinen, ihr eigenes Leben wegwerfen. Sie machen also einen Unterschied zwischen der Tatsache, dass sie sich selbst kaputt machen, und der, dass sie irgendein Tier kaputt machen. Hier handelt es sich wieder um einen verborgenen Trennungsmythos.

Die Paradoxie des Kampfes für den Frieden beim Friedensaktivisten besteht natürlich darin, dass auch er dem großen Weltkonzept des Kampfes nicht entgehen kann. Das Kämpfen gegen den Krieg oder für den Frieden bleibt ein mühsames Ringen, das erst in dem Moment endet, in dem wir aus einer anderen Perspektive heraus darauf blicken können. Einer Perspektive, die uns erkennen lässt, dass unser Problem nicht in dem liegt, *wogegen* wir sind, sondern in dem *Fanatismus,* mit dem wir einen Unterschied zwischen »dafür« und »dagegen« machen.

Auf dieser Ebene ist es natürlich auch lächerlich, gegen sinnlose Gewalt zu protestieren. Denn diese Haltung suggeriert, dass es auch sinnvolle Gewalt geben könnte, während Gewalt, genau wie das Leben selbst, weder sinnvoll noch sinnlos ist. Gewalt *ist* einfach.

Viele Idealisten haben miteinander gemeinsam, dass sie in ziemlich fanatischer Weise ihre eigenen Schattenseiten ablehnen, sie bekämpfen oder zumindest aufzulösen versuchen. Damit werden sie gewalttätig gegen ihre eigene Natur. Denn in dem Moment, da wir die gewalttätigen Seiten in uns zu unterdrücken versuchen, werden diese nur umso stärker. Außerdem ist ein Schatten viel zu groß und viel zu wertvoll, um ihn einfach verschwinden zu lassen. Nebenbei bemerkt: In vielen Mythen gelten Menschen ohne Schatten als Teufel.

Wenn wir möglichst gut sein wollen, sagen wir also zugleich, dass wir nicht gut genug sind. Gerade an Menschen, die so gerne gute Menschen sein wollen, nagt eine starke Verzweiflung, die so bedrohlich ist, dass sie schließlich weiter in einen Weg investieren, der sie nur umso weiter von der Perfektion wegführt. So geraten sie in einen Teufelskreis, dem sie nur mit Gewalt entrinnen können. Diese Tatsache bildet auch die Basis der vielen Selbstmorde in Sekten, die an sich durchaus gute Absichten verfolgen.

Die Bemerkungen und Geschichten in diesem Buch sind deshalb auch nicht für Menschen bestimmt, die meinen, dem Rat des Karmas und der Reinkarnation entrinnen zu müssen. Dieses Buch wendet sich an diejenigen, die vorläufig noch beteiligt bleiben wollen. Davon ausgehend, dass – um es mit Goethe zu sagen – Gott sie anders gemacht hätte, wenn er sie anders gewollt hätte.

Falscher Kampf

Ein Phänomen, das dem falschen Frieden entgegengesetzt ist, besteht darin, dass manche Menschen so viel Unruhe in sich tragen, dass sie erst dann zur Ruhe kommen, wenn sie irgendwo einen Konflikt haben. Nicht zuletzt deswegen, weil sie sich im Kampf so sehr zu Hause fühlen, delegieren diese Menschen eigentlich ihre Gefühle der Unruhe an ihre Gegenpartei. Diese bekommt dadurch einen Unfrieden aufgebrummt, der sich beim zwanghaften Kämpfer erst in Friedenszeiten bemerkbar machen würde. Kampf ist für sie also das Allerfriedlichste, was existiert, und Friede, im Sinne von Ruhe und Harmonie, bedeutet für sie eine Katastrophe.

Neben dem fundamentalen Kampf ums Dasein, der immer dann ausbricht, wenn Territorien zu klein werden, gibt es also eine existenzielle Art von Unfrieden, die erst dann zur Ruhe zu kommen scheint, wenn sie in einen anderen implementiert wird oder zu einem deutlichen Opfer führt.

Elias Canetti beschreibt in seinem Buch *Masse und Macht* südamerikanische Stämme, die ein überdurchschnittlich großes Territorium zur Verfügung haben und auch ausreichend, ja reichlich über Nahrung verfügen. Trotz dieses paradiesischen Zustands beginnen sie einmal im Jahr, manchmal auch häufiger, einen Krieg. Der Anlass dazu kann zum Beispiel darin bestehen, dass jemand, der zu ihrem Stamm gehört, von einem Baum gefallen ist. Dieses Ereignis wird dann irgendeiner Magie zugeschrieben, die ein zunächst noch unbekannter Bösewicht ausgeübt hat. Manchmal wird wochenlang nach einem »feindlichen« Stamm gesucht, der daraufhin angegriffen wird. Die Köpfe der Besiegten werden abgehackt und als Trophäe mitgenommen. Danach werden sie ein Jahr lang bestimmten Beschwörungsritualen unterworfen, es wird mit ihnen gesprochen, es werden Entschuldigungen angeboten, es wird ausgesprochen, dass der Kampf genauso gut einen umgekehrten Verlauf hätte nehmen können. Schließlich wird die Frage gestellt, ob der

Geist des Besiegten ein Bundesgenosse werden will. Wenn all diese Beschwörungen zur Ruhe gekommen sind, ist es Zeit für eine neue Welle der Gewalt.

Joseph Campbell beschreibt zeremonielle Schlachten in den Hügeln Neuguineas, bei denen mit Speeren und Stöcken gekämpft wird, so lange, bis ein Toter zu beklagen ist. Dann ist der Blutdurst gestillt und führt ein schlummerndes Dasein bis zum nächsten Überraschungsangriff oder zur nächsten Herausforderung. Campbell beurteilt dies ganz nüchtern: Ein Mann muss eben etwas Wichtiges zu tun haben. Erkennen Sie die Parallelen mit Fußballfans, die einander tätlich angreifen, um dem großen Fest die Krone aufzusetzen? Spüren Sie, wie hier der Kampf mehr und mehr einem Tanz zu ähneln beginnt?

Der Krieger nimmt mit Freude teil am Leid der Welt.

Joseph Campbell

Happyness is the best revenge.

Motto der Bewegung »Psychology of vision«

Wenn die Spannung zu groß wird

Vor allem Menschen, die auf der Suche nach Dauerspannung sind, erfahren Ruhe als eine äußerst schmerzhafte Qual. Sie suchen also die Intensität, weil sie die Intensität, die im Fehlen der Intensität selbst liegt, nicht ertragen können.

Umgekehrt kann auch Spannung auf Dauer langweilig werden. Ein ruhiges, harmonisches Dasein wird dann zu einer neuen Herausforderung.

Menschen, die die Aufgabe hatten, in ehemaligen Kampfgebieten Massengräber aufzuspüren, orientieren sich dabei an einem sehr schönen, makabren Hinweissignal, der Gegenwart eines Feldes mit Klatschmohn. Diese Blumen gedeihen nämlich auf jener Art von Nitrat, die verwesende Leichen absondern, und sie wachsen häufig als erste Pflanze, noch dazu üppig, an solchen Stellen, an denen sich Tragödien abgespielt haben.

Eine alte Frau und ihr genauso alter Ehegatte sitzen niedergeschlagen an einem kleinen Tischchen im Café. Sie weint. Er hält beruhigend ihre Hand fest und sagt: »Natürlich finde ich es genauso spannend wie früher. Ich denke nur, dass ich jetzt die Spannung besser aushalten kann!«

Nach einem Cartoon von Martin Simek

Qualitäten des Kampfes

Krishna: »Du kannst nicht zwischen Krieg oder Frieden wählen;
du hast die Wahl zwischen diesem oder einem anderen Krieg.«
Arjuna: »Du meinst, ich kann zwischen einem äußeren und einem
inneren Kampf wählen?«
Krishna: »Ich sehe keinen wirklichen Unterschied.«
Aus dem Mahabharata

Absoluter Friede

Ich habe den Terminus »absoluter Friede« gewählt, um die parallele Gegenwart von Friede und Krieg damit zum Ausdruck zu bringen. Der Begriff darf nicht mit der Illusion der Gewaltlosigkeit verwechselt werden. Denn diese suggeriert einen »Frieden«, der dem »Krieg« diametral gegenübersteht, und ferner, dass wir »gute Menschen« sein könnten, indem wir uns für den Frieden entscheiden. Dass wir uns gegen Gewalt entscheiden könnten, ist eine Lüge. Ob wir es wollen oder nicht, unser Dasein auf dieser Erde ist untrennbar mit Gewalt verbunden. Es wäre besser, wir würden uns dies eingestehen und bewusst Ja dazu sagen lernen, sodass wir ein Verhältnis zu einer Kraft finden, die so viel größer zu sein scheint als alles Individuelle.

Beim absoluten inneren Frieden spielen Krieg und Friede ihre Rollen auf einer niedereren Ebene. Der absolute Friede sieht die sublime Schönheit in beiden Phänomenen. Unsere Zeit zeigt deutlich, dass der Kampf zwischen Menschen mit allen Mitteln geführt wird. Es wurde mit Kernwaffen gekämpft, doch heute steht die Waffe der *manipulierten Information* höher im Kurs. Dieser vernichtende Aspekt der Welt steht in eklatantem Widerspruch zur sich nach eindeutiger Wahrheit, Harmonie und Frieden sehnenden Seite unseres Bewusstseins. Doch wir wollen Nervenkitzel. Wir müssen etwas zu tun haben. Goethe legte bereits Gott folgendes Wort in den Mund: *Des Menschen Tätigkeit kann allzu leicht erschlaffen, / Er liebt sich bald die unbedingte Ruh; / Drum geb' ich gern ihm den Gesellen zu, / Der reizt und wirkt und muss als Teufel schaffen.*

Die erste Bedingung dafür, wach zu bleiben, besteht darin, unsere Augen offen zu halten. Danach können wir jeden Tag aufs Neue betrachten, auf welche Weise wir in den Kampf verwickelt sind und wie wir mitkämpfen können in einer Art und Weise, die unseren *inneren Frieden* vergrößert. Auf diese Weise können wir der Welt ein Geschenk machen: Sie wird von uns wertfrei gewürdigt.

Ein Gebiet, auf dem der absolute Friede gut geübt werden kann, ist das Berufsleben. Wir kämpfen beispielsweise mit allen Mitteln gegen einen Konkurrenten, der sich ein Jahr später als Kandidat für eine Fusion erweist. Dies schafft die Möglichkeit, rein um des Kampfes willen zu kämpfen, dadurch entwickeln wir Wertschätzung und Respekt für den Gegner, indem wir einsehen, dass vielleicht keiner von beiden »recht« hat, doch beide über gehörigen Kampfgeist verfügen.

Jeder Kampf ist ein innerer Kampf

In den apokalyptischen Visionen vieler Kulturen existiert ein großer Endkampf aller gegen alle. Dies lässt sich auf dreierlei Weise verstehen. Erstens als ein Kampf, in welchem jeder Mensch gegen alle anderen Menschen kämpft, außer gegen sich selbst. Die zweite Weise besteht darin, dass jeder Mensch gegen alle kämpft und also auch gegen sich selbst. Und drittens kann es sich um einen Kampf handeln, den jeder gegen sich selbst führt.

Auch der Heilige Krieg des Islam, der Jihad, lässt sich gut als ein innerer Kampf verstehen. Solange der Hass lokal noch zu groß ist, wird er kanalisiert werden und sich gegen einen vermeintlichen Feind richten. Der Märtyrertod löst einerseits einen tiefen Unfrieden aus, aber er schafft auch wieder neue Spannung für eine neue Runde der Auseinandersetzung. Doch für das Individuum ist es jederzeit und an jedem Ort möglich, gegen die Trennung von Krieg und Frieden zu kämpfen.

Man kann auch auf eine eher mystische Weise sterben, d. h. in den eigenen Begierden, Ängsten, Erwartungen, Illusionen und Projektionen. In dem Augenblick, da wir lernen, zu vertrauen statt zu hoffen, zu akzeptieren statt zu wünschen, zu streben ohne ein Ziel – in diesem Moment stirbt wie selbst-

➤ Ein großes »Problem« entsteht, wenn sich das destruktive Antlitz des Sublimen menschlicher Ausdrucksorgane bedient, meistens in der Form »sinnloser« Gewalt. Ein Naturphänomen können wir nicht persönlich verantwortlich machen oder ihm Vorwürfe machen. Menschen dagegen durchaus. Als ob Dummheit kein Naturphänomen wäre.
Innerhalb der Psychotherapie werden Menschen gegen posttraumatische Stressstörungen behandelt: Sie wurden einst misshandelt, haben einen Schock oder einen schweren Verlust erlebt. Die Schwere des Ereignisses war zu groß, um verarbeitet werden zu können, und so taucht es immer wieder in Träumen oder Gedanken auf. Der Dra-

che hat kurz seinen Schwanz bewegt und mäht ganze Leben hinweg oder wirft sie durcheinander. Menschen, die so etwas erleben, sind sowohl verflucht wie gesegnet.

Man kann natürlich nur schwer zu einem Gewaltopfer sagen: »Was hast du für einen Massel gehabt, dass das Leben dich an diesen Punkt geführt hat.« Das wäre genauso dumm wie die Aussage: »Es ist dein Karma.« Dennoch müssen wir begreifen, dass für jemanden, der einen großen Verlust erlebt, den ein überwältigendes Unrecht trifft oder der das Opfer einer Naturkatastrophe wird, dies eins der wichtigsten Ereignisse in seinem Leben sein kann, und zwar nicht in positivem oder negativem Sinn, sondern als eine Erfahrung des Sublimen.

verständlich jener Teil in uns, der sich krampfhaft am Dasein festklammert, an den erworbenen Normen und Werten, und der der Quell vieler unnötiger Ängste und der daraus resultierenden Unfreiheiten ist. Sogar den echten, physischen Tod können wir in dieser Sichtweise als einen ›Test‹ betrachten, weniger als einen ›Kampf‹ gegen etwas.

In dem Maße, wie wir innerlich wachsen, werden immer weniger Dinge in der Außenwelt übrig bleiben, die wir aus uns selbst heraus nicht erkennen. Der Ausgangspunkt bleibt das *Tat vam asi* (»Dies bist du«) und das *Erkenne dich selbst.* Wir selbst *sind* der Blitz des Sublimen, alles wird uns zum Spiel. Wenn uns nichts Menschliches mehr fremd ist, wird auch die Trennung zwischen dem »Eigenen« und dem »Fremden« hinfällig. Der innere Kampf und der äußere werden immer mehr deckungsgleich.

Der Pinsel und das Schwert sind miteinander in Harmonie.
Miyamoto Musashi

Der Weg des Kriegers

Von Miyamoto Musashi (1584–1645) wird gesagt, er sei der größte Schwertkämpfer aller Zeiten gewesen. Er ging als Sieger aus mehr als sechzig Zweikämpfen hervor. Sein erstes Duell gewann er, als er mit dreizehn Jahren sein Leben gegen einen Lehrer einer Schwertkampfschule verteidigte. Seine Kunstfertigkeit wurde so groß, dass er manchmal sogar sein Schwert nicht mehr benutzte. Einmal wurde er von einem als unüberwindbar geltenden konkurrierenden Schwertkämpfer herausgefordert. Es wurde vereinbart, dass der Zweikampf auf einer Insel stattfinden solle. Während Musashi dort hingerudert wurde, schnitzte er aus einem Ruder ein hölzernes Schwert, mit dem er den Kampf schließlich für sich entschied. Auch wird die Geschichte berichtet, dass er einmal inkognito in einer Herberge abstieg und dort ruhig speiste. Eine Gruppe von Banditen sah seine teure Waffenausrüstung und wollte ihn zu einem Gefecht herausfordern, um ihn danach berauben zu können. Musashi reagierte nicht auf die Provokationen. Stattdessen aß er in aller Ruhe weiter. Als er fertig war, erfasste er mit seinen beiden Essstäbchen in einer einzigen schnellen, fließenden Bewegung die vier Fliegen, die über seinem Kopf kreisten. Danach legte er die Stäbchen gelassen zurück, ohne weiter auf die Banditen zu achten. Diese bemerkten, dass es sich hier um einen Großmeister handelte, und ergriffen die Flucht, dankbar, dass er sie verschont hatte.

Doch es gibt auch grausame Geschichten über Musashi. Einmal sollte er sich mit dem Anführer einer rivalisierenden Schwertkampfschule duellieren. Als sich herausstellte, dass dieser verletzt war, trat ein zwölfjähriger Junge vor, der erklärte, dass er seinen Meister vertreten wolle. Im Bruchteil einer Sekunde lag der Kopf des Jungen auf dem Boden.

Gegen Ende seines Lebens zog sich Musashi als Einsiedler zurück. Erst nach jahrelangem Drängen diktierte er seinem intimsten Schüler sein *Buch der fünf Ringe*. Darin bringt er in einer außerordentlich integeren Weise mit viel Liebe die Prinzipien der Schwertkampfkunst zu Papier. Ohne die gängige Aversion der Samurai gegenüber den damals gerade aufkommenden Feuerwaffen behandelt er auch deren Verwendung.

Das Besondere an Musashi ist, dass er nicht nur die Kunst des Schwertkampfes bis zur Perfektion weiterentwickelte und beherrschte, sondern ebenso sehr die Poesie und die Malerei. Seine Gemälde nehmen Ehrenplätze in den nationalen japanischen Museen ein und werden dort als Höhepunkte der klassischen Malerei betrachtet. Für die Japaner bedeutet Musashi etwa das, was Leonardo da Vinci für die Europäer ist.

Hier einige seiner Gedanken:

Der Weg der Kriegskunst wird gewählt, um edle Qualitäten auszubilden. Diese sind notwendig, um Glückseligkeit ertragen zu können. Glückseligkeit ist die Erfahrung, dass man voll im Leben steht und dabei von sehr großer Kraft durchzogen wird. Dieses Kraftgefühl macht uns verwundbar. Reine Verwundbarkeit braucht nicht geübt zu werden. Die menschliche Natur ist von Geburt an verwundbar, nichtig und ohnmächtig, doch diese Ohnmacht ist die Kehrseite von Potenz, von Kraft. Eigentlich schlagen Menschen also diesen Weg ein, um die Kraft zu entwickeln, die notwendig ist, um die Verwundbarkeit auszuhalten …

Kraft wird aus Verwundbarkeit geboren und umschließt einen sodann wie ein Panzer. Der Panzer wiederum muss flexibel sein, sonst erstickt er, was er verteidigt. Kraft muss durch Training, Disziplin, Hingabe und das Sammeln von Lebenserfahrung entwickelt werden …

Sei verwundbar, aber gib dich niemals bedauernswert. Es besteht ein grundlegender Unterschied zwischen Verwundbarkeit und Opfersein. Verwundbarkeit ist unabdingbar, wenn man durch Schönheit bereichert und durch Drohungen gewarnt werden will. Auf diese Weise dient Verwundbarkeit der Ausbildung von Kraft. Denn disziplinierte Verwundbarkeit führt zu Aufmerksamkeit und einem Empfinden für Qualität. Das bedeutet, dass ein Krieger tief berührt sein kann von aufsprießendem Bambus oder einem Kind, das laufen lernt. Und es bedeutet, dass er ergriffen sein kann, wenn er zertrampelten Bambus oder ein entstelltes Kind sieht. Aber das darf ihn nicht lähmen. Gesunde Verwundbarkeit warnt den Krieger, dass derjenige, der das Kind entstellt hat, schon bereitsteht, um auch ihn zu entstellen ...

Ein Opfer ist jemand, dessen Verwundbarkeit zur Lähmung, zum Wegströmen von Kraft geführt hat. Viele Opfer bleiben in dieser einseitigen Verwundbarkeit stecken. Die ursprüngliche, Reichtum bringende Verwundbarkeit wird dann durch ein einseitiges Verwundetsein ersetzt und zur halben Wahrheit. Insofern wir allesamt verwundet sind, ist es unsere Aufgabe, dieses Verwundetsein nicht als Endergebnis unserer Reise zu sehen, sondern diesen Ort rechtzeitig zu verlassen, um wirklich zu gesunden, um wieder neue Wunden zugefügt zu bekommen und um notfalls im Kampf zu bleiben ...

Kraftvolle Verwundbarkeit macht einen reif für die Liebe. Liebe wiederum macht verwundbar. Liebe zu deinem Schwert, deinem Pferd, deiner Frau, deinen Kindern. Dennoch ist es möglich, zu lieben. Es ist sogar empfehlenswert, sich durch einen unerwarteten Verlust verwunden zu lassen. Ein vollendeter Krieger verfügt über umfassende Erfahrungen mit Verlusten und Verlieren ...

Wenn jemand Opfer einer Gräueltat wird, wird seine Verstümmelung zum Gedenkzeichen, eventuell zum Anlass einer Strafexpedition oder anderer Beweise der Ritterlichkeit seitens des Kriegers. Die Kraft eines Opfers zeigt sich in der bloßen Tatsache, dass es noch lebt. Ein Krieger kann niemals Opfer sein. Die Würde, mit der er sogar einen schmachvollen Tod erduldet, macht ihn zum Meister seines Schicksals ...

Einige Gedanken über das Beschreiten des Weges,
Miyamoto Musashi zugeschrieben.

Der zweite Schleier der Maya: Kausalität

Die zweite Verzauberung, der wir unterliegen, um ein ›erwachsenes‹ Erdenleben führen zu können, besteht darin, dass viele Ereignisse eine Ursache und eine Folge haben. Diese Denkweise stützt sich auf den ersten Schleier, den Schleier von Zeit und Raum.

Ein Neugeborenes lernt in den ersten Wochen seines Lebens bereits gewisse Muster und Unterschiede kennen – der erste Schleier der Maya. Vage Flecken werden zu erkennbaren Gesichtern. Ein fleischiges Etwas erweist sich als der eigene Daumen. Es zeigt sich, dass er sich bewegen kann aufgrund von Impulsen, die aus »dir« kommen. Der Daumen bewegt sich, und manchmal landet er in deinem Auge, manchmal in deinem Mund. Das Kind beginnt ihn mit *Intention* zu steuern und erfährt sich selbst als die *Ursache* eines immer häufiger richtig in den Mund geführten Daumens.

Durch die Abfolge von Ereignissen in der Zeit stellen wir immer häufiger Zusammenhänge her. Wir bewegen uns durch ein Zimmer und stoßen eine Vase um. Diese zerbricht und lässt sich nicht mehr reparieren. Wir schlussfolgern, dass dies zwar nicht unsere Intention war, dass aber unsere Bewegung die *Ursache* der zerbrochenen Vase ist. Damit werden wir zum Täter und die Vase zum Opfer.

Bitte beachten Sie: Auf der Ebene des ersten Schleiers gilt lediglich: Jemand bewegt sich durch ein Zimmer, es erfolgt eine Berührung mit einer Vase, die sich zum Boden hin bewegt und ihre Erscheinungsform ändert. Der zweite Schleier macht uns blind für ein größeres Ganzes und schließt uns ein in die Ursächlichkeit der kleinen Dinge. Das Angenehme daran ist, dass wir mittels dieses zweiten Schleiers ein Verantwortungsgefühl entwickeln können. Das Angenehme und zugleich Ärgerliche ist, dass wir zu denken beginnen, wir könnten die Welt beeinflussen. Das Ärgerliche ist, dass wir andere als Ursache unserer Einschränkungen zu erleben beginnen. Bevor wir es uns versehen, gebiert die Kausalität ihr stachliges Kind: den Kampf.

Wir sollten also im Hinterkopf behalten, dass Kausalität eine Illusion ist, und uns dann voller Hingabe in sie stürzen.

Gedanken und Übungen

Die Großen fressen die Kleinen,
die Kleinen müssen zahlreich sein und schnell.
Sun Zu

Strategie und Verwundbarkeit

Kampf ist Kraft, Kompetenz, Wettbewerb, Einfluss, Macht. Konträre Normen sind Passivität, Vernichtetwerden, Schwachsein. Die Paradoxien sind: Kampf um den Frieden, gewaltloser Widerstand als Machtmittel, machtlose Machthaber, Ablehnung sinnloser Gewalt, die zugleich bestätigt, dass es eine *sinnvolle* Gewalt gäbe.

Ihr persönlicher Mythos

Bei der Interpretation unserer eigenen Kampfmythen sollten wir nie vergessen, dass das Böse oder der Feind, vom Gesichtspunkt der *Leere* und der *Bewegung* betrachtet, nicht existiert, unter dem Blickwinkel des *Kampfes* jedoch sowohl innerlich wie im Äußeren erfahren werden kann, und vom Gesichtspunkt des *Tanzes, des Spiels und des Opfers* aus betrachtet, sich in einen Partner verwandelt, in etwas, das seine Rolle spielt, ja sogar etwas, das sich um unserer Entwicklung willen opfert.

Die Mythologie verschafft uns viele Möglichkeiten, uns mit dem Thema des Kampfes zu versöhnen und das Sublime in ihm zu erfahren. Dabei ist es von großer Bedeutung, dass wir unseren *eigenen, persönlichen* Mythos finden oder entwerfen. Um ihn formulieren zu können, ist es praktisch, sich ein paar Fragen zu stellen:

Haben Sie ein Ziel, für das Sie kämpfen? Machen Sie einen Unterschied zwischen Gut und Böse? Kämpfen Sie, um zu überleben, oder kämpfen Sie, um zu kämpfen?

Wenn Sie *kämpfen, nur um des Kämpfens willen*, brauchen Sie lediglich noch Ihre bevorzugten Waffen und Techniken zu finden. Der Kampf ist so allgegenwärtig, dass Sie in einer permanenten Hochstimmung leben. Aus Leere und Bewegung gelangen Sie zu hoher Intensität und Kunstfertigkeit. Es liegt dann nicht in Ihrer Hand, an welche Stelle Sie das Schicksal stellt.

Hingabe und Fertigkeit passen zur Haltung des universellen Kämpfers, der lebt, um zu retten, zu töten oder getötet zu werden. Der im Idealfall eine derart hohe Kunstfertigkeit im Kampf erlangt, dass der einzige Kampf, der übrig bleibt, ein innerer ist.

Wenn Sie einen *Unterschied zwischen Gut und Böse* machen, sollten Sie prüfen, ob Sie *innerhalb* des Kampfgeschehens selbst gute und schlechte Parteien voneinander unterscheiden oder ob Sie *von oben herab* einen Unterschied machen zwischen Kämpfen als etwas Schlechtem und Nicht-Kämpfen als etwas Gutem oder umgekehrt.

Wenn Sie einen Unterschied machen zwischen ›guten‹ und ›schlechten‹ Parteien, dann folgt daraus die schwere Aufgabe, nach der richtigen Legitimation für Gewalt zu suchen. Sie bekommen dann zwei zusätzliche, innere Gegner: einerseits die Heuchelei, mit der Sie Ihre eigene Partei schönreden, andererseits den Relativismus, der Licht und Finsternis zu einem grauen Brei vermischt.

Im Bereich der miteinander verflochtenen Ursachen können Sie ebenfalls sehr schön sehen, dass Kausalität eine Illusion ist, aus welcher Kampf hervorgeht und derer der Kampf sich bedient. Ein willkürlicher Konflikt kennt eine unendliche Kette von Ursachen und Folgen. Ob es sich dabei nun um den Mörder handelt, der eine schwere Jugend hatte, oder um den langen Kampf zwischen Israelis und Palästinensern – bei all diesen Auseinandersetzungen sehen beide Parteien die Ursachen ihrer Konflikte anders, und jede bringt willkürliche Zäsuren im unendlichen Gewebe der Ereignisse an.

Grundhaltung

Im Bedeutungszusammenhang des Kampfes können Sie jedes Ereignis zugleich als Opfer oder als Schlächter erfahren, naiv und mit allen Wassern gewaschen, liebevoll und hasserfüllt oder brausend aus innerer Stille heraus. Eine Vorbedingung, zum Mittel des Kampfes zu greifen, besteht darin, dass Sie sich mit Fragen bezüglich Ihrer eigenen Haltung, Ihres eigenen Stils, beschäftigen. Wenn Sie das Sublime erfahren wollen, werden Sie mehrere Wahrheiten in Ihrem eigenen Inneren in ein Spannungsfeld zueinander setzen müssen. Betrachten Sie darum einmal aufmerksam folgende Fragen:

- Sind Sie bereit, das Leben so zu betrachten, dass selbst der allergrausamste Kampf überwältigend schön sein kann?
- Sind Sie bereit, sich Ihrem eigenen Leben als einem Kampf zu nähern?

- Sind Sie bereit, die Sichtweise des Lebens als Kampf loszulassen?
- Im Kampf suchen Menschen manchmal das Überleben, manchmal die Vernichtung. Suchen Sie Konflikte um des Konflikts willen? Haben Sie Zerstörungsfantasien? Trauen Sie sich, ein aggressiver Mensch zu sein?
- Welche Tugenden sprechen Sie an? Im Kampf geht es um Tatkraft, Klugheit, manchmal auch Schlauheit, Todesverachtung, Durchsetzungskraft, Schnelligkeit, Wendigkeit, Mut, manchmal Treue, manchmal Ehre, manchmal Stolz.
- Welche Untugenden haben Sie? Sind Sie feige, faul, nörglerisch, brutal, unsensibel, verwirrt, überempfindlich?
- Wie ist bei Ihnen das Mischungsverhältnis zwischen brutalem Angreifer, Schlupfwespe und Opfer?
- Ist Verführung Ihre beste Taktik? Oder bevorzugen Sie Vorwürfe, Überführung oder Schmeicheln?
- Wie viel Energie haben Sie, und wie mobilisieren Sie sie?
- Auf welchen Ebenen sind Sie selbst ein Raubritter?
- Wie wichtig ist es für Sie, ein Ziel zu haben? Und wie wichtig ist für Sie Macht?
- Halten Sie es aus, zu verlieren? Können Sie Erfolg genießen? Kämpfen Sie für Ideale und gegen Unrecht?
- Haben Sie Ihre Ideale verloren und kämpfen Sie für Besitz oder Selbstvernichtung?
- Inwiefern lassen Sie andere für sich kämpfen?
- Zwingen Sie andere dazu, in der Rolle des Buhmannes zu verharren?
- Ertragen Sie es, ausgelacht zu werden?
- Wie anfällig für Erpressung und Vorwürfe sind Sie?
- Gibt es ein bestimmtes Tier, das Sie anspricht und das Ihr Totemtier sein könnte? Haben Sie vielleicht mehr als eines?
- Welche Menschen kämpfen Ihren Kampf?
- Haben Sie Freunde oder Bekannte, denen Sie körperlich eine Stütze sein können? Haben Sie lebende oder tote Geistesverwandte?
- Gibt es berühmte Menschen, die Sie zum persönlichen Geistesverwandten erklären würden? Könnten Sie sie anrufen, wenn Sie ihrer bedürfen? Können Sie ihnen Ihre Unterstützung verleihen, wenn Sie spüren, dass sie diese brauchen?
- Welche Eigenschaften haben Ihre Feinde? Inwiefern ähneln sie Ihnen oder Ihren Familienmitgliedern? Was tragen sie stellvertretend für Sie?

Das Spannungsfeld zwischen Können und Nicht-Können

Es geht in diesem Buch um acht unterschiedliche Arten von Geistesgegenwart. Auf der hier betrachteten Ebene, der des Kampfes, spielen Wachheit und Tatkraft eine wesentliche Rolle. Um sich auf dem Gebiet der zwei Gesichter der Kraft weiterentwickeln zu können, das heißt im Bereich des Könnens und des Nicht-Könnens, ist es praktisch, einige Übungen zu praktizieren, bei denen entgegengesetzte Qualitäten eine Rolle spielen. Konzentrieren Sie sich zum Beispiel regelmäßig auf Menschen, die Sie *nicht* retten können, und dann auf Menschen, die Sie hätten retten können, denen Sie diese Rettung jedoch nicht gewährten. In einer Szene gegen Ende des Films *Titanic* wird auf schmerzhafte Weise sichtbar, wie hart Menschen sein können, aber auch, wie ›schön‹ ein Opfer dadurch wird. Üben Sie sich darin, sowohl der Egoist im Rettungsboot als auch der Retter im Wasser zu sein. Üben Sie dies nicht, um sich selbst zu quälen, sondern um stark genug zu werden, die Wahrheit zu ertragen.

Üben Sie sich auch darin, jene Situationen zu erkennen, in denen Sie *tatsächlich* etwas tun können. Das kann darin bestehen, dass Sie jemanden darauf hinweisen, dass er die Lichter seines Autos angelassen hat, oder dass Sie jemanden auffangen, der stürzt, oder jemanden verteidigen, der angegriffen wird.

Spielen mit Grenzen und Kausalität

Die Effektivität des inneren Kampfes wird sichtbar im Maße der Fähigkeit, wie gut wir es schaffen, in uns Kräfte zu mobilisieren, uns zu zügeln, ja sogar sterben zu lassen. All diese Handlungen sind nichts wesentlich anderes als das Zügeln oder sogar Sterbenlassen eines anderen Menschen. Machen Sie sich klar, dass Sie dies – auf der moralischen Ebene – ebenfalls jeden Tag tun. Spielen Sie momentweise mit der Kausalität und erkennen Sie die verborgenen Morde, die sich hier abspielen. Machen Sie sich klar, dass Sie zum Beispiel mit Ihrem Urlaubsgeld viele, viele Menschenleben retten könnten, dass Sie sich jedoch dafür *entscheiden,* dies nicht zu wollen. Sie entscheiden sich dafür, diese Kausalität nicht zu sehen, Sie leugnen sie, weil sonst *Sie selbst* kein Leben mehr hätten.

Üben Sie sich im Abstecken und Öffnen Ihrer Grenzen. Üben Sie sich darin, mit mildem Lächeln Grenzen im Gewebe der Kausalität zu setzen. Der Kampf dreht sich um Selbstüberwindung, um die Entscheidung, ob und wie Sie weiterleben wollen. Diese harte Zucht besteht aus Folgendem: sich selbst und anderen Grenzen zu setzen, sich durch Selbstbeobachtung berühren zu lassen oder gelegentlich den eigenen Panzer abzulegen, um sich von den Beobachtungen und der Kritik Ihrer Mitmenschen berühren zu lassen.

Der Freiheitsfaktor stellt in diesem Bereich die entscheidende Frage: Was tun Sie, wenn Sie einen anderen verdrängen, und was tun Sie, wenn Sie sich verdrängen lassen? Was tun Sie, wenn Sie körperlich oder seelisch jemandem einen Schlag zufügen, und was tun Sie, wenn Sie dies bleiben lassen? Bewusst jemandem Schaden zufügen oder jemanden nicht zu retten – dies geht hier Hand in Hand.

Ihre Hände werden manchmal in Blut, manchmal in Unschuld gewaschen. Wenn jemand in einem ausgetrockneten Wald vor Ihnen spazieren geht und achtlos eine brennende Zigarette wegwirft, verschiebt sich die Kausalität. Sie können nicht wütend an dieser Zigarette vorbeigehen, denn von dem Moment an, in dem Sie sehen, was geschieht, werden Sie zum nächsten Verantwortlichen. Dann ist die Zigarette *Ihre* Zigarette geworden. Spielen Sie mit den vielen denkbaren Formen von Kampf und Kausalität. Variieren Sie die Themen, über die Sie sich erregen. Sorgen Sie auch ausreichend für die Umkehrung der Verhältnisse: Betrachten Sie sich auch selbst einmal als eine Geschichte, die sich entwickelt, ohne dass Sie etwas daran ändern können.

Betreiben Sie das Loslassen der Kausalität von Ursache und Folge weiter, so werden Freiheit und Verantwortung schließlich hinfällig. Sie aber werden dadurch zu einem bewussteren Vollstrecker des Schicksals.

Ausgangspunkte, wie die soeben beschriebenen, bringen vieles mit sich. Auf der physischen Ebene erfordern sie die Bereitschaft und die Fähigkeit, zu töten und zu sterben. Viel wichtiger noch und in unserer Zeit auch näher an unserer Erfahrungswelt ist die Fähigkeit, den anderen so zu treffen, dass dieser seelisch stirbt und dadurch reicher wiedergeboren werden kann. Der dahinter stehende Gedanke ist der, dass wir einander helfen können, unsere Illusionen zu verlieren und dadurch ein immer reineres und klareres Verhältnis zu uns selbst und unserer Welt finden zu können. Dieser Kampf vollzieht sich meistens im Gespräch, wodurch die Opfer von heute die Triumphatoren von morgen sein können.

Das Spiel mit Grenzen und Kausalität können wir auf alle Gebiete des Kampfes ausdehnen: den Erwerb von Nahrung, das Pflegen oder Zerbrechen von Familien- und Freundschaftsbanden, den Erwerb von Macht und den Umgang mit körperlichen und seelischen Folgen von Gewalt. Daher bildet dieses Spiel auch den Kern des Kriegertums.

Mit dem Drachen kämpfen

Um kämpfen zu können, mussten die Ritter einst tief in den Wald hineinreiten, um einen Drachen zu finden. Heute begegnen wir Drachen an ganz anderen Stellen. Die Mutter, die mit ihrem Kinderwagen eine belebte Straße überqueren muss, kämpft gegen Drachen. Der Reisende, der am Bahnsteig der tödlichen Gefahr trotzt, von einem vorbeidonnernden Schnellzug zerschmettert zu werden, kämpft gegen einen Drachen. Wenn wir vor unseren vitalitätsaufsaugenden Monitoren sitzen und Texte schreiben, reiten wir auf einem Drachen. Und wenn wir die Natur kahl fressen, *sind* wir selbst der Drachen.

Der einzige Ort, an dem wir heute keinen Drachen mehr begegnen, liegt tief im Wald. Obwohl – dort begegnen wir uns selbst ...

Intentionen

Von entscheidender Wichtigkeit ist es, zu lernen, jemandem einen Schlag zu versetzen, den man zuvor intentional vorbereitet hat. Aus diesem Grunde ist es im Kendo Pflicht, kurz bevor man dem Gegner einen Schlag zufügt, zu rufen, wo man dies tun wird. In einem Kampf kann das Paradoxon darin bestehen, dass wir aus unserer eigenen deutlichen und klaren Intention heraus den Gegner quasi intentionslos in Verwirrung bringen können. Musashi nennt dies: »absichtlich verwirrende Bewegungen, sodass die Gegner schließlich auf einem Haufen landen«.

Mit anderen Worten: Üben Sie sich im intentionalen Bewegen, bis Sie auf der anderen Seite herauskommen, wo die Bewegungen sogar Sie selbst überraschen.

Unangreifbar werden

Die Kunst besteht darin, die Gegner nicht zu unterschätzen, es ihnen aber andererseits auch nicht zu leicht zu machen, indem Sie sich zu demütig verhalten. Üben Sie sich darin, Augenkontakt herzustellen und auch zu vermeiden. Üben Sie sich darin vor allem in Gesprächen mit Menschen, bei denen Sie spüren, dass Sie einen Konflikt suchen. Üben Sie sich darin, nicht mit ihnen in Diskussionen einzutreten, sondern sie freundlich anzublicken, freundliche Bemerkungen zu machen, um dann den Kontakt schließlich abzurunden. Immer wieder geht es darum, auch die lästigsten Gegner in

Verwirrung zu bringen, indem man etwas, das zugleich die ganze Energie einer Schlacht in sich trägt, eine freundliche Abrundung verleiht. Üben Sie sich darin, dass nichts Sie tief im Innern berührt oder verletzt, durch welche Drohung auch immer, dass ein anderer Teil von Ihnen lachen muss und dass Sie wachsam sind. Dies alles können Sie nicht genug üben.

Dem Gegner ein Geschenk machen

Gerade in der heutigen Zeit, die von Doppeldeutigkeit geprägt ist, kann es ein Geschenk sein, wenn man einfach einmal grob ist oder deutlich einen Fehler macht. Manchmal tut es einem Gegner gut, wenn er einen ›einfachen‹ Feind vor sich hat. Manchmal ist beiden mit einem plumpen Angriff gedient: Ihnen, weil Sie all das Herumgejaule los sind, dem anderen, weil er einen unmissverständlichen Anlass erhalten hat, Wut zu entwickeln. Üben Sie sich darin, Ihre Schläge deutlich auszuteilen. Auf seelischem Gebiet ist dies eine Form liebevoller Grausamkeit, das Zufügen sauberer Wunden durch harte Maßnahmen. Meistens ruft eine derartige Haltung heftige Reaktionen hervor, anfänglich häufig Wut, später manchmal Dankbarkeit.

Ziehen Sie sich nicht zurück und trauern, wenn Sie weder Applaus noch Anerkennung erhalten für all die Risiken, die Sie auf sich genommen haben. Gestehen Sie sich selbst gegenüber Ihre Fehler ein. Ob Sie sie auch der Außenwelt eingestehen, hängt von Ihren eigenen Normen und weiteren Intentionen ab.

Das Gesetz der Abschreckung

Im Prinzip droht ein Krieger niemals mit Gewalt, er zieht nur Konsequenzen. Die Folgen, die man der Möglichkeit nach am eigenen Leibe spüren könnte, wirken für sich genommen bereits abschreckend. Drohungen können den Gegner wacher machen oder aber noch aggressiver.

Dennoch kann es in die eigene Strategie passen, Schritte zu unternehmen, die wieder rückgängig gemacht werden könnten. Der erfolgreichste Kampf ist der, bei dem das Ziel mit minimaler Anstrengung erreicht wird. Allerdings, wenn man seine Befriedigung im Kampf als solchen erlangt, passen derartige Ratschläge nicht. Kämpfen Sie dann lieber, bis Sie tot umfallen. Möglicherweise sind Sie ja dafür geboren, im Harnisch zu sterben.

Lernen Sie unterschiedliche Kampftechniken

Schauen Sie gut in den Spiegel. Viele Menschen sind lange Zeit zu lieb zu ihrem Partner, um ihn dann später durch Vorwürfe, Kälte oder Ehescheidung umso härter zu bestrafen.

Eignen Sie sich unterschiedliche ›Techniken‹ an: den vernichtenden Schlag, die Übertreibung, das Aus-dem-Gleichgewicht-Bringen (indem Sie plötzlich aufhören, ein Widerlager zu bieten, Scheinbewegungen ausführen, die Kraft des anderen benutzen und so weiter), das Kennenlernen der Techniken des anderen, Flexibilität, Ablenkung, Deeskalation, das Wissen, wann ein Kampf ausbrechen wird, aber auch das Wissen, wann ein Kampf endet.

Es lohnt die Mühe, den eigenen Schatten zu erforschen. Dann zeigt sich auf einer tieferen Ebene, dass sich der Ausgang bereits vorbereitet hat. So kann das Sublime durchaus in dem tiefen Gefühl der Befriedigung verborgen sein, *dass* wir überhaupt Rache nehmen können.

Anschleichen versus Zusammenprall

Gewisse Kampflehrer unterscheiden zwischen unterschiedlichen Kampfhaltungen. Jemand, der zum Beispiel einen Kollisionskurs bevorzugt, wird knallhart Konfrontationen eingehen, ein Anschleicher wird sie vermeiden.

Vordergründig könnte man meinen, dass eine konfrontierende Haltung etwas mit Mut zu tun hat und die anschleichende mit Feigheit. Für die innere Kriegskunst ist dieser Unterschied fast ohne Bedeutung. Hier stellt sich vielmehr die Frage: Habe ich wirklich ein Bedürfnis nach Kollision? Welchen Effekt will ich mit meiner Haltung erreichen? In 99 Prozent aller Fälle ist es ratsam, sich anzuschleichen, auszuweichen, unsichtbar zu sein und nur die Potenz des tödlichen Schlages in sich zu tragen. Fast alle Probleme lassen sich damit umschiffen, lösen sich auf und verlieren ihre Kraft in dem Augenblick, da Sie sich in der beschriebenen Weise flexibel verhalten. Dieses ›Mitbeugen‹ kann in dem Maße inspirierender werden, als Sie in der Lage sind, das tödliche Potenzial in sich zu spüren.

Wissen, was Sie tun

Üben Sie Geistesgegenwart auf dem spannungsreichsten und sprühendsten Gebiet des menschlichen Geistes, der Begegnung und dem Gespräch. Lernen Sie zuzuhören, zusammenzufassen. Leben Sie sich ein, doch lernen Sie auch, knallhart zu unterbrechen. Üben Sie die Fähigkeit, den anderen innerlich und äußerlich zu unterbrechen.

Seien Sie sparsam mit Ihrer Energie und sparsam mit deren Verschwendung, seien Sie ein Wolf unter Lämmern, doch werden Sie kein Lamm. Solange Gesellschaft Sie inspiriert, bleiben Sie. Wenn nach fünf Minuten das Gesprächsniveau nachlässt – es geht nur noch um Klagen, man spricht über das Wetter oder tratscht über andere –, denken Sie sich einen Grund aus, auf freundliche Weise wegzugehen, oder Sie stehen einfach auf und machen sich energetisch unsichtbar. Geben Sie den zurückbleibenden Lämmern einen Anlass, sich unwohl zu fühlen. Übrigens, es ist überhaupt noch die Frage, ob sie für ihr Gemecker eine Alternative haben …

Die schlummernden Wölfe unter den Lämmern werden neugierig werden auf die Gründe Ihres Verhaltens und die Tatsache, dass Sie eine so große Vitalität und Freude ausstrahlen. Wenn Sie Interesse zeigen, können Sie ihnen einen Schritt weiterhelfen, doch versuchen Sie nicht, Ihnen zu viele Weisheiten mitzuteilen, und geben Sie ihnen vor allem nicht mehr als einen einzigen Rat. Hören Sie sofort auf, wenn jemand »Ja, aber« sagt, und geben Sie niemals einen Rat, den jeder andere ebenfalls geben könnte.

Von Handlungen absehen

Eine wichtige Kampftechnik ist das Wu Wei, das Abwarten bzw. Nichthandeln. Man kann sie anwenden, weil man noch nicht über genügend Kraft verfügt oder weil sich der Gegner dann möglicherweise verausgabt. Oder weil das Problem dann vielleicht von selbst verschwindet.

In diesen Bereich gehört auch das *Paradox vom Ertrinkenden*, das so viele Menschen zu Selbstvorwürfen treibt. Was beinhaltet dieses Paradoxon? Wenn Sie sich in einer schwierigen Phase befinden – und für viele wird ihre gesamte Jugendzeit darunterfallen –, so ist es gar nicht ungewöhnlich, wenn Sie in dieser Lebensphase auf Emotionen eher verzichten und diese Zeit ›aussitzen‹, bis sie sich zum Beispiel eine eigene Wohnung genommen haben. Sie werden erst dann wütend, wenn Sie Abstand zum Quell ihrer Wut gewonnen haben. In vielen Fällen kommen diese Vorwürfe erst nach Jahren an die Oberfläche. Dies hat nichts mit Feigheit zu tun, es ist eine reine Überlebensstrategie. Man kann dies mit einem Menschen vergleichen, der Schiffbruch erleidet. Solange er schwimmen muss, um nicht zu ertrinken, wird er keine Zeit haben, das Geschehene zu verarbeiten. Doch einmal am Strand angelangt, werden sich die Emotionen, die Todesangst und der Schmerz von selbst Bahn brechen.

In zwischenmenschlichen Konflikten kann es sogar manchmal einen geradezu magischen Effekt haben, wenn man sich zurückhält: Viele Gegner, die Streit suchen, werden am härtesten bestraft, indem man nicht auf ihre Provokationen eingeht. Übrigens geschieht es häufig, dass man seine Impulse zurückhält, weil man das Bedürfnis hat, weise zu sein, oder weil man keine Energie verlieren möchte. Diese Bedürfnisse werden dann häufig von einem Menschen in der Umgebung aufgegriffen, der sie dann umsetzt.

Kameraden und Gegner

Ein immer wiederkehrendes Dilemma für jeden Kämpfer ist folgendes: Wen erkläre ich zum Feind, wen zum Gegner, wen zur Beute, zum Bundesgenossen, zum Freund, zum Meister, zum Geliebten? Auch wenn es Ihnen in diesem Moment gar nicht mehr so viel ausmacht, werden Ihnen die Rollen dennoch zugeteilt: Andere werden Sie zum Freund oder Feind erklären. Unterschiedliche Ebenen von Wahrheit gelten hier gleichzeitig. Das Gebot »Liebe deine Feinde« ist der Ausgangspunkt, doch es besagt nicht, dass Sie sich vorzeitig kreuzigen lassen müssen.

Macht in Beziehungen

Innerhalb der Mafia gilt ein Gesetz: Wenn Sie jemanden von sich abhängig machen wollen, müssen Sie ihm viel schenken. Immer wenn es um Macht geht, wird dieses Prinzip häufig angewandt. Auch das Hervorrufen von Angst ist ein häufig angewandtes Machtmittel. Aber letztendlich wirkt es verhärtend auf beide Parteien. Es handelt sich hier nicht um frei gegebene Geschenke. Die allergesündeste Macht ist die der Begeisterung oder jene Technik, mit der wir dem anderen das Gefühl geben, dass er etwas aus eigener freier Initiative will. Diese psychologische Zauberei kommt fast wie von selbst in Gang, wenn wir daran gewöhnt sind, uns in und aus der Kausalität herauszubewegen.

Magie in Worten und Taten

Visualisieren Sie, was Sie in Ihrem Kampf erreichen wollen. Befreien Sie sich von hindernden Einschränkungen. Üben Sie dies, indem Sie symbolisch bestimmte Gedankenkräfte, Verbindungen oder Personen durchschneiden oder verbrennen. Seien Sie achtsam darauf, was Sie denken, und kontrollieren Sie, ob die Dinge, die Sie angestoßen haben, auch geschehen. Vertrauen Sie dem Wirken des Karmas, wenn jemand sich töricht verhält, doch bedenken Sie, dass eine derartige Haltung auch Sie treffen kann. Begreifen Sie, dass möglicherweise ja Sie der Vollstrecker des Schicksals des anderen sind und umgekehrt. Bejahen Sie diese Rolle und betrachten Sie dann neutral, was sich vollzieht.

Wenn Sie Ihre magische Kraft zugunsten Ihrer Kampfesfähigkeit steigern wollen, so ist es von entscheidender Bedeutung, so wenig wie möglich zu lügen – vor allem sich selbst gegenüber. Sie dürfen aber ablenken, umformen, falsche Bilder hervorrufen oder die Wahrheit lachend oder in übertriebener Weise darstellen, wodurch Sie bewirken, dass Ihr Zuhörer das Gegenteil glaubt. Es handelt sich hier nicht um eine moralische Verurteilung der Lüge. Es geht vielmehr um die Entwicklung einer ganz bestimmten Kampftechnik: der Kraft des Wortes.

In dem Moment, da im Kampf Dinge von jemandem ausgesprochen werden, der seine Zunge für das Aussprechen der Wahrheit aufgespart hat, erhalten die Worte, die er ausspricht, eine Kraft, die tatsächlich eine neue Wirklichkeit schafft. Ich kenne viele Menschen, die diese Ansicht über die Magie der Worte und Gedanken baren Unsinn finden. Meines Erachtens kommt dies daher, dass sie selbst nicht über die Disziplin verfügen, eine derartige Magie zu entfalten. Dasselbe gilt leider auch für Menschen, die diese Art Ereignisse idealisieren und überall Eingriffe höherer Mächte sehen oder aber denken, alles selbst verursacht zu haben. Auch solche Menschen sitzen auf einem Vulkan der Ohnmacht.

Kampf überwindet Grenzen

In den gut zweitausend Protokollen im Bereich der Psychotherapie oder des Management-Coachings, die ich verfasst habe, kam jeder Klient mit einer dramatischen Enthüllung daher: »Ich habe Probleme mit Grenzen.« All diese Menschen dachten, dass es sich um ein Problem handele, das einzig und allein sie hätten. Es gehört jedoch zum Wesen des Lebens selbst, dass fortwährend Grenzen erweitert oder respektiert werden müssen. Wir wissen niemals gewiss, ob wir die Grenze, die wir soeben überschritten haben, lieber hätten respektieren sollen oder umgekehrt. Einander Grenzen zu setzen, einander zu korrigieren, einander zuzulassen – das ist das Wesen des Menschseins.

Wenn jemand bei Ihnen eine entscheidende Grenze überschreitet, kann dies zu widersprüchlichen Reaktionen führen. Sie können sich geschmeichelt fühlen, Sie spüren, dass Sie lebendig sind (denn es geschieht wirklich etwas!). Manchmal können Sie außer der nahe liegenden Wut auch Dankbarkeit empfinden für die *Möglichkeit* zur berechtigten Wut, die Ihnen geboten wurde. Es kann aber durchaus sein, dass die richtige Reaktion darin besteht, dem Grenzüberschreiter einen noch viel heftigeren Schlag zu versetzen, als er ihn selbst austeilte, um seine Aktionen zu begrenzen. Doch es ist auch möglich, einzustecken: Wenn jemand Sie auf die eine Wange schlägt, so bieten Sie ihm auch die andere dar. Letzteres ist keineswegs ein Rat für Feiglinge. Es bedeutet etwas ganz anderes, wenn eine derartige Verhaltensweise von jemandem angewandt wird, der ein Kampfexperte ist, als bei jemandem, der zu feige ist, um zu handeln. Wenn Sie sich sicher sein können, dass Sie in der Lage wären, jemanden zu besiegen, sei es durch körperliche Kampfkraft, sei es durch Ihre seelische Autorität, so ist es eine gute Übung, diesem die Chance zu geben, einen derartigen Fehler bewusster und mit größerer Überzeugung zu begehen. Wenn ein solcher Mensch die Gelegenheit wahrnimmt, Ihnen einen zweiten Schlag zu versetzen, so wird deutlich, dass es sich nicht um ein Missverständnis handelt, und die Person kann für ihre Handlungen verantwortlich gemacht werden.

Kampf und Liebe

Kampf und Liebe erscheinen vielen als unvereinbare Gegensätze. Dennoch gibt es Beispiele dafür, dass dem nicht so ist.

In Kampffilmen sehen wir häufig, wie große Jungen und Mädchen Respekt voreinander haben. In Steven Spielbergs Film *Der Soldat James Ryan* kommt ein Messerkampf zwischen zwei Männern vor, der eine fast erotische Ladung annimmt durch die Kombination von Grausamkeit und Liebe, die daraus spricht.

Auch in weniger spektakulären Situationen ist es häufig spürbar, wie ein guter Kampf Wärme und Respekt für den Gegner erzeugt. Beim Erlernen des Stabfechtens wird den beiden Kampfpartnern so viel Zurückhaltung und Deutlichkeit abverlangt, dass dabei Liebe spürbar wird.

In dem Augenblick, in dem beim Kampf Anmut und Liebe dominieren, stehen wir vor der Pforte des Tanzes.

Leere

Bewegung

Kampf

Tanz

Spiel

Opfer

Dank

Stille

Wir tanzen in einem Kreis
und das Geheimnis befindet sich in der Mitte,
wissend.

Robert Frost

Wir sind von der *Leere* ausgegangen, in *Bewegung* geraten und schließlich *zusammengestoßen*. Wir haben uns Verwundungen eingehandelt, Verluste erlitten, und wir wissen, dass wir irgendwann sterben werden. Dann ist jetzt der richtige Augenblick gekommen, dazu Ja zu sagen, das heißt, aus der Bewegung Kunst zu machen und aus dem Kampf einen *Tanz*.

Von den aufbauenden und zerstörenden, jedoch immer tanzenden Göttern wie Shiva und Kali können wir eine neue Art von Glückseligkeit lernen. Unser Leiden und das anderer wird ausgeglichen durch das ausgelassen in die Welt strahlende Glück. Menschen erscheinen und verschwinden, doch ihre Glut brennt sich in unsere Netzhaut ein, in unser Herz, ja vielleicht sogar in das Gedächtnis des Tanzes.

Der Tanz verlangt eine Hingabe an Schmerz und Freude, es ist zu spät für Widerstand. Der Tanz bestimmt dich, aber du bestimmst auch den Tanz. Du kannst mittanzen, in stiller Anmut oder in wirbelnder Ekstase. Du kannst hölzern oder fließend werden. Der Tanz will dich mitnehmen. Lass dich mitnehmen.

Tanz bei den Musen

This state of emergency
is where I want to be.

Björk

Am Abend vor Beginn der großen Schlacht besucht Krishna die Mutter der Pandavas: Kunti. Ihr ältester Sohn ist der edle König Judishtira, in ihr gezeugt durch den Gott des Dharma. Weiter hat sie Arjuna und Bima als Söhne und sie hat die Zwillinge Nakula und Sahadewa adoptiert.
Doch Kunti quält die Last eines Geheimnisses. Als sie vierzehn war, hatte sie einen magischen Spruch empfangen, mit dem sie welchen Gott auch immer herbeirufen konnte, um sie zu befruchten. In ihrem neugierigen Übermut hatte sie die Sonne

angerufen und direkt einen Sohn von ihm zur Welt gebracht. Erschrocken und voller Scham hatte sie den bildschönen kleinen Jungen in einem Schilfkörbchen auf dem Fluss ausgesetzt.

Sein Name war Karna. Der Junge wurde gefunden, adoptiert und liebevoll von einem Fuhrmann und dessen Frau großgezogen. Doch immer quälte den unbesiegten Halbgott das dunkle Geheimnis seiner Herkunft.

Als er den Höhepunkt seiner Kraft erreicht hat, meldet Karna sich beim Hof, um an einem Turnier des Prinzen teilzunehmen. Aber die Pandavas, die nicht wissen, dass er eigentlich ihr Bruder ist, verweigern ihm die Teilnahme aufgrund seines Hochmuts und seiner vermeintlich niederen Herkunft. Kunti aber erkennt ihren Sohn, doch sie verleugnet ihn aufs Neue, indem sie schweigt. Ihr Gegner, Duryodana, sieht, wie königlich Karnas Ausstrahlung ist, und weiht ihn auf der Stelle zum König, auch um ihn im nahenden Kampf gegen die Pandavas einsetzen zu können. So stellt das Schicksal Karna den Männern gegenüber, von denen er nicht weiß, dass sie seine Brüder sind. Kunti wird, ganz gleich, wie der Krieg ausgehen wird, mindestens einen ihrer Söhne verlieren.

Am Vorabend der großen Schlacht besucht Krishna die große Mutter und fragt sie: »Kunti, ich breche auf. Was willst du, dass ich deinen Söhnen sage? Dass ich dich still und traurig antraf wegen des Krieges, der kurz vor dem Ausbruch steht und der dein Herz mit Abscheu erfüllt?«

»Nein. Sage Judishtira, ein schlechter König ist wie eine ansteckende Krankheit, die seine Zeit zugrunde richtet. Sage ihm: Erwache, lehne dich auf.«

Krishna sprach: »Dein Sohn könnte antworten: Was sagt mir ein Stückchen Land, oder Vergnügen, oder das Leben?«

Kunti sagte: »Sage ihm, dass er nicht allein ist. Von allen Geschöpfen, die ihn umgeben, ist er der Mittelpunkt.«

Krishna: »Und wenn er sagen würde: Du hast dein Herz gegenüber dem Mitleid verschlossen ...?«

Kunti antwortete ihm: »Sage ihm, dass er sich ein Herz aus Eisen schmiede. Sage ihm: Mitleid ist ein Gift.«

Krishna sprach: »Er wird sagen: Mein Körper ist mir teuer. Welches Recht haben wir, unseren Körper zu vernichten?«

Kunti: »Ich würde zu meinem Sohn sagen: Dein Körper ist schön, dein Körper ist edel. Aber wenn du in der Angst vor dem Tod lebst, warum bekamst du dann das Leben? Brenne wie eine Fackel, und wenn es auch nur für einen Moment ist.«

Aus dem Mahabharata

Ich brauche nicht zu wissen, womit du deinen Lebensunterhalt verdienst.
Was ich gerne wissen will, ist, wofür du einstehst und ob du es wagst,
den Sehnsüchten und Verlangen deines Herzens ins Auge zu blicken.

Es interessiert mich nicht, wie alt du bist.
Aber es interessiert mich, ob du es wagst, dich um der Liebe willen zu blamieren,
um deiner Träume willen, um des Abenteuers willen, das Leben heißt.

Es macht mir nichts aus, welche Planeten dein Horoskop beeinflussen.
Worum es mir geht, ist, ob du jemals bis zum Kern deiner eigenen Trauer vorgedrungen bist und ob dich die verräterischen Seiten und die Prüfungen des Lebens empfänglich gemacht haben, oder ob sie dich zurückschrecken ließen, sodass du dich verschlossest aus Angst vor noch mehr Schmerz.

Was ich wissen will, ist, ob du Schmerz, sei es meiner oder dein eigener,
das sein lassen kannst, was er ist, ohne einen Finger zu rühren,
ohne ihn zu verbergen, ihn verschwinden zu lassen oder festzuhalten.

Ich will wissen, ob du Freude sein kannst, sei es die meine oder deine eigene,
ob du zu tanzen wagst aus deiner Urkraft heraus, in totaler Ekstase,
vom Scheitel bis zu den Zehenspitzen,
ohne dich zurückzuhalten und dabei auf der Hut zu sein,
ob du es wagst, realistisch oder rational zu sein,
ohne dich von der Erinnerung an die Beschränkungen bremsen zu lassen,
die dir dein menschliches Dasein auferlegt.

Es ist mir gleichgültig, ob deine Geschichte wahr ist oder nicht.
Was ich gerne wissen würde, ist, ob du es wagst, andere zurückzuweisen,
um dir selbst treu sein zu können,
ob du es aushältst, für einen Verräter gehalten zu werden,
um vor Verrat, der aus deiner eigenen Seele kommt, verschont zu bleiben.

Gieb mir einen Beweis deiner Treue, sodass ich wissen werde,
dass du vertrauenswürdig bist.
Bist du in der Lage, Schönheit zu sehen,
auch wenn nicht jeder Tag gleich schön ist?
Und ist das Leben selbst für dich der Quell,
aus dem du deine Lebenskraft schöpfen kannst?

Kannst du mit Fehlern, Schwächen und Verwundbarkeit leben,
deiner eigenen und der meinen,
und dennoch am Rand eines Sees stehen,
und laut zur Silberscheibe des Vollmonds emporrufen: Ja!

Ich brauche nicht zu wissen, wo du wohnst oder wie viel Geld du hast.
Was ich gerne wissen möchte, ist, ob du die Kraft aufbringen kannst,
nach einer Nacht voller Verzweiflung,
verletzt bis in die tiefsten Tiefen deiner Seele,
dich zu erheben und das zu tun, was getan werden muss – für die Kinder.

Ich brauche nicht zu wissen, wer du bist oder wie du hierhergelangt bist.
Was ich wissen will, ist, ob du rückhaltlos bereit bist,
mit mir durchs Feuer zu gehen.

Es geht mir nicht darum, wo, was und mit wem du studiert hast.
Für mich ist es von größter Wichtigkeit, von dir zu hören,
welche innere Kraft deine Stütze und Zuflucht ist,
wenn alles andere um dich herum weggefallen ist.
Ob du mit dir selbst allein sein kannst und ob du es bei dir wirklich gut hast,
wenn es still wird, in der Einsamkeit …
Oriah Mountain Dreamer, indianischer Häuptling

Das Brüllen der Löwen, das Heulen der Wölfe, das Wüten des stürmischen Meers und das vernichtende Schwert sind Teile der Ewigkeit, die zu groß sind für das menschliche Auge.

William Blake in *Die Hochzeit von Himmel und Hölle*

Ohne Probleme bin ich nicht glücklich.

Siebter Lama Sittuh

Klassische Mythologie des Tanzes

Was nicht wert ist, gesagt zu werden, das singt man.
Georg Christoph Lichtenberg

Tanzen ist die Rückkehr zum Fischstadium –
mit Musik ist das Meer: das absolut taube Element.
Harry Mulisch

Der Tempeltanz

Das Land mit der bei weitem ältesten und kultiviertesten Tanzkultur ist Indien. Insbesondere der Tempeltanz zeigt, welche Höhepunkte eine Kultur erklimmen kann. Diese Tanzform kennt Hunderte von Haltungen, Gebärden und mimischen Varianten, die bis in das feinste Detail beherrscht werden müssen. Nicht nur die Beine, die Hüften und der Rumpf, sondern auch die Schultern, der Nacken, der Kopf, die Augenbrauen, der Mund, ja sogar die Nasenflügel tanzen mit. Die Handgebärden (Mudras) erfordern eine beachtliche Geschmeidigkeit und stellen eine religiöse Sprache für sich dar.

Obwohl auch Männer diese hoch entwickelte Tanzkunst ausübten, stellte die Tanzausbildung einen Teil der weiblichen Tradition dar. Das Tanzen war verbunden mit der Funktion als Priesterin, Geliebte und Mutter. Tanz, Sexualität und Religion waren völlig miteinander verwoben und sie sind es zum Großteil noch heute innerhalb dieser Jahrtausende alten Tradition.

Das mit dem Tempeltanz verbundene *Tantra* kann als eine sexuelle Meditationsform betrachtet werden, eine Art höherer Tanzkunst, ein Gottesdienst. Als die Engländer im 19. Jahrhundert Indien eroberten, waren sie schockiert von den ausgesprochen erotischen Darstellungen, die viele Tempel zierten, und der sexuellen Freiheit, die das Verhalten der Tempeltänzerinnen ausstrahlte. Die in ihrer viktorianischen Moral erstickenden Invasoren erlaubten sich zwar zu morden, jedoch nicht, kultiviert zu lieben. Die Tanzrituale wurden verboten und die letzten Tempeltänzerinnen in obskure Bordelle verbannt. Da das gesamte Wissen über den Tanz von Generation zu Generation in Tausenden und Abertausenden von persönlichen Unterweisungsstunden weitergegeben worden war, ist dadurch vieles vom alten Tempeltanz unwiederbringlich verloren gegangen. Seit einigen Jahren wird mithilfe der wenigen übrig gebliebenen Lehrerinnen vieles rekonstruiert und auf Film und Video aufgenommen, sodass die Tradition ganz allmählich wieder zum Vorschein kommt.

Derselbe Lebensstrom,
der durch die Welt fließt,
fließt Tag und Nacht durch meine Adern
und tanzt im selben Rhythmus.
Es ist dasselbe Leben,
das vor Freude durch den Staub der Erde schießt,
unzählige Grashalme hervorbringt
und in wilde Wiesen von Blumen ausbricht.
Das Leben durchpulst alle Zeitalter
und tanzt in genau diesem Augenblick in meinem Blut.
  Rabindranath Tagore

Der erhaben strahlende Shiva

Die älteste Religion Indiens, der Hinduismus, kennt viele tanzende Götter. Die wichtigsten sind Shiva und Kali.

Shiva, der am längsten verehrte Gott der Welt, wird häufig in männlicher Gestalt dargestellt, in enger Umarmung mit seiner weiblichen Ehehälfte, Shakti. Shiva selbst ist jedoch sowohl männlich als auch weiblich, und häufig wird er/sie auch mit einer weiblichen Brust abgebildet.

Shiva ist eine Gottheit der allerhöchsten Ebene und wird meistens in einem Atemzug mit Brahma und Vishnu genannt. Zu dritt bilden sie das, was von manchen als die »hinduistische Trinität« bezeichnet wird: Vishnu, der für die Kontinuität sorgende Urgrund, Brahma als der Schöpfer und Shiva, der Vernichter.

Doch Shiva tut viel mehr als nur vernichten. Während Vishnu, auf seinem Ozean treibend, einen unendlichen Strom von Universen träumt und Brahma diese visualisiert, während er auf der Lotosblume aus Vishnus Nabel sitzt, tanzt Shiva die Schöpfung. Er bzw. sie bedient sich der Prinzipien von Aufbau und Zerstörung, doch er ist kein Gefangener dieser beiden Pole. In dieser Hinsicht ist Shiva eher das Symbol des Lebens, das die Vernichtung als eine seiner notwendigen Schattenseiten umfasst. Denn jede Schöpfung erfordert Raum. Und dieser wiederum entsteht durch Entfernung des Alten, welches im Neuen fortgesetzt wird, während es zugleich seine Erfüllung in seiner Vernichtung findet.

Wenn wir die Symbolik der Shiva-Darstellungen genauer studieren, fällt sogleich auf, wie graziös er bzw. sie tanzt. Das linke Bein berührt die Erde nicht, und das rechte Bein steht auf einem kriechenden Männchen, welches eine Kobra festhält. Dies stellt die Unwissenheit dar, die das Symbol der Weisheit in der Hand trägt, doch nicht weiß, was sie damit anfangen soll. Die Botschaft dieses Bildnisses lautet, dass diejenigen, die das Wesen des Tanzes erkennen, mit in die Bewegung aufgenommen werden und dass diejenigen, die nicht sehen, was sich abspielt, nur den Tanzboden bilden. Jammernd werden sie zertreten, ohne den geringsten Begriff der Schönheit zu haben, die sich offenbart. Dies erinnert an einen Aphorismus des römischen Philosophen Seneca: »Den Willigen führt das Schicksal, den Unwilligen zerrt es.«

Shiva hat vier Hände. Eine der linken Hände deutet auf das tanzende Bein und zeigt, was möglich ist. Diese lehrende Hand ist sogleich die schaffende, schenkende Hand. In einer seiner rechten Hände trägt Shiva ein kleines Gefäß, das wie eine Sanduhr aussieht. Es ist das Symbol der Vergänglichkeit. Die andere linke Hand trägt eine Flamme als das Symbol des Feuers, in dem alles, was geschaffen ist, wieder aufgelöst wird. Die andere rechte Hand vollführt dieselbe Einhalt gebietende Gebärde, die wir auch häufig beim Buddha sehen. Sie bedeutet: Habe keine Angst, es scheint sich viel zu ereignen, doch der Kern des Tanzes ist Stille.

Der Gesichtsausdruck Shivas zeigt ein erhabenes, heiteres Lächeln. Es ist dieser Ausdruck, der dieses Bild so vollendet macht, ein wirbelnder Tanz der Schöpfung und der Vernichtung, vollzogen in glückseligem Frieden. Der tanzende Gott ist von einem Flammenkreis umgeben, häufig in der Form einer Schlange, die sich selbst in den Schwanz beißt – ein Symbol der Unendlichkeit.

Die Nacht, die Mutter des Tages.
Titel eines Bühnenstücks von Lars Noren

Kali, die alles vernichtende Mutter

Den Menschen näher steht die vernichtende Muttergöttin Kali. Ihr Name bedeutet sowohl »schwarz« wie auch »Zeit«. Aus diesem Grunde wird sie auch als »schwarze Zeit« dargestellt und mit pechschwarzer Haut abgebildet, ähnlich wie die Schwarze Madonna in der Kathedrale von Chartres. Sie ist die leidenschaftlichere Version des erhabenen Shiva. Ihr Gesichtsausdruck umfasst *ecstasy and agony,* Ekstase und höchste Qual.

FOTO MANFRED VAN DOORN

Die Göttin Shiva

JOSEPH CAMPBELL, HISTORICAL ATLAS OF WORLD MYTHOLOGY. VOLUME II: THE WAY OF THE SEEDED EARTH

Darstellung der Göttin Kali. Holzschnitzerei, 18. bis 19. Jh.

In ihrer allermenschlichsten Erscheinungsform hat sie lediglich zwei Arme, in ihrer dämonischsten sechzehn. Immer trägt sie eine Sichel oder ein Krummschwert in ihrer rechten Hand, womit sie munter Menschenleben wegmäht. In ihrer Linken trägt sie ein frisch abgetrenntes Haupt, und auch an ihrem Gürtel und ihren Armbändern hängen blutende Köpfe und Gliedmaßen.

Ihr Ausdruck ist beeindruckend: blutunterlaufene Augen, weit geöffnet, wie auch der Mund, der häufig Reißzähne enthält. Ihre Zunge streckt sie weit heraus. Dieser Gebärde liegt eine wesentliche Geschichte zugrunde:

Einst wurde Kali um Hilfe gebeten im Kampf gegen eine erdrückende Fülle von Dämonen, die das Weltall bedrohten. Kali entflammte daraufhin in einer solchen Wut, dass sich ein Blutschleier vor ihre Augen legte und sie nicht nur sämtliche Dämonen wegfegte, sondern auch den gesamten Rest der Schöpfung zu zerstören drohte. In Ekstase dahintanzend, zertrat sie jegliches Leben. Der oberste Gott Shiva fand keine andere Lösung als die, sich selbst zu opfern, um sie zu beruhigen. Er legte sich unter ihre Füße und ließ sich zertrampeln. Sofort spürte Kali etwas Ungewohntes und erwachte aus ihrem Blutrausch. Als sie entdeckte, dass sie im Begriff war, ihren geliebten Shiva zu zertreten, streckte sie voller Scham ihre Zunge heraus und beendete sofort ihren zerstörerischen Tanz.

Kali ist in großen Gebieten Indiens und Polynesiens die populärste Göttin. Sie erlaubt es den Menschen, ihren inneren Schatten Gestalt zu verleihen. In ihren immer überlaufenen Tempeln dürfen sie hassen, um Vernichtung beten und andere verfluchen. Tod und Krankheit sind ihre Attribute, jedoch auch Mut und Scham.

Sie hat auch ein Ur-Recht, zu vernichten, denn sie ist zugleich die schaffende Mutter. Sie ist alles außer der braven, gezähmten Hausfrau und blutlosen Ehegattin. Sie ist Mutter Erde, die Mutter, die uns gebiert und uns wieder zu sich nimmt. Sie nimmt sich das Recht heraus, Wesen, die sie schänden, von ihrem Boden wegzufegen. Aufgrund dieser Tatsache finden manche Menschen, dass eigentlich nur Frauen die Todesstrafe aussprechen und vollstrecken dürften. Nur sie, die das Leben in sich getragen haben, dürfen es auch wieder nehmen, nur sie, die selbst geblutet haben für das Leben, haben auch das Recht, es bluten zu lassen.

Ein anderer Aspekt Kalis ist der, dass sie nicht auf dem Wesen der Unwissenheit tanzt, sondern auf ihrem höchsten Gott. Das ist das Gegenteil dessen, was Shiva tut: Er tanzt voll bewusst auf einem niederen Dämon der Unwissenheit. Kali ist zwar selbst vorübergehend unwissend, doch sie erwacht durch den Schreck. Man kann dieses Tanzen auf einem höheren

Gott auch so auffassen, dass es notwendig ist, sogar das höchste Gottesbild zu zerstören, um wirklich aufzuwachen, um in einen Zustand der Erfahrung ohne Vorstellungen zu geraten, in ein ungeteiltes Bewusstsein. Meister Eckhard, der mittelalterliche Mystiker, hat Ähnliches ausgesprochen: Der letzte Schritt zu Gott ist Gott loslassen, um Gottes Willen.

Gib niemals jemandem ein Schwert, der nicht tanzen kann.
Keltisches Sprichwort

Tanz und Passion

In der Bewegung leben wir, im Kampf überleben wir und im Tanz erleben wir. Die klassische Mythologie des Tanzes scheint uns sagen zu wollen, dass das Leben intensiv gelebt und erlebt werden kann. Aufbau und Vernichtung des Lebens kennen ein Gleichgewicht, so wie sich beim Tanz Kontraktion und Ausdehnung des Körpers miteinander abwechseln. Bewegung, gepaart mit Emotion und Intensität, wird zum Tanz. Shiva steht für die stille Passion, den inneren Mittelpunkt in wirbelnden äußeren Prozessen. Kali gibt sich der Ekstase hin und kommt erst hinterher zur Einsicht.

Beide strahlen Schönheit aus, der eine heitere Erhabenheit, die andere eine grimmige. Beide wollen uns sagen, dass sich in allem, was geschieht, Schönheit entdecken lässt, dass wir jede Bewegung zur Kunst erheben können. Beide sagen: Komm in Bewegung, lass dich berühren, zeige dich, mach mit; es ist schön und intensiv. Es ist die Mythologie der Leidenschaft.

Moderne Mythologie des Tanzes

Das Bewegen des Menschen ist bereits in seinem Ansatz eine Form des Tanzens. Das Mannequin, das über den Laufsteg hin- und herläuft, läuft nicht, sondern tanzt. Kinder tanzen, während sie laufen, und man kann so rhythmisch eine Treppe hinuntergehen, dass es zu einem Tanz wird. Unser Laufen wird zum Tanzen unter Einfluss der Emotion. Wir können vor Freude hüpfen, aber wir folgen mit trägen, gemessenen Schritten dem Trauerzug.

Tanz entsteht auch, wenn wir unsere Bewegungen bewusst zu stilisieren beginnen, um sie einer bestimmten Situation anzupassen. Der Pastor läuft zum Zigarrenladen, aber er schreitet zur Kanzel. Man läuft in der Kirche mit einem Kollektebeutel anders als auf der Straße mit einer Vespertüte.

Theo van Baaren (1912-1989), niederländischer Dichter und Religionshistoriker

Jede Kultur nähert sich dem Tanz auf ihre eigene Weise. Die Japaner haben ihre stilisierten Bewegungen im Kabuki-Theater, die Spanier ihren vor Wehmut und Schmerz schreienden Flamenco. Die Argentinier schenkten der Welt den sensuellen, stolzen Tango, und von den Afrikanern kennen wir die ekstatischen Buschtrommeln und ihre nächtelangen Tanzrituale. Aus Ägypten und seinen Nachbarländern stammt der erotisch geladene Bauchtanz, von den Derwischen das kosmisch orientierte Herumwirbeln. Die Österreicher und Deutschen kennen den Walzer, aus Polen stammt die Polonaise. Und die Holländer pflegen den Holzschuhtanz.

Das postindustrielle Zeitalter schenkte uns die einfache Freude des Rhythm & Blues, Rock & Roll, Twist, Beat, Hardrock und die maschinenhaft stampfenden Rhythmen von Disco, Hip-Hop und House. In diesen modernen Bewegungen lässt sich die Maschine wiederfinden, in der roboterhaften Slowmotion des Moonwalk oder der eckigen Akrobatik des Breakdance.

Die Globalisierung hat sich auch hier ausgewirkt. Einflüsse aus der ganzen Welt inspirieren die heutige Musik- und Tanzkultur. Alte Rituale kehren in neuem Gewand zurück. Geschichtsschreibung in Reimform existiert schon seit Jahrtausenden, heute heißt sie plötzlich Rap. Rituelle Verletzungen des Körpers werden mit steriler Sorgfalt zugefügt und heißen heutzutage Tattoo, Piercing oder Scarring. Da Jugendliche heute keine ›Standardeinweihungen‹ mehr bekommen, lassen sie sich piercen, sie begeben sich in quälende Jahrmarktsattraktionen, besuchen schockierende Filme, fahren ohne Helm auf dem Moped oder experimentieren mit Drogen. So finden sie ihre eigenen Narben. Bewusstseinsschwellen werden überschritten mithilfe der klassischen Pilzdrogen, Haschisch oder Opium, aber auch mit Drogen wie LSD, Kokain und Ecstasy. Aber auch ohne Drogen wird in unserer heutigen Zeit in vielerlei Form ›geschwebt‹, so beim Trance-Dance, auf Inlinern, Hanggleitern, beim Stagediving oder dem Bungee-Springen. Die trancehaften Tanzrituale aus Nordamerika und Afrika kehren während nächtelanger Housepartys zurück, die regelmäßig ihre Opfer fordern. Die wichtigsten Tempel der Moderne sind die Diskothek und das Kino. Was früher die gute Predigt war, wird heute durch einen markigen Rap oder einen unter die Haut gehenden Film ersetzt. Früher lernten Menschen Bibeltexte auswendig, jetzt leben sie mit Songtexten und Dialogen aus Filmen wie *Der Pate, Starwars, Blade Runner* oder *Matrix.*

Tattoo, Piercing und Scarring:
Schön durch Entstellung!
Letzter Lama Sittuh

Berührt werden

Beim Tanz geht es nicht nur darum, sich schön in einem großen Saal zu bewegen, sondern vor allem um eine Lebensweise, bei der man von etwas berührt werden will, bei der man zeigen möchte, was das Leben einem tut. Die Grundlage des Tanzes im Westen ist ein Paradox: Wir haben hart dafür gekämpft, Krankheiten, Bedrohungen und höhere Gewalt möglichst aus unserer Kultur zu verbannen. Aber weil wir nun einmal dafür geboren sind, intensive Erfahrungen zu machen, suchen wir genau dasjenige wieder, was wir zu vermeiden trachteten.

Bei einem vorübergehenden oder örtlich begrenzten Mangel an realen Erschütterungen, zum Beispiel durch Naturgewalten, Krieg oder weil es keine Massensterblichkeit durch Epidemien mehr gibt, leben wir mithilfe des Fernsehens mit anderen mit, oder wir bringen Kunst- und Amüsementsformen hervor, die uns in Berührung mit dem Sublimen bringen. Der Film ist das Medium par excellence für diese sogenannte projektive Identifikation: Wir projizieren unsere eigenen Sehnsüchte und Ängste auf die Helden und Opfer und leben dann mit ihnen mit.

Doch auch im Alltagsleben suchen wir nach Intensität. Um uns wirklich als lebendig zu erfahren, müssen wir den Genuss bis an die Grenze des Erträglichen führen, sodass er fast unbemerkt in Schmerz übergeht. Und wenn wir unser Schicksal nicht finden, so findet uns unser Schicksal. Wir sind dafür geschaffen, immer wieder aufs Neue unsere Grenzen auszuloten, indem wir sie überschreiten und sie von anderen ausloten und überschreiten lassen.

➤ Der amerikanische Psychiater Stanislav Grof führte einmal ein LSD-Experiment mit vier seelisch stabilen Bridge-Spielern durch. Sie spielten bereits mehr als zehn Jahre zusammen. Grof bat sie, einfach miteinander Karten zu spielen und ihm zu berichten, was sie während des Spiels erlebten. Kurz nachdem sie eine leichte Dosis LSD eingenommen hatten, saßen die vier Spieler plötzlich wie zu Eis erstarrt da und starrten ungläubig auf ihre Karten. Nach einer Viertelstunde fragte Grof sie, was denn los sei. Es zeigte sich, dass jeder von ihnen so tief von der Schönheit des ihnen doch so sattsam bekannten Kartenspiels betroffen war, dass keiner die Betörung und Verwunderung, die davon ausgingen, durchbrechen konnte. Erst nachdem die größte Rührung über die Schönheit verarbeitet war, konnten sie mit dem Spiel fortfahren, das sie bereits jahrelang spielten, mit Karten, die nie mehr so sein würden wie zuvor.

Die Motive des Tanzes erstrecken sich über eine breite Skala: vom heftigen Eingehen einer Beziehung über das Erleiden eines schweren Verlustes, hartes Arbeiten und schnelles Autofahren bis hin zu Übermaß an Alkohol- oder Drogenkonsum, gefährlichen Sexualpraktiken, Steuerhinterziehung oder unmoralischem Handeln und die Missachtung anderer Verbote. Um den Tanz mitzutanzen, suchen wir den Schmerz geradezu, und dieser sucht uns. Wir wollen eben schockiert, bewegt und amüsiert werden, sonst sterben wir, ohne gelebt zu haben, oder wir sterben vor Langeweile.

Menschen, die versuchen, dem Tanz zu entweichen, indem sie so ruhig und langweilig wie möglich leben, leben häufig in verschmutzten Vierteln, haben drogensüchtige Kinder oder ein schwerkrankes Familienmitglied. Sie, die dachten, dem Tanz ›davonspringen‹ zu können, bilden häufig den Tanzboden!

Die geheime Ursache

Wenn wir mit dem Sublimen tanzen möchten, ist es ratsam, ein Auge für die geheime Ursache vieler Ereignisse zu entwickeln, das heißt: für die Tatsache, dass wir als Individuen, aber auch als Kollektiv das Schicksal herausfordern. Vielleicht tun wir das nicht nur aus Dummheit oder Lieblosigkeit, sondern auch aus einem tiefen, kollektiven Willen zur Erfahrung. Ich spreche hier ausdrücklich vom »Kollektiven«, weil es ungerecht wäre, auf irgendein bestimmtes Opfer zu zeigen mit der billigen Argumentation, dass es in dessen unbewusstem Willen läge, diese Opferrolle zu spielen.

Kollektiv gehen wir sogenannte beherrschbare Risiken ein, wenn wir Auto fahren, Schiffsreisen unternehmen oder fliegen. Kollektiv provozieren wir einen Weltklimawandel mit der Folge aller möglichen Naturkatastrophen, kollektiv zeigen wir unsere Missachtung gegenüber unseren Nachkommen und damit auch gegenüber uns selbst. Denn ob wir nun an Reinkarnation glauben oder nicht, irgendetwas in uns bewegt sich durch die Zeit und erwirbt Erfahrungen, seien es angenehme oder unangenehme, nötigenfalls sogar die eines Märtyrertodes.

Paradoxien des Tanzes

Manchmal gibt es so viel Schönheit in der Welt, dass ich spüre,
dass ich sie nicht aushalte … und dass mein Herz ihr erliegt.
Ricky Fitts in dem Film *American Beauty*

Ewige Zeitlichkeit

Mythologien erneuern sich mit jeder Generation, und gerade dadurch bleiben sie ewig. Dies ist auch das Geheimnis der verjüngenden Wirkung des Tanzes und der Kunst ganz allgemein. Es ist möglich, sich ständig zu erneuern, wenn man kreativ und mit einem Auge für die Schönheit lebt. Das Einzige, was man dafür wagen muss, besteht darin, das Alte sterben zu lassen, noch ohne dass das Neue bereits sichtbar ist – also tanzen. Die eine Bewegung ist vorbei und die andere muss noch kommen.

Wenn wir Kunst als Basis unserer Existenz zulassen wollen, ist es ratsam, so klar wie möglich auf Begriffe wie Schöpfung, Vernichtung, Zeitlichkeit und Ewigkeit zu blicken. Alles Bestehende beginnt sofort nach seiner Erschaffung zu sterben. Das ist das zwingende Gesetz, dem alles Zeitliche unterworfen ist. Aber gerade in dem vollen Spannungsbogen des Zum-Vorschein-Kommens, Aufstrahlens und Niedergehens können wir erkennen, dass alles in der Schöpfung vielerlei Gesichter hat. Es offenbart einen Ewigkeitscharakter. Dieser umfasst mehr als nur Aufgang, Blüte und Niedergang. Es handelt sich hier um ein Ganzes von Schöpfungsrichtungen und Urbildern, die sich immer wieder anders, aber gerade dadurch als stabile Differenz manifestieren.

Der Tanz der Urbilder kennt unterschiedliche Qualitäten. Das übergeordnete Urbild des Ewig-Weiblichen zum Beispiel zeigt sich in vielen Facetten: im verträumten, jung gestorbenen Mädchen, der unerfahrenen Jungfrau, der Amazone, der Hure, der dummen Blondine, der Mutter, der Rachegöttin, in der dementen Großmutter und in der alten weisen Frau. Und all diese kleineren Urbilder bilden zusammen wiederum einzigartige Kombinationen und Aufeinanderfolgen im Rahmen jedes individuellen Lebenslaufes.

So entstehen immer wieder neue Tanzbewegungen. Die großen und die kleinen Urbilder führen ihre Tänze auf, durch alle Zeiten und mit jedem von uns. Jede Erscheinung bildet einen einzigartigen Schritt in diesem Tanz. Jeder Mensch verfügt über einzigartige Kombinationen großer und kleiner

Urbilder. Jede spontane Bewegung, ganz gleich, wer sie ausführt, ist eine Schöpfung. Immer entsteht wiederum neue Kunst, entstehen neue Choreografien. Wir brauchen uns nur dem Tanz zu öffnen.

Wir können das Ganze auch umdrehen: Jeder von uns tanzt eine unendliche Reihe von Urbildern. Jeden Tag wechseln wir viele Male unsere Haltung, unseren Gesichtsausdruck und unsere Stimmung. Wir improvisieren auf vorgegebene Themen, immer gleich und doch immer anders. Auf diese Weise werden wir ein Teil des ewigen Tanzes, der ewigen Schönheit, ob wir nun in der Gosse liegen und krepieren oder eine Thronrede halten ...

Verschiedene Metren im Tanz

Die Tanzkunst, die in diesem Kapitel propagiert wird, gönnt jedem Menschen eine Phase – oder, wenn Sie an Reinkarnation glauben, eines oder mehrere Leben –, in welcher er seine Begierden so ungehindert wie möglich ausleben kann, sie genießen kann und sich auch an den antisozialen Tendenzen verbrennen kann, die damit verbunden sind. Es erfordert eine flexibel einstellbare Moralität, wenn wir dem Tier in uns Raum geben wollen. Lassen Sie sich nicht schon im Voraus Maulkörbe oder ein Gängelband anlegen und schon gar nicht kastrieren oder schlachten.

Es braucht dabei gar nicht unbedingt um äußerlich ausgelebte Wildheit zu gehen. Es kann sich auch um miteinander kollidierende Weltsichten handeln. Wenn Sie aus dem Tanz heraus leben, kann unter Umständen ein tragisches Ereignis Sie begeistern, während die Betroffenen von Ihnen erwarten, dass Sie in Moll gestimmt sind.

In den rohen Impulsen zur sexuellen Eroberung, Verführung oder zum Erwerb von Besitz und Macht liegt häufig die höchstmögliche Ästhetik verborgen. Pure Geilheit erscheint derb und ordinär, und man kann durchaus einwenden, dass dies ›schlecht‹ ist, weil wir mit solchen Intentionen kein Auge mehr für die individuelle Botschaft des anderen haben, dass es sich hier um reine Befriedigung handelt, die die Person des anderen negiert. Aber Geilheit ist viel mehr. Häufig verbirgt sich eine größere Ekstase hinter dem Willen zum Löschen des Feuers. Wenn Ihre Kräfte zunehmen, können Sie entdecken, wie viel Feuer und Freude es bereitet, einmal lediglich die Schönheit des menschlichen Körpers wahrzunehmen. Es ist das gute Recht eines jeden, im Spiel des Begehrens und der Befriedigung stecken zu bleiben. Das Problem steckt in der Tatsache, dass Geilheit uns dazu treiben kann, das Objekt unserer Verehrung zu vernichten, indem wir es gebraucht zurücklassen.

Dadurch wird die wirkliche eigentliche Verehrung vermieden und ersetzt durch reines Vernaschen – ohne Tiefendimension, ohne Dank, ohne etwas dafür zurückzugeben.

Schmetterlinge fangen

Hierbei handelt es sich um das Paradox, das entsteht, wenn wir etwas zu fangen versuchen, das ungreifbar ist und flüchtig in seiner Erscheinung. Die Basis vieler Unruhe bildet sich hier. Denn wenn wir es nicht aushalten, wie schön der Sonnenuntergang bei uns in der Straße ist, werden wir uns auf eine Reise begeben müssen, um der Schönheit nachzujagen. So entsteht der Wunsch, so viele Länder wie möglich zu sehen, mit dem Risiko, dass wir nicht ein einziges von ihnen wirklich kennenlernen. »So many women, so little time«, seufzt der Blues-Gittarist Robert Gray. Solange wir nicht stark genug sind, unsere eigene Ekstase angesichts der Schönheit der Schöpfung zu ertragen, werden wir dazu neigen, sie zu vernichten. Wir fangen einen Schmetterling, vergasen ihn und pinnen ihn mit Stecknadeln fest. Wir begeben uns auf eine Reise und entdecken erst hinterher anhand der Fotos, wie schön sie eigentlich war. Wir haben eine fantastische Beziehung, wir lassen sie platzen und bemerken erst dann, wie sehr sie uns fehlt. Dies macht uns noch lange nicht zu ›schlechten‹ Lebewesen, nein, wir sind einfach noch nicht stark genug dafür, die ewige Zeitlichkeit im Hier und Jetzt zu ertragen.

Und wenn wir dann endlich stark genug geworden sind, zeigt sich, dass alles Zeitliche noch immer vernichtet wird ...

Pornografie ist für dieselbe Art von Menschen bestimmt, die sich »Fußballliebhaber« nennt: diejenigen, die lieber die Dinge aus einem Lehnstuhl heraus betrachten.
Harry Mulisch

Pornografie und Kunst

James Joyce hat einmal wunderbar beschrieben, worin er den Unterschied zwischen Pornografie, Didaktik und echter Kunst sah. Er koppelte ihn an die *Intention* des Schöpfers eines Kunstwerks. Wenn dieser die Absicht hatte, unsere Begierden anzuregen, nennt er es Pornografie. In diesem Sinne sind die schönen Reiseführer, die uns zu Buchungen und zum Kaufen stimulieren sollen, eigentlich Pornografie. Wenn der Künstler durch seine Kunst etwas vermitteln will, nennt Joyce dies »didaktisch«. Erst wenn es dem Künstler darum geht – oder wenn er zumindest die Möglichkeit dazu eingebaut hat –, die Ewigkeit in seinem Kunstwerk hindurchscheinen zu lassen, kann der Betrachter bzw. der Wahrnehmer zu dem gelangen, was Joyce »esthetic arrest« (ästhetisches Verstummen) nennt – und damit zum Wesen wirklicher Kunst.

Man kann die Sache jedoch auch umdrehen: Sogar die allerordinärste Pornografie kann ästhetisches Entzücken hervorrufen. Sie kann eine stille Art von Mitleid, eine tiefe Ehrfurcht angesichts der menschlichen Sinnlichkeit hervorrufen. Sogar das Allerhässlichste kann so auf einmal intensive Schönheit zeigen.

Kunstmachen besteht aus dem Befreien all dessen, was in anonymer Vergänglichkeit befangen ist. Man kann in allem, was existiert, diese Frage nach Kunst wahrnehmen, und wenn wir die rechte Antwort darauf haben, erlösen wir immer das Ewige aus dem Zeitlichen.

Leidenschaft ist manchmal die Verzweiflung über ihr Fehlen.
Harry Mulisch

Die Begierde als Anlass

Das neueste Porsche-Modell weckt unsere Begierde, nicht nur, weil es sich dabei um ein Statussymbol handelt oder, wie Sigmund Freud behaupten würde, einen verlängerten Phallus. Insofern der Porsche hergestellt wurde, um verkauft zu werden, ist er ein pornografisches Objekt. Aber warum wollen Menschen dieses Auto kaufen? Der neueste Porsche kann seine Fans zur Raserei bringen, weil er ein Kunstwerk ist.

Die geweckte Begierde ist also keine Endstation. Sie kann uns auf die Fährte des Höchsten setzen, was sich überhaupt erleben lässt. Begierde ist nichts Schlechtes, sie ist ein wichtiges Zwischenstadium. Wenn wir uns daraufhin kaputtarbeiten, um den neuen Porsche bezahlen zu können, gehen wir allerdings das Risiko ein, das Boot der wahren Verehrung zu verpassen. Viel Geld zu verdienen, kann einen Menschen hart machen. Verhärtung erschwert die Erfahrung des Subtilen. Reich und mächtig zu sein und zugleich offen und verletzbar, ist schwierig, obschon nicht unmöglich. In diesem Sinne sind es immer die starken Schultern, die den Luxus tragen können. Denn häufig bedeutet ja der Moment des Erwerbs des Objektes der Begierde schon das Ende der Freude.

Dieselbe Enttäuschung formulieren viele Männer, die ihr Idol geheiratet haben. Erst wenn sie die Enttäuschung überwunden haben, erst wenn sie begreifen, dass die »ewige Frau« sich überall und nirgends befindet, können sie Interesse für diese eine spezifische, vorübergehende und beschränkte Manifestation ihrer unerreichbaren Göttin entwickeln.

Die einzige Weise, die Verführung loszuwerden, besteht darin, sich ihr hinzugeben.
Oscar Wilde

Schönheit und Verwelken

Hier kommen wir zu einer der schwierigsten und zugleich schönsten Form der Liebe zum Vergänglichen: der Beziehung zum Tod. In dem Meisterwerk *Liebe ein Leben lang (Tell me a Riddle)* wird ein altes Ehepaar beschrieben. Der Mann und seine Frau ringen in ihren letzten Lebenstagen mit dem Schmerz, den sie einander noch jeden Tag zufügen. Er klagt darüber, wie sehr sie ihn von seinen Freunden isoliert, und die Frau fragt ihn, warum er dann eigentlich noch bei ihr bleibe. Er stöhnt: »Weil du die Einzige bist, die mich noch als jungen Mann gekannt hat.«

Die Rückseite der Gnade ist Wollust, Blutschande, Mord.
Harry Mulisch

In der eigenen Begierde sterben

Mit diesem Begriff soll nicht gesagt werden, dass wir weder in unserem Vergnügen noch in unserer Bedürfnisbefriedigung sterben sollen. Selbstquälerei ist etwas anderes als Selbstdisziplin. Wenn Sie kein Sklave Ihres Trieblebens sein wollen, so bedeutet das nicht, dass Sie Sex nicht genießen dürfen. Es ist sogar so, dass Sie erst zum Sklaven eines bestimmten Verlangens werden, wenn Sie gerade *nicht* zu einer Erfahrung der Befriedigung gelangen. Der Verzehr von Nahrung, der Genuss von Getränken, körperlichen Liebkosungen oder Tanz gehören genauso zur inneren Schulung wie der zeitweilige Verzicht auf derartige Genüsse. Jemand, der weiß, wie herrlich Sex sein kann, tut etwas viel Interessanteres, wenn er oder sie (eine Weile) auf derartige Vergnügungen verzichtet, als jemand, der sie ohnehin nicht genießen kann.

Wenn die Erotik sich dem Sublimen nähert, lösen sich die Gegensätze auf. Man kann sich auf beherrschte Weise gehen lassen, und man kann auf raue Weise zärtlich sein.

Siebter Lama Sittuh

Falsche Leidenschaft

»Viel Lärm um nichts« ist eine Redensart, die den Kern dieser Gefahr beim Tanzen gut zum Ausdruck bringt. Beim Sex wird die Unfähigkeit zu genießen häufig buchstäblich überschrien. Manchmal hat das Zum-Ausdruck-Bringen genau die entgegengesetzte Wirkung und verjagt die Intensität. Männern wird, wenn sie sich trainieren, ihren Orgasmus hinauszuzögern, sogar empfohlen, heftig zu stöhnen und zu atmen. Das Zum-Ausdruck-Bringen von Leidenschaft dient dann deren Verminderung. Anders gesagt: Die Äußerungen der Leidenschaft brauchen nicht unbedingt die Wiedergabe intensiver Erfahrungen darzustellen. Und umgekehrt: Wenn man genießen lernen möchte, ist dies manchmal am besten möglich, wenn es ausgehend von der Stille aufgebaut wird.

Manchmal sind Paradoxien die einzige Möglichkeit, dem Drang zum Genießen oder dem Zwang zum Glücklichsein zu entrinnen. Beginnen Sie bei der Anerkennung der Unfähigkeit, der Leere und der Passivität. Manchmal kann es für beide Partner befreiend sein, wenn sie deutlich machen, dass sie nichts spüren, keinen Genuss empfinden – oder dass sie einfach nur still sein wollen.

Romantische, dramatische Liebe

Die romantische Liebe ist eine Reflexion des Verlangens nach dem Unerreichbaren. Das Objekt der Liebe wird häufig als Ideal erlebt, und unter diesem Gesichtspunkt ist es eigentlich am besten, den anderen nicht wirklich kennenzulernen. Die Sache wird dramatisch, wenn wir einen Versuch machen, den anderen zu erobern, während wir zugleich die Romantik zugunsten der realistischen Liebe nicht aufgeben wollen. In diesem Fall wird etwas in uns dafür sorgen, dass der andere nicht wirklich erreichbar wird.

Wer sich der romantischen Liebe hingibt, wird durch sie gequält und zugleich erfüllt. Es wird manchmal behauptet, dass die Liebe uns eine Wunde zufüge, die nur durch den geheilt werden könne, der sie uns zugefügt habe.

Einem der Irrtümer, denen wir im Westen häufig anheimfallen, ist es zu verdanken, dass die romantische, dramatische Liebe ein Problem ist, das gelöst werden kann und muss. Therapien werden vorgeschlagen, Termine werden gemacht, schmerzstillende Mittel werden eingenommen, doch nichts will helfen. Die einzige Wahl, die wir haben, besteht darin, Ja zu sagen zu einem Tanz, der sowohl aufbauend als auch vernichtend ist.

Häufig schwingt im Leiden an der Unerreichbarkeit des anderen viel verborgener Schmerz über die Vergänglichkeit und Unvollkommenheit des Daseins als solches mit. In dem uns zerreißenden Schmerz über die unerreichbare Geliebte oder den unerreichbaren Geliebten wird dann bewusst oder unbewusst einem tieferen Schmerz Ausdruck verliehen. Manchmal verbirgt sich in der Sehnsucht nach dem menschlichen Partner auch eine tiefer liegende Schicht der religiösen Sehnsucht. Der unerreichbare andere wird dann teilweise zum Symbol für den unerreichbaren Gott.

Schmerz und Genuss beherrschen ihn nicht, nein,
er beherrscht Schmerz und Genuss, und zwar mit tiefer Gleichmut.
Joseph Campbell

Ich selbst hatte neben meiner Ehe eine ganze Reihe wunderbarer Affären. Manche waren kurz und heftig, andere enttäuschend, wieder andere auf eine fast sachliche Weise deutlich und doch liebevoll.

Doch eine dieser Beziehungen ging tiefer, als ich vorhergesehen hatte. Die Liebe zwischen mir und ihr führte mich in Bereiche in mir selbst und im Leben, von denen ich immer schon eine Vermutung gehabt hatte, die sich mir aber noch nie zuvor offenbart hatten. Es waren märchenhafte Begegnungen, Nächte, in denen ich im Glück schwebte. Aber als es ihr deutlich wurde, dass ich trotz dieser bezaubernden Schönheit nicht vorhatte, meine Frau zu verlassen, entschieden wir uns, unsere Beziehung zu beenden – viele, viele Male.

Es hat insgesamt fast drei Jahre gedauert, bis wir einander wirklich loslassen konnten, weil jedes Mal, wenn wir einander sahen – und wir dachten uns immer einen guten Grund aus, einmal sogar eine Trennungstherapie –, das Glück mit einer so intensiven Selbstverständlichkeit aufflammte, dass es uns als Wahnsinn erschien, es ersterben zu lassen. Doch die Zeit war gnadenlos und ich ebenfalls, weil ich nicht bereit war, mit einer zweiten Frau Kinder zu zeugen. So stellte sie mir ein Ultimatum: ein Kind oder wir hören damit auf. Und ich sagte: Nein. Tief in meinem Herzen war es mir eigentlich recht so. Ich wollte neue Bücher schreiben und ihr keine Zeit und Aufmerksamkeit mehr schenken.

In jener Periode, in der wir einander wirklich loszulassen versuchten, verlegte ich mich auf das Schreiben und meine Funktion innerhalb der Familie. *Ich* trauerte, aber *sie* ging durch eine Hölle. Ab und zu konnte sie nicht anders, als an Orten vorbeizuradeln, wo ich arbeitete und wo wir einander häufig gesehen hatten. Ich weiß, wie viel Schmerz ihr das bereitet hat.

Eines schönen Morgens im Juni war ich auf dem Rückweg vom Frühstück in einem nahe gelegenen Café und sah sie auf ihrem Rad ankommen. Ich hatte sie einige Wochen lang nicht mehr gesehen. Sie hatte ihr Haar dunkler gefärbt, ihre Haut war blass, sie blickte streng geradeaus. Ein Stich des Schmerzes, der Zärtlichkeit und der Sehnsucht durchfuhr mich, als ich sie sah. All meine alten Muster, mein Arsenal an romantischen Späßen und Überraschungen stieg in mir auf. Ich stellte mich dicht an die Straße und erwartete, dass sie mich sehen würde. Doch sie sah mich nicht und radelte weiter. Ich verhielt mich ganz still, während sie so nah, dass ich sie beinahe hätte berühren können, an mir vorbeiglitt. Getroffen von der schmerzhaften Schönheit dieses Moments spürte ich die Freiheit, ihren Namen zu rufen beziehungsweise es bleiben zu lassen, den Kontakt mit ihr wieder aufflammen zu lassen oder aber es nicht zu tun. Ich entschied mich für das Letztere. Daraufhin spürte ich zwar die Neigung, sie rasch anzurufen und wenigstens ihren Anrufbeantworter wissen zu lassen, dass ich sie gesehen hatte, doch sie mich nicht. Als es mir gelang, auch diese letzten romantischen Zuckungen zu unterdrücken, begann ich mich wieder dem süßen Schmerz zu öffnen, den ich empfand, als ich sie vorbeiradeln sah, und wusste, dass es gut so war und dass es niemals mehr gut werden würde.

One last look at love.
Robert Palmer

Schönheit und Tiefe

Stellen Sie sich vor, dass eine schöne Frau – es darf auch ein Mann sein – in den Spiegel blickt. Sie sieht eine beeindruckende Schönheit, die nicht ihr eigenes Verdienst ist. In diesem Moment ergeben sich zwei Wahrheiten. Die erste lautet, dass sie mit ihrer bewussten Psyche nicht zu diesem Körper beigetragen hat; die zweite, dass ein unbewusster Teil in ihr klüger ist, als sie mit ihrem Bewusstsein nachempfinden kann. Dieser Weisheitsleib kann auch ihrer Seele Gestalt verleihen. Dann kann sie ihr Leben so einrichten, dass sie diese Weisheit so wenig wie möglich durchkreuzt. Aber dies braucht Zeit und man muss dafür älter werden. Sie würde sich täuschen, wenn sie dächte, ihre Psyche sei bereits jetzt genauso schön und interessant wie ihre körperliche Erscheinung.

Wenn sich ein Mann in sie verlieben würde, wären verschiedene Choreografien denkbar:

Sie kann ihn spüren lassen, dass sie psychisch noch nicht die Tiefe erreicht hat, die ihre physische Gestalt suggeriert, und hoffen, dass er warten oder zu ihrer inneren Entwicklung beitragen will. Vielleicht gerade dadurch, dass er sie um Jahre älter macht. Sie kann auch beginnen, ihre eigene Schönheit zu hassen, weil aufgrund ihres Äußeren niemand auf ihr Inneres fliegt. Oder sie kann die Wertschätzung, die ihr wegen ihrer Schönheit entgegengebracht wird, einsetzen, um durch sie reicher zu werden, sowohl innerlich wie auch äußerlich.

Es gibt jedoch noch eine vierte, häufig für alle beteiligten Parteien verborgene Strategie. Sie kann dem anderen suggerieren, dass sie innerlich bereits über viel Tiefe verfüge, diese aber nur schwer erreichbar sei. Dass alles so schön sein könnte, wäre es nicht so, dass ...

Auf diese Weise wird die Desillusionierung vermieden. Die mysteriöse Göttin bleibt erfahrbar, auch wenn die Umstände ein klares Zur-Erscheinung-Kommen verhindern. Der Mann geht auf die Jagd, um die ungreifbare Göttin zu fangen, um ihre Tiefe zu ergründen. Mit seiner Durchsetzungsfähigkeit und seinem Interesse zeigt er ihr und zugleich sich selbst, über wie viel innere Kraft er verfügt. Es wird ein Drama in Gang gesetzt, in welchem die Frau und der Mann abwechselnd Helden, Selbsthasser, mysteriöse Gottheiten oder aber Versager sein können. Ihre Intuition, dass sie mehr sind als ihre oberflächlichen Persönlichkeiten, wird auf diese Weise bestätigt. Ihre Lebensart erhält Tiefe und verleiht ihnen Tiefe.

Tanzformen wie die soeben beschriebenen, bilden die Basis für das bekannte Spiel der Anziehung und des Abstoßens. Sie wehren ab, wenn Sie dem anderen zu nahe kommen und Sie in ihrer Ungeschicklichkeit sichtbar zu werden drohen; und Sie ziehen an, wenn Sie den anderen zu verlieren drohen. Wenn dieser Tanz gut ausbalanciert ist, kann daraus ein schönes Bühnenstück hervorgehen, wenn dabei zu viele Störungen auftreten, wird er zur Neurose.

Häufig schenkt die Psychotherapie dem Bedürfnis der Menschen, für die Welt etwas Tiefes zu bedeuten, ja sogar in einem Drama mitzuspielen oder für irgendwelche Dinge durchs Feuer zu gehen, zu wenig Aufmerksamkeit.

Psychotherapie scheint dann helfen zu können, wenn das Feuer vorübergehend erloschen ist. Aber häufig wird ihnen damit auch etwas genommen, was möglicherweise die tiefste Erfahrung im Leben eines Menschen darstellt.

Qualitäten des Tanzes

Die Kunst des Bewegens und Wahrnehmens

Wenn wir das Leben zur Kunst erheben wollen, werden wir lernen müssen, das Ewige im Zeitlichen wahrzunehmen und es bewusst zum Ausdruck zu bringen. Leben verlangt *Er*leben, Intensität und Leidenschaft. Der Tanz erfordert also eine bestimmte Haltung, sowohl im erlebenden Bewegen als auch im erlebenden Wahrnehmen. Dazu gehört auch die Entwicklung eines ›Kennerauges‹. Welche Farben sehen Sie bei einem Sonnenuntergang? Wie riecht das Meer bei Ostwind, wie der Wald nach einem Gewitter? Wie fühlt sich eine Satinhaut an und wie eine spröde? Wie streicheln Handwerkerhände, wie eine warme Stimme? Viel Lebenserfahrung, vor allem aber auch die entsprechende Tiefe sind unentbehrlich. Eine weise Frau sagte einmal: »Ich habe viel Erfahrung mit wenigen Männern.«

Art: Divinely superfluous beauty.
Robinson Jeffers

Drei Forderungen an die Kunst

Thomas von Aquin, der große Kirchenlehrer und Philosoph des 13. Jahrhunderts, stellte drei Forderungen an die Kunst, die sie zu erfüllen habe und die bis heute gültig sind: *claritas*, *consonantia* und *integritas*.

Claritas bedeutet Klarheit. Ein Kunstwerk muss strahlen, pulsieren, es muss etwas zu erzählen haben. In der Lebenskunst können wir diese Forderung erfüllen, indem wir ehrlich uns selbst gegenüber sind und indem wir für eine Sache glühen. Je intensiver wir in unserer eigenen Wahrheit erglühen, desto mehr wird unser Leben zu einer strahlenden, transparenten Kunstform. Diese Transparenz bedeutet keineswegs, dass wir eindeutig oder unkompliziert zu sein haben. Im Gegenteil, ringen Sie ruhig mit all dem widersprüchlichen, neurotischen Mist aus Ihrer Jugend oder aus zehn früheren Leben, doch verbergen Sie ihn nicht, jedenfalls nicht vor sich selbst. Bringen Sie Ihr eigenes Drama zum Ausdruck. Werden Sie zum Repräsentanten Ihrer eigenen Geschichte. Sie können vor Stolz und Begeisterung glühen, jedoch auch vor Schmerz, Sehnsucht oder Scham. Das Höchste, was wir auf dieser Ebene erreichen können, ist dasjenige, was Karlfried Graf Dürckheim als »zur Transzendenz führende Transparenz« (*transparency to transcendence*) bezeichnete. Das göttliche Mysterium strahlt aus – entweder durch uns selbst oder durch dasjenige, was wir bringen. Gleichermaßen gilt jedoch: Das Göttliche kann in uns einstrahlen. Der Sänger und Dichter Leonard Cohen formulierte es so: »There is a crack in everything. That's how the light gets in.«

Die zweite Forderung, die nach *consonantia*, können wir mit unserem Wort »Harmonie« wiedergeben. Aber *consonantia* lässt sich auch verstehen als Rhythmus, Komposition, das rechte Verhältnis. Lebenskunst besteht darin, dass wir die wiederkehrenden Muster in unserem Leben zu erkennen wagen, sie zu definieren lernen. Haben Sie keine Angst vor Wiederholung, denn es ist gerade diese Wiederholung, die zur Vertiefung führt, die unserem Tanz den Rhythmus verleiht. Der schönste Rhythmus entsteht durch vorhersagbare Wiederholungen, die sich mit plötzlichen Kontrasten abwechseln. So kommt ein Herzschlag in die Geschichten, die wir leben. So können wir aus unserem Innersten heraus zu der Erfahrung gelangen, dass unser Leben bis ins kleinste Detail stimmig ist, dass unser Leben, das wir zugeteilt bekamen, genau das Leben ist, das zu uns passt.

Die dritte Forderung, die nach *integritas*, lässt sich als Ganzheit, Integrität, Authentizität übersetzen. Im Hinblick auf die Lebenskunst und Kunst im ganz allgemeinen Sinne handelt es sich hier um das Definieren eines heiligen Raumes, um das Abgrenzen des Kunstwerks. Bei ›normalen‹ Kunstformen, also einem Film, einem Musikstück, einem Ballett oder einem Gemälde, ist dies einfach: Es gibt einen Anfang und ein Ende oder es gibt einen Rahmen. Aus jedem Lebensmoment können wir Kunst machen, indem wir begreifen, dass jeder Moment dieses Lebens, in diesem Jahrhundert, in diesem Körper, ein *heiliger* Moment ist. Suchen Sie nicht nach kausalen Erklärungen, stellen Sie keine Zusammenhänge her. *Integritas* als Erfahrung der Einheit erhält ihre höchste Erfüllung dadurch, dass der Wahrnehmer von Kunst, der Schöpfer von Kunst und das Kunstwerk selbst in einem blitzartigen Augenblick zusammenfallen.

The Sensual World handelt vom sinnenfälligen Charakter dieses Planeten, dem Wetter, dem Wechsel der Elemente, der Tatsache, dass wir in der Lage sind, aus uns herauszugehen und Dinge zu berühren, das Geräusch des Windes, kurz, all die wunderbaren Dinge, die uns umgeben und berühren.

Kate Bush über ihr Video zu *The Sensual World*

Langeweile: die Sehnsucht nach Sehnsüchten

Leo Tolstoi

Ein Mensch, der in totaler Enthaltsamkeit lebt, ist ein Schwächling, der der Versuchung erlegen ist, sich selbst einen Genuss zu versagen.

Ambrose Bierce

Die körperliche Basis des Tanzes

Die Basis des Tanzes liegt in den Sinnen, und der beste Tanzboden ist unser Körper. Sensuell zu leben ist der schönste Gottesdienst, den man abhalten kann für die liebevolle Weisheit dieser unserer Schöpfung. Jeder Schritt, den wir vollziehen, beinhaltet ein Streicheln, eine Liebkosung. Saubere, kühle Luft, die an unseren Nasenflügeln vorbeizieht, bietet einen erfrischenden Genuss. Der Wind, der an unseren Haaren vorbeistreicht, löst einen Schauer aus – aber auch die infernalischen Dieseldämpfe in den Städten, die hupenden Autos, der Gestank nicht abgeholten Mülls, alte Urinluft, Geschichten aus der Fülle des Lebens ...

Die Tatsache, dass wir in einem Körper wohnen, bietet festliche Möglichkeiten. Was gibt es denn Schöneres, als wenn unterschiedliche Geister mit unterschiedlichen Seelen in unterschiedlichen Körpern einander auf allen Ebenen entdecken, einander begegnen und sich feiern? Es macht dann keinen Unterschied mehr, ob dies in einem Gruppenkampf, einem zärtlichen Moment oder einem heftigen, wilden Geschlechtsakt geschieht. Denn das Sublime liegt hier auf der Lauer als eine Kraft in unserer Seele, wir wissen, dass wir einander auch Schmerz zufügen müssen, um zu einer vollständigen Begegnung zu kommen. Auch hier gilt die Technik der Polarisation: Wer zusammenwohnt, muss auch allein sein können, wer weich ist, muss hart werden können, wer offen ist, muss in der Lage sein, sich zu verschließen. Um die Tanzschritte des Beziehungslebens auszuführen, müssen wir einen Partner oder einen Seelenverwandten am bloßen Geruch erkennen lernen. Wird es ein Kriegstanz, ein spielerischer Springtanz oder ein erotischer Tango? Dieser Prozess spielt sich auf der allerelementarsten Ebene von Geruch und Schwingungen ab. Nicht ohne Grund sprechen wir von der »Chemie einer Beziehung«, wenn zwischen Menschen der Funke überspringt. Um eine feine Nase zu entwickeln für die richtigen Begegnungen, werden wir lernen müssen, dem Tier in uns die Zügel hängen zu lassen. Übrigens gilt dasselbe auch umgekehrt: Wir werden einfacher gefunden, wenn wir buchstäblich oder im übertragenen Sinne eine vitale Tanzatmosphäre ausdünsten.

Wenn du genial sein willst, musst du zu weit gehen, denn wenn du nicht zu weit gehst, ist es nicht gut; dann ist es lediglich wahr, und die Wahrheit ist langweilig.
Harry Mulisch

Ein geistvolles Tier

Einen großen Teil unserer täglichen Aktivität haben wir mit den Tieren gemeinsam. Auch sie haben das Bedürfnis nach Schlaf, Essen, Fortpflanzung und Machtstrukturen. Viele Tierarten können wunderbar tanzen, singen, ja sogar plastizieren. Man denke nur an Termitenhügel, Honigwaben oder Vogelnester. Typisch menschlich jedoch ist die Fähigkeit, sich in einen Tanz zu begeben und wieder herauszuziehen, sich zu verlieren und wieder Abstand zu gewinnen. In der östlichen Sichtweise kann erst dann von Kunst gesprochen werden, wenn der Künstler sich selbst zugunsten des Universalen auslöscht. Im Westen schätzen wir deshalb besonders den Künstler, der erkennbar ist, der einen eigenen Stil darlebt.

In dieser Hinsicht ist jeder Mensch eine Gattung für sich. In der Plackerei mit der Spannung zwischen direkter Begierde, dem, was uns die Gesellschaft zusteht, und dem, was wir aus Sicht unseres höchsten Selbst tun dürfen, sucht jeder seinen einzigartigen Weg – allerdings innerhalb der durch die Gruppe gesetzten Grenzen. Denn es gibt keine einzige Kultur, die ein ungezähmtes Triebleben, völlige Spontaneität oder reine Impulsivität duldet. Doch es gibt Unterschiede. In manchen Subkulturen sind Menschen der Ansicht, dass Begierden ›ausgeräumt‹ und gereinigt werden müssen, andere sprechen eher von Veredelung oder Sublimierung der Begierden, und die anarchistischen Elemente stoßen sie einfach aus. Diese ziehen in die inzwischen selten gewordene Wildnis und werden dort als exzentrische Künstler geduldet bzw. als Kriminelle gefürchtet.

➤ In früheren Zeiten wurden Mönche einem Meister ausgeliefert, der sie einweihte. Es war zum Beispiel durchaus normal, dass keltische Novizen in kleinen Booten ohne Ruder der kochenden See übergeben wurden. Wer dies überlebte, war eingeweiht, alle anderen hatten den Tod gefunden. Tibetanische Mönche werden an Drachen gebunden und man lässt sie in die Luft aufsteigen, damit sie ihre Angst überwinden. Diese Prüfung verdankt ihre Kraft gerade der Tatsache, dass immer wieder jemand abstürzt. Mit der Erfindung der gesetzlichen Haftpflicht und des nüchternen Denkens sind die Einweihenden zurückgetreten. Es wäre nun grotesk, immer noch die Verantwortung für etwas zu übernehmen, was allgemein für Wahnsinn erklärt wurde. Unser Gott heißt jetzt Zufall, und er ist es, der die Einweihungen durchführt. Wir geben unseren Jugendlichen ein schnelles Mofa oder schicken sie auf Survival-Touren. Wir unternehmen riskante Dinge, und der Zufall bestimmt, eigentlich genau wie früher, ob wir es überleben. Es geschieht ein Unglück, und später zeigt sich,

Wer wirklich zu den Geheimnissen des Sublimen vordringen will, wird als Tiger unter den kleinen Ziegen leben müssen. Äußerlich angepasst, im Innern wild. Anmutig, aber in unerwarteten Momenten auch gefährlich, verschlingend und vernichtend. Plötzlich taucht er dann wieder unter und blökt mit der Herde mit, angepasst und brav, aufmerksam und unauffällig zu den anderen Tigern hinüberblinzelnd.

Joseph Campbell

Den Tiger reiten

Ein wichtiges Sinnbild des Lebens aus der Sinnlichkeit heraus ist das sogenannte »Reiten auf dem Tiger« (*riding the tiger*). Darüber wird allzu leicht rein theoretisch gesprochen. Wenn man vom »Reiten auf dem Tiger« spricht, ist es wichtig, sich klarzumachen, dass jeder Körper ein anderes Impulsniveau hat. Der eine Mensch ist ein Tiger in Bezug auf seinen Appetit, aber ein Eisbär auf dem Gebiet des Sexualtriebs. Auch kann es sein, dass wir in der einen Lebensphase kaum Lust auf wilde sexuelle Experimente haben, doch ein paar Jahre später geradezu explodieren. Gespräche über »Sublimation« sind dann zunächst nicht notwendig, später dagegen durchaus, zumeist nach den großen Explosionen.

Häufig zieht eine bestimmte Art von Spiritualität auch eine bestimmte Art von Körpern an. »Gut katholisch« kann man leichter sein, wenn man gerne Brot und Wein zu sich nimmt. Beim Zen überwiegen die mageren, sehnigen Typen, die sich ohnehin schon gerne züchtigen. Für manche Sekten scheint es eine Vorbedingung zu sein, so auszusehen, als käme man aus dem Mittelalter. Anders gesagt: Menschen wählen häufig das, was zu ihnen passt. Selbst die Entscheidung für etwas, was der eigenen Natur widerspricht, ist dann möglicherweise eine unvermeidbare Phase im Prozess der Selbst-Wiederfindung.

Riding the tiger kann also für den einen bedeuten, seine unstillbare Mordlust zu bezähmen, während es bei einem anderen darum gehen kann, chaotische Denkprozesse zu disziplinieren.

Mit dem Drachen tanzen

Es gibt Kulturen, in welchen der Drache als mächtige Urkraft verehrt und respektiert wird. Der chinesische Drache ist ein vitales Wesen, das eine erneuernde und reinigende Wirkung hat. Bei den diversen Festen im Jahreslauf tanzt dieses Tier fröhlich mit, es vertreibt Dämonen und wird zum Beschützer erkoren.

Es ist auffällig, dass innerhalb des Christentums die Natur in ihrer Gänze als ›gefallene Schöpfung‹ betrachtet wird. Der Drache landet dadurch in derselben Kategorie wie die Schlange. Statt die brausende Kraft der Erotik und der Weisheit des Giftes zu zelebrieren, erklären wir diese Tiere zu unseren Feinden. Wenn wir *gegen* den Drachen kämpfen, fallen wir in die simplifizierenden Teilungsmythen aus der Sphäre des Kampfes zurück.

Gerade für Menschen, die sich dem Sublimen öffnen wollen, ist es wichtig, den tanzenden Drachen in sich und in der Welt kennenzulernen. Geschieht dann etwas Überwältigendes, kann man auf mythischer Ebene erfahren, wie sich der Drache rührt. Gegen ihn zu kämpfen, wäre dann von vornherein sinnlos. Es bedeutet schon viel, ihm ins Auge zu blicken und einen ganz bescheidenen Tanzschritt zu vollführen.

Der Drache des Westens ist ein Schatzhüter. Er hält in seiner Höhle Jungfrauen und goldene Schätze zurück, die durch einen Helden befreit werden müssen. Hier begegnen wir im Bild der westlichen Form der Sublimation: den Kampf mit dem eigenen Triebleben aufzunehmen und dieses so zu erheben, dass ›Jungfrauen‹ und goldene Gegenstände dabei frei werden. Die Schattenseite des Drachen besteht natürlich darin, dass er unsere Neigung, Dinge zu horten, spiegelt. Jedes Volk bekommt den Drachen, den es verdient.

dass es das Beste war, was uns jemals zugestoßen ist. Allmählich erkennen wir, dass da etwas in uns ist, was das Schicksal herausfordert, dass in uns etwas ist, das die allerextremsten Erfahrungen machen will. Allmählich zeigt es sich, dass der Gott des Zufalls mit uns und an uns durchaus sinnvollen Schabernack treibt. In dem Moment, da man sich mit der geheimen Ursache der Dinge verbunden fühlt, wird sogar aus unserer größten Tragödie eine göttliche Komödie. Wenn uns irgendwann tatsächlich dieses Glück zuteil wird – und es bleibt abzuwarten, ob wir stark genug sind, es zu überleben –, gelangen wir zur Erfahrung einer schaffenden Stille, einer stillen Passion, die uns unabhängig macht von den Trennlinien des Lebens, die zwischen »schön« und »hässlich« unterscheiden. Hier zeigt sich ein Glück, das sich auch noch im Schwersten, das uns widerfährt, manifestieren kann.

Harmonie ist schrecklich langweilig.
Peter Diem, österreichischer Medien- und Symbolforscher

Der Gillette-Mann

Wenn man Fernsehprogramme betrachtet, die von Tai Chi, Chi Gong oder taoistisch orientiertem Tantra handeln, erscheint fast immer ein über Achtzigjähriger, der immer noch elastisch, vital und verspielt ist, niemals krank und mit einer Frau verheiratet ist, die allerhöchstens halb so alt ist wie er. Schön, harmonisch und gesund alt zu werden, ist ein hoher Wert innerhalb dieses Systems.

Wenn man derartige Dokumentationen Mitgliedern bestimmter Zigeunerclans vorführen würde, hätten diese nichts als Spott dafür übrig. Denn in ihrer Kultur ist es die Norm, dass ein Mensch lebt, um Narben zu erwerben. Wenn ein junger Mann sich in eine Frau verliebt hat, die er nicht erringen kann, oder wenn er von seiner Geliebten verlassen wird, greift er zu seinem Messer und ritzt sich damit einen Schnitt in seinen eigenen Körper. Was wir in der psychiatrischen Symptomatologie der Selbstverstümmelung zuordnen würden, ist dort ein respektables Verhalten. Was innerhalb der Tai Chi-Kultur als erstrebenswertes Beispiel für gesundes Altern betrachtet wird, wird innerhalb einer derartigen Zigeunerkultur eher als Mitleid erweckendes Fiasko erachtet.

Das besitzartige Horten des westlichen Drachen erscheint bei seinem chinesischen Pendant als das Horten der Jugendkräfte. In dieser Hinsicht wird häufig vergessen, dass der Drache ein Feuerspeier ist, der seine enorme Vitalität in heftige Empfindungen und Emotionen umsetzt. Später, im Abschnitt mit den Übungen, werde ich auf die Bedeutung des konkreten und symbolischen Verbrennens von Ballast eingehen wie auch auf die Umformung von Vitalität in Gefühle.

Ein Mann lebt in Harmonie mit Frau und Kindern. Schande! Ein Mann wird von allen Bürgern respektiert. Schande! Ich will leiden. Ich will gequält werden. Ich möchte ehrenhaft im Kampf untergehen.
Duryodhana im indischen Epos *Mahabharata*

Der Multivitamin-Mann

Ich wohnte einmal einem Vortrag eines Professors bei, der auf Zelltherapie und Verjüngungsmethoden durch Multivitaminpräparate spezialisiert war. Es war beeindruckend. Er war schon in seinen Sechzigern, aber er sah aus wie ein Vierzigjähriger. Den ganzen Abend füllte er mit Geschichten darüber, wie er all seine verfügbare Zeit, sowohl in der Arbeit wie auch im Privaten, mit dem Herausfinden der besten Kombinationen von Enzymen, Mineralien, Spurenelementen und Vitaminen verbrachte. Als deutlich geworden war, dass er einen Fulltime-Job auf dem Gebiet des Jungbleibens hatte, stellte eine Frau aus der Zuhörerschaft ihm die Frage: »Herr Professor, wofür wollen Sie eigentlich so lange leben?« Darauf musste er die Antwort schuldig bleiben, doch eine Reihe seiner Anhänger betonte, wie schön das Leben doch sei und wie jeder Tag, den man in Gesundheit hinter sich bringe, doch einen Gewinn bedeute. Die Diskussion verlagerte sich daraufhin auf die Frage nach dem Sinn von Krankheit, Alter, Hässlichkeit und der Angst vor Schmerzen. Der Professor stand von da an etwas linkisch daneben, er fühlte sich deutlich nicht wohl in seiner Haut. Dies waren Themen, die er aus seinem Leben verbannt hatte.

Der Amphetamin-Mann

Der niederländische Rockmusiker Herman Brood benutzte einmal folgenden Vergleich, um sein Verhältnis zu seinem Körper zu charakterisieren: »Mein Nachbar hat bereits dreißig Jahre ein Mofa, mit dem er vorsichtig herumfährt und das er gut pflegt und instand hält. Geben Sie mir dieses Mofa, und ich werde es hochjagen, damit durch Stadt sprinten, und innerhalb eines Jahres ist es ein völlig abgenutztes Wrack. So bin ich auch mit meinem Körper umgegangen, und es überrascht mich jeden Tag, wie lange er schon seinen Dienst tut.«

Lebe dein Leben so, dass die Angst vor dem Sterben niemals einen Weg zu deinem Herzen findet. Kritisiere niemanden wegen seiner Religion, respektiere andere in ihren Ansichten und fordere, dass auch sie wiederum deine Ansichten respektieren. Liebe dein Leben, vervollkommne es, gestalte alles in deinem Leben schön. Strebe nach einem langen Leben und stelle es in den Dienst deiner Mitmenschen. Komponiere ein edles Todeslied für den Tag, an dem du über den großen Abgrund reisest. Sprich immer ein Wort oder mach ein Zeichen zum Gruß beim Begegnen bzw.

Vorübergehen eines Freundes oder eines Fremden in einer einsamen Umgebung. Bezeuge jedem Respekt und verachte niemanden.
Wenn du am Morgen aufstehst, bezeuge Dankbarkeit für dein Essen und für die Freude, dass du am Leben bist. Wenn du keinen Grund siehst, um dankbar zu sein, so liegt dies ganz allein an dir. Missbrauche nichts und niemanden, denn dies verwandelt Weise in Toren und beraubt den Geist seines Weitblicks.
Wenn die Zeit deines Todes gekommen ist, so sei dann nicht wie diejenigen, deren Herzen sich mit Todesangst füllen, wodurch sie, wenn der Abschied naht, weinen und um ein wenig mehr Zeit flehen, damit sie ihr Leben noch einmal, doch anders, leben dürfen. Singe dein Todeslied und sterbe wie ein Held, der zu seinen Geburtsgefilden zurückkehrt.

Tekumseh (1768–1813), Häuptling der Shawnees

Lebendige Tote

In Indien werden die Toten in einem orangefarbenen Gewand begraben, von dem man sagt, dass es die Gemütsfarbe der Erde symbolisiert. Herumziehende Bettelmönche laufen in einem Gewand mit derselben Farbe umher als Zeichen dafür, dass sie lebendige Tote sind.

Ein bisschen

Sterben tust du nicht plötzlich,
sondern ab und zu ein bisschen,
und jedes Bisschen, das du starbst,
es ist seltsam, aber du vergisst es,
es ist dir sogar häufig entgangen.
Du sagst: Ich bin etwas müde,
aber irgendwann bist du
bei deinem letzten Bisschen
angekommen.

Toon Hermans (1916–2000),
niederländischer Sänger und Kabarettist

Mit einem Tanzpartner mitsterben

Mitten während einer Zeit, in der das Leben seinen gewöhnlichen Lauf nahm, mit den üblichen Sorgen und Vergnügungen, beschlich mich das ungewöhnliche Gefühl, dass mein Leben plötzlich enden würde, dass die kleinen Wehwehchen, die ich schon immer mit mir herumtrug, möglicherweise ein weit fortgeschrittenes Stadium von Krebs bedeuteten und dass alle meine Intuitionen in Bezug auf ein langes und gesundes Leben bloße Illusionen seien.

Dieses starke Hintergrundgefühl hielt tagelang an, bis mich eines Sonntagabends jemand anrief, um mir zu berichten, dass eine meiner besten Freundinnen in England im Schlaf verstorben sei. Sie hatte an metastasierendem Knochenkrebs gelitten, das wusste ich, doch war sie völlig unerwartet an einem Herzstillstand, mitten im Schlaf, über die Schwelle gegangen.

Es kann sein, dass ein Begräbnis unter Menschen
zu einem Hochzeitsfest unter den Engeln wird.
Khalil Gibran

Individuell gestaltete Rituale

Ich las einmal von einer Frau, die jedes Mal einen religiösen Augenblick erlebte, wenn sie mit ihrem Auto durch die Waschstraße fuhr. Sie blieb dabei in ihrem Auto sitzen und erfuhr selbst ebenfalls eine Art Reinigung, einen Moment der Einkehr. Sie fühlte sich auf eine schöne Weise allein. Als sie eines Tages zu hören bekam, dass sie nicht mehr lange leben würde, legte sie als ihren letzten Willen fest, dass am Tage ihres Begräbnisses alle Autos des Trauerzugs zuerst durch die Waschstraße fahren sollten, bevor man sie in die Erde versenkte. Dieser Wunsch wurde respektiert, und das Ritual wurde in allen Tageszeitungen erwähnt.

GEOFFREY HEARD / ABC PRESS

Tänzer auf Neu-Britannien (Papua-Neuguinea) tanzen den Yoke (Joch-Tanz), häufig so lange, bis irgendwann der Tod eintritt.

JONATHAN BECKER/VANITY FAIR

Madonna mit Martha Graham, ihrem großen Vorbild, auf einer Ehrengala im Oktober 1990

Der dritte Schleier der Maya: Leidenschaft

Die ersten sinnlichen Verführungen erleben wir im Gebiet von Zeit und Raum. Aus einem kosmischen, ungeteilten Bewusstsein werden wir über den Körper in die Welt der Muster und Gegensätze hineingezogen. Die ersten Polaritäten, die wir dann empfinden – kurz nach unserer Geburt, jedoch auch beim Erwachen –, sind Chaos versus Ordnung und zeit-räumliche Verhältnisse von Klängen versus Stille, vorher versus danach, Licht versus Dunkel. Diese Schleier von Unterschieden sind der Daseinsgrund des Glücks, das uns zuteil werden kann, wenn wir in der Lage sind, es als *Bewegung* wahrzunehmen.

Der zweite Schleier besteht aus der Illusion, dass wir Ursache und Wirkung wahrnehmen könnten. Wir nehmen Bewegungen wahr – sowohl als Impulse in unserem eigenen Körper wie auch als Ereignisse außerhalb von uns – und stellen Zusammenhänge her. Eine Reihe von Polaritäten kommt so zum Bewusstsein: Ursache und Wirkung, Anführer und Gefolge, aktiv und passiv, stark und schwach, mit und ohne Absicht, Täter und Opfer. Der Begriff der Verantwortung wird geboren und gleich darauf die Spannung zwischen Vorherbestimmung und Freiheit. Dieser zweite Schleier der Kausalität ist die Basis des Glücks, das sich uns offenbart, wenn wir uns im *Kampf* bewegen.

Der vorliegende Abschnitt handelt von dem dritten Schleier der Maya, worin sich uns die Folgen unserer Handlungen in unterschiedlichen Sinnesqualitäten offenbaren. Hier werden Polaritäten geboren wie Genuss und Schmerz, Schönheit und Hässlichkeit, Ekstase und Langeweile, Wachheit und Schlaf, Erkenntnis und Dummheit. Dieser Schleier der Leidenschaft, der Passion, verschafft uns Zugang zur Glückseligkeit des *Tanzes*.

Gedanken und Übungen

Schmerz und Genuss

Tanz ist Erleben, Erfahrungen machen, Genießen, Schönheit, Intensität suchen. Natürlich bilden sich Mischformen: Man kann Erfahrungen machen wollen, um etwas anderes zu erreichen: um eines Spieles willen, für ein Opfer oder um dazuzulernen und so kompetent zu werden. Beim *Tanz* geht es jedoch um das reine Erfahren-Wollen um der Erfahrung willen. Der Mensch brennt, um zu brennen. Der eine Mensch ist ein flackerndes Flämmchen, der andere lodert, schwelt oder explodiert – doch immer passioniert.

Man sollte am besten bereits in der Pubertät etwas Hässliches erlebt haben, dann wird später alles andere leichter sein.
Harry Mulisch

- Sind Sie in der Lage, in einem Sturm zu stehen und die Schönheit der abbrechenden Äste und der wegwehenden Gegenstände wahrzunehmen?
- Können Sie Schönheit erkennen, wenn Sie kämpfende Menschen betrachten?
- Können Sie bei einem Streit / einer Auseinandersetzung die angenehmen Seiten neben den unangenehmen wahrnehmen?
- Empfinden Sie manchmal Lustgefühle, wenn Sie Gewalt- oder Vergewaltigungsszenen betrachten?
- Trauen Sie sich, bewusst zu erfahren, wie spannend es ist, zu verführen und verführt zu werden?
- Haben Sie bei sich selbst wahrgenommen, wie wechselnd die Spannung beim Anziehen oder Abstoßen sein kann?
- Hatten Sie jemals solchen Sex, dass Sie das Gefühl hatten, dass Sie schwebten oder dass Ihr Körper und der Ihres Partners / Ihrer Partnerin einen anmutigen, sich windenden Tanz ausführten?

Brennen, verbrennen und verzehren

Der Mensch lebt in zwei Welten, in der des Alltags und der des Niemals-geboren- oder -gestorben-Seins. Eine Methode, sich ein größeres Bewusstsein für diese zweite Wirklichkeit zu erwerben, besteht darin, die Seele so stark wie möglich durch Feuer zu reinigen.

Auch meine Geschichte kennt schwarze Seiten, neben all den normalen Alkohol- und Drogenproblemen, der unheilbaren Zerstörungssucht, der Selbstzerstörung (für Selbstmord war ich einfach zu labil), den kaum zu stillenden Wut-, Lach- und Weinanfällen, gerade an Orten, wo dies absolut nicht möglich war. [...] Ich war mein eigener Feind und auch der meiner Umgebung. Alle Arten von Psychotherapien blieben erfolglos, bis ich dem Hypnotherapeuten X begegnete. [...]

»Wo sind Sie?«, hörte ich X freundlich fragen.
»In Schwierigkeiten«, sagte ich mit der Ruhe einer Mumie.
»Machen Sie ruhig so weiter«, ermutigte er mich.
Feuer, der Geruch heißen Öls, dämliche Katapultlöffel, überall das Knattern von brennendem Heu und Lehm, Schwertgerassel und das durch Mark und Bein gehende Kreischen erfolglos gewiegter Babys.
»Jaaa, da bin ich«, sagte ich mit einer Mischung aus Begeisterung darüber, dass ich ›mich selbst‹ gefunden hätte, und einem gewissen Erstaunen über meine äußere Erscheinung: Ein alter, grauer, druidenhafter Mann mit einer Art umgelegter weißer Decke. Und nur dasselbe Kinn, das erkenne ich.
»Was tust du?«, fragt X.
Shit, ich lege eine Rüstung an, aber ich glaube, dass ich dies noch nie getan habe. Meine Decke kommt immer dazwischen, und niemand ist da, um mir zu helfen.
»Zieh die Decke doch aus, Dummkopf!«, schreie ich mir selbst Jahrhunderte später machtlos zu. Die Tür wird eingetreten, überall Schwerter, Blut und Feuer.
Das Knacken der Fingerknöchel des Hypnotherapeuten holt meinen Geist wieder in die Gegenwart zurück.
»Auch die Parapsychologie hat ihre ökonomischen Notwendigkeiten«, witzelt der Hypnotherapeut höflich, während ich hundert Gulden hinblättere.
Beim nächsten Mal gelange ich vielleicht bis zum Todeserlebnis. Nein, ich komme wunderbar voran …

Johny Kraaykamp jun.

Die Reinigung der Seele durch Feuer ist nur möglich, indem man sich durch die Erfahrung *hindurch* bewegt. Schmerz, Angst, Wut, Kümmernis, aber auch Freude sind keine Emotionen, die man bekämpfen oder verhindern muss. Im Gegenteil, Sie können sich ihnen mit voller Hingabe widmen, wenn Sie während Ihres Tanzes ein stilles, wahrnehmendes Bewusstsein festzuhalten vermögen – eine Art begierdeloses und angstfreies Wahrnehmen, basierend auf dem Gedanken, dass Ihr gesamter Lebenslauf eine Geschichte ist, deren Mitverfasser Sie selbst sind. Sigmund Freud gelangte im Umkreis dieses Wahrnehmens zu seinem Begriff »observierendes Ego«. Das Problem in Freuds Theorie liegt darin, dass dieses wahrnehmende Ego eingeschaltet wird, um »Neurosen« zu reduzieren, während hier *jegliches Streben* als ein Teil des Tanzes betrachtet wird, also die Hoffnung auf bzw. die Sehnsucht nach Verwandlung.

Wenn Sie sich über die Tatsache ärgern, dass Sie sich ärgern, geraten Sie in eine Spirale. Sie können es verhindern, darin zu versinken, wenn Sie still wahrnehmen, dass etwas in Ihnen an dem Ärger auch leidet oder ihn vielleicht sogar genießt; dass etwas in Ihrem Körper Angst vor allzu großer Freude empfindet oder aber traurig ist über die eigene Angst.

Alle anderen tanzen mit

Manchmal helfen Menschen einander. Wenn Sie einen Nachbarn haben, der sich über alles ärgert, kann er den äußeren Ausdruck Ihres Inneren darstellen. Sie betrachten ihn aus einer Stille heraus, die Sie hoffentlich irgendwann einmal auch auf sich selbst richten können. Doch vergessen Sie nicht, dass sowohl er als auch Sie in einem Tanz begriffen sind, selbst dann, wenn Sie dies gar nicht voneinander wissen. Sein Hass beeinflusst Sie, auch wenn Sie ihn negieren, und besonders dann, wenn Sie ihn überhaupt nicht kennen. Denn es ist *Ihre* Choreografie, Ihren Nachbarn nicht zu kennen. Alles kann zum Tanz werden: Der passive Fernsehzuschauer und die ferne Außenwelt, die in Brand steht. Eheleute, die zu unterschiedlichen Zeiten in getrennten Schlafzimmern schlafen. Der Tanz des Windes mit dem Rauch, der aus den Schornsteinen aufsteigt ...

Diese geschichtete Struktur der Wahrnehmung strebt in jedem Moment auf einen Kern innerer Stille zu, während Sie in der Welt mittanzen. Shiva wird Ihr Vorbild.

Sich für das Leben zu entscheiden, bedeutet, das Wagnis einzugehen, zu sterben. Nur Menschen, die ungenügend leben, haben Angst vor dem Tod. Voll im Leben zu stehen, ist nur möglich, wenn du den Tod als Freund und Kameraden entdeckt hast.
Siebter Lama Sittuh

Die Vergangenheit reintanzen

Versuchen Sie niemals, Dinge zu verdrängen, die noch verarbeitet werden müssen. Zerreden Sie sie nicht, und wenn Sie es dennoch tun, so tun Sie es mit einem Gefühl der Rührung über Ihre eigene Unbeholfenheit. Wenn Sie jetzt Angst haben – auch wenn dies durch Ihre eigene Vergangenheit bestimmt ist –, so vollführen Sie mit Ihren Muskeln übertrieben starke Angst-Zitterbewegungen. Erforschen Sie, was da zum Ausdruck kommen will. Bringen Sie Laute hervor: wenn Sie Angst haben, hohe Töne, wenn Sie wütend sind, tiefe, und wenn Sie froh sind, fröhliche und so weiter, bis Sie zur Ruhe gekommen sind und wiederum ein Gefühl des inneren Friedens erfahren. Machen Sie dann einen Tanz oder einen Gesang aus Ihren Erfahrungen, verleihen Sie ihnen Gestalt und verbrennen Sie sie. Wenn Sie sich zu gehemmt fühlen, um dies zu Hause durchzuführen, gehen Sie bei stürmischem Wetter an den Strand oder schreien Sie im Auto.

Sehr wichtig bei diesem Verbrennungsprozess sind die spontanen Kontraktionen der Bauchmuskeln, wie sie am deutlichsten spürbar werden beim Lachen und Weinen. Die Basis des Tanzes liegt in dieser Kontraktion und Expansion. Mit emotional bedingten Bewegungen verhält es sich genauso. Diese pulsierenden Bewegungen dienen der Verarbeitung von Erfahrungen. Die ›Verdauungsbewegungen‹ sind die Emotionen; *e-motio* bedeutet wörtlich »aus sich heraus bewegen«. Ihre Schönheit kommt in stilisierter Form im Tanz zum Ausdruck.

Scham ist etwas, worauf man stolz sein kann

Es ist eine Kunst, das eigene Emotionsleben genügend zu kultivieren, ohne darin jedoch zu schwelgen. Kummer, Wut, Angst und Freude sind wie Kinder, die Anerkennung erheischen. Heftige Emotionen müssen ihren Platz bekommen. Doch wir müssen auch dahin gelangen, dass wir auch wieder ›aussteigen‹ können, um zur stillen Verzückung zurückzukehren und Energie aufzubauen – als Gegengewicht zur Vernichtung, die sich in uns abspielt.

Eine besonders wichtige Emotion, die häufig übergangen wird, ist die der Scham. In vielen Kulturen wird Scham als eine unerwünschte Regung betrachtet. Doch gerade im Zusammenhang mit dem Prozess der inneren Reinigung verdient die Scham als Emotion einen hohen Stellenwert.

Scham-Übung

Begeben Sie sich in einen Raum, in dem Sie Ruhe haben, oder suchen Sie eine einsame Stelle im Wald auf. Verschaffen Sie sich eine konkrete Übersicht, welches die wichtigsten Menschen, Tiere, Pflanzen und Gegenstände sind, denen Sie in Ihrem Leben Schaden zugefügt oder die Sie getötet haben. Wenn Sie ein Fleischesser sind, wählen Sie sich jeweils ein Symbol für die Kuh, das Kalb, das Schaf, das Lamm, den Fisch. Wenn Sie Vegetarier sind, so wählen Sie Symbole für alle Gewächse, die Sie gegessen haben. Wählen Sie ein Symbol für die Milch, die Sie dem Kalb entzogen haben. Wählen Sie ein Symbol für den Umweltschaden, den Sie verursacht haben, indem Sie leben. Denken Sie dabei unter anderem an die notwendigen Transporte, die Energie, die Wasserkläranlagen, Ihren Konsum und Ihren Abfall. Wählen Sie ein Symbol für Partner, die Sie beeinträchtigt haben, Freunde, denen Sie nicht gerecht wurden, Lehrer und Klassenkameraden, die Sie in Ihrer Jugend geärgert haben, Kinder, denen Sie möglicherweise zu wenig Aufmerksamkeit geschenkt haben oder denen Sie zu viele Vorwürfe machten, Menschen, die Ihnen berechtigte oder unberechtigte Vorwürfe machten.

Schamerweckende Verhältnisse in Bezug auf die Außenwelt sind niemals eindeutig. So ist es durchaus möglich, dass der Partner, der von Ihnen schlecht behandelt wurde, in einer anderen Meditation als *Täter* auftaucht. Es handelt sich also immer nur um *Aspekte* von Ihnen und anderen.

Eine sehr gute Möglichkeit besteht auch darin, alle Aspekte Ihres Lebens, die Sie vernachlässigt haben, in einer Art rituellem Zirkel um sich herum aufzustellen, zum Beispiel den spielerischen Teil, den Teil, der so gern Sport getrieben hätte, jenen Teil, der gerne Reisen gemacht hätte und dem Sie nur unzureichend entgegengekommen sind.

Wenn Sie diese Übung mit einer Gruppe ausführen, können sich die anderen Mitglieder einzeln um Sie herum aufstellen, um auf rituelle Weise ein bestimmtes Symbol zu repräsentieren. Jemand kann dann beispielsweise sagen: »Ich nehme die Symbolik der einsam gestorbenen Mutter auf mich«; oder: »Ich nehme das Symbol des Kindes auf mich, das so gerne deine Liebe empfangen hätte.« So können rituelle Bilder entstehen von darniederliegenden, kranken, verwundeten oder vorwurfsvollen Menschen. Am Ende des Rituals kommt es darauf an, dass die Gruppenmitglieder explizit die Symbolik wieder ablegen und den Ort, den sie einnahmen, wieder verlassen.

Wenden Sie sich aus der Mitte des Kreises heraus an die verschiedenen Symbole oder bewegen Sie sich auf eine Art und Weise, die deutlich macht, dass Sie Fehler erkennen, sodass eine Art heißer Scham über Sie kommen kann. Begeben Sie sich in diese Hitze hinein, denn Scham ist eine Emotion, die immer Wärme verursacht. Es ist dann, als nähmen Sie mit einer Art höherer Energie Ihre eigene Geschichte in Besitz. Es kommt häufig vor, dass man, wenn man zum Kern der »Fehlerübersicht« gelangt, Probleme mit den Augen bekommt; sie können zu jucken beginnen und man kann die Neigung empfinden, sie heftig zu reiben. Es ist, als ergreife der Ödipus-Mythos von Ihnen Besitz. Eine Methode, damit umzugehen, besteht darin, die Augen mit den eigenen Händen oder einem Tuch zu bedecken, als Symbol für die Tatsache, dass Sie sich »blind schämen«. Auch ein anderer kann Ihre Augen bedecken. Während dieser Exkursion durch alle Aspekte des Lebens, bei denen Sie Fehler gemacht haben, können Sie auch versuchen, Laute hervorzubringen. Schamgefühle erzeugen häufig im Körper einen sehr tiefen Ton, in dem Abscheu hörbar wird. Wenn Sie sich für Ihr Verhalten schämen oder sich schuldig fühlen, so versuchen Sie dieses Gefühl eine kurze Zeit lang so umfassend wie möglich zu durchleben; lassen Sie es dann wieder los und bewegen Sie sich zurück in eine stille Mitte.

Die Botschaft dieses Buches lautet: Nehmen Sie am vollen Leben teil, aus der Erkenntnis heraus, dass Ihnen nichts geschieht. Machen Sie sich klar, dass das Geheimnis in der Mitte liegt – still, wissend. Wenn Sie dennoch vom Mythos von Schuld und Scham ergriffen werden, vielleicht so sehr, dass Sie nicht mehr weitertanzen können, so machen Sie sich klar: Die beste Art und Weise, Buße zu tun, besteht darin, ein besserer Mensch zu werden. Wenn Sie sich emotional am Gegenpol aufreiben, indem Sie Menschen Vorwürfe machen, die sich eigentlich schämen sollten, so machen Sie sich klar, dass in solchen Momenten Ihre wirksamste Rache darin besteht, glücklich zu sein.

Gegenübung: Stolz

Wenn es für Sie zu schwierig ist, während der Scham-Übung Ihr eigenes Gefühl der Souveränität und Größe aufrechtzuerhalten, können Sie die Scham-Übung auch alternierend mit einer anderen Übung durchführen, in welcher Sie Ihren eigenen Stolz und Ihre Größe feiern. Hier können Sie Bilder von Erfolgen gestalten, von Menschen, die Ihnen gegenüber Dank artikuliert haben, von geistvollen Witzen, die Sie sich ausgedacht haben und so weiter. Aus dem Gefühl der Größe, das Sie in solchen Momenten erleben, können Sie einen schönen, erhabenen und wirbelnden Tanz machen. Es ist übrigens weiterhin wichtig, dass Sie sich vollkommen klarmachen, dass Sie im tiefsten Wesen selbst weder Ihre Scham noch Ihr Trotz *sind*. Es sind vielleicht spektakuläre Dinge, die bei Ihnen Scham oder Trotz erwecken, doch Ihr Kern ist in souveräner Stille ein Bestandteil eines göttlichen kreativen Mysteriums. Ihre Taten und Ihr Erleben der unterschiedlichen Aspekte Ihrer Wahrheit sind eine Schönheit, in der das Leben sich selbst feiert.

Sie als Tänzer werden wieder verschwinden, doch der Tanz geht weiter …

Vorwurfs-Übung

Symbolisieren Sie alle Menschen, Tiere, Pflanzen und Ereignisse, die Ihnen Schaden zufügten und als deren Opfer Sie sich erleben. Begeben Sie sich in den

Schmerz hinein, indem Sie sich zum Beispiel zusammenkrümmen oder, noch besser, indem Sie dies durch Töne und Klänge artikulieren. Tun Sie dies so lange, bis Sie still werden und zu einer neuen Verbindung übergehen können. Im Prinzip können Sie erwarten, dass Sie durch die Phasen des Schmerzes, der Wut und der Angst hindurchgehen müssen und dass nach dem Schmerz darüber, was Ihnen angetan wurde, Ruhe und Friede eintreten. Zwischen der Scham-Übung und der Übung des Vorwurfs liegt die Übung der Dankbarkeit. Dies alles zusammen bildet die Vorbereitung für das Errichten einer Brücke zwischen den Menschen, die Ihnen Schaden zugefügt haben, und jenen Stücken der Welt, die *Sie* beschädigt haben. Natürlich entsteht auch eine ›gespiegelte Brücke‹: zwischen den Menschen, die Sie geheilt haben, und jenen Menschen, die von Ihnen geheilt wurden. Letztendlich können Sie in ein Gefühl der Kommunion mit der Welt hineinwachsen.

Die Wahrheit zulassen

Üben Sie sich im Zulassen so vieler Wahrheiten wie möglich. Wagen Sie es, Polaritäten in Ihnen selbst zu erfahren. Wenn Sie essen, wagen Sie es, den Abscheu darüber zu spüren, dass Sie schon wieder dasselbe Gericht zu sich nehmen, wie auch zu spüren, wie außergewöhnlich es ist, dass Sie überhaupt essen können. Wagen Sie es, sterben zu wollen, damit Sie es auch wagen, leben zu wollen.

Die Basis aller Wahrheit ist das »Dein Wille geschehe«. Das Leben ist ein Mysterium. Was sich uns als Wille manifestiert, ist viel größer als unser Bewusstsein. Unser *kleiner Wille* kann zwar protestieren, er mag seine Vorstellungen haben; das Leben wird jedoch wie eine Dampfwalze darüber hinwegrollen. Die Kunst besteht darin, sich plattwalzen zu lassen und dabei zu genießen, wie der *größere Wille* den kleineren Widerstand in uns bricht.

Das Kreuz auf dem Tanzboden

Aus dem Leben mit mehreren, unterschiedlichen Wahrheiten können wir uns fortwährend in ein Spannungsfeld setzen zwischen unterschiedlichen Normen und Werten, die auf uns einwirken. Es besteht immer ein Gegensatz zwischen Aufgeben und Zurückschlagen, zwischen jener Seite in uns, die sich vor einer Verurteilung fürchtet, und der Norm in uns, der alles gleichgültig ist; jener Seite in uns, die Rache nehmen will, und der anderen, die vergeben will. Wir können uns mit diesen Polaritäten in ein Spannungsfeld stellen und wir können sie von außen betrachten. Wir können entscheiden und wir können uns unwissend geben. Wir können also in das Zentrum, den Brennpunkt hineingehen und wieder heraustreten.

Wenn wir davon ausgehen, dass jede Orientierung im Raum auch ein ganz bestimmtes Gefühl hervorrufen kann, so lässt sich rasch eine wichtige Choreografie der Seele entdecken: Die Orientierung nach oben erweckt Ehrfurcht, die nach unten Verachtung. Wenn wir uns selbst aufwärts bewegen, gelangen wir in eine verachtende Energie, wenn wir niederknien, gelangen wir in eine demütige Energie. Ein Schritt nach links bringt uns (als Rechtshänder) in das Gebiet, wo wir die meisten Schläge einstecken müssen, ein Schritt nach rechts in jenes Gebiet, wo wir die Schläge austeilen. Ein Schritt nach hinten führt uns in die Romantik und in die Vergangenheit, ein Schritt nach vorn zur Freude der Zukunft. Wir können auch Verkehrungen dieser Qualitäten erleben: Indem wir gegen den Himmel protestieren und Liebe zu Mutter Erde empfinden, wechseln die Polaritäten von Verachtung und Demut ihren Ort. Oder wenn wir der Zukunft mit Befürchtungen entgegensehen, wird sich die Schwere dorthin verlagern, die Freude dagegen möglicherweise in eine ferne Vergangenheit …

Wenn wir uns eine Übersicht über solche Kräfte verschafft haben, werden wir in eine Verbindung mit den Basiselementen des Tanzes eintreten. Jedes Ereignis lässt sich mit Basisemotionen und Urkräften verbinden. So erhält alles eine mythische Tiefe und wir können beispielsweise einen Strafzettel, den wir bekamen, mit dem großen strafenden Vater in unserer Seele verbinden. Dies verschafft uns die Möglichkeit, den kleinen unangenehmen Moment in der Wahrnehmung seiner großartigen Schönheit hinter uns zu bringen.

Auf diese Weise kann das ganze Leben in einen Tanz verzaubert werden, in ein individuelles Ritual, das auf einer räumlichen Wiedergabe der unterschiedlichen Wahrheiten basiert, die in unserer Seele leben.

Dasselbe gilt für andere Dimensionen, wie zum Beispiel die der vier Elemente. Wenn wir diese gründlich kennenlernen und in unser Üben einbeziehen, so verbessert das unseren »Tanzstil«. Manchmal zieht eher das luftige Element an uns, manchmal sind wir so schwer wie die Erde selbst, manchmal strömend wie Wasser oder explosiv wie Feuer. Orientieren Sie sich an unterschiedlichen Systemen, ob Sie nun Chakren heißen, Sternbilder, Enneagramm oder wie auch immer. Sie *sind* keines von all diesen Systemen. Sie bedienen sich dieser Kräfte und die Kräfte bedienen sich Ihrer!

Verbrennen, mit oder ohne Gefühl

Um des Zieles eines reichen und gesunden Lebens willen ist es also zu empfehlen, alle Ereignisse, die sich an uns vollziehen, emotional zu verarbeiten. Wenn uns dies nicht gelingt oder wenn diese emotionale Verarbeitung nicht unsere erste Wahl ist, ist auch eine andere Technik möglich: das rituelle Verbrennen von Wirkungen, die nicht zu uns passen. Dabei kann es sich um alles Mögliche handeln:

- Auf dem Gebiet des *Denkens* die Neigung zum Grübeln oder zu schlampigem Denken. Stimmen in unserem Kopf, von denen wir möchten, dass sie weniger stark werden.
- Im *Gefühlsgebiet* sind es unsere Neigung, anderen die Schuld zu geben, unser Hang zu empörtem, verliebtem, gelangweiltem oder ängstlichem Verhalten.
- Auf dem Gebiet des *Willens* die Neigung, zu viel oder zu wenig oder das Falsche zu tun.
- Im *sozialen Bereich* die Projektionen, die wir in Bezug auf andere vollführen und die andere in Bezug auf uns vollführen: Wir sind entweder nicht gut oder zu gut. Energien, die andere bei uns parken (»Werde *du* doch ängstlich oder täppisch, verarbeite *du* doch unseren Schmerz oder unsere Scham ...«).
- Auf *spirituellem Gebiet* die Neigung, Geist und Materie voneinander zu trennen, unsere Verbindung mit einem zu beschränkten Strom.

Die erwähnte Technik besteht darin, mit großer Wachheit eine scharfe Formulierung der entsprechenden Wirkung zu Papier zu bringen und dieses Papier sodann auf rituelle Weise an einer rituellen Stelle zu verbrennen. Geben Sie die Energie, die dazu gehört, den Flammen mit. Auf diese Art und

➤ Der Weg, zu welchem Ziel auch immer, ist nur ein äußeres Ritual, um aufs Neue jenen Punkt zu erreichen, von dem wir aufgebrochen sind. Der Weg zum Glück enthält also ein Paradox, weil Glückseligkeit die Grundlage der Welt ist. Man kann also nicht »auf dem Weg zum Glück« sein, man kann höchstens ein gesteigertes Bewusstsein dessen erlangen, was der Urgrund unseres Daseins ist.
Dieses Paradox lässt sich auch anders erklären. Der Weg hat zum Ziel, dass dieses Ziel sich in den Weg transformiert. Glück, so zeigt sich dann, verbirgt sich im Streben nach Glück, im Finden von Glück und in dessen scheinbarem Verlust. Dieses letzte »Problem des Nicht-glücklich-Seins« bildet die Grundlage des zweiten Aspekts des Paradoxons, nämlich der Tatsache, dass das Glück verschiedene Gesichter hat.
Das tiefste Glück ist verbunden mit einer reichen Stille, die die Grundlage der Welt bildet und immer wieder zu anderen Erscheinungsformen gelangt, in jedem individuellen Menschen und

dessen Schicksalswegen. In der zersplitterten Welt, der voranschreitenden Zeit, der zerbrochenen Stille zeigt sich das Glück jeweils als Schmerz oder Freude. Die paradoxe Haltung besteht im äußersten Fall aus der Erkenntnis, dass »schön« und »hässlich« beides Ausdrucksformen derselben sublimen Art von Glück sind.

Weise verbrennen Sie buchstäblich und symbolisch dasjenige, was Sie bindet.

Fordern Sie nicht von sich, dass das Ganze beim ersten Mal funktioniert. Machen Sie eine Routine aus dieser rituellen Reinigung. Formulieren Sie ab und zu auch Wünsche auf Papier und geben Sie auch diese den Flammen mit, sodass das Feuer nicht nur dazu benutzt wird, etwas zu vernichten, sondern auch dafür, etwas zu schaffen. Sie können den konkreten oder symbolischen Brief auch dem Wind mitgeben, dem Wasser oder der Erde.

Genieße nie in Maßen.
Loesje

Tue genügend törichte Dinge

»Sie können lieber Fleisch essen als Fleisch denken«, ist ein Ausspruch Rudolf Steiners, womit er Folgendes meinte: Sie können lieber Ihre Wildheit in der Welt ausleben, als eine bestimmte Art von Bewusstsein zu kultivieren, innerhalb dessen Sie begehren. Tun Sie die Dinge mit Hingabe, doch mit Entsagung.

Genießen Sie, und tun Sie dies reichlich, doch binden Sie sich nicht an den Genuss. Gehen Sie auch durch den Schmerz, eventuell sogar durch die Angst, ohne dass Ihr wahrnehmendes Bewusstsein selbst ängstlich wird.

Ein weiser Mann gerät in eine große Gruppe von Menschen in einem Ballsaal. Sie feiern lautstark ein Fest, und es wird ihm klar, dass sie so stark stampfen, dass das Gebäude einstürzen wird. Er schreit, doch niemand hört ihn, er versucht zu entrinnen, doch er steckt in der Menge fest. Wie viel Energie soll er der Suche nach Türen widmen? Wie viel Energie soll er dafür benutzen, den Menschen zuzurufen, dass sie sofort aufhören sollen? Wie kann er es vermeiden, dass er bereits während des Tanzes unter die Füße der Menge gerät?
Er entscheidet sich dafür, seine eigene Melodie zu singen und seinen eigenen Tanz zu tanzen, dabei stets der Tatsache eingedenk, dass der Saal bald einstürzen wird.
Siebter Lama Sittuh

Tanzen kann man auch allein, doch am besten mit einem anderen

Bewegung steht für das Leben des Lebens, ja sogar für das Zugrundegehen ohne dabei zu murren. *Kampf* hängt mit Überleben und dem Drang nach Kompetenz und Macht zusammen. Genau wie Bewegung sich auch in Erstarrung ausdrücken kann, so zeigt Kampf sich ebenfalls in seinen Gegenpolen: Verlust, Inkompetenz und Ohnmacht. Und *Tanz* wird vom Erleben gespeist. Beim Tanz geht es um das Bedürfnis nach Schönheit, Schärfe und Intensität, welches sich demnach auch in seinen Gegenpolen Hässlichkeit, Stumpfheit und Oberflächlichkeit ausdrücken kann.

Wenn wir uns übend mit dem Tanz beschäftigen wollen, können wir auch alle Übungen durchführen, die zum Kampf und zur Bewegung gehören: Übungen mit unterschiedlichen Formen von Flexibilität, Durchsetzungsvermögen, Kraft, alles sowohl körperlich, seelisch als auch geistig. Die Intention beim Tanz ist jedoch eine andere. Hier handelt es sich nicht mehr um Unbeteiligtsein oder um Macht, hier handelt es sich um Genuss und Schönheit.

Wir leben den Tanz, wenn wir unsere Handlungen mit Anmut, Charme, Stolz, Verführungskraft und Ästhetik aufladen. Der zwischenmenschliche Umgang ist bei Weitem das schönste Gebiet, um dies zu üben. Wir leben im Tanz, wenn wir unsere Mitmenschen mit kleinen schönen Bewegungen bezaubern. Wenn wir eine Mahlzeit schön zubereiten oder wenn wir in der Lage sind, ein unterhaltsames, fesselndes Gespräch zu führen. Doch wir leben auch im Tanz, wenn wir uns körperlich fettfressen, unsere Lungen rabenschwarz rauchen und unsere Leber kaputtsaufen.

Üben Sie sich in einer Vielfalt von Reaktionen, als würden Sie unterschiedliche Tanzschritte ausprobieren. Reagieren Sie auf kleine Ungerechtigkeiten, manchmal aus moralischer Entrüstung, manchmal aus Kleinlichkeit oder Wehleidigkeit, manchmal aus Gleichgültigkeit oder charmanter Vergebung. Die Entsagung steckt in Ihrem Wissen darum, dass der Tanz ein Tanz ist; das Engagement steckt im Genuss und in der Schönheit, mit der Sie Ihre Rolle ausfüllen.

Intensive Sexualität

In Bezug auf die Sexualität gilt die Regel, die auch auf anderen Gebieten eine wichtige Rolle spielt: Fühlen Sie sich zu Hause sowohl im ungestümen, leidenschaftlichen Selbstverlust als auch im kontrollierten Bewusstsein. Wechseln Sie zwischen dem Loslassen der Zügel, dem Sich-selbst-Verlieren im ungestümen Genuss oder dem Herausschieben des Orgasmus bzw. der stillen und sanften geschlechtlichen Vereinigung.

Auch dass Partner miteinander balgen und raufen können, ohne dass der eine den anderen erniedrigt, ist ein Teil dieser Übung. Ein anderer Aspekt ist der, dass der gefühlsmäßig reichere Partner den emotional unbeholfeneren Partner vor sich selbst schützt. In dem Augenblick, wo der Stärkere den Schwächeren braucht, wird jeder Kampf zu einem Tanz.

Für den passionierten Liebhaber oder die Liebhaberin gilt auf diesem Gebiet, dass die Intensität, die auf einen Partner losgelassen wird, variiert werden können muss. Ebenso hat der Partner einer starken Persönlichkeit die Pflicht, die Fähigkeit zu entwickeln, auch einmal etwas einstecken zu können.

Bezauberung und Staunen

Nähern Sie sich dem Leben wie einem magischen Märchen. Sie denken an jemanden, und am nächsten Tag läuft er Ihnen über den Weg. Während Sie in einer Auseinandersetzung in dem Gedanken stecken bleiben, dass Sie die betreffende Situation selbst hervorgerufen haben, so geben Sie sich ganz dem Staunen hin: Es ist im Grunde etwas ganz Besonderes, dass dies geschieht, und eigentlich passt es auch sehr gut in den Tanz hinein. Je mehr Sie die Schönheit der Natur, Ihre Mitmenschen, sich selbst genießen können, desto mehr Geschenke empfangen Sie vom Leben. Auch hier gilt, dass die größte Schönheit lediglich den geübten und talentierten Tänzern offenbart wird. Das ist deshalb so, weil andere daran verrückt werden würden oder an einer Überdosis stürben.

Leben heißt Sterben.
 Friedrich Engels

Lebendig sterben, sterbend leben

Suchen Sie den Tod, schrecken Sie nicht vor sterbenden Menschen zurück, gehen sie zu Begräbnissen, verkehren Sie mit dem Tod auf vertrautem Fuß.

Wie willkommen ist meinen alten Knochen die Wärme der Sonne,
und welche Freude ist es, mit meinen Kindern zu tanzen!
Vielleicht ist dies das letzte Mal, dass ich singen werde;
der Boden wird schon bald meine blinden Augen bedecken.
Und Ihr werdet im nächsten Jahr wiederum hier spielen,
doch auf meinem Grab wird das frische Gras dann grün sein.
Kalt werde ich sein,
kein Feuer kann dann meinen alten Körper mehr wärmen.
Tanze und singe, o Jugend!
Meine freudigen Knochen werden noch im Grab
nach Eurem fröhlichen Gesang tanzen.

Abschiedslied sibirischer Jakuten-Frauen

Wenn du nicht in Starre verfallen willst, so stirb

Mit dem Sterben leben heißt, mit dem Bewusstsein zu leben, dass die Welt sich in jeder Sekunde erneuert, also auch Sie. Die Kunst besteht darin, mit dem Tod gewissermaßen als einer festen Rahmenbedingung des Lebens zu leben und sich für den Moment des Todes offen zu halten. Wagen Sie es, sich vom Tod überraschen zu lassen, so wie Sie vom Ende einer guten Geschichte oder eines guten Films überrascht sein können.

Sterbend leben ist also zugleich: Das Wagnis, sich zu binden und wieder loszulassen. Wenn Sie Angst vor Verlust haben, so binden Sie sich nicht. Wenn Sie in diesem Fall nämlich glauben, Sie würden sich verbinden, so bedeutet das kein echtes Verbinden, sondern eher ein Sich-Festklammern. Und das wiederum bedeutet, dass Sie dem anderen in seiner ganzen Veränderlichkeit und Verwundbarkeit nicht wirklich gegenüberzutreten wagen.

Sterbend leben ist also das gerade Gegenteil von Erstarrung. Gerade jene Menschen, die in Erstarrung befangen sind, können nicht gut sterben und wiedergeboren werden, sie sind quasi komatös. Dies kommt daher, dass sie den Schmerz des seelischen oder körperlichen Sterbens zu vermeiden trachten.

Geistesgegenwart im Tanz bedeutet, dass man durch die Leidenschaft hindurchgeht, um im eigenen Feuer wiedergeboren zu werden.

Seelisches Sterben

Feiern Sie Ihre Desillusionen, stehen Sie mit beiden Beinen voll im Leben. Nehmen Sie den Schmerz zur Kenntnis, den Enttäuschungen Ihnen zufügen.

Die Welt ist nicht dazu da, Ihre Erwartungen zu erfüllen, doch dies ist kein Grund, den Schmerz der Desillusionierungen zur Illusion zu erklären.

Es ist ratsam, diesem Schmerz einen Ort zu geben; ein guter Tänzer schätzt seine Wunden ein und fragt sich: Ist für mich schon die Zeit gekommen, zu sterben, oder warte ich noch auf einen schöneren Tag?

Wenn die Reichen die Armen bezahlen könnten, um an ihrer Stelle zu sterben, so könnten die Armen hervorragend davon leben.

Jiddisches Sprichwort

Das Schlachten

Wagen Sie es, Leben zu beenden, wagen Sie es, Bäume zu fällen. Wenn Sie ein Freund von Federvieh sind, ergreifen Sie die Gelegenheit, irgendwann einmal ein Huhn zu schlachten. Wenn ein Vogel durch Ihr Zutun ernstlich verwundet ist, so gehen Sie nicht in einem Anflug von Sentimentalität zum Tierarzt, sondern ergreifen Sie Ihre Verantwortung. Es handelt sich hier nicht um Kampf. Es handelt sich nicht um Überleben, es handelt sich darum, Schönheit zu ertragen, das Wagnis einzugehen, im großen Tanz des Lebens mitzutanzen.

Ein Film, der dieses Thema gut behandelt, ist *American Beauty*. In einer der letzten Szenen wird die Hauptperson getötet und der Zuschauer sieht einen jungen Mann, der voller Ehrfurcht die Schönheit des Blutes betrachtet, das über den Küchentisch fließt.

No, we're never gonna survive,
unless we're a little crazy.

Aus der CD *Seal* von Seal

Die Kunst des Sterbens und des Verrücktwerdens

Üben Sie sich im Sterben. Machen Sie sich klar, dass Sie in jedem Augenblick ein wenig sterben. Und auch, dass Sie umso mehr leben, je intensiver Sie sterben. Es ist, als treibe das Leben mit der Vergänglichkeit die Intensität auf die Spitze. Durch das Einzigartige, niemals Wiederkehrende dieses einen Sonnenuntergangs, durch diesen einen besonderen Moment, den Sie mit Ihrem

Kind verbringen, werden Sie in einer Weise in die Schöpfung einbezogen, die gewissermaßen in einem vertikalen Verhältnis zur Mythologie der Bewegung steht. Dort sehen wir die unendliche Wiederholung, hier sehen wir den einzigartigen Moment.

Dass wir bei solchen Erfahrungen verrückt werden können, hängt mit unserer Fähigkeit zusammen, einen kurzen Augenblick lang einen Blick auf die ›andere Seite‹ der Grenze werfen zu können. Ein guter Orgasmus hat solch eine Wirkung: Wir haben das Gefühl, als würden wir fliegen, und dann landen wir wieder im Hier und Jetzt. Ein mitreißendes Konzert kann eine Ekstase hervorrufen, die wie eine kurze vorübergehende Verrücktheit ist. Auch die unbändige Freude über ein siegreiches Fußballspiel bringt diese kurzfristige ›Verrücktheit‹ zuwege. Üben Sie sich in diesem Erzittern, in diesem momentweisen Wegfallen Ihrer Hemmungen – es bereichert Sie. Es ist, als weiteten Sie Ihre Seele, um ein kleines bisschen mehr Schönheit ertragen zu können. Wenn Sie darin jedoch zu weit gehen, verlieren Sie Ihren stillen Kern, und Sie wissen nicht mehr, ob Sie genießen oder aber leiden. Das ist die Gefahr der Psychose: die Intensität ohne das erlebende Ich.

It takes a person as thick as I was then, to get as well as I am now.

Glenn Hughes, Ex-Leadsänger von *Deep Purple*

Heilige Wunden

Lernen Sie, die Schönheit von Wunden zu erkennen. Betrachten Sie Ihren Körper, wie er älter wird, schauen Sie die Narben an, die Sie sich eingehandelt haben und die dazu beigetragen haben, die Person zu werden, die Sie heute sind.

Unsichtbarkeitstänze

Üben Sie sich darin, zu verschwinden und wieder sichtbar zu werden. Üben Sie sich darin, sich nicht auffällig zu bewegen. Wenn Sie durch eine überfüllte Straße laufen, so versuchen Sie einmal, mit niemandem zusammenzustoßen, versuchen Sie, jedem auszuweichen. Machen Sie einen Tanz daraus.

Alles ist Tanz

Wenn Ihnen die Disziplin fehlt, so genießen Sie Ihren eigenen Widerstand, Ihre eigene Trägheit. Wenn es Ihnen beispielsweise nicht gelingt, aus dem Bett zu kommen, obwohl Sie es sich vorgenommen hatten, dann genießen Sie Ihren eigenen Kampf, indem Sie stöhnen, brummen, vielleicht noch einmal eine bestimmte Bewegung wiederholen und schließlich über sich selbst lachen ...

Akzeptieren Sie Ihr Schicksal inklusive der Akzeptanz Ihres Widerstands gegen dieses Schicksal. Hier kommt wieder die paradoxe Haltung zum Vorschein, die immer auftritt, wenn Sie sich in einen persönlichen Kampf begeben und zugleich doch wissen, dass es nichts Persönliches ist, dass es letztendlich Gott ist, der einen ›inneren Dialog‹ mit Ihnen führt. So entstehen auch die schönsten modernen Choreografien: das rhythmische Wiederholen einer kleinen Bewegungssequenz, die dann ausgebaut wird. Die Wahrheit des Kleinen erhält Kraft und Schönheit.

Sie können dies auch in Ihrem Umgang mit anderen Menschen erfahren. Manche Tanzschritte wiederholen sich ein Leben lang, andere kommen nur ein einziges Mal vor. Kultivieren Sie einen Kreis liebevoller Fremder um sich herum. Betrachten Sie sogar Ihre größten Feinde als Tanzpartner, als Wesen, die es Ihnen ermöglichen, zu brennen, an denen Sie jedoch auch zugrunde gehen können. Ihr geheimer Lebenslauf ist ein Tanz. Er offenbart sich Schritt für Schritt; lassen Sie sich von ihm überraschen!

Leere

Bewegung

Kampf

Tanz

Spiel

Opfer

Dank

Stille

Es ist wichtig, dass wir so tun,
als wären wir frei.
Oliver Sacks

Während der Tanz uns Schönheit und Intensität genießen lässt, führt uns das Spiel zur Kraft der Kreativität und der Fantasie. Es ist die verwirrende Welt der Spiegel und Masken, die Welt des Als-ob. Spiel erfordert eine engagierte Distanziertheit, den Ernst des Humors.

Es gibt unterschiedliche Weisen, das Spiel zu spielen. Wir können uns durch Masken so stark abkapseln, dass wir uns so minimal wie möglich vom vollen Leben berühren lassen. Dann benutzen wir das Spiel dazu, zu überleben, und wir verwechseln es mit Kampf.

Aber wir können uns auch so in das Spiel verlieben, dass wir uns in ihm verlieren, dass es für uns zur alleinigen Wirklichkeit wird. Dann verwechseln wir Spiel mit Tanz.

Das volle, freie Spiel wird erst möglich, wenn wir uns mit Schmerz, Genuss und allen dazwischen liegenden ästhetischen Nuancen der Lebenserfahrung verbinden und es zugleich wagen, uns davon zu distanzieren. Bewegung, Kampf und Tanz werden dann auf eine Ebene der Kreativität transformiert, auf der das Unerwartete Einzug halten kann. Wir beginnen andere und uns selbst zu überraschen. Das Spiel wird dann aus keinem anderen Grunde mehr gespielt als rein um des Spielens willen. Und wenn wir uns selbst ab und zu ernst nehmen, dann lediglich um der Qualität des Spieles willen.

Im Ernst des Spiels können wir uns wundern, wir dürfen uns täuschen, ja uns selbst und einander auf den Arm nehmen. Der Zyklus von Leben und Tod ist kein Gefängnis mehr, sondern eine Tatsache, ein festes Thema, über das improvisiert werden kann. Oder, um eine andere Metapher zu benutzen: Die Wellenbewegungen des Schicksals sind nicht länger Ereignisse, die wir gelassen erdulden müssen, denen wir uns streitbar widersetzen oder in denen wir uns im Tanz drehen sollen. Nein, wir suchen sie bewusst auf und surfen mit. Fallen, Mitgerissenwerden und möglicherweise Ertrinken – *it's all in the game.*

Der Autor der Ilias ist Homer, und wenn er es nicht ist,
dann jemand anders, der genauso hieß.
Aldous Huxley

Spiel bei den Musen

In seinem geräumigen Arbeitszimmer sitzt Gott und arbeitet konzentriert an allerlei Schöpfungsplänen. Irgendwann klopft es an der Tür und Gabriel kommt herein. Leicht irritiert blickt Gott über den Rand seiner Lesebrille und sagt: »Was gibt's denn, Gabriel?«

Dieser antwortet: »Sorry, dass ich Sie störe, Chef, aber es gibt Probleme auf der Erde.«

In Gottes Augen erscheint ein fragender Blick, und er sagt: »Erde? Hilf mir mal kurz auf die Sprünge ...«

Gabriel ergänzt: »Sie wissen doch, das Sieben-Tage-Projekt; sechs Tage Schaffen und am siebten Tage Ruhe ...«

Nachdenklich starrt Gott vor sich hin. Gabriel spricht weiter: »Zuerst die Trennung von Wasser und Erde, dann die Schöpfung von Pflanzen und Tieren. Dann den Menschen: zuerst Adam, danach Eva ...«

Plötzlich hellt sich Gottes Gesicht auf. »Ach ja! Jetzt weiß ich es wieder. Natürlich, das Paradies, Adam, Eva, Menschen ... Wie steht es mit ihnen?«

Gabriels besorgter Blick kehrt zurück. »Nun, immer schlechter, seit Sie sie aus dem Paradies geschickt haben.«

Sprachlos setzt Gott seine Lesebrille ab und sagt dann schließlich: »Du willst mir doch nicht erzählen, dass sie tatsächlich gegangen sind!?«

Ich kann einfach nicht glauben, dass Gott mit dem Universum würfelt.
Albert Einstein

Jeder Ernst beginnt als Spiel und endet als Spiel.
Harry Mulisch

Der Optimist behauptet, dass wir in der besten aller möglichen Welten leben, und der Pessimist befürchtet, dass dies wahr ist.
James Branch Cabell

Ein Pessimist ist jemand, der auf vertrautem Fuß
mit einem Optimisten gestanden hat.
Elbert Hubbert

Ein immer fröhlicher Mensch ist ein ganz trauriges Wesen.
Chauvot de Beauchène

Wahre Freude ist eine ernste Sache.
Seneca

In gottlosen Zeiten muss man fröhlich sein. Es ist eine Pflicht.
Franz Kafka

Dies über alles: Dir selber sei treu, und daraus folgt, so wie die Nacht dem Tage, du kannst nicht falsch sein gegen irgendwen ....
Aus *Hamlet* von William Shakespeare

Phantasie ist ein Göttergeschenk, aber Mangel an Phantasie auch. Ich behaupte, ohne diesen Mangel würde die Menschheit den Mut zum Weiterexistieren längst verloren haben.
Christian Morgenstern

Eine Weltkarte, auf der Utopia nicht verzeichnet ist, verdient keine Beachtung.
Oscar Wilde

Das Glück war nicht die Freiheit von Ketten, sondern die Befreiung aus den Ketten. Ketten waren unentbehrlich für das Glück.
Harry Mulisch

Wer unsterblich ist, hat nie gelebt!
Harry Mulisch

Wenn man einen Riesen sieht, so untersuche man erst den Stand der Sonne – und gebe acht, ob es nicht der Schatten eines Pygmäen ist.
Novalis

Das Auge hat sein Dasein dem Licht zu danken. So bildet sich das Auge am Lichte für's Licht, damit das innere Licht dem äußeren entgegentrete.
J. W. Goethe

➤ Ewige Wahrheiten sind jedem zugänglich, doch sie zeigen sich in unendlich vielen Gestalten. In diesem Buch wird versucht, Gegensätzlichkeiten so miteinander in ein Spannungsfeld zu führen, dass eine Bewusstseinsschicht, die sich bislang nicht offenbarte, zugänglich wird.

Klassische Mythologie des Spiels

Die Mythologie des Spiels ist für viele westlich orientierte Gemüter noch immer etwas schwer Verdauliches. Götter dürfen kämpfen, sei es miteinander oder gegen einen aufrührerischen Teufel, sie dürfen sich sogar in fremden Betten tummeln (Zeus) und tanzen (Shiva). Aber eine Gottheit, die mit ihren Geschöpfen ein Spiel spielt oder ihre eigene Schöpfung mit einem Lachen betrachtet – das wird immer noch als deplatziert empfunden. Das Universum als gottloser Zufall – damit kann man leben. Das Universum als unendliches Mysterium – einverstanden. Doch die Schöpfung als Spaß – *that's not our piece of cake.*

Wir haben im Westen ein äußerst ernstes Bild von unserem Gott – es darf übrigens pro Glaubensrichtung nur einen einzigen geben. Nirgendwo steht: Und Jesus lachte herzlich. Oder: Und Gott erlaubte sich einen gewaltigen Spaß mit Abraham. Oder: Allah dachte sich ein überaus komisches Ritual aus.

Nicht ohne Grund schildert Umberto Ecco in seinem Roman *Der Name der Rose*, dass ein Buch über die Kraft des Humors eine Bedrohung für die katholische Kirche darstellt. Wenn die Islamiten über sich selbst lachen dürften, so würden sie dem dicken Hinterteil Gottes aus den *Satanischen Versen* von Salman Rushdie etwas abgewinnen können.

Mein ganzes Leben lang halte ich übrigens nach einem lachenden Gott Ausschau – wenn dieser noch irgendwann einmal erscheinen sollte, angenommen, dass er überhaupt existenzfähig ist, woran ich inzwischen zweifle, dann wird die Angelegenheit auf Erden erledigt sein.

Harry Mulisch

Der Schöpfer als Angeber

Dennoch kennt sogar unser strenges Altes Testament eine Geschichte vom spielenden Gott. Im Buch Hiob geht Jahwe eine Wette mit Satan, einem der Söhne (Mehrzahl!) Gottes, ein. Der Schöpfer brüstet sich mit der Hingabe Hiobs, und der Teufel sagt: »Ja, das ist keine Kunst, du machst es ihm ja auch einfach.« Worauf Gott Hiob in die Hände des Teufels gibt, der diesen daraufhin alles verlieren lässt, was er besitzt. Doch Gott gewinnt die Wette, weil Hiob ihm treu bleibt.

Die Wette, die Hiob für seinen Schöpfer gewinnt, bringt ihm nichts ein. Keine Entschuldigungen, keine Erklärung. Gott enthüllt sich einen kurzen Moment lang und betont, wie groß er ist. Und das war's dann auch schon.

Wie? Wann? und Wo? – Die Götter bleiben stumm!
Du halte dich ans Weil, und frage nicht: Warum?
J. W. Goethe

Gott als Spieler

Im fernen Osten herrscht eine andere Haltung gegenüber spielenden und Späße treibenden Göttern. Dort wird der Sinneswelt ohnehin misstraut. Die Göttin Maya hält uns, wie auch in diesem Buch, mit ihren Schleiern zum Narren. Sie lässt uns glauben, dass wir konkret existieren und dass es in der Welt der Sinne so etwas wie Sicherheit gibt, während wir doch in Wirklichkeit Verirrte in einem ko(s)mischen und grausamen Spiel sind oder, wie Shakespeare es ausdrückte: »Wir sind der Stoff, aus dem die Träume sind, und dies kleine Leben umfasst ein Schlaf.«

Der bekannteste freche Gott des Ostens ist Krishna, der schon als Kind dafür bekannt war, dass er Butter stahl. Er ist eine rechte Spielernatur, ein Betrüger, der Beziehungen mit ganzen Horden verheirateter Frauen eingeht und der in Menschengestalt einen Trick nach dem anderen anwendet, um einen Kampf zu gewinnen, den er auf der Ebene eines Gottes gar nicht verlieren könnte.

Der große Widersacher Arjunas, sein Halbbruder Karna, verfügt über eine magische Lanze, die jeden, sei es Mensch, Gott oder Dämon, töten kann. Doch diese Lanze wirkt nur ein einziges Mal. Karna spart sich diese Lanze für Arjuna auf, denn der Moment naht, in dem sie einander im Kampf gegenüberstehen werden.

Um Arjuna zu beschützen, bittet Krishna Ghatotkacha um Hilfe, den riesenhaften Sohn des Bruders von Arjuna. Dieser Magie betreibende Riese ist so stark, dass er das gesamte Heer Karnas fast vollständig vernichtet. Auf diese Weise zwingt Ghatotkacha, ohne es zu wissen, Karna dazu, seine magische Lanze gegen ihn und nicht gegen Arjuna zu erheben.

Als Ghatotkacha dann durch Karna getötet worden ist, tanzt Krishna vor Freude. Auf die Frage hin, wie es möglich sei, dass er so fröhlich tanzt, während doch alles um Ghatotkacha trauert, antwortet Krishna: »Weil Ghatotkacha gerade eben Karna getötet hat.« Es zeigt sich, dass der Meister des Spiels bereits viele Züge vorausgedacht hat. Das Opfer eines Freundes passt in seine Strategie, und dessen Tod macht ihn fröhlich.

Aus dem *Mahabharata*

Sogar dies Wort hat nicht gelogen:
Wen Gott betriegt, der ist wohl betrogen.

J. W. Goethe

Afrika

Auch in der afrikanischen Mythologie kommen viele Götter vor, die frech und spitzbübisch sind und alle möglichen Tricks anwenden. Am bekanntesten ist vielleicht die nigerianische Sage, in welcher Gott auf die Erde hinabsteigt und einen Hut trägt, der auf der einen Seite rot ist und auf der anderen blau.

Eines Morgens wandert Gott eine Straße entlang. Auf jeder Seite der Straße ist ein Bauer damit beschäftigt, das Feld zu bearbeiten. Beide nehmen die Göttlichkeit der Erscheinung wahr, doch der eine sieht einen Gott mit einem blauen Hut und der andere einen Gott mit einem roten Hut. Zuerst geraten sie in Streit über ihre unterschiedlichen Aussagen. Aber dann beginnt es ihnen zu dämmern, dass Gott möglicherweise einen zweifarbigen Hut trug.

Am Mittag kehrt Gott auf derselben Straße zurück. Beide Bauern schauen diesmal, jeder von seiner Warte aus, ganz genau hin. Wenn ihre Theorie stimmt, sieht jeder jetzt die andere Farbe. Aber Gott hat, um neue Uneinigkeit zu säen, seinen Hut um 180 Grad gedreht, sodass die Erklärung, die die Bauern gefunden hatten, nicht mehr zutrifft.

Der Konflikt läuft aus dem Ruder, und die Bauern müssen sich vor dem Dorfältesten verantworten. Als sich auch dort keine Lösung abzeichnet, kommt Gott kurz vorbei und erklärt, dass er es nicht sein lassen kann, ab und zu mit den Menschen seinen Spaß zu treiben.

Was wär ein Gott, der nur von außen stieße,
Im Kreis das All am Finger laufen ließe!

J. W. Goethe

Rundliche Buddhas

Die unterschiedlichen Kulturen des Ostens kennen recht unterschiedliche Bilder Buddhas. Der thailändische ist zierlich und schlank, der japanische diszipliniert und schlicht. Der fröhlichste Buddha kommt aus China, dort hat er einen dicken Bauch und ein mindestens ebenso fettes Lächeln. Die Idee der Erleuchtung ist dort am stärksten mit dem Humor und der Anwendung von Tricks verbunden. Die nachfolgende Geschichte stammt aus dieser Weltregion:

Pun-Jah und sein Freund gelten als verstockte Junggesellen. Kein Mädchen ist ihnen gut genug, und kein Funktionär, Familienmitglied oder Priester kann sie überzeugen, sich an irgendjemanden zu binden. Um den anhaltenden Klagen über ihre Verantwortungslosigkeit zu entrinnen, begeben sie sich auf eine Reise. Eines Tages kommen die beiden an einem wunderschönen Kloster vorbei, und obwohl sie mit keinerlei Glauben irgendetwas am Hut haben, beschließen sie, dort anzuklopfen und um eine Unterkunft für die Nacht zu bitten.
Der Abt, ein weiser und mächtiger Magier, stellt sich vor und führt sie durch das Gebäude. Voller Stolz zeigt er den Freunden ein wunderbares Gemälde, worauf ein Dorf mit einem Brunnen dargestellt ist. Pun-Jah ist sofort von der realistisch geschilderten Schönheit einer jungen Frau getroffen, die am Brunnen steht. Ihr langes schwarzes Haar fällt lose über ihre Schultern, ein Zeichen, dass sie noch unverheiratet ist, und ihre großen Augen blicken direkt in die Augen Pun-Jahs. Verliebtheit trifft Pun-Jah wie ein Blitz. Es schwindelt ihm, es wird im schwarz vor Augen und er wird ohnmächtig.
Als er wieder zu sich kommt, findet er sich ganz unten am Boden eines Brunnens wieder. Er ruft um Hilfe und eine Frau wirft ihm ein Seil herunter. Als er aus dem Brunnen herausgeklettert ist, steht er Aug' in Auge mit der Frau aus dem Gemälde. Sie lacht ihm freundlich zu und nimmt ihn mit in ihr Haus, um ihm trockene Kleider zu geben. Das Feuer flammt auf beiden Seiten auf, und sie lädt ihn ein, bei ihr zu übernachten. Es wird eine Nacht voller Leidenschaft. Am nächsten Tag spazieren sie Hand in Hand durch die Straßen. Die Dorfbewohner belächeln das turtelnde Paar und weisen darauf hin, dass sie jetzt ihr schönes langes Haar hochstecken müsse. Das tut sie und Pun-Jah ist glücklich darüber.
Viele Monate leben sie so glücklich miteinander, bis eines Tages Soldaten das Dorf auf der Suche nach Fremden durchkämmen. Voller Angst ruft seine Geliebte Pun-Jah zu, er solle sich verstecken. Er zögert nicht lange und klettert in den Brunnen. Wiederum schwindelt ihm, und bevor er sich's versieht, steht er wieder – diesmal

trocken – außerhalb des Gemäldes. Sein Freund hat ihn nicht einmal vermisst, und der Abt lächelt geheimnisvoll. Als sie das Gemälde noch einmal betrachten, sehen sie, dass die junge Frau ihr Haar jetzt hochgesteckt trägt.

Der spielende Halbgott

Ein anderes Bild des Spieles stammt ebenfalls aus dem Mahabharata. Es handelt sich um Yudishthira, dem älteren Bruder Arjunas. Als Sohn Kuntis und des Gottes des Dharma ist er der allerweiseste und gerechteste Mensch der Welt. Dennoch leidet er auch er an einer Untugend: Er ist dem Spiel verfallen, und überdies ist er auch noch ein äußerst schlechter Spieler. Auf diese Weise können seine Feinde, die ein falsches Spiel treiben, ihn dazu verführen, sein ganzes Reich, seine Brüder, sich selbst und zuletzt sogar seine Frau zu verspielen.

Es lohnt die Mühe, ein wenig länger über dieses Phänomen nachzudenken: Der allerweiseste, gerechteste Mensch der ganzen Welt gibt sich dem Glücksspiel hin. Hängt das vielleicht mit der bereits erwähnten Spannung zwischen dem Gebiet, auf dem alles festliegt, und jenem, auf dem wir frei sind, zusammen? Spielt Yudishthira vielleicht nur, um seinen Widersachern eine Chance zu geben, ehrlich zu sein? Spielt er vielleicht, um den Göttern einen Gefallen zu tun? Oder spielt er gar nicht wirklich, weil das Ergebnis bereits feststeht? Vielleicht braucht dieser Mensch, der immer ganz genau weiß, was gerade vorgeht, ja neue Reize und Anregungen? Denn wenn alles völlig deutlich ist, bleibt lediglich das Spiel als Möglichkeit übrig.

Am Ende seiner Entbehrungen versucht Yudishthira, über die höchsten Bergesspitzen den Himmel zu erreichen. Unterwegs fallen seine Brüder und seine Frau in einen Felsspalt. Nur sein anhänglicher, ihm zugelaufener Hund folgt ihm bei seinem letzten Aufstieg. Auf der Spitze angekommen, wird er durch den Wächter der Schwelle zum Himmel willkommen geheißen. Yudishthira darf eintreten, doch der Hund nicht. Der edle Held weigert sich, den Hund im Stich zu lassen, und der Wächter sagt: »Du hast bereits alles verloren, deine Brüder und deine Gattin, lass nun auch diesen nutzlosen Hund zurück.« Yudishthira bleibt bei seiner Weigerung, den Himmel zu betreten: »Meine Brüder und meine Frau sind tot, doch dieser Hund lebt. Schließe die Himmelstür nur wieder, ich bleibe bei diesem wehrlosen Geschöpf.«

Da lächelt der Wächter zufrieden, und der Hund verwandelt sich in reines Licht. »Tritt ein. Der Hund war eine der vielen Erscheinungsformen deines Vaters, des Gottes des Dharma.«

Nachdem er dem Wächter hinterhergeklettert ist, gelangt unser Held in den Himmel, wo ein neuer Schock auf ihn wartet. Er trifft dort nur seine schlimmsten Feinde an, in höchster Seligkeit, bereit, ihn zu umarmen. Er fragt, wo seine Freunde, seine Brüder und seine Frau seien. Der Wächter winkt ihm und steigt mit ihm in den unerträglichen Gestank und die Finsternis der Hölle hinab, wo er das Wehklagen seiner Brüder und seiner Frau vernimmt. Tief getroffen durch so viel Ungerechtigkeit verflucht Yudishthira das Dharma und entscheidet sich, freiwillig bei seinen Geliebten in der Hölle zu bleiben.
Da beruhigt ihn der Wächter: »Dies war deine letzte Illusion. Du bist jenseits aller Gegensätze. Hier gibt es keinen Himmel, keine Hölle.«
Und wir sehen, wie sich unser Held langsam im absoluten Licht auflöst, einem Licht, das sowohl Licht als auch Finsternis umgreift.

Aus dem *Mahabharata*

Das Tibetische Totenbuch

Anders als im Westen wird dem religiösen Menschen im fernen Osten schon seit Jahrhunderten geholfen, nichts ernst zu nehmen. Denn alles ist eine Sinnestäuschung. So beschreibt das Tibetische Totenbuch die allergrausamsten Foltern, die der Mensch im Geist betrachten muss und die jeder zu durchschauen lernen soll. In dem Moment, da man diese Sinnestäuschungen nicht mehr ernst nimmt – wenn sich das Ego auflöst –, zerfallen sie, und man gelangt zur Erleuchtung.

Wie eigenartig ist es doch, dass alle Foltermethoden, die sich im Tibetischen Totenbuch finden, während der Fünfzigerjahre des letzten Jahrhunderts Wirklichkeit wurden, als die Chinesen Tibet überfielen und mit ihrer »Umerziehung« begannen! Mag nicht mancher tibetische Mönch die Gräuel, die die chinesischen Besatzer begingen, als ein Teil des Spiels erlebt haben, gewissermaßen als die letzte Prüfung? Wenn sich alles, was man sein Leben lang studiert hat, plötzlich verwirklicht, spielt die Wirklichkeit das Spiel nicht mehr mit …

➤ Nach langjähriger Lehrtätigkeit hatte mein Meditationslehrer sich einige Freijahre genommen. Als er wiederkam, fiel mir auf, wie wach, liebevoll und mit wie viel Humor er der Welt gegenübertrat.
Ich fragte ihn: »Hast du die Erleuchtung erreicht?«
Lächelnd sagte er: »Ja, leider.«
»Wieso leider?«
»Es ist das Schmerzlichste, was mir je widerfahren ist. Ich würde es weder meinem besten Freund noch meinem schlimmsten Feind wünschen.«
Ich fragte: »Warum hörst du dann nicht auf, erleuchtet zu sein?«
»Erleuchtung führt zu Problemen. Das erste Problem ist, dass es keinen Weg zurück

gibt. Das zweite, dass ich eine Verbindung mit allem, was existiert, aufgebaut habe und zugleich noch einsamer als zuvor geworden bin. Ich bin glücklicher denn je, aber ich habe auch noch niemals so viel Kummer empfunden. Ich bin freier denn je und habe noch niemals so viel Pflicht gespürt. Ich bin verstorben und noch nie so lebendig gewesen. Menschen in meiner Umgebung sehen häufig nicht, was ich sehe, und wollen die entgegengesetzten Dinge von mir: dass ich ihnen Rat gebe, jedoch nicht den Rat, der ihnen unangenehm ist. Selber habe ich auch widerstreitende Interessen. Auf der einen Seite möchte ich in Harmonie, Staunen und Ruhe weiterleben. Auf der anderen Seite will ich dienen und fast wider besseres Wissen damit weitermachen, dass ich versuche, Menschen zu unterstützen. Was mich persönlich stimuliert, ist die Erfahrung des Lebens als Quell meines Gefühls. Und die Erfahrung, dass es alles auch sehr lustig ist.«

Spiel-Sprache

Joseph Campbell weist darauf hin, dass in der japanischen Sprache eine Höflichkeitsform existiert, mit der der Spielcharakter des Lebens nuanciert betont wird. Man sagt dort nicht: »Ich höre, dass du nach Tokio gehst«, sondern: »Ich höre, dass du damit spielst, du gingest nach Tokio.« Auf diese Weise ist es sogar möglich, jemandem, der einen großen Verlust erlitten hat, mitzuteilen: »Ich höre, dass dein Vater mit dem Tod gespielt hat.« Und ohne den anderen zu verletzen, könnte man weiterfragen: »Wie spielst du mit deiner Trauer?«

Griechische Tragikomödien

Auch die Griechen hatten ein Gefühl für die tragikomische Seite des Lebens. Eine wunderbare Geschichte ist die von der schicksalhaften Wendung im Leben des reichsten Mannes der Welt:

Vor etwa 2500 Jahren herrschte über große Gebiete Kleinasiens ein Mann, der so reich war, dass wir ihn sogar im heutigen Sprachgebrauch noch kennen: so reich wie Krösus. Auf dem Gipfel seines Ruhms und seines Reichtums bestellte Krösus einen Mann zu sich, der als der größte Weise seiner Zeit galt: Solon.
Selbstgefällig fragte ihn Krösus: »Man sagt, dass du die tiefsten Erkenntnisse von allen besitzest. Wenn du siehst, mit wie viel Wohlstand ich regiere, würdest du dann nicht sagen, dass ich der glücklichste Mensch bin?«
Solon erwiderte: »Das ist nicht das Wort, das ich für Euch wählen würde. Ich würde höchstens sagen, dass Ihr wohlhabend seid. Den Terminus Glück reserviere ich für jemanden, der auch glücklich gestorben ist.«
Unzufrieden mit der Antwort schickte Krösus Solon fort, mit der schmähenden Bemerkung: »Und so einer nennt sich einen Philosophen!«
Kurz danach begann es mit Krösus bergab zu gehen. Er verlor seinen Sohn und ver-

fiel auf die unglückselige Idee, gegen Kyros, den König der Perser, in den Kampf zu ziehen. Um das Orakel zu befragen, reiste er nach Delphi. Das Orakel sprach: »Wenn du gegen Kyros in den Krieg ziehst, wirst du ein großes Reich zugrunde richten.« Krösus fasste dies als Ermutigung auf, wagte den Angriff und entdeckte sehr rasch, dass das Reich, das er zugrunde gerichtet hatte, sein eigenes war.
Gleich nach seinem Sieg erteilte Kyros den Auftrag, Krösus auf den Scheiterhaufen zu bringen. Als das Feuer zu lodern begann, gingen Krösus plötzlich die Worte Solons durch den Kopf. In seiner Todesangst rief er dessen Namen. Kyros wurde neugierig, ließ die Flammen löschen und fragte Krösus, was der Name bedeutete, den er soeben gerufen hatte. Krösus berichtete ihm von dem Gespräch mit Solon. Dies machte auf Kyros einen solchen Eindruck, dass er Krösus das Leben schenkte und ihn als Sklaven und Berater seinem Hofstaat eingliederte.

Den Knoten durchhauen

Die Mythologie des Spiels wird neben der Launenhaftigkeit der Spieler, Götter und Menschen durch eine Kombination von Schlagfertigkeit und der Fähigkeit, Regeln zu ändern, gekennzeichnet. Das sprechendste Beispiel für diese letzteren Merkmale finden wir im Leben des größten Feldherrn aller Zeiten, Alexanders des Großen, wieder.

Bei einem seiner ersten Feldzüge eroberte Alexander die Stadt Gordion, die Hauptstadt Phrygiens. Der einstige König dieses Landes, Gordias, war ursprünglich ein Bauer gewesen. Er hatte in jener Zeit einen ganz besonderen Knoten um die Deichsel seines Karrens angefertigt, der schon unter normalen Umständen unlösbar war. Und durch das viele Ziehen und Zerren der Ochsen hatte er sich noch mehr festgezogen. Gordias hatte auf dem Totenbett geweissagt, dass derjenige, der imstande sei, den Knoten zu lösen, einst Herrscher der ganzen Welt werden würde.
Nach seinem Tod stand der Wagen viele Jahre lang neben dem Eingangstor zur Stadt. Viele versuchten sich daran, den Knoten zu lösen, doch alle gaben den Versuch verzweifelt wieder auf. Bis Alexander die Stadt eroberte und von der Prophezeiung hörte. Er zögerte keinen Moment, zog sein Schwert und hieb mit einem Schlag den Knoten durch. Seither versuchen wir alle immer mal wieder einen Gordischen Knoten durchzuhauen.

Wenn es nur kalt genug ist,
kann sogar der Teufel über das Wasser laufen.
Zweiter Lama Sittuh

Moderne Mythologie des Spiels

Das Bild

Angenommen, wir würden in zweihundert Jahren auf die Zeit zurückblicken, in der wir jetzt leben, so wäre die Chance groß, dass wir als die zentrale Mythologie dieser Zeit die *virtuelle Realität* nennen und folgendes beschreiben würden:

Bis zum Beginn des 20. Jahrhunderts kannten wir das Element des Spiels in vielen religiösen Ritualen, als Wortspiel, Sport und Theaterspiel. Es existierte damals übrigens noch eine strenge Trennung zwischen Wirklichkeit, Vergnügen und sakraler Handlung.

Mit dem Aufkommen des Films nivellierte sich die Trennung zwischen Wirklichkeit und Spiel. Wir lernten, auf flache Bildschirme zu blicken, als ob darauf wirkliche Ereignisse zu sehen seien. Menschen verliebten sich en masse in die Stars auf der Leinwand – und Theaterspiel und Berichterstattung aus der Wirklichkeit, die Wochenschauen und Nachrichtensendungen, begannen sich des neuen Mediums zu bedienen. Mit anderen Worten: Zuschauer mussten aus dem Kontext der Bilder schließen, ob es sich um etwas handelte, das nur gespielt wurde, oder um eine Berichterstattung der Wirklichkeit.

Das Fernsehen brachte die Welt noch näher zu uns ins Haus. Ein Erdbeben auf den Philippinen war realer als irgendein Unfall um die Ecke. Intensiv lernten wir, mit der Befreiung verschütteter Minenarbeiter in Russland mitzuleben, aber genauso engagiert verfolgten wir die zweihundertste Folge unserer Lieblings-Soap.

Wirklichkeit und Soap begannen sich immer stärker zu ähneln, etwas äußerst Verwirrendes. Verfolgungsjagden durch die Polizei konnten live im Fernsehen miterlebt werden und wurden als Entertainment dargestellt. Unsere neuen Schwindler- und Betrügergötter, die Medien, machten aus jeder Enthüllung, jedem Skandal einen Zirkus. Wenn es keine Neuigkeiten gab, wurden sie hergestellt, wenn sie nicht gefielen, wurden sie negiert oder verformt. Die Welt stand Kopf: Etwas war nur dann echt, wenn es im Fernsehen gebracht wurde.

Aufgrund unserer Sehnsucht nach immer wieder neuen Geschichten riefen wir Traumfabriken wie Hollywood ins Leben. Hunderttausende von Filmen rollten über unsere Seelen hinweg, entweder im Kino oder zu Hause am Fernsehbildschirm, auf Videos oder DVDs. Wenn der Vorrat an Filmen erschöpft war, betrachteten wir das Leben anderer. Reality-TV machte aus persönlichen Tragödien allgemeine Unterhaltung. In immer raffinierteren Simulationsspielen führten Kinder Kriege, lernten Skifahren ohne Schnee oder Schießen, ohne dass Blut floss. Fussball war Krieg. Wirklichkeit war Spiel, und Spiel war Wirklichkeit.

Suspension of Disbelief

Einen entscheidenden Teil der Macht der virtuellen Realität verdanken wir der menschlichen Fähigkeit, so zu tun als ob. Ein schöner Terminus hierfür ist die englische Formulierung »Suspension of Disbelief«, was man etwa mit ›Ausschluss des Unglaubens‹ übersetzen könnte. Er ist die Basis unserer Fähigkeit zum Spiel und unserer Sehnsucht nach Ritualen. Wir benutzen diesen Mechanismus überall: wenn wir vor einem Richter mit einer schwarzen Robe ehrfürchtig schweigen, wenn wir durch einen Polizisten auf einem Motorrad dabei erwischt werden, dass wir zu schnell fahren, wenn wir vor einem Standesbeamten ewige Treue geloben. Wir legen der Rolle, die der andere spielt, einen Wirklichkeitswert bei. Damit legen wir uns zwar selbst herein, doch es funktioniert prima.

Das Spiel verläuft nach festen Regeln und Verhaltensformen. Eine Richterin im Minirock hat keine Autorität, wenn uns ein Mitglied der Hell's Angels einen Strafzettel erteilt, finden wir das verdächtig, und eine künftige Ehefrau, die dem Standesbeamten komplizenhaft zuzwinkert, macht uns misstrauisch.

Die Fähigkeit, Filme und Fernsehen zu betrachten, erfordert eine lange Vorbereitung. Wir haben in diesem Buch bereits darauf hingewiesen, dass es nicht selbstverständlich ist, dass wir Menschen und Ereignisse auf einem Projektionsschirm erkennen und unterscheiden können (siehe das Kapitel »Paradoxien der Bewegung«). Man muss so tun können, als würden die sich bewegenden Flecken etwas bedeuten. Genau wie früher der Kirchenbesuch kennt auch der Kinobesuch feste Regeln: Das Licht muss ausgehen, wir müssen still sein und bei einem guten Hauptfilm in Trance geraten. Lachen ist bei einer netten Szene erlaubt, Schreien bei einem Thriller, Heulen beim Drama. Diese Einmütigkeit des geübteren Kinopublikums gehört einfach dazu. Ein Lacher bei einem zu Tränen rührenden Film benimmt sich wie ein Fleischesser in einem vegetarischen Restaurant. Genauso wenig schätzen wir einen Tennis-Champion, der zwischen den Sätzen Lieder für das Publikum zu singen beginnt. Er muss vielmehr erschöpft auf dem Boden sitzen, darauf warten, dass der Wettkampf weitergeht, und sich und uns weismachen, dass sein Spiel wichtig ist. Wenn er verliert, darf er vor dem Mikrofon behaupten, dass alles doch nur ein Spiel sei. Das ist für uns lediglich eine Bestätigung der Tatsache, dass er ein schlechter Verlierer ist.

Das Spielen des Ernstes

So zu tun, als wüssten wir nicht, dass alles Unsinn ist, ist häufig das spannendste Spiel, das wir kennen. Das Spielen des Ernstes verleiht unserem Dasein Tiefe. Es ist einfach angenehm, so zu tun, als geschähe tatsächlich etwas. So zu tun, als wären die Regeln heilig und als wäre es uns allen ernst, bringt überdies auch noch den Genuss der Entrüstung mit sich, wenn jemand aus seiner Rolle fällt: der Pfarrer, der stiehlt, oder der Präsident, der fremdgeht. Das alte Bedürfnis nach Pech und Federn, nach öffentlichen Hinrichtungen, meldet sich schnell wieder zurück und verschafft uns neues Vergnügen.

Die wichtigste Spielregel des Lebens scheint die zu sein, dass wir vergessen sollen, dass es ein Spiel ist. Das Leben ist ein Kampf ums Dasein, ein Tanz um die Millionen, und dazu passt vor allem die Devise: nicht lachen.

Dieses »System« fördert allerdings die Scheinheiligkeit. Wir weisen empört jemanden zurecht, der darüber lacht, wenn ein alter Mensch stürzt. Die Regel lautet, dass wir nur »Oh, wie traurig« rufen dürfen, wenn wir eine Katastrophe betrachten. Doch tief in unserem Herzen versteckt sich der Spieler, der das Ganze als eine brillante Wendung erlebt, die die Geschichte nimmt, ganz unabhängig davon, ob die Katastrophe uns persönlich betrifft oder ein weit entferntes Volk. Denn das ist das Sublime: Wir leiden zutiefst, erinnern uns, dass wir in einem Spiel begriffen sind, und klagen daraufhin lauthals mit. Später leugnen wir die nüchterne Distanz oder das Lachen als eine »Schockreaktion«.

Deswegen fesseln Katastrophen oder Kriege Millionen von Menschen an den Bildschirm. Hier wird ein sublimes Spiel gespielt: ernst, Ehrfurcht gebietend und Lachen erregend. Das Spiel des Ernstes wird kollektiv und mit hohem Einsatz gespielt; wir lassen zu viele Kinder geboren werden, errichten Häuser an gefährlichen Orten, stecken unsere Regenwälder in Brand, lassen die Polkappen schmelzen und warten dann ab, was geschieht. Wo und wie, das wissen wir nicht. Wir sind die würfelnden Halbgötter, wir machen weiter bis zum bitteren Ende.

Und wenn unser Kartenhaus irgendwann zusammenstürzt, besteht die große Kunst darin, nicht zu vergessen, dass wir allein dadurch, dass wir Menschen sind, ein Spiel mit hohem Einsatz spielten. Ausrufe darüber, wie traurig, wie schade und wie skandalös alles doch ist, gehören zum normalen Ablauf des Spiels. Wenn wir es ernst meinen, spielen wir es so gut, dass wir vergessen, wie gut wir spielen.

»Humor« und »Ernst« existieren nicht. Es existiert lediglich eine wahre Annäherungsweise an die Realität, die beides nicht voneinander trennt; und zwei unwahre: die humoristische und die ernsthafte.

Harry Mulisch

Es geht nicht um die Tiefe und nicht um die Oberfläche,
sondern um die Tiefe der Oberfläche.

Harry Mulisch

Vor- und Nachteile des Spiels

Wir delegieren Macht an unsere Politiker und verlangen, dass sie sorgfältig damit umgehen, sorgfältiger, als wir selbst es könnten. Wenn Politiker daraufhin durchfallen, ist dies eine »beruhigende Enttäuschung«. Mehr denn je erweisen sich unsere Führer als ganz normale Menschen. Dies ist günstig für die gesunde Ernüchterung der modernen Seele; wir werden dadurch milder und realistischer. Ungünstig jedoch ist es aufgrund der zunehmenden Gleichgültigkeit. Wir sitzen unsere Zeit ab und regen uns über gar nichts mehr auf. Aber dies ist gleichfalls ein Teil des Spiels, das seinen Wert der Tatsache verdankt, dass wir so tun, als wäre etwas (un)wichtig.

Die Abfolge von Ernstnehmen, Enttäuschtwerden und dem Durchschauen des Spiels gibt unserer Seele das angenehme Gefühl, im Gleichgewicht zu sein. Im einen Moment spüren wir, dass das Leben etwas Absolutes und Geordnetes ist, im nächsten Moment ist alles relativ und willkürlich.

Gerade dieser Wechsel hält uns gesund. Denn auf der einen Seite lauert die Illusion der Gewissheit und der Monomanie, auf der anderen Seite die des Zynismus, des anhaltenden Relativierens, bis die Dinge irgendwann kaputt sind.

Auch hier tritt das Sublime ins Blickfeld. Ob wir nun glauben, dass wir die Wahrheit gepachtet hätten, oder im Gegenteil leugnen, das so etwas wie Sinn oder Wahrheit existieren – sobald wir uns für eine der beiden Möglichkeiten engagieren, sind wir bereits Beteiligte an der Mythologie des Spiels, wir müssen uns für das Als-ob entscheiden oder aber dagegen.

In Sankt Petersburg wird der Gefrierpunkt als Schmelzpunkt bezeichnet.
Eiskalte Wahrheit

Das französische Wort für London ist Paris.
Eugène Ionesco

Spiel-Filme

Der Film, als einer der Träger der modernen Mythologien, bedient sich aller Tore zum Sublimen. Naturfilme beschreiben die *Bewegung*, möglichst ohne Urteil. Sie verherrlichen die objektive Wahrnehmung. Kriegs- und Actionfilme feiern den *Kampf* ums Dasein. Sie verherrlichen Macht und Kompetenz. Liebesfilme beschreiben den *Tanz* zwischen Anziehung und Abstoßung. Sie verherrlichen die Empfindung und das Drama.

Es gibt auch eine Kategorie von Filmen, die *mit der Wirklichkeit spielen*. Solche Filme zelebrieren die Plastizität und Dehnbarkeit der Wahrnehmung, sie jonglieren mit den Tatsachen. Es sind einerseits die Komödien, aber andererseits auch das Genre der intellektuellen Krimis und der Hitchcock-Thriller, in denen sich am Schluss zeigt, dass alles ganz anders ist, als wir dachten.

Es gibt drei wesentliche Spiel-Bestandteile in diesen Filmen: a) Maskierung, b) Neuinterpretation und Enthüllung sowie c) Zeitsprünge.

Einen Meilenstein in diesem Zusammenhang bildet der Film *Ist das Leben nicht schön? (It's a Wonderful Life)* von Frank Capra aus dem Jahre 1947. In diesem Film geht ein ehrenwerter und gerechter Held, gespielt von James Stewart, fast zugrunde. Er will sich das Leben nehmen, indem er von einer Brücke springt, doch jemand in einem weißen Gewand ist schneller als er. Unser Held springt nun mit einer ganz neuen Intention in den wild dahinströmenden Fluss: Jetzt will er den anderen retten. Dieser andere erweist sich als ein etwas unerfahrener Engel, dem nichts Besseres einfiel, als sich zu verkörpern, schneller als sein Schützling zu springen und auf dem Wege über diese Manipulation den Altruismus des Helden zu erwecken. Etwas später schenkt sein Engel ihm die Chance, durch die Zeit zu reisen und zu erkennen, wie die Welt aussehen würde, wenn es ihn nie gegeben hätte. Diese Erfahrung gibt unserem Helden neuen Mut, das Spiel weiterzuspielen.

Umgekehrte Perspektive

Das Spiel mit Perspektive und Zeit, um aufzuzeigen, wie die Welt aussähe, wenn ein einziger Spieler fehlte, kommt im Film in vielerlei Gestalten vor. Häufig bedarf es dafür natürlich der Magie, die nicht selten von Engeln, Zauberern oder Zeitmaschinen geliefert wird.

Im Film *Der Himmel soll warten (Heaven can wait, 1978)* geht es um einen etwas tollpatschigen Engel, der den Fahrrad fahrenden Helden, gespielt von Warren Beatty, kurz vor einem Zusammenstoß mit einem Auto aus seinem Körper herausreißt. In einer Zwischenstation auf den Wolken zeigt sich, dass das himmlische Drehbuch für den Helden eigentlich vorgesehen hatte, dass er mit seinen durch Leistungssport trainierten Reflexen den Zusammenstoß mit dem Auto hätte vermeiden sollen. Die höheren Engel sind wütend auf den niederen Engel, genauso der Held selbst. Denn dieser kann nicht einfach wieder in seinen Körper zurückversetzt werden, weil seine stofflichen Reste inzwischen auf der Erde eingeäschert worden sind. Der Rest des Films besteht aus einer herzerwärmenden und zum Lachen anregenden Suche nach einem erwachsenen Körper, der dafür benutzt werden kann, die Geschichte zu Ende zu bringen, auf die der Geist des Helden ein Recht hatte.

> Niemand soll sich etwas vormachen: Die Vergangenheit ist genauso unsicher wie die Zukunft. In der Zukunft kann (fast) alles geschehen – aber in der Vergangenheit kann (fast) alles geschehen sein.
>
> Harry Mulisch

Manipulierende und manipulierte Helden

Verschweigen und In-die-Irre-Führen sind Hauptthemen in anderen Meisterwerken des Spiels, wie im bereits früher erwähnten Film *Contact* (siehe Kapitel »Moderne Mythologie der Leere«). In dem Film *Und ewig grüßt das Murmeltier* (siehe »Paradoxien der Bewegung«) verschweigt der manipulierende und zugleich manipulierte Hauptdarsteller, dass er über ein Vorauswissen des ganzen Tages verfügt. Er ist der Einzige, der weiß, dass ein einziger Tag immer aufs Neue wiederkehrt.

Genau umgekehrt vollzieht sich das Schicksal in *Die Truman Show* (1998). Hier ist der Held, gespielt von Jim Carrey, der Einzige, der nicht weiß, dass seine gesamte Welt eine enorme Inszenierung ist, das heißt, dass er in einem Studio aufgewachsen ist und von Schauspielern erzogen wurde. Sein Leben wird bereits ab dem Moment seiner Geburt als Soap jeden Tag von Millionen von Zuschauern von Florida bis Japan »verspeist«. Nur er ist der Einzige, der nicht in das gigantische Komplott einbezogen ist. Letztendlich kommt er durch echte Liebe der Wahrheit auf die Spur. Es gelingt ihm, aus dem beklemmenden Spiel zu fliehen, und er kollidiert im wahrsten Sinne mit dem Schleier der Maya, der Kulisse eines blauen Himmels. Die folgende Konfrontation mit dem ihn irreführenden »Gottvater«, dem Regisseur des Ganzen, über den *Stairway to Heaven* könnte wortwörtlich aus dem Marabharata übernommen sein.

Das Geschöpf fragt seinen Schöpfer: »War denn gar nichts echt?«

Worauf Gott/der Regisseur antwortet: »Du warst echt. Das machte dich so sehenswert.«

Virtual Reality

Eine vergleichbare Thematik finden wir in neueren Filmen, in denen die Helden mehr oder weniger freiwillig über einen neuen Eingang am Körper an einen Computer angeschlossen werden, der ihnen eine virtuelle Realität vorgaukelt. Im Film *Matrix* ist der Held Neo, gespielt von Keanu Reeves, dazu ausersehen, die Menschheit aus ihrem Traum zu erlösen. Alle Menschen sind in eine Art fötaler Abhängigkeit zurückversetzt worden. Jedem wird über eine Öffnung im Hinterkopf ein Scheinleben vorgegaukelt, während es in Wirklichkeit der Computer ist, der noch das letzte Restchen Vitalität der an ihn angeschlossenen Personen aufzehrt. Neo, sein Mentor Morpheus und seine Geliebte Trinity kämpfen für eine ehrliche Welt voller Hässlichkeit, die sich über eine Scheinwelt voller Genuss und Schönheit erhebt. Auf dem Höhepunkt des Kampfes kriecht der Held buchstäblich und symbolisch in die Haut seines virtuellen Gegners und lässt diesen von innen heraus explodieren. Obwohl man dieses Ereignis auch im Zusammenhang des Kampfes deuten kann, lässt es auch die Interpretation zu, dass Neo sich aus Mitleid in seinen Gegner einlebt und diesen daraufhin ins Licht zurückführt.

In dem Film eX*istenZ* von David Cronenberg (1999) sehen wir die Heldin, gespielt von Jennifer Jason Lee, die sich auf dem Weg über eine Öffnung irgendwo tief unten im Rückgrat an den Computer anschließen lässt, um danach durch ein lebensechtes Spiel zu irren, das von ihr selbst erschaffen wurde, aus dem sie jedoch fast keinen Ausweg mehr finden kann, weil sich das Spiel mit ihr verselbstständigt.

Der einzige Grund, warum ich schreibe, ist der,
dass ich selbst dahinterkommen möchte, wie die Geschichte ausgeht.
Harry Mulisch

If you fall: dive!!
Joseph Campbell

Wer fällt, ist frei.
Harry Mulisch

Auf Glatteis

Fünfzig Jahre nach dem Zweiten Weltkrieg wagte Hollywood sich daran, das Thema der Gaskammern auf die Leinwand zu bringen. Für den Film *Schindlers Liste* wurde eine Top-Besetzung aufgeboten: Liam Neeson als Oskar Schindler und Ralph Fiennes als der Nazischurke, dazu Steven Spielberg in der Rolle des Regisseurs. Musik, Bild und Spiel gelang es, die Atmosphäre der Grausamkeit lebensecht hervorzurufen. Die *Suspension of Disbelief* arbeitete auf vollen Touren. Wir akzeptieren, dass (in der Originalfassung) der Nazischurke Englisch mit deutschem Akzent spricht, denn wir möchten auf dem Weg über diesen Film nur zu gern dahinterkommen, wie man sich in einer Gaskammer fühlt, ohne dazu Jude sein zu müssen. Um eine Gänsehaut spüren zu können, vergessen wir die störende Wirklichkeit in gerade ausreichendem Maße, damit wir weinen und zittern können. Aber wir vergessen hoffentlich nicht die Tatsache, *dass* wir diese Wirklichkeit vergessen haben, denn sonst würden wir sofort aus dem Kino rennen, um uns draußen wieder daran zu erinnern, dass wir uns in einer anderen Zeit und an einem anderen Ort befinden, mit einem anderen Schicksal.

Was treibt uns dazu? Das Bedürfnis nach Menschenkenntnis? Morbide Sensationslust? Mitleid oder sublimes Spiel?

I'm Jewish, but I can explain it.
Woody Allen

Noch einen Schritt weiter geht der Film *Das Leben ist sch*ön (*La Vita è bella, 1997)* des Italieners Roberto Benigni. Allein schon der Titel »Das Leben ist schön« treibt Spott mit dem Ernst des Handlungsrahmens, der durch den Zweiten Weltkrieg, Rassenhass und die Gräuel der Konzentrationslager gebildet wird. Der Held Guido, ein Jude, ist ein humorvoller Mann, der mit seinem kleinen Sohn in ein Konzentrationslager gerät. Er macht seinem Sohn weis, dass dort eigentlich ein einziges großes Spiel gespielt wird und dass er einen Panzer gewinnen kann, wenn es ihm gelingt, sich gut versteckt zu halten.

Der Held versucht, die grausame Wirklichkeit zu einem Spiel zu erklären. Nicht zufällig bringt eine der beeindruckendsten Szenen des Films genau das Gegenteil zuwege: Ein Spiel wird zur Wirklichkeit erklärt. Der Held machte nämlich noch in Friedenszeiten die Bekanntschaft eines Arztes, der als Hobby Rätsel ersinnt und löst, wie zum Beispiel folgendes: »Wenn du ihren Namen nennst, gibt es sie nicht mehr.« Antwort: »die Stille«. Später zeigt sich, dass dieser Mann der Lagerarzt ist. Er verschafft unserem Helden eine Anstellung als Ober und nimmt ihn zur Seite, um etwas sehr Ernstes mit ihm zu besprechen. Als Zuschauer erwarten wir, dass der Lagerarzt den Helden warnen oder retten will. Weit gefehlt, es zeigt sich, dass dieser Mann, der über Leben und Tod entscheiden kann, sich mit einem Rätsel herumquält, das er nicht lösen kann …

Dieser mutige Film ist ein gutes Beispiel für das Glatteis, auf das man sich begibt, wenn man aus dem schwersten Leiden ein Spiel zu machen versucht. Möglicherweise aus Pietät gegenüber den Toten, vielleicht aber auch, um ein allzu lockeres Ende zu vermeiden, möglicherweise aber auch, um dennoch der »Wirklichkeit« Genüge zu tun, lässt der Drehbuchschreiber am Ende den Helden sterben, kurz bevor der Krieg zu Ende geht. Sein nichtsahnender Sohn kommt aus seinem Versteck hervor und wird von den Befreiern in einem Panzer zu seiner Mutter zurückgebracht.

It's good to laugh sometimes, but you need to suffer.
Otherwise there's no point to live. That's my philosophy.
Woody Allen in dem Film *Broadway Danny Rose*

Menschen ohne Fantasie flüchten in die Realität.
Loesje

Nur Menschen mit Fantasie haben Augen für die Wirklichkeit.
Okke Jager

Wenn die Wirklichkeit mitzuspielen beginnt

Das Besondere an der Auffassung des Lebens als Spiel ist, dass die Wirklichkeit mitzuspielen beginnt. Die treffendsten Illustrationen dieser Tatsache werden durch zwei Filme über amerikanische Präsidenten geliefert. Der Film *Mit aller Macht (Primary Colours, 1998)* zeigt einen US-Präsidenten, gespielt von John Travolta, der aufgrund seiner sexuellen Eskapaden in großen Schwierigkeiten steckt. Der Film hat jedoch nur geringe Empörung erregt, weil die »Wirklichkeit« auf dem Wege über den Lewinsky-Skandal ihm erfolgreich den Rang in der Aufmerksamkeit des Publikums ablief.

Spektakulärer erging es dem Film *Wenn der Schwanz mit dem Hund wedelt (Wag the Dog, 1997)*. Dieser Film ist gleich auf mehreren Ebenen eine Verkörperung des modernen Mythos des betrügerischen Gottes. Wir sehen aufs Neue einen Präsidenten, der aufgrund seiner grenzenlosen Libido in Problemen steckt, sowie einen Berater, gespielt von Robert De Niro, der die Aufgabe bekommt, die Aufmerksamkeit der Öffentlichkeit auf andere Angelegenheiten zu lenken. Dieser Berater holt sich Hilfe bei einem Filmproduzenten – eine Rolle für Dustin Hoffman – der den Vorschlag lanciert, einen Krieg zu inszenieren und auf diese Weise die Aufmerksamkeit der Medien von ihrem Präsidenten abzulenken. Der Krieg wird auf dem Balkan angesiedelt, genauer in Albanien. Der gesamte Film ist ein gutes Beispiel dafür, wie Medien uns manipulieren und ihrerseits manipuliert werden. Man braucht nur an die Berichterstattung über den »sauberen Krieg« im Persischen Golf zu denken und die sogenannten Präzisionsbombardements, die sich später als gar nicht so präzise erwiesen, oder an die weinende Mitarbeiterin der verwüsteten kuwaitischen Krankenhausabteilung für Frühgeburten, die, wie sich hinterher herausstellte, eine Mitarbeiterin der amerikanischen Botschaft war.

Übrigens spielt auch in diesem Kontext die Ironie eine Rolle. Denn kurz nachdem der Film angelaufen war, brach der Lewinsky-Skandal los, und wenig später kam es zu jener Aktion, die die weiße Weste des Präsidenten zumindest vorübergehend wiederherstellen sollte: dem Krieg auf dem Balkan.

Paradoxien des Spiels

Deine Vorstellungskraft, bester Freund, ist mehr wert,
als du dir vorzustellen vermagst.
Louis Aragon

Spiel basiert auf den bereits behandelten mythischen Toren zum Sublimen: Leere, Bewegung, Kampf und Tanz. *Spiel* basiert auf *Bewegung*, weil wir Regeln aufstellen und sie brechen. Wir benutzen den *Kampf*, weil wir in einen Wettstreit eintreten, und wir benutzen den Genuss des *Tanzes*, um Kreativität und Freiheit zu feiern.

Der große Unterschied zu den anderen Toren besteht in der direkten Verbindung, die das Spiel mit der Leere hat. Während insbesondere beim Kampf und dem Tanz das Glück erreicht wird, weil diese Tore als etwas Exklusives betrachtet werden, bedienen wir uns beim Spiel häufig der Leere, um das Spielfeld wieder zu säubern. So wie ein Kind mit großem Ernst an einer Sandburg arbeitet, um sie danach wieder zu zertreten, widmen wir uns mit Ernst unseren Schöpfungen, um sie danach dem Nichts preiszugeben.

Die wichtigsten Paradoxien des Spiels sind daher mit den Paradoxien der Leere verwandt.

Ausnahmen bestätigen die Regel

Dieses bekannte Paradoxon entsteht, wenn wir mit den Spielregeln selbst spielen. Wir brauchen Regeln, um zu entdecken, dass wir ihrer nicht bedürfen. Der Anarchist – und jeder, der ein Spiel spielt, ist im Grunde ein Anarchist – bewegt sich am leichtesten außerhalb der festen Bahnen der Starrheit der anderen. Dies führt zu eigenartigen Paradoxien, die mit der Bestätigung von Regeln zusammenhängen. So können wir heute beispielsweise Prestige gewinnen, indem wir eine prestigeträchtige Auszeichnung verweigern.

Ganz besonders lustig wird es, wenn zu viele Menschen die Regeln brechen oder ändern. Dann kann es geschehen, dass ausgerechnet der anarchistische Mitspieler sich als Einziger an die Regeln hält …

Spielerische Disziplin

Ein anderes wichtiges Paradoxon betrifft die Haltung, die das Spiel von uns fordert. Am klarsten kann das anhand des Problems illustriert werden, das entsteht, wenn wir jemanden, der viel von sich fordert, darauf hinweisen, wie viel er sich auflädt. Die Chance ist groß, dass so jemand sich in einem ernsthaften Versuch verfängt, einmal nicht ernst zu sein. Ja, wir können ihn häufig bei Aussprüchen wie diesem ertappen: »Ich muss nicht ›muss‹ sagen.«

Im Unterkapitel »Gedanken und Übungen« führe ich einige Beispiele an, wie man behutsam an einer disziplinierten Art des Spielerisch-Seins arbeiten kann.

Sich merken, dass man vergisst

Spiel besteht dank der Fähigkeit des Menschen, zu vergessen, dass etwas Unsinn ist, und sich in Dinge einzuleben. Allerdings: In dem Augenblick, da wir vergessen, dass wir vergaßen, sind wir wie ein hypnotisierter Mensch, der nicht mehr aus seinem Trancezustand herauskommt. Beim Spiel müssen wir uns jeden Moment merken, den wir vergessen haben.

Ernsthafter Humor

Eng verwandt mit der paradoxen Beziehung zwischen Spiel und Disziplin ist die zwischen Ernst und Humor. Nichts ist komischer als Leiden, das mit einer ungeschickten Art von Würde getragen wird, nichts ist ernster als Humor. Wie wir schon bei der Besprechung des Films *La Vita è bella* bemerkten, wagt sich der Humor gerade in jene Gebiete vor, die zu schwer sind, als dass wir sie tragen könnten. Scham und Schmerz, Wut und Angst werden durch den rechten Humor im rechten Moment befreit. Dies führt zu einem weiteren, damit verwandten Paradoxon: Wenn wir lachen können wollen und andere zum Lachen bringen wollen, müssen wir lernen, stolz auf unsere Scham zu sein. Auch auf dieses Thema werden wir im Unterkapitel »Gedanken und Übungen« weiter eingehen.

Solange man in den Niederlanden nicht begreift, dass es einen Ernst gibt, der so tief ist, dass man nur noch lachen kann, wird man dort nie erwachsen sein.

Harry Mulisch

Es existiert keine Möglichkeit, dein wahres Gesicht zu zeigen. Das Einzige, was du tun kannst, ist, deine wahre Maske zu zeigen.
Zweiter Lama Sittuh

Masken und die verborgene Enthüllung

Das Wort Persönlichkeit stammt vom lateinischen *per-sonare*. Buchstäblich bedeutet das: durch etwas hindurchklingen. Es ist ein Terminus, der für die Masken auf der Bühne gebraucht wurde, durch welche die Stimme des Schauspielers ertönte. Jeder Teil unserer Per-sönlichkeit ist also eine Maske, durch welche ein geheimnisvoller Schauspieler spricht. Wir alle tragen in unserem Leben viele Masken. Doch auch die Menschheit als Ganze trägt in all ihren Erscheinungsformen zahllose Masken. Und vielleicht tragen wir im Laufe vieler Leben noch viel mehr Masken.

Doch wer ist eigentlich der Träger all dieser Masken? Wer ist der verborgene Schauspieler? Es ist nicht das Ego, denn dieses ändert sich jeden Tag und möglicherweise mit jedem Leben. Was bleibt, ist ein wahrnehmendes Bewusstsein, das durch die Masken hindurch wahrnimmt und teilnimmt. Es ist ein maskenloses Gewahrsein. Ein Bewusstsein, das weiß, dass es gewahr ist.

Sind wir selbst die Masken? Ja und nein. Ja, denn dieses Gewahrsein hat keine eigene Farbe. Nein, denn die Masken sind nur eine Ausdrucksform. Bei diesem Gewahrsein ist es, als würde Gott seine Schöpfung durch unsere Augen genießen.

Wie steht es dann mit der Reinkarnation? Ziehen dann nur unsere Masken um, oder zieht vor allem das Gewahrsein um? Im letzten Fall ist eigentlich Gott der Einzige, der sich wiederverkörpert. Unsere vielen Leben und Persönlichkeiten sind dann die Erscheinungsform einer Reihe miteinander zusammenhängender Geschichten, die Gott erzählt.

In vielen Theorien über Karma und Reinkarnation klingt alles ganz einfach: Sind wir in diesem Leben ein großer Egoist, so werden wir in einem nächsten Leben dienend oder abhängig sein. Es gibt objektive Gesetzmäßigkeiten, innerhalb derer das Bewusstsein sich entwickeln kann. Doch wer schafft diese Gesetze? Wer steuert eigentlich wen? Welche Maske ist die wahre Person? Steckt eigentlich etwas hinter der Maske? Und ist dies dann das höhere Selbst? Ist es der Christus? Der Buddha? Oder existiert eigentlich gar kein Selbst, wie es die Buddhisten behaupten?

Vieles von dem, was wir als zum Selbst gehörig betrachten, erweist sich bei näherer Betrachtung wiederum als Maske. Durch diese Maske jedoch strahlt das wahre Antlitz Gottes. Aber dieses Antlitz hat keine Form, es ist strahlende Leere.

Die Psychologie kennt ein Ende,
die Tiefe der Maske nicht.
Harry Mulisch

Komödie dieses ganze Dasein! Aber gut!
Sei es Komödie! Wenn wir es nur wissen …
Christian Morgenstern

Wer sind wir eigentlich wirklich?

Wenn wir unser *wahres Selbst* oder das eines anderen Menschen kennenlernen wollen, so laufen wir Gefahr, eine Maske, die eine Ebene tiefer liegt als jene, in der wir jetzt leben, bereits für dieses wahre Selbst zu halten. Manche sprechen hier idealisierend vom *inneren Kind*. Ist die Verwundbarkeit hinter der Fassade dann das wahre Selbst, ist die spielerische Heiterkeit das Kind in uns, oder besteht dieses wahre Selbst eher aus dem begeisterten, kräftigen, kampfeslustigen und strahlenden Teil?

Vielleicht kann man die Persönlichkeit mit einer Zwiebel vergleichen, bei der sich herausstellt, dass sie, nachdem man alle Häute entfernt hat, gar keinen Kern hat. Die Häute der Zwiebel geben das Wesen der Zwiebel wieder. Drücken vielleicht auf diese Weise die Masken des Menschen dessen Wesen aus? Wer vom »Persönlichkeitskern« spricht, hat möglicherweise ein Bild vor Augen, das eher mit einer Avocado und deren Kern übereinstimmt. Doch dieser Kern ist steinhart und ungenießbar. Oder man greift zum Vergleich mit einer Kastanie, die zwar eine stachlige Hülle hat, doch auch einen glänzenden Kern.

➤ Das Sublime zeigt sich den ganzen Tag über, allein, wir sind so intensiv damit beschäftigt, zu überleben, dass wir uns davor verschließen. Die konstante Gegenwart des blauen Himmelszelts mit seiner unsagbar schönen Wolkenwelt wird etwas ganz Normales, es würde uns zu viel Energie kosten, uns jeden Tag aufs Neue davon erschüttern zu lassen.
Das Leben ist zu schön, um wahr zu sein, aber es ist auch zu wahr, um schön zu sein. Aus diesem Grunde fertigen wir davon ein Bild, ein Foto oder einen Film an. Wenn die Drohung des schmerzlichen Glücks bereits weit hinter uns liegt, begeben wir uns in ein Museum, um dort zu betrachten, wie schön der Himmel sein kann. Oder wir schauen uns Fotos unserer Kinder an und sehen die Schönheit dessen, was einstmals ganz nah war. Wir haben das ewig Veränderliche in einen festliegenden Moment gebannt, und wir sehen dann besser, was (auch) durch dieses Festlegen wieder rasch verschwunden ist.

Unabhängig von allen Bildern, die wir für unsere Persönlichkeit heranziehen können, kommt es darauf an, zu begreifen, dass aus jedem Kern wieder eine neue Frucht mit Schalen und einem neuen Kern zum Vorschein kommt. Dieser »pflanzliche« Prozess drückt sich in allem aus, was mit Wachstum, Blüte und Verwelken zusammenhängt. Wenn wir unseren Körper ebenfalls als eine Maske betrachten, so können wir postulieren, dass unser Wesen sich in der Reihe der Masken ausdrückt, die wir tragen.

Viele Menschen sind traurig, weil sie sich nicht in ihrem wahren Selbst, ihrem innersten Kern erkannt fühlen. Sie können vielleicht eloquent reden, sind attraktiv oder verfügen über viele Talente, aber sie können ihrem tiefsten inneren Leben keinen Ausdruck verleihen. Wie real diese dramatische Tatsache für sie auch sein mag, für ihre Umwelt ist sie nichts anderes als eine tolle, durchschnittliche oder langweilige Geschichte von einem ziemlich intelligenten »Jemand«, der das Gefühl hat, nicht wirklich erkannt zu werden. Natürlich kann es für den angenommenen Kern, der vielleicht aus Unbeschwertheit oder Kreativität besteht, sehr angenehm sein, wenn er wahrgenommen und erkannt wird, doch es ist nun einmal eine Tatsache, dass wir, bis es so weit ist, mit den sichtbaren Hüllen auskommen müssen. Anders gesagt: Die Trauer über das Nicht-Wahrnehmen unseres innersten Wesens, unserer innersten Essenz, *ist* in diesem Augenblick *selbst* diese Essenz, dieses Wesen.

Es ist wichtig, mit Herz und Seele zu spielen. Wenn wir das tun, brauchen wir uns keine Sorgen um die Echtheit und den persönlichen Stil zu machen. Er entwickelt sich von selbst. Einzigartigkeit ist etwas, das angeboren ist, wie ein Fingerabdruck. Wenn du nicht spielen kannst, was du hörst, so höre, was du spielst.

Philip Toshido Shudo in *Zen Guitar*

Mundus vult decipi, ergo decipiatur.
Die Welt will betrogen werden, also soll sie betrogen werden.

Papst Paul IV. zugeschrieben

Je falscher, desto echter

Echtheit ist eine hoch geschätzte Qualität: echtes Gold, echte Liebe ... Es existiert ein großes Arsenal von Ansichten über psychologische Echtheit. Eine der bekanntesten stammt von Carl Rogers. Er stellt eine Verbindung zwischen Echtheit und Kongruenz (Übereinstimmung) her. Vereinfacht wiedergegeben bedeutet dies, dass jemand als »echt« eingestuft wird, wenn er auf all seinen Kommunikationskanälen dieselbe Botschaft herüberbringt: Ihr Gesicht ist zerknautscht, Sie haben Tränensäcke unter den Augen, Sie gehen gebeugt, jemand fragt Sie, wie es Ihnen geht, und Sie antworten: »Ich bin sehr müde.« Dies alles stimmt miteinander überein, und dadurch werden Sie als »echt« angesehen. Ein anderes Beispiel: Das Blut steigt Ihnen in den Kopf, Ihre Muskeln spannen sich an, Sie ballen Ihre Fäuste und knurren mit aufeinandergepresstem Kiefer und sagen: »Ich bin wütend.« Auch das wird als »echt« erfahren.

»Unecht« ist dieser Auffassung gemäß jemand, der offenkundig nicht glücklich ist und dennoch freundlich lächelt, als ob nichts los wäre. Unecht und dadurch häufig tragikomisch ist jemand, der gespannt und unsicher ist und dabei so tut, als sei er entspannt und selbstsicher: Sie sind auf einem Fest, Sie streichen sich nervös Ihr Gesicht glatt und hören damit auf, weil Sie »entspannt« wirken wollen. Danach wissen Sie nicht, wo Sie Ihre Arme lassen sollen. Jemand spricht Sie an, Sie wollen selbstsicher antworten, doch Sie verschlucken sich beim letzten Schluck aus Ihrem Cocktailglas. Oder Sie tun so, als seien Sie interessiert, doch eigentlich hängen Sie nur Ihren eigenen Gedanken nach. So etwas wird missbilligt, Sie verhalten sich »unecht«.

Auf der Basis solcher einseitiger Auffassungen über menschliche »Wahrheit« haben sich viele Selbsthilfegruppen gebildet, in denen man davon ausgeht, dass Echtheit etwas ist, das dadurch erreicht werden kann, dass man immer eindeutiger wird. Damit wird jedoch verkannt, dass auch Ambivalenz etwas typisch Menschliches ist und dass wir ständig jemanden oder etwas anlügen, und seien es auch nur wir selbst. Denken Sie nur einmal daran, wie oft Sie Ihre Augen vor dem Leiden in der Welt verschließen müssen, weil Sie sonst nie mehr lachen könnten.

Auch in populären Theorien über die Machbarkeit des Menschen und der Gesellschaft wird das Bild des langweiligen, selbstsicheren Menschen propagiert: »Du kannst alles erreichen, was du willst«. Das ist nicht nur eine Lüge, es ist auch eine Beleidigung von Millionen von Menschen, die sich im Schweiße ihres Angesichts ehrlich abmühen.

Es ist wichtig, solche simplifizierenden Echtheitsmodelle über Bord zu werfen und einzusehen, dass man auf ganz unterschiedliche Weisen »echt« sein kann. Dass man auf einer bestimmten Ebene *ausschließlich* echt sein kann. Ein gefallsüchtiger Neurotiker ist »echt er selbst«, wenn er sich gefallsüchtig und neurotisch benimmt. Wir würden diesem Menschen natürlich gönnen, dass er entspannt, froh und kongruent wäre, doch es liegt immer die Gefahr auf der Lauer, dass wir von anderen Menschen ein im Grunde unmenschlich eindeutiges Verhalten einfordern. Gerade die Ambivalenz und die Mehrdeutigkeit machen Menschen jedoch so attraktiv. Es ist die *Abweichung*, die sie so einzigartig macht, und nicht dasjenige, was sie einem Buddha ähnlich sein lässt.

Alle Buddha-Statuen ähneln einander – beim Menschen aber ist es so, dass unsere einzigartige Kombination von Abweichungen uns erst zu *echten* Individuen macht.

Wir können die Sache also auch umdrehen. Dann gilt just, dass Sie unecht sind, wenn Sie *nicht* ambivalent sind. *Wenn bei jemandem alles stimmt, ist dies verdächtig.* Echt sind Sie, wenn Sie ungeschickt und inkongruent sind. Während Ambivalenz und Widersprüchlichkeit im einen System als »unecht« abgewertet werden, können Sie gerade diese Eigenschaften unter dem Gesichtspunkt des Spiels als die einzig echten betrachten, weil der Mensch nun einmal ein in sich zerrissenes Wesen ist.

»Was bedeutet ›echt‹?«, fragte der kleine Kuschelhase eines Tages, als sie in der Nähe des Ofens im Kinderzimmer nebeneinander lagen, bevor Nana kam, um aufzuräumen. »Bedeutet das, dass du in dir drin etwas hast, das summt, und außen ein Halsband?«
»Echt ist nicht, wie du beschaffen bist«, sagte das lederne Pferd. »Es ist etwas, das mit dir geschieht. Wenn ein Kind dich ganz, ganz lange lieb hat, nicht nur, um mit dir zu spielen, sondern wenn es dich wirklich lieb hat, dann wirst du echt.«
»Tut das weh?«, fragte der Hase.
»Manchmal schon«, sagte das lederne Pferd, denn es sprach immer die Wahrheit. »Wenn du echt bist, macht es dir nichts aus, dass es wehgetan hat.«
»Geschieht das alles plötzlich, genauso, wie wenn man aufgeregt ist?«, fragte der Hase, »oder geschieht es nach und nach?«
»Es geschieht nicht auf einmal«, sagte das lederne Pferd. »Du wirst es einfach. Es dauert eine ganze Weile. Darum passiert das nicht oft mit Dingen, die leicht zerbrechen oder scharfe Ränder haben oder die ganz vorsichtig behandelt werden müssen. Im Allgemeinen bist du, wenn die Zeit kommt, dass du echt wirst, meistens schon kahl gestreichelt und deine Augen sind herausgefallen und deine Arme hängen herum und du siehst ziemlich ramponiert aus. Aber das macht alles nichts, denn wenn du einmal echt bist, dann bist du nicht mehr hässlich, außer in den Augen der Menschen, die nichts davon verstehen.«

Aus: *Der kleine Kuschelhase* von Margery Williams

Life is what happens while you are busy making other plans.
John Lennon

Karma ist Dharma

Karma und *Dharma* sind Begriffe aus dem Sanskrit. Karma bedeutet Handlung, und Dharma bedeutet Gesetz. Dharma ist die richtige Handlung, Karma ist die *Folge* einer Handlung. Meistens wird der Terminus Karma für die Folgen des Abweichens vom Dharma benutzt. Indem man Karma anhäuft, wird man gezwungen, den Folgen der eigenen Taten ins Auge zu blicken.

Im Prinzip gehen alle östlichen Religionen wie der Taoismus, der Jainismus, der Hinduismus und der Buddhismus davon aus, dass Karma uns an die Erde bindet und dass das Befolgen des Dharma uns aus dem Kreis der Wiedergeburten erlöst. Wer richtig handelt, braucht nicht wiederzukommen. Das Gesetz von Gut und Böse wird dadurch in einer ziemlich objektiven Form akzeptiert.

Dennoch ist hier auf der Ebene des Spiels ein interessantes Paradoxon zu erleben, wenn man das Dharma der Menschheit betrachtet. Der Dharma der Vögel besteht aus Singen und Fliegen, das Dharma der Fische besteht darin, dass sie sich im Wasser bewegen und atmen. Aber das Dharma des Menschen ist etwas Paradoxes: Um frei sein zu können, müssen wir in einem Spannungsfeld stehen. Wir wissen innerlich, wie der rechte Weg – Dharma – aussieht, doch wir sind so geschaffen, dass wir davon abweichen. Unser Dharma ist es also auch, dass wir von dem abweichen, wie wir eigentlich sein möchten.

Es liegt in der Natur des Menschen, dass er findet, er müsse anders sein als er ist. Und auch das ist wiederum gut so. Karma ist also ein planvoll gestörter Plan.

Mit anderen Worten: Das ideale Sein, das Dharma des Menschen, wird durch die Abweichung von eben diesem Dharma gebildet: durch das Karma. Noch anders ausgedrückt: Dass der Mensch nicht vollendet ist, ist gerade das Schöne an ihm. Es macht uns vollendet. Nur darum zu beten, dass Gott die Welt wieder »gut« machen möge, bedeutet, dass wir (jedenfalls, wenn wir diesen Standpunkt einnehmen), blind sind für das grausam-schöne Spektakel, das der Schöpfer vor uns hingestellt hat. Zu hoffen, dass alles wieder »gut« werde, bedeutet, wir leugnen, dass die Welt gut ist, so wie sie ist.

Die ewig impulsierende Blaupause, die hinter dem Menschen steht – man nenne sie den Christus in uns, den Shiva oder den Buddha –, zeigt sich immer wieder in einer neuen Vielfalt von Abweichungen, wodurch die dahinter stehende Schönheit jedes Mal aufs Neue erlebbar wird. Christus ist also nicht nur erlebbar, wenn jemand das Gesetz befolgt; Christus ist insbesondere und gerade dann erlebbar, wenn jemand davon *abweicht*.

Ich führte einmal ein Gespräch mit meinem Erzengel Michael und beklagte mich über die große Menge von Drachen, die in der Welt ihr Unwesen treiben. Er lächelte und fragte mich, wie ich mir die Welt denn wünschte. Ich sagte, dass ich gerne eine gesunde Menschheit in gesunden Körpern sähe, die Augen und Herzen füreinander hat und für das Spirituelle in der Kunst und in der Körperbewegung sowie die Philosophie und den Dialog zu schätzen wisse. Milde antwortete er: »Haben wir dies nicht bereits bei den Griechen gehabt?«

Was mir aus dieser Reaktion deutlich wurde, war, dass jede Phase in der menschlichen Entwicklung ein neues Erfahrungsfeld eröffnet, dem Bewusstsein einen neuen Aspekt hinzufügt. In der Antike konnten die Götter mit Griechen spielen, die wiederum mit Speeren spielten. Auf dem Wege über die Menschen, die heute geboren werden, bekommen die Götter die Chance, zu fliegen, während wir in unseren Körpern sind. Sie können auf einzigartige Weise mit Computern spielen, mit Luftverschmutzung, Fernsehen, Pistolenkugeln, Herztransplantationen, Aids und was derlei an modernen Errungenschaften mehr existiert.

Ein Narr geht über die Straße und sieht zehn Meter vor sich
eine Bananenschale liegen.
Er sagt: »Oje, gleich ist es wieder so weit.«

Das Paradox der Entscheidungsfreiheit

Manche Teile des Spieles sind wie eine Achterbahn. Ohne zu wissen, wie die Erfahrung sein wird, steigen wir in den Wagen ein. Die Sicherheitsgurte werden angelegt, das Herz klopft schneller. Und wenn die Wagen sich dann in Bewegung setzen, ist kein Ausstieg mehr möglich. Man wird geboren oder man wird entlassen oder plötzlich ist man Soldat, Mutter, Greis. Genuss schlägt um in Folter, wir schreien auf, wir vergessen unsere eigene Entscheidung, und wir hoffen, dass es rasch vorbei ist. Und bevor wir es uns versehen, ist es so weit. Schwindelnd blicken wir zurück auf eine Erfahrung, und wir sind um eine Geschichte reicher.

Wer war es eigentlich, der die Entscheidung traf? Ein unwissender, waghalsiger Mensch, der sich nach Erfahrung sehnte? Ein Trottel, der einfach das tat, was alle taten? Ein göttliches Wesen, das sich nach einem weiteren Leben sehnte? Lag es an der Überzeugungskraft des Verkäufers? Hatten wir gar keine Wahl?

Die Kraft der Entscheidung liegt darin, dass wir nicht wissen, was geschehen wird. Sich entscheiden heißt immer zocken. Die Kraft der Entscheidung liegt auch darin, dass widerstreitende Kräfte auf uns einwirken. Sich zu entscheiden bedeutet immer die Entscheidung *für oder gegen etwas.* Wenn wir eine Entscheidung einfach geschehen lassen, haben wir uns nicht wirklich entschieden, doch wenn wir uns entschieden haben, geschieht es uns auch. Sich entscheiden ist vor allem immer dann schön, wenn wir uns den Dingen widersetzen, die uns bestimmen.

Der Philosoph Spinoza wies darauf hin, dass wir nur deshalb meinen, wir hätten eine Wahl, weil wir nicht wissen, was uns bestimmt. Ein Wunsch oder ein Entschluss kommt aus den Tiefen unserer Gene. Deswegen handelt es sich eigentlich um gar keinen Entschluss, sondern wir verleihen etwas Gestalt, was unausweichlich in unserer Natur veranlagt ist. Wenn wir dieser Natur beziehungsweise unserem Herzen nicht folgen, sondern das tun, was die Außenwelt von uns erwartet, kann von einer freien Entscheidung keine Rede sein.

Die Erfahrung, dass wir Entscheidungen treffen, ist nur in einem ganz bestimmten Bewusstseinsgebiet, in einer Art von Zwischenebene, Realität. Bewegen wir uns etwas näher in Richtung der Unwissenheit, wird das Entscheiden zu einem blinden Mitläufertum mit den Ereignissen um uns; bewegen wir uns allerdings näher in Richtung der Erkenntnis, verwandelt sich das vermeintliche Entscheiden in Unausweichlichkeit. Denn in dem Moment, da wir akzeptieren, dass wir unserer unausweichlichen Lebenslinie folgen, verlieren wir die Illusion, eine Wahl zu haben. Voller Hingabe sitzen wir in unserem Wagen und fahren Achterbahn. Gelegentlich ist dies unangenehm, doch andererseits konnten wir es auch nicht bleiben lassen. Und diese milde Erkenntnis macht uns wiederum freier, sie befreit uns von der Illusion, wir hätten eine Wahl gehabt …

Echte Falschheit und falsche Echtheit

Mit dem Echtheitsparadox verwandt ist die Frage nach der moralischen Reinheit spielorientierter oder kampforientierter Manipulation. Denn wenn wir keine zwingende externe moralische Instanz als wahr oder sinnvoll akzeptieren, so werden wir zum Anarchisten, der alles tun darf.

Ich habe einmal einen Vortrag über die Kraft der nonverbalen Kommunikation gehalten. Darin legte ich dar, wie viel man erreichen kann, wenn man nonverbale Signale des Interesses am andern aussendet und dabei zwischen dem Folgen bzw. dem Führen unseres jeweiligen Gesprächspartners abwechselt. Im Saal saß eine Frau, die deutlich nicht sehr von meinen Ideen angetan war. Mit einem missbilligenden Blick und einer hohen schrillen Stimme unterbrach sie mich. »Aber das ist doch Manipulation!«

Es kostete mich viel Mühe, ihr zu erklären, wie viel Manipulation sich in der Art und Weise verbarg, wie sie ihre Äußerung vorgebracht hatte. Ihre Art des Kommunizierens über den Tonfall, ihren Gesichtsausdruck, ihre Körperhaltung und ihre Wortwahl drückten aus, dass sie Manipulation als etwas Verwerfliches erlebte. Als ich erklärt hatte, dass all diese Signale mir das Gefühl gaben, sie wolle, dass ich mich »schlecht« fühlte, erkannte sie sich in dem, was ich skizzierte, nicht wieder. Sie erlebte ihre Art, mit den Dingen umzugehen, überhaupt nicht als manipulativ, weil sie sich der Implikationen ihres Tons und ihres Gesichtsausdrucks nicht bewusst war.

Wir stoßen hier auf die Frage der Verantwortung für das eigene Handeln. Jeder sendet seine eigene Botschaft in die Welt hinein und möchte damit genau die Reaktionen hervorrufen, die dazu passen. Wir sind im Grunde also stets im Begriff zu manipulieren. Selbst wenn wir in aller Ruhe unsere Gartenhecke schneiden, üben wir Einfluss aus – manchmal bewusst, manchmal unbewusst; manchmal gewollt, manchmal ungewollt.

Manchmal erhält man jedoch ganz andere Reaktionen auf das eigene Verhalten als die, die man bewusst hervorrufen wollte. Wir finden, dass Menschen falsch auf uns reagieren, obwohl wir hinterher entdecken können, dass wir sie selbst in diese Richtung manipuliert haben. So können wir also einen Unterschied zwischen der eher bewussten und der eher unbewussten Manipulation machen. Außerdem muss zwischen den unterschiedlichen Zielen einer Manipulation unterschieden werden. Es gibt Menschen, die manipulieren, um ihre Macht zu erweitern. Manche tun es um des Genusses willen, andere, um zu spielen, wieder andere, um ihrem Gesprächspartner weiterzuhelfen. ›Ehrliche Manipulation‹ entsteht, wenn wir zeigen, dass wir darauf ansprechbar sind, was wir erstreben, und welchen Einfluss dies auf andere hat. ›Unehrliche Manipulation‹ entsteht immer dann, wenn der Manipulator sich selbst an der Nase herumführt durch die Illusion, dass er nicht manipuliere.

Zwei Laborratten tauschen ihre Trainingserfahrungen miteinander aus. Sagt die eine stolz zur anderen: »Ich habe meinen Experimentator gut trainiert: Jedes Mal, wenn ich auf diesen Knopf hier drücke, gibt er mir ein Körnchen Getreide.«

Egoistischer Altruismus

Ich habe einen Freund, der gerne reist. Als er von einer langen Reise zurückkehrte, war sein Vater ernsthaft erkrankt. Er hatte vierzig Kilo abgenommen und konnte jeden Moment sterben. Mein Freund brachte seinen alten Vater sofort ins Krankenhaus, wo der alte Mann aufgrund einer richtigen Diagnose und Behandlung innerhalb kürzester Zeit wieder auflebte. Alle waren zufrieden, auch der Vater, der glücklich war über die Aufmerksamkeit, die er von allen Seiten erfuhr.

Mein Freund jedoch seufzte: »Hätte ich ihn mehr geliebt, hätte ich ihn einfach sterben lassen. Er war eigentlich fertig mit dem Leben. Aber ich habe keine Lust, mir die Vorwürfe meiner Umgebung anzuhören. Vor allem nicht jetzt, wo ich gerade ein Buch über gesundes Leben schreibe ...«

Engagierte Distanziertheit

Als Spieler ist man sich immer dessen bewusst, dass man Teil eines Spieles ist, dass man seine Rolle spielen kann, ohne sich jedoch voll damit zu identifizieren. Sie spielen das Spiel des Lehrers, Sie spielen das Spiel des Vaterseins, der Partnerschaft oder der bzw. des trauernden Verlassenen.

Dies will nicht besagen, dass Sie deswegen *unecht* sind. Jemand, der weiß, dass er spielt, handelt häufig besser und liebevoller als jemand, der denkt, dass er etwas *ist*. Dies lässt sich mit der Teilnahme an einem Wettlauf vergleichen. In dem Moment, da wir aus einer inneren Stille heraus mitmachen, werden unsere Leistungen größer und schöner, als wenn wir uns verbissen in unseren Lauf hineinsteigern. Ein König ist erst dann ein würdiger Monarch, wenn man ihm anmerkt, dass er weiß, dass das Ganze ein Spiel ist. Wenn ein Filmstar nach Hause kommt und seinen Kindern ein Autogramm gibt, ist er krank. Wenn ein König, ein Präsident, ein Funktionär oder irgendein Amtsinhaber das Element des Spiels vergisst, werden sie widerlich. Doch umgekehrt gilt auch, dass wir sie enthaupten, sei es buchstäblich oder im übertragenen Sinne, wenn sie ihr Spiel schlecht spielen und ihre Rolle verraten.

Die Kunst des Spielens besteht darin, dass wir Ernst vortäuschen können, während wir im Hinterkopf weiterhin lachen. Authentizität besteht hier daraus, dass wir im vollen Umfange jemand sind, während zugleich ›niemand zu Hause ist‹, nicht einmal derjenige, der liebevoll über das Spiel schmunzelt.

So können die herrlichsten Kontraste zwischen Menschen entstehen, die sich selbst weismachen, sie seien bescheiden, und zugleich die Welt mit ihrem Ego belasten, und solchen, die der Welt weismachen, sie seien wichtig, und sich selbst mit einer stillen Wahrheit belasten.

Deine Feinde sind nicht deine Feinde

In dem Augenblick, da wir akzeptieren, dass wir mit der ganzen Menschheit verwoben sind, schwindet jeder Grund für Vorwürfe. Die Umstände – es macht keinen Unterschied, ob es sich um Menschen, Krankheiten oder Naturkatastrophen handelt – werden zu einer Tatsache, an der wir uns schleifen und wetzen können. Nietzsche sagte in diesem Zusammenhang: »Was mich nicht umbringt, macht mich stärker.«

Auf der Ebene des Spiels wird dasjenige, wo*gegen* wir kämpfen, zu etwas, *mit dem* wir kämpfen können und woran wir uns entwickeln. Selbst wenn dies unseren physischen Tod bedeuten würde – es gibt immer eine Chance, diesen letzten Augenblick in inspirierender Weise zu gestalten. Kampf wird dann zum Spiel. Deswegen spreche ich in diesem Kapitel nicht über den »Feind«, denn dies ist ein Terminus, der ein ernsthaftes Ziel, Hass und aktives Engagement impliziert. Je mehr wir jedoch in der Lage sind, uns in einer engagierten Weise losgelöst zu fühlen, können wir die Menschen oder Umstände, die in einer Konfliktsituation unseren Weg kreuzen, mehr als Gegenspieler, ja sogar als Mitspieler sehen. Dieses Wort Mitspieler lässt Raum für das komische und überraschende Element, das sogar im größten dramatischen Konflikt verborgen ist.

Merk dir dies: Für die sind wir der Feind.
N. F. Simpson

In einem philosophischen Disput gewinnt der Verlierer, denn er lernt am meisten.
Epikur

Ich mache nur Fehler, hinter denen ich vollständig stehen kann.
Zweiter Lama Sittuh

Christopher Vogler weist in seinem Buch *Die Odyssee des Drehbuchschreibers* darauf hin, dass jeder Held die Kräfte und die Menschen zu gebrauchen lernt, die ihm Hindernisse in den Weg legen. Sie sind gewissermaßen die Hüter der Schwelle. Sie testen unsere Kraft und unsere Entschlossenheit. Der Held lernt, in ihre Haut zu kriechen und kommt auf diese Weise an ihnen vorbei. Letztendlich lassen viele Helden diese Hüter daher am Leben. Sie fühlen Mitleid mit ihnen. Nicht selten erlösen sie sie aus ihrer einseitigen Rolle, manchmal, indem sie sie töten, manchmal, indem sie sie verwandeln.

Deine Freunde sind nicht deine Freunde

Wenn Sie akzeptieren, dass die Distanz zwischen Ihnen und Ihren Gegenspielern immer geringer wird, entsteht schließlich ein Gefühl der Schicksalsverbundenheit, das Sie ursprünglich gegenüber Freunden erlebten. In dem Moment, da Sie Ihre Freunde genauer unter die Lupe nehmen, können Sie mindestens drei Aspekte einer Freundschaft unterscheiden. Der erste ist die tiefe *Schicksalsverbundenheit*. Der zweite ist der *Trost*, den Sie in Ihrer Einsamkeit erfahren, und die Betreuung, die sie Ihnen darin bieten. Das Angenehme an einem Freund kann darin bestehen, dass Sie eben gerade nicht auf der Hut zu sein brauchen und dass Sie in Ihrer tiefsten Seele akzeptiert, verstanden und geschätzt werden. Es ist angenehm, von jemandem zu hören, dass Sie Ihre Sache gut machen, doch Freunde werden auch schnell zu Trainingspartnern, geschätzten Reisekameraden, mit denen Sie Ihre Projekte oder Spiele teilen.

Der dritte Aspekt der Freundschaft ist die *Verpflichtung, Kritik zu üben*. Denn es besteht immer die Gefahr, dass Ihre Freunde Sie zu sehr schonen oder möchten, dass Sie so bleiben wie Sie sind. Freundschaft bringt das Risiko der Gewohnheitsbildung und der Behäbigkeit mit sich. Es ist deutlich, dass eine ganze Reihe der Eigenschaften, die einen guten Freund auszeichnen, identisch sind mit denen, die ein guter Gegenspieler mitbringt.

In meinem eigenen Leben ist mein bester Freund ein Mensch, mit dem ich schon länger als fünfundzwanzig Jahre trainiere und viel Freude erlebe, aber er ist auch mein größter Konkurrent. Wir stehlen uns gegenseitig unsere Ideen, Kunden und Freundinnen. Wir beschweren uns gegenüber Dritten übereinander, doch wenn dieser Dritte dasselbe tut, verteidigen wir einander. Wir lassen einander regelmäßig fallen, doch wir stehen auch immer wieder für den anderen zur Verfügung.

Je stärker Sie sich mit dem Streben der gesamten Menschheit verbunden fühlen, desto bedeutungsloser wird die Trennung zwischen Freunden und Gegenspielern. Darum ist es notwendig, von Zeit zu Zeit die »behäbige Seite« Ihres Freundeskreises etwas zu beschneiden oder zumindest etwas Provozierendes zu tun, denn Oberflächlichkeit liegt ständig auf der Lauer. Vielleicht haben Sie ja viel mehr an einem guten Gegenspieler ...

Im Prinzip hat das Zusammenfallen von Freunden und Gegenspielern mit der gewachsenen Selbsterkenntnis zu tun. Die Kritik eines Gegenspielers hat dann einen Effekt, wenn sie berechtigt ist. Wenn sie Sie nicht wirklich berührt, brauchen Sie sich nichts daraus zu machen, in dem Fall ist der Kritiker auch kein würdiger Gegenspieler. Freund und Gegenspieler fördern auch in trauter Einmütigkeit die Intensität Ihrer Reaktionen. Auf alle beide reagieren Sie heftig: Auf den einen mit Sympathie, auf den anderen mit Antipathie. Wenn Ihr guter Freund zugleich ein guter Gegenspieler ist, bietet er Ihnen beide Möglichkeiten: sich zu entwickeln und sich besser kennenzulernen. In dem Maße, als Sie weniger Angst haben, sich selbst zu zeigen, wird der Unterschied zwischen den Reaktionen von Gegenspielern oder Freunden immer weniger interessant.

Die Liebe und ein Gefecht kommen immer unerwartet.
Kenichi Sawai

Die magische Bedeutung des Unbekannten

Je stärker Sie sich von der Trennung zwischen gut und böse, anziehend und abstoßend lösen, umso weiter kann Ihr Blick im Hinblick auf das Unbekannte werden. Manchmal können Sie mit einem zufälligen Reisekameraden eine tiefere Verbindung aufbauen als mit Ihren eigenen Freunden und Familienmitgliedern. Wie viele von uns verdanken nicht die inspirierendsten Momente in ihrem Leben einer tiefen, einmaligen Begegnung mit einem Unbekannten?

Umdrehen

Paul Watzlawick beschreibt in seinem Buch *Anleitung zum Unglücklichsein* eine Gruppe englischer Soldaten, die während des Ersten Weltkriegs von ihren deutschen Feinden eingeschlossen werden. Es ist deutlich, dass sie am nächsten Tag allesamt den Tod im Kampf finden werden. Am selben Abend senden sie eine kurze letzte Nachricht an das Hauptquartier: »Die Situation ist hoffnungslos, aber nicht ernst.«

Die Größe dieser wahren Geschichte liegt in der Fähigkeit, aus einer todernsten Angelegenheit eine Komödie zu machen, indem eine klischeehafte Redewendung, »the situation ist serious, but not hopeless« umgedreht wird. Eine ganz einfache ›Dehnungsübung‹ für die Seele besteht daher darin, einmal alles umzudrehen. Aus etwas Ernstem machen Sie etwas Lächerliches und aus etwas Lächerlichem etwas Ernstes.

Das ist gerade meine Tragik: Wenn ich versuche aufrichtig zu sein, denkt man, ich benehme mich vulgär, und wenn ich versuche, mich vulgär zu benehmen, denkt man, dass ich aufrichtig bin.

Aus: *Auf Messers Schneide* von W. Somerset Maugham

Jemand, der *gar nichts* an sich selbst ernst nimmt, nimmt sich selbst *zu ernst*. Man kann dies auch bei sogenannten bescheidenen Menschen beobachten, die anderen enorm viel abverlangen, weil sie nicht als Erste eine Entscheidung treffen wollen. Diese ständig alles relativierenden Menschen sind gewissermaßen eine Bleilast, weil sie sich weigern, das Spiel des Ernstes zu spielen. Sie weigern sich, so zu tun, als gäbe es überhaupt irgendetwas Sinnvolles. Sie stecken fest in der Banalität von allem, und dadurch sind sie überernst.

Auf Sicherheit zu spielen ist häufig das Gefährlichste, was man tun kann.

Zweiter Lama Sittuh

Die vollendete Unvollkommenheit

Wenn man aus der Kraft des Spiels lebt, lebt man in ewiger Variation, ewiger Verbesserung. Das ist gerade das Schöne am Menschen. Er ist unfertig, er stolpert, und gerade dadurch wird er zutiefst menschlich.

Ich wurde einmal von einem Journalisten interviewt, der am Ende des Gesprächs meine Ideen in eine Schlusssentenz zusammenzufassen versuchte. Er wollte sagen: »Also ist das Leben der Mühe wert.« Aber er versprach sich und sagte: »Also ist die Mühe das Leben wert.«

Dies fand ich eigentlich noch viel schöner, und ich bat ihn, diese Aussage als Headline seines Artikels zu verwenden.

Qualitäten des Spiels

In seinem inspirierenden Buch *Endliche und unendliche Spiele: Die Chancen des Lebens* beschreibt James Carse die Wirklichkeit als Spiel und rät dem Leser, nichts auf der Welt ernst zu nehmen und keine einzige Regel als heilig zu betrachten. Ganz im Geiste dieses Buches nehme ich mir die Freiheit, die Regeln, die Carse selbst formulierte, abzuwandeln. Er widerspricht sich nämlich selbst, wenn er einen *ernsthaften* Unterschied zwischen »endlichen« und »unendlichen« Spielen einführt. Es wird schnell deutlich, dass er die endlichen Spiele schlecht findet und die unendlichen gut. Über eine Hintertür introduziert er noch weitere Polaritäten, die auf den Kampf zwischen Gut und Böse referieren.

Ich hoffe, im Folgenden diese Fallgrube zu vermeiden, indem ich noch ein paar weitere grabe: Ich werde einige noch freiere Definitionen geben und zum Beispiel den Unterschied zwischen Gut und Böse als ein Spiel auffassen. Schließlich, um jeden Versuch der Simplifizierung im Keim zu ersticken, werde ich noch differenziertere Unterteilungen benutzen, die Sie, liebe Leser, jedoch auch nicht allzu ernst zu nehmen brauchen.

Totale Freiheit

Der wichtigste Ausgangspunkt für jedes Spiel ist der, dass niemand gezwungen werden kann, dieses Spiel mitzuspielen. Mehr noch: Wenn jemand gezwungen wird, ein Spiel zu spielen, hört es auf, ein Spiel zu sein. Dann tritt die Ebene des *Kampfes* in Aktion. Echtes *Spiel* dagegen betrachtet alles als Unsinn, und jeder Teilnehmer hat die Möglichkeit, etwas Spaßiges, Langweiliges oder Spannendes aus seinem Leben zu machen.

In sozialen Prozessen kann man sich im Allgemeinen durchaus etwas unter dem Ausgangspunkt vorstellen, dass im Grunde alles Unsinn ist. Viele, wenn nicht alle Handlungen sind sinnlos, doch die spielenden Teilnehmer tun so, als sei alles wichtig. Wenn Sie sich einen Stempel vom Einwohnermeldeamt beschaffen müssen, um zu beweisen, dass Sie existieren, wird die Unsinnigkeit dieses Spiels rasch klar. Doch wenn Sie ausgeraubt oder misshandelt werden, liegt es nahe, diesen Vorgang eher im Bereich des *Kampfes* anzusiedeln. Sie sind zum Opfer geworden und wollen für Gerechtigkeit kämpfen. Sie könnten eine solche Situation jedoch auch als *Tanz* erleben, indem Sie die Betonung auf die Spannung dieses Momentes sowie die Schönheit und zugleich Hässlichkeit seines Verlaufs legen. Eine dritte

Möglichkeit ist die, dass Sie darüber lachen, dass Sie ausgeraubt wurden, und sich weigern, sich darüber zu echauffieren. Sie können genauso gut zur Polizei gehen und Anzeige erstatten. Ihr Verhalten kann dasselbe bleiben, doch die Intention wird eine andere. Sie sind weniger beteiligt, Sie sehen auch die anderen in ihren jeweiligen Rollen, und Sie können versuchen, Ihr eigenes Verhalten zu verändern.

Selbst wenn Sie jahrelang durch das Land des Kampfes gestreift sind, kann ein Blitz von Humor Sie zu einem anderen Aspekt des Sublimen hinkatapultieren. Sie finden sich selbst dann weniger wichtig, der Tod verliert seine Bedrohlichkeit und Sie klinken sich aus dem Tanz aus. Dann gelangen Sie auf das Podium des *Spiels*.

James Carse geht in dieser Beziehung ziemlich weit, er postuliert, dass auch ein Sklave lediglich deswegen ein Sklave ist, weil er das Spiel akzeptiert, aufgrund der einfachen Tatsache, dass er am Leben hängt. In dem Film *Amistad*, den Steven Spielberg über die Verbrechen auf einem Sklavenschiff drehte, sehen wir, wie sich eine Mutter mit ihrem Kind weigert, dieses Spiel mitzuspielen. Fast emotionslos springt sie mit ihrem Kind rückwärts in den Ozean, dem sicheren Tod durch Ertrinken entgegen: Lieber tot sein als eine Sklavin.

Spiel-Arten

Wie gesagt, Carse unterscheidet zwei Arten von Spiel: das endliche Spiel, wobei es darum geht, zu gewinnen, und das unendliche Spiel, wobei es um das Spielen als solches geht. Ich betrachte das endliche Spiel als Kampf-Spiel und das unendliche Spiel als ein Spiel-Spiel. Zwischen diesen beiden Arten unterscheide ich selber noch eine dritte Form: das Tanz-Spiel.

Die Benutzung der Termini *Tanz* und *Kampf* innerhalb des Rahmens des Spiels mag zunächst verwirrend erscheinen, doch sie lässt sich verstehen, wenn wir festhalten, dass es beim Spiel immer um die Haltung des *Als-ob* geht. Sowohl beim Kampf-Spiel wie auch beim Tanz-Spiel wissen die Spieler mehr oder weniger bewusst, dass das, was sie tun, eigentlich Unsinn ist, doch dass das Spiel sie fest im Griff hat. Beim Spiel-Spiel ist es deutlich, dass *Sie* das Spiel im Griff haben.

Das Kampf-Spiel

Das Kampf-Spiel kennt einige Charakteristika:

- *Es gelten feste Spielregeln innerhalb eines fest umrissenen Spielgebietes.* Dieses kann alles Mögliche sein: ein Fußballfeld, der Immobilienmarkt oder die Länder, die in einen Krieg verwickelt sind. Diese Regeln dürfen während des Spiels nicht verändert werden. Außerdem dürfen die Spieler nicht einfach so aus dem Spielfeld laufen, noch dürfen Zuschauer sich auf das Feld begeben. Die Spieler müssen sich qualifizieren, um mitmachen zu dürfen. Ein Land muss okkupiert werden, man muss ein Diplom haben oder man muss bestimmte Vorrunden mit guten Ergebnissen durchlaufen haben.

- *Es wird ein fest definierter Zielpunkt angestrebt, der erreicht wird, wenn der Gewinner den Verlierer ausschaltet, im konkreten wie im symbolischen Sinn.* Bei einem Tenniswettkampf müssen Sie etwa die vereinbarte Menge von Sätzen gewonnen haben, im Geschäftsleben sind Sie der Sieger, wenn Sie viel Gewinn gemacht, die Konkurrenz vom Markt gedrückt haben oder das Unternehmen erfolgreich verkauft wird. In einem Krieg wird das Ende erreicht, wenn der Gegner ausgeschaltet ist oder kapituliert. Die beteiligten Parteien können auch einen Rückzug vereinbaren oder für längere Zeit einen Waffenstillstand schließen, wie beim Krieg zwischen Nord- und Südkorea.

- *Es wird um einen Preis gespielt.* Ein Status (in der Form von Geld, einer Medaille, Applaus oder eines Denkmals), ein Partner oder eine Lebensverlängerung. Bei geschickten Kampf-Spielern sind Rekorde von hoher Bedeutung: die meisten Grand Slam-Titel, die erste Frau, die die Zehn-Sekunden-Marke unterbot, das erste Land, das die Atombombe einsetzte und so weiter. Auch die rituelle Anerkennung durch ein beteiligtes Publikum gehört zum Preis, ob es sich nun um Applaus für eine Prämierung einer Schönheitskönigin handelt oder das Defilee jauchzender Bürger entlang des Weges.

- *Vom Verlierer wird ein untertäniges Verhalten gefordert: etwa tot wegtransportiert werden, mit gesenktem Kopf vom Schlachtfeld ziehen oder eine düstere Ansprache halten, in welcher die Niederlage eingestanden wird.* Wenn Sie sich beschweren oder drohen, sind Sie ein schlechter Verlierer, und es kann gut sein, dass Sie für das nächste Kampf-Spiel nicht mehr eingeladen werden. Wenn Sie triumphierend jubeln und winken, werden Sie für verrückt erklärt.

- *Ein interessantes Kampf-Spiel bringt alle Parteien zur Erschöpfung, auch das Publikum.* Aus diesem Grund wird ein Kampf-Spiel lieber zwischen zwei einander ebenbürtigen Parteien ausgetragen: Amerika führt keinen Rüstungswettlauf mit Andorra, aber mit Russland. Ein Boxer darf zu Beginn seiner Karriere noch nicht den amtierenden Weltmeister herausfordern. Das Spiel muss viel Geld, Energie und eventuell sogar Menschenleben kosten.

- *Es kann jederzeit ein weiteres, neues Kampf-Spiel gestartet werden.* Eine Vorbedingung dazu ist, dass die Spieler eine ganze Reihe von Vorbereitungen treffen, wie zum Beispiel das Gewinnen von Vorrunden beim Sport oder der Kauf einer ausreichenden Menge von Panzern im Krieg, beziehungsweise das Publikum muss wieder bereit sein, zuzuschauen.

- *Das Ziel des Kampf-Spiels besteht darin, dem Wettbewerb und der Macht auf einem bestimmten Gebiet Ausdruck zu verleihen.* Es ist ein Spiel, weil Sie wissen, dass das Geschehen nicht Ihre wahre Existenz antastet, und es ist ein Kampf, weil es darum geht, zu gewinnen.

Das Tanz-Spiel

Das Tanz-Spiel weist eine Reihe abweichender Ausgangspunkte im Vergleich zum Kampf-Spiel auf:

- *Ein Ende wird vermieden, doch es droht jederzeit.* Im Kleinen beobachten wir dies bei stimmungsvollen Festen. Die Spieler geraten in eine Art Rausch oder Trance. Sie vergessen die Zeit, bis sich die harte Realität zurückmeldet und das Fest vorbei ist. Ein guter Film ruft dieselbe Wirkung hervor, man geht darin auf und vergisst, dass der Film endlich ist.

➤ Das Leben bietet die Möglichkeit zu einer Form unverfälschten Mitleids, einer Form des Mitlebens, bei welcher Staunen, Humor und Würde einen festen Platz haben. Eine Haltung, bei welcher man in derselben Weise auf das eigene Gestolper blicken kann wie auf das eines anderen.
Um einen Eindruck zu skizzieren, wie so etwas aussehen kann, gebe ich hier die Erfahrung einer Freundin weiter, die eine Zeit lang im Landesinneren von China lebte. Jedes Mal, wenn dort im Dorf jemanden ein Unglück traf, war sie schockiert über das unverhohlene Lachen der Dorfbewohner. Sie war an den europäischen Code gewöhnt, wo man »Oh« und »Ach« ruft und nur hinter verschlossenen Türen die komische Seite der Sache betrachtet.
Nicht so auf dem Lande in China. Wenn jemand sich mit seinem Fahrrad überschlug und dabei einige Zähne verlor, lachten die Umstehenden schadenfroh, während sie gleichzeitig selbstverständlich Hilfe leisteten.

Manche Menschen betrachten das Leben selbst als Tanz-Spiel, ein Spiel, das zwar zwangsläufig enden muss, das sie jedoch aus einer Haltung heraus spielen, die diesen endlichen Charakter leugnet. Man kann dies auch an jeder Hassliebe-Beziehung beobachten: Der Kampf darf nicht wirklich zum »Sieg« einer der beiden Parteien führen, weil sonst das Prickelnde des Spiels auf der Strecke bleibt. So kann beispielsweise eine jahrelange Auseinandersetzung zwischen Nachbarn die beteiligten Streithähne geradezu süchtig werden lassen nach der Intensität der Auseinandersetzung. Die wichtigste Form des Tanz-Spiels ist jene Art von Liebesbeziehung, die einem Kampf gleicht, der jedoch niemals gewonnen werden darf. Eine Ehescheidung bedeutet daher niemals einen Gewinn für eine der beiden Parteien, doch einen Verlust für das Spiel. Häufig wird daher nach einer erfolgten Ehescheidung noch weitergetanzt mittels Anziehen und Abstoßung und auf dem Wege einer Auseinandersetzung über die Kinder.

- *Der Preis wird nicht am Ende überreicht, sondern bereits während des Spiels.* Dies ist eine logische Folge des soeben Dargestellten, es hängt auch mit der nächsten Eigenschaft zusammen:

- *Es muss eine gewisse Lustbefriedigung mit im Spiel sein.* So betrachtet, fällt manches Kampf-Spiel eigentlich unter die Kategorie des Tanz-Spiels. Wer kennt nicht den Beamten, der gerade darin ein Vergnügen findet, andere seinen Regeln zu unterwerfen, oder den dominanten Chef, der sich erst dann glücklich fühlt, wenn er seine Mitarbeiter erniedrigt hat? Es scheint hier häufig um einen Kampf zu gehen, dessen Einsatz Macht und Kompetenz sind, doch eigentlich handelt es sich um einen Tanz, dessen Einsatz Genuss und Intensität sind. Auch das fanatische Befolgen von Diäten und der Kampf gegen andere Arten von Sucht fallen in diese Kategorie.

- *Die Spieler müssen vergessen, dass es sich um ein Spiel handelt, und während des Spiels muss bestätigt werden, dass das Spiel etwas Besonderes und Dramatisches ist.* Insbesondere das Liebes- und Verführungsspiel kann so intensiv werden, dass wir vergessen, dass es nur ein Spiel ist. Der geliebte Mensch erhält einen Absolutheitsstatus, und unsere Fähigkeit zu relativieren verschwindet. So kann der Tanz wieder auftreten, während wir in unserem Hinterkopf doch wissen, dass es ein Spiel ist.

- *Die Anzahl der Spieler scheint von vornherein festzustehen, doch sie wird im Verlauf häufig erweitert.* Insbesondere bei Konflikten, die gerade aufgrund ihres lustbefriedigenden Charakters sich selbst aufrecht erhalten, werden häufig weitere Spieler hinzugezogen. Der nächste Kollege wird als Zeuge in einer Gerichtsverhandlung aufgerufen, oder der beste Freund bzw. die beste Freundin wird verführt, um mehr Spannung in die Ehe zu bringen.

- *Die Spielregeln liegen fest, doch sie sind häufig den Spielern nicht lückenlos bekannt.* Sie müssen die Regeln selbst entdecken, das Spiel bestätigen, das Spiel aushalten oder es ansonsten in dramatischer Weise beenden. Dies ist das Spiel der Intimität, in dem wir den anderen herausfordern und testen, um die verborgenen Regeln unserer Beziehung ins Licht zu ziehen. Manchmal werden diese Regeln erst sichtbar, wenn die Beziehung bereits irreparabel beschädigt ist: ein Schlag zu viel, ein einziges Mal zu oft fremdgegangen, einmal zu viel gelogen, ein wenig zu selten nach Hause gekommen oder einfach nur ein wenig zu langweilig gewesen. Keiner der Spieler wusste davon, es musste erst gespielt werden, um die Regeln zu entdecken. Hier tritt aufs Neue die »Dramaregel« auf: Demjenigen, der (halb-)bewusst die Regeln verletzte, kann dies plötzlich leid tun, als wäre es ihm selbst geschehen, und gerade diese Reue bestätigt aufs Neue, wie schön das Spiel war und ist.

- *Alle Parteien können gleichzeitig gewinnen und verlieren.* Weil der Preis nicht am Ende überreicht wird, sondern aus der während des Tanz-Spiels erlebten Qualität des Umgangs miteinander besteht, können sich unterschiedliche Möglichkeiten herausbilden: ein Gewinner und mehrere Verlierer; ein Verlierer und ansonsten nur Gewinner; nur Gewinner oder nur Verlierer.

Das Tanz-Spiel bezweckt also, dass die Teilnehmer so lange und so intensiv wie möglich ins Spiel einbezogen bleiben, und es endet mit der Ausschaltung oder dem Wegfallen eines Hauptspielers. Wenn wir das Tanz-Spiel allein spielen, endet es im Moment der drastischen Verminderung der Intensität. Ein Tanz-Spiel kennt unterschiedliche Zielsetzungen: die Regeln entdecken und etwas Besonderes erleben. Langeweile und ein Gefühl des Stumpfsinns liefern eine gute Motivation, eine gefährliche Affäre einzugehen oder eine kräftige Neurose zu entwickeln. Das Spiel kennt auch Modulationen und

Schwankungen: Sie denken, es sei vorbei, doch plötzlich flammt es wieder auf. Ein Paar kann sich scheiden lassen, doch es zeigt sich, dass ihr Tanz-Spiel jetzt erst richtig losgeht.

Das Spiel-Spiel

Diese dritte Kategorie des Spiels zeigt wiederum andere Charakteristika:

- *Nur das Spiel selbst kann gewinnen, indem es entweder attraktiver wird, oder verlieren, indem es seinen Spieler verliert.* Die Spieler stellen sich in den Dienst des Spiels und genießen das.

- *Die Qualität des Spielerischen muss gegeben sein.* Die Hauptmotivation ist hier eine ganz bestimmte Art von Lust, die auch als Funktionslust, Spieltrieb oder Schöpfungsdrang bezeichnet wird. Verführen fällt unter die Kategorie Tanz-Spiel, während das Ausdenken überraschender Witze unter die Kategorie Spiel-Spiel fällt. Sie können Ihr Spiel-Spiel auch allein spielen, indem Sie lernen, über sich selbst zu lachen, sich jedes Mal anders zu verhalten oder Ihr Leben immer wieder auf andere Weise betrachten. Im sozialen Leben begegnen wir dem Spiel-Spiel in Betrieben, wo die Freude an der Arbeit eine wichtige Rolle spielt. Der Betrieb ist der Grund, dass man zusammenkommt und in motivierender Weise gemeinsam tätig ist. Geldverdienen ist nur ein Mittel und kein Zweck.

- *Die Spieler dürfen ausgewechselt werden, selbst zwischen den einzelnen Parteien, und sie dürfen hinsichtlich der Anzahl zunehmen oder abnehmen.* So etwas gilt für jede ›spielerisch‹ geführte Institution, doch es kann auch in einer bestimmten Art von Beziehungen auftreten. »Love the one you're with«, lautet dann das Motto.

- *Die Spielregeln dürfen sich ändern, ja, das ist sogar willkommen.* Im Kleinen sehen wir dies bei Kindern, die spielen, dass sie einander totschießen, und danach miteinander darüber verhandeln, wie sie wieder lebendig werden könnten. Im Großen sehen wir dies bei den wirtschaftlichen und ethischen Entwicklungen der letzten zwanzig Jahre. Die Treue der Arbeiter zu ihren Betrieben ist keine Selbstverständlichkeit mehr und ist sehr unterschiedlich ausgeprägt; dies gilt auch für die Treue zu Marken, Normen und Werten. Sogar das Gesetz von Angebot und Nachfrage oder das Recht des

Stärkeren sind heute keine absolut gültigen Regeln mehr. Wenn Betriebe allzu groß und allzu mächtig werden, entwerfen wir rasch ein Antimonopolgesetz. Auch die Politik lässt sich gut unter dem Gesichtspunkt des Spiel-Spiels analysieren: Änderungen an einem Grundgesetz sind möglich, genauso wie die Umwandlung einer Monarchie in eine Republik und umgekehrt.

- *Das Spiel-Spiel ist niemals vorbei, obwohl Spieler damit aufhören dürfen oder sterben können.* Die Politik kennt Funktionen, die immer wieder von anderen Menschen bekleidet werden. Kunst als kreativer Prozess erneuert sich immer wieder mittels der Künstler. Die Generationenfolge ist eine konstante Tatsache, und unser Beitrag kann höchstens darin bestehen, dass sie in einer erfreulichen Form weitergeht.

- *Es gibt keinen Preis außer der Befriedigung durch das Spielen an sich.* Medaillen und Ehrenabzeichen werden elegant in Empfang genommen und danach aufgrund ihres das Spiel verderbenden Charakters negiert. Viele Schriftsteller geraten in eine Schreibblockade, nachdem sie mit Preisen und Auszeichnungen überhäuft wurden.

- *Die Spieler vergessen nie, dass es sich um ein Spiel handelt, selbst wenn sie um Leben und Tod spielen.* Jeder Lebenskünstler weiß, dass es unterschiedliche Ebenen des Spiels gibt. Der Spiel-Spieler setzt Disziplin ein, um zu vermeiden, dass er sich selbst ernst zu nehmen beginnt. Aber er weiß auch, dass das Spiel gerade durch seine sich so stark beteiligenden Hauptpersonen floriert.

- *Es kann innerhalb anderer Spielformen gespielt werden.* Ein Spiel-Spieler kann ohne Weiteres an einem Kampf-Spiel oder Tanz-Spiel teilnehmen. Hier gilt, dass der Spiel-Spieler sich der Tatsache bewusst ist, dass seine Regeln insgeheim andere sind als die seiner Mitspieler. Joseph Campbell nennt dies: wie ein Tiger unter den Lämmern leben. Man blökt mit, und ab und zu verzehrt man ein Zicklein. Wenn dies entdeckt wird, muss man mit schweren Sanktionen rechnen.

Der Himmel ist, wo die Polizei britisch ist, die Köche französisch, die Techniker deutsch, die Liebhaber Italiener und wo alles von den Schweizern organisiert worden ist. Die Hölle ist da, wo die Polizei deutsch ist, die Köche britisch, die Techniker Franzosen, die Liebhaber Schweizer und wo alles von den Italienern organisiert ist.

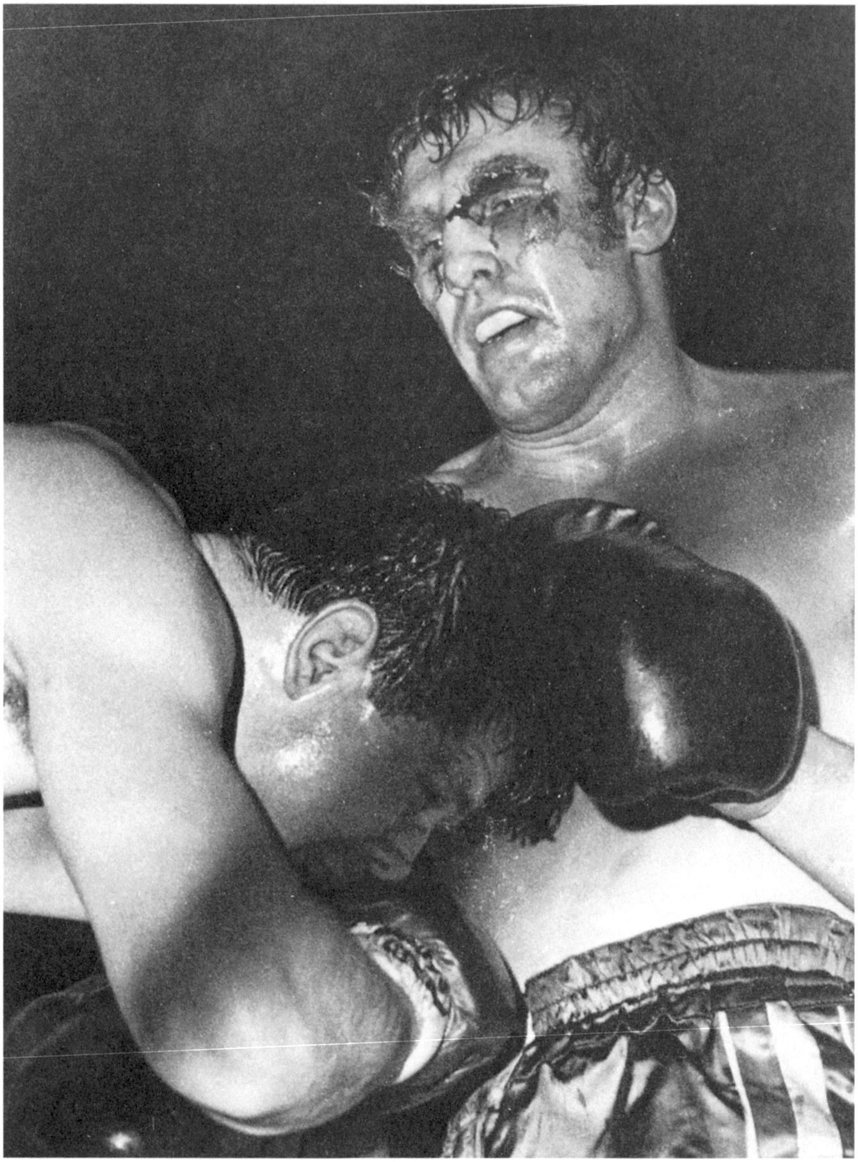

ABC PRESS

Kampf um den Titel des Europäischen Boxmeisters im Schwergewicht, 23. März 1967: Billy Walker unterliegt Karl Mildenberger nach Intervention des Schiedsrichters in der achten Runde.

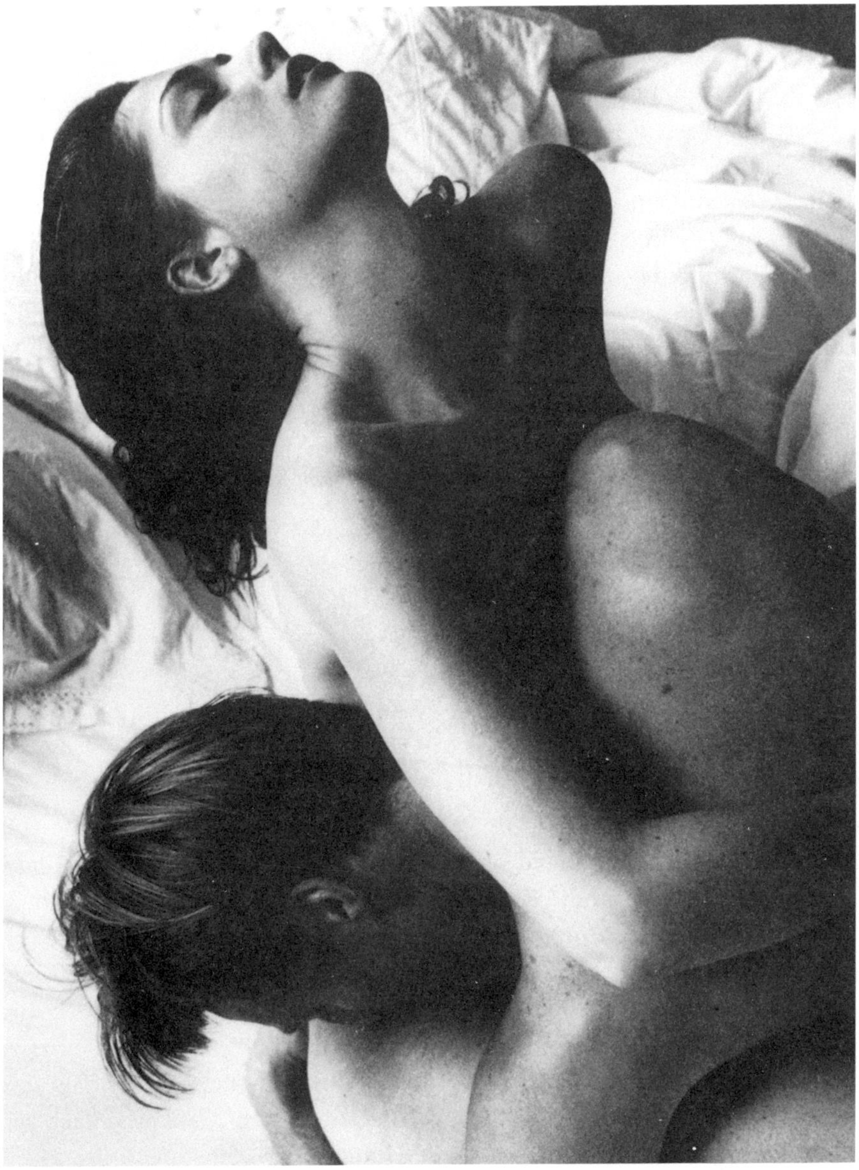

SHEILA ROCK / ABC PRESS

Paar beim Liebesspiel. Tantra in der Praxis

Das Ziel des Spiel-Spiels ist das Zelebrieren von Kreativität und des Staunens, indem das Spiel so lebendig und überraschungsreich wie möglich gestaltet wird, mit Raum für neue Spieler und Spielregeln. Das Spiel wird einfach fortgesetzt, auch wenn ein Hauptspieler ausgeschaltet wird oder entfällt. Das Spiel-Spiel ist als Einziges fähig, die beiden anderen zu umfassen. Mit anderen Worten, man kann ein verbissenes Kampf-Spiel spielen und dabei im Hintergrund die Ausgangspunkte eines Spiel-Spiels pflegen. Ein Spiel-Spieler nimmt sich und die anderen nicht ernst, aber er zeigt dennoch Anteilnahme für Mitmenschen, die im Ernst ihres Weltbildes stecken geblieben sind. Er macht sich ein Spiel daraus, sie in seine Späße mit einzubeziehen, doch er wird sofort ernst, wenn er bemerkt, dass ihnen damit nicht gedient ist.

Wer das Leben als Spiel auffasst,
sollte lieber nicht versuchen, zu gewinnen.
 Zweiter Lama Sittuh

Die Fliege, die nicht geklappt sein will,
setzt sich am sichersten auf die Klappe selbst.
 Georg Christoph Lichtenberg

Spiel und Disziplin

Eine Gegend in Nordholland wurde einmal von einer Fuchsplage heimgesucht. Weil die Füchse die Kaninchen so gut wie ganz ausgerottet hatten, verlegten sie ihr Jagdrevier näher an die bewohnten Gebiete heran: Bauernhöfe und private Hühnerställe. Es wurde eifrig Jagd auf die Füchse gemacht, und so wie diese die Hühner abschlachteten, schlachteten die Bauern und Jäger die Füchse ab. Es gab jedoch einen Teil des Gebietes, wo ein einziger einsamer Fuchs seine Raubzüge erbarmungslos fortsetzte. Dieses Tier ließ sich einfach nicht fangen. Es wurden Fallen aufgestellt, es wurde nach seinem Bau gesucht, ja es wurden sogar Hunde eingesetzt – doch der Fuchs wurde nicht gefunden. Erst viele Jahre später, als die Fuchsplage bereits lange vorüber war und die Füchse die Bauernhöfe in Ruhe ließen, wurde durch Zufall entdeckt, wie dieser eine Fuchs es fertig gebracht hatte, nie gefunden zu werden: Er hatte seinen Bau etwa zwanzig Zentimeter unterhalb eines Hühnerstalls angelegt. Es wäre für ihn ein Leichtes gewesen, aus seiner Höhle heraus einen kleinen Gang nach oben zu graben, um sich in Zeiten der Futternot an einem der Hühner gütlich zu tun. Doch selbst in den extremsten Hungerzeiten ließ er sie in Ruhe und sorgte auf diese Weise dafür, dass man seine Anwesenheit nicht entdeckte.

Ich kann denken. Ich kann warten. Ich kann fasten.
Hermann Hesse in *Siddharta*

Diszipliniert faul sein

Spielerisch und glücklich zu sein, erfordert eine gehörige Disziplin. Es liegt eine unübersehbare Reihe von Fallgruben für uns bereit, wenn wir das Leben einfach und spielerisch gestalten wollen. Ich habe bereits das Paradox der Strenge behandelt, mit der manche sich vornehmen, milder gegenüber sich selbst zu sein.

Spielerischsein erfordert die Fähigkeit der Leere: nicht zu handeln, sich leer zu machen und die Handlungen aus dem Nichts hervorgehen zu lassen.

Viele Probleme entstehen, weil man *zu viel* handelt. Bilder werden häufig weniger attraktiv durch einen Überfluss an Details. Einfachheit ist Kraft, und jemand, der sich des Handelns enthalten kann – das bereits erwähnte *Wu wei* – kann auch energischer zur Aktion übergehen.

In seinem schönen und inspirierenden Buch über das Spiel *Zen Guitar* schildert Philip Tushido Shudo, wie hart man beim Judo zunächst trainieren muss, um den Schritt vom weißen zum schwarzen Gürtel zu schaffen. Wenn man dann schließlich dieses Ziel erreicht hat, wird man so lange den schwarzen Gürtel tragen, dass dieser verschleißt und wieder weiß wird. Unkompliziertheit und Einfachheit kehren beim Meister des Spiels zurück.

Spiel erfordert, dass man sich sowohl in den Moment als in die Ewigkeit einleben kann. Man genießt, doch man entsagt auch. Man genießt das Entsagen, aber man entsagt auch dem Genuss. Spiel erfordert die Fähigkeit, Dinge in eine größere Perspektive zu stellen, die Perspektiven zu wechseln und wieder zu vergessen.

Wer immer strebend sich bemüht, den können wir erlösen.
J. W. Goethe

Der Spannungsbogen eines ganzen Lebens

Wenn Sie Ihren gesamten Lebenslauf als ein Spiel sehen wollen, werden Sie sich anstrengen müssen, phasenweise zu einem anderen Menschen zu werden. Einer Phase des Trainierens folgt eine Phase, in der Sie die erworbenen Fähigkeiten genießen können und in der Sie zeigen können, wie gut Sie sind. In dem Maße, wie Sie besser werden, wird es wichtig, Ihre Fähigkeiten stärker zu verbergen und ernste Auseinandersetzungen, Tänze oder Spiele so weit wie möglich zu vermeiden, weil dies letztlich nur Ihrem Gegner nützt und weil es nicht mehr notwendig ist, dass Sie Ihre Kräfte mit denen eines anderen messen.

Ihre Entwicklung verläuft über die Phase des unbewussten, tragikomischen Dienens bis hin zu der des bewussten Dienens. Ihre Rolle mündet in einen supervisierenden Beitrag zum Spiel der göttlichen Komödie.

Irgendwo in einer großen Stadt geht ein Mann jeden Tag in die Kirche, um vor dem Altar niederzuknien und inbrünstig zu beten: »Lieber Gott, ich flehe Dich an: Lass mich den Hauptgewinn im Lotto gewinnen!« Immer wieder murmelt er dieses Bittgebet, manchmal zwei- oder dreimal am Tag, jahrein, jahraus ...
Eines schönen Tages wird es Petrus, der alle Gebete sondiert, zu viel. Er beschließt, sich bei Gott für diesen Mann einzusetzen. Das höchste Wesen weiß, sofort, um wen es sich handelt, und antwortet Petrus: »Tja, den armen Tropf will ich schon längst den Hauptgewinn gewinnen lassen. Das Problem ist nur: er kauft nie ein Los!«

Entschleunigung, Hast, Milde und Verbissenheit

Wir alle suchen unseren persönlichen Weg irgendwo im Spannungsfeld zwischen spielerischer Entschleunigung und drängender Leidenschaft. Im Wissen darum, dass das Leben ein Spiel ist, an dem wir freiwillig teilnehmen, ist es manchmal unvermeidlich, sich in dieses Leben zu verbeißen – damit wir fühlen, wie dringend das Leben gelebt werden will, wie viel noch zu tun ist und wie intensiv es getan werden will.
Das Wesen des Tanzes ist, dass er wechselnde Rhythmen enthält. Die Momente, in denen man sich äußerst langsam bewegt, wechseln mit beschleunigten ekstatischen Momenten und einem neuerlichen Zurückkehren zur Ruhe. Spiel erfordert eine alles umfassende Akzeptanz. Entschleunigung ist eine notwendige Phase, jedoch nicht die einzige. Zeitverdichtung erfordert Zeitdehnung, Feuer ruft nach Stille, Eile ruft nach Ruhe.

In einem Versuch, inspirierende Führungsqualität zu leben, schrieb einmal der Direktor einer Firma: »Willst du schuften oder willst du deine Flügel spreizen?« Hier kommt der Standardtrick der Illusion, wir hätten eine Freiheit der Wahl, wieder ins Spiel. Natürlich braucht Arbeiten nicht nur aus Schuften zu bestehen, doch es würde gar zu luftig, wenn man die ganze Zeit nur seine Flügel spreizen wollte.

Im Leben bist du immer ein Mal Zuschauer und ein Mal Teilnehmer ...
Ron Nansink, niederländischer Tai-Chi-Lehrer

Ein Spieler kennt keine statische Entwicklung, sondern eine dynamische. Spieler geraten immer wieder in neue Spielphasen. Manchmal ist auch Kämpfen dran, und dieser Kampf kann sich möglicherweise zur Hingabe und zum inneren Frieden hin entwickeln. Jemand, der im Spiel noch ungeübt ist, kann von einem eher stillen Dasein in ein dynamisches hineinwachsen. Man darf immer über das lachen, was einem anderen zustößt, entweder, weil man es selbst bereits durchgemacht hat oder weil man weiß, dass es einen noch erwartet.

Alles ist Übung

Ein Bestandteil der Spieldisziplin ist das Ja-Sagen zum Leben. Es ist die Kunst, *mitzuspielen* mit dem, was geschieht.

Wenn man gezwungen ist, Steine oder Koffer zu schleppen, sollte man an die Menschen denken, die viel Geld dafür ausgeben, um in einem Fitness-Studio ihre Muskeln zu trainieren. Wenn Sie irgendwo in der Kälte stehen und auf eine Straßenbahn warten, so benutzen Sie die Zeit dazu, leichte Kniebeugen zu machen, sodass Sie Ihre Beinmuskeln trainieren, oder um zu meditieren und warm zu werden. Wenn Sie aufgrund einer verspäteten Straßenbahn irgendwo zu spät kommen, so trainieren Sie sich, indem Sie akzeptieren, dass Sie den Ereignissen ausgeliefert sind, und verlieren Sie keine Energie, indem Sie sich darüber ärgern. Üben Sie sich auch darin, Dinge umzudrehen, zum Beispiel indem Sie sich darauf verlegen, bewusst zu spät zu kommen. In Analogie zu dem Prinzip »Wenn du fällst, springe«, können Sie sagen: »Wenn Sie sich ärgern, lassen Sie es erst recht knallen«. Sie setzen Ihren Ärger aus sich heraus, auch wenn der Effekt nicht der erwünschte ist, den Sie erreichen wollen.

Verdoppeln Sie in einer Krise Ihre Disziplin. In dem Augenblick, da sich dunkle Wolken über Ihnen zusammenballen und die Umstände oder Ihre

Mitmenschen eine ernsthafte Bedrohung zu bilden beginnen, sollten Sie hundert Prozent Ihrer Vitalitätskräfte mobilisieren. Wachsamkeit, Wachheit und Selbstdisziplin sind Voraussetzungen, um bewusst den großen Moment zu erleben, in dem das Leben Ihnen einen Schlag versetzt und Sie sich einen neuen Entschluss auferlegen. Wenn Sie zum Beispiel süchtig sind nach Rauchen, Süßigkeiten oder Fleisch, ist der beste Moment zu Aufhören der, in dem Sie Ihre Sucht als solche in das Spiel einbeziehen können.

Es ist etwa so, als suche man einen Ochsen,
während man auf einem Ochsen sitzt.
Po-Chang auf eine Frage nach dem Wesen des Buddha

Das Spiel und die Murmeln

Spiel wird in dem Moment zu einer Aufgabe, in dem es eine Zielsetzung bekommt: gewinnen, eine Belohnung empfangen oder andere in Bewegung bringen. Das Spiel um des Spieles willen zu spielen, ist das Gegenteil davon und es wird häufig als etwas Kindisches betrachtet, als ein sinnloser Zeitvertreib.

So wird auf eine verborgene Weise auch Gott angeklagt, wenn wir nach dem Sinn des Lebens und dem Ziel der Schöpfung suchen. Allein schon die Beschäftigung mit der Frage nach dem Sinn des Lebens suggeriert, dass Gott das reine Genießen seiner Schöpfung nicht genüge.

Wenn es einen Gott gibt, hat er offensichtlich einen guten Sinn für Humor.
Freeman Dyson, Physiker

Die Schönheit des Lebens liegt in der Überraschung;
wenden Sie sie auf das Unvorhersehbare an, sogar auf Gott.
Freeman Dyson

Man könnte die Menschen einteilen in die »Theatraliker«, die immer mit einem Ziel vor Augen spielen, und solche, die das Spiel um des Spieles willen spielen, die »Dramatiker«. Das Kriterium, mit dem sich bestimmen lässt, ob man auf der Seite der ernsthaft Zielbezogenen oder auf jener der »end-losen« Spieler steht, hängt von der Frage ab, ob wir uns mit der sinnvollen Sinnlosigkeit unserer Handlungen abfinden können.

In der Odyssee beschreibt Homer, wie die Götter in ein nicht enden wollendes Gelächter ausbrechen, als sie sehen, wie der kluge Hephaistos den Kriegsgott Ares beim Ehebruch mit seiner Frau erwischt und in einem Netz gefangen hat. Die Menschen vernahmen es als Donner. Zur Lebenskunst gehört es, in jedem Augenblick im Hinterkopf ein solches homerisches Gelächter ob der eigenen Taten hören zu können.

Mit der Kunst verhält es sich genauso. Sobald Sie Kunst machen mit einem anderen Ziel als dem, Kunst zu machen, verliert sie ihren Ewigkeitscharakter. Wie ich bereits im Unterkapitel »Paradoxien des Tanzes« darstellte, hat James Joyce hochinteressante Gedanken dazu formuliert. Wahre Kunst lässt die Welt einen Moment lang stillstehen. James Joyce nennt dies »aesthetic arrest«. Es ist ein blitzartiger, kurzer Moment der Ewigkeit, ein Tor zu einer anderen Welt, die nichts will, die keinerlei Angst oder Hoffnung hervorruft, nur eine Art glücklicher Erschütterung.

Niemand irrt so sehr wie derjenige, der meint,
den einzigen richtigen Weg gefunden zu haben.
Jean du Boisson

Wer bin ich, dass ich an mir selbst zweifle?
Loesje

Die wichtigste Disziplin des Spielers besteht vielleicht darin, dass er fähig bleibt, über sich selbst zu lachen. In seinem bereits erwähnten Buch *Endliche und unendliche Spiele* weist James Carse auf die Tatsache hin, dass der Kirchenvater Augustinus sich sehr darüber wunderte, welche Irrwege er hatte einschlagen müssen, bis er den wahren Glauben gefunden hatte. Augustinus wechselte zwar die Inhalte seiner Überzeugungen, doch er blickte nie kritisch auf die Art (die Methode), *wie* er nach Wahrheit suchte. Die Blindheit des Augustinus äußerte sich nicht etwa in seinem vorherigen Irrglauben, sondern im Fanatismus, mit dem er *beide Male* dachte, die Wahrheit gefunden zu haben. Dies ist das große Problem aller Extremisten: Sie können fanatisch eine innere Umkehr durchleben und dann ihre frühere Sichtweise leugnen, doch nur selten sind sie in der Lage, ihren Fanatismus als solchen infrage zu stellen. Möglicherweise überfordert sie die Disziplin der Selbstrelativierung. Denn Leben aus der Haltung des Spiels heraus ist Leben aus einem Nichtwissen, aus dem Sich-überraschen-Lassen.

Der Ernst des Humors

Humor balanciert zwischen gegensätzlichen Weltbetrachtungsweisen: der ernsten und der wahnsinnigen. Der Zufall kann lustig wirken, wenn es in einen bestimmten Sinngebungsrahmen passt:

> Als ich als Komödiant anfing, war es einfach, die Dinge lächerlich zu machen. Die Welt war damals für mich noch ein Ozean der Vernunft und darin hier und dort kleine Inseln des Wahnsinns. Aber in dem Maße, wie ich älter wurde, begriff ich, dass das Leben ein Ozean des Wahnsinns ist und in ihm da und dort kleine Inseln der Vernunft. Von diesem Moment an war es viel schwieriger für mich, komisch zu sein.
>
> John Cleese, Mitbegründer der britischen Komikergruppe Monthy Python

Humor ist eine magische Wendung, die man seinem Leben geben kann. Die Magie liegt darin, dass man mit Humor die Welt verändern kann. Das Gewicht, das man der eigenen Bedeutung beimisst, kann verschwinden, aber auch ganze soziale Zusammenhänge können durch eine simple Verschiebung der Interpretation auf den Kopf gestellt werden. Deswegen kann Humor auch so bedrohlich sein. Alle rigiden Wertsysteme verbieten deshalb die Anwendung des Humors auf ihre Werte.

Im Zweiten Weltkrieg wandten die Briten den Humor als Technik an, um die Bedrohung durch die Nazis in ein erträglicheres Licht zu rücken. Propagandafilme von marschierenden deutschen Soldaten wurden im Zeitraffer abgespielt, mit anderer Musik unterlegt oder immer wiederholt, sowohl vorwärts als auch rückwärts, bis sie lächerlich wirkten.

Es gibt unendlich viele Arten von Humor, vom simplen Slapstick bis zum beißenden Zynismus. Ein Gutteil der Erleichterung, die wir beim Lachen empfinden, hängt mit einer Mischung aus Wiedererkennen, Schadenfreude und dem Gefühl des Davongekommenseins zusammen. Wir lachen, weil wir etwas überlebt haben oder weil wir etwas überleben wollen. Wir lachen, weil wir nicht selbst in der Patsche sitzen, aber zugleich fühlen wir, dass das Unglück genauso gut auch uns hätte zustoßen können.

Humor lehrt uns Freiheit. Durch ihn können wir die Dinge, die uns zustoßen, mit unserer eigenen Interpretation versehen. Der Ernst des Humors ist darin zu sehen, dass man durch ihn Dinge und Situationen erleichtern oder auch erschweren kann. Schadenfreude kann liebevoll eingesetzt werden und den Leidenden damit aus seiner Talsohle herausholen. Aber Schadenfreude kann jemanden auch herunterziehen. Zu viel Ernst des Humors kann einen allzu oft rückfällig werden lassen in eine Interpretation der Dinge, die nur Lachen erregt. *Jemand, der niemals lacht, ist lächerlich, aber jemand, der immer lacht, ist tragisch.*

Die Funktion des echten Humors besteht darin, Milde zu entwickeln. Wer würde nicht lachen, wenn er den Menschen betrachtet ... und damit auch sich selbst. Den Humor der Dinge zu erkennen ist eine notwendige Voraussetzung für Erlösung, Erleuchtung und Liebe. Ansonsten spricht der Humor häufig für sich.

Eine wahre Geschichte

Ein fünfjähriges Mädchen nervt seine Eltern, sie sollen endlich aufstehen. Es ist Sonntag, die Eltern liegen eng aneinander gekuschelt im Bett und der Vater verspricht immer wieder: »Gleich komme ich.« Als zum Kind zum soundsovielten Mal vorbeigekommen ist und der Vater es aufs Neue vertröstet hat, sagt es: »Meiner Meinung nach ist es jetzt schon lange das Gleich von gerade eben!«

Normalerweise vergesse ich niemals ein Gesicht.
Aber in Ihrem Fall werde ich eine Ausnahme machen.
Groucho Marx

Der Komponist Hans Pfitzner stand als Greis vor der zerbombten Ruine seines Hauses. Verschmitzt sagte er zu seinen Begleitern: »Und da sagen die Leute, mir fällt nichts mehr ein!«

Wenn die bizarre Wirklichkeit mitspielt

Das Schöne am Spiel ist, dass die Wirklichkeit es scheinbar liebt, dabei mitzuspielen. Wer kennt nicht das Phänomen der faszinierenden sogenannten Zufälle? Im Folgenden ein paar Beispiele für eine solche bizarre Magie, wie sie sich manchmal im ganz normalen Leben vollzieht. Alle Beispiele haben sich tatsächlich so ereignet.

Nächtliche Anrufe

Als Psychotherapeut arbeitete ich einmal mit einer Frau, die Angst vor aufdringlichen Männern, Obdachlosen und Psychoten hatte. Weil sie von einem anonymen Anrufer belästigt wurde, der sie auch nachts nicht in Ruhe ließ, hatte sie sich eine Geheimnummer zugelegt. Sie glaubte, nun endlich ruhig schlafen zu können, doch plötzlich klingelte das Telefon. Ein ihr völlig unbekannter Mann fragte bei ihr an, ob er noch bei ihr übernachten kommen könne. Was zeigte sich? Der Telefonanbieter hatte ihr die ehemalige Telefonnummer eines Auffangzentrums für Obdachlose zugewiesen ...

Ein anderes Mal nimmt sie an einer therapeutischen Sitzung teil, in der ihre Ängste aufgearbeitet wurden. Plötzlich höre ich jemanden durch den Gang meiner Praxis laufen. Ich muss die Sitzung unterbrechen, um zu kontrollieren, was da los ist. Was zeigt sich? Ein verwirrter, psychotischer Mann ist in mein Haus eingedrungen. Und er stellt die Frage: »Könnte ich hier vielleicht übernachten?«

Ein stabiles Band

Ich arbeitete mit einer weiblichen Klientin an ihrer Neigung, symbiotische Bindungen einzugehen. Sie war Direktorin und wollte sich von ihrer Assistentin trennen. Doch sie konnte den Mut dazu nicht aufbringen und fühlte sich wie an sie gekettet. Während wir gerade dieses Thema bearbeiten, klingelte eine Nachbarin bei mir. Ihr Fahrrad war aus Versehen mit einem Kettenschloss an einem anderen Rad angekettet worden, das wiederum an einen Zaun gekettet war. Sie wollte sich erkundigen, ob es vielleicht um die Person handelte, mit der ich gerade arbeitete. Dies war zwar nicht der Fall, doch das Bild stimmte perfekt.

Keine Anrufe

Als ich mich entschlossen hatte, dieses Buch zu schreiben, hörten plötzlich alle Anrufe auf. Als hätte ein unsichtbarer Manager eine Massen-Email herumgeschickt, gab es plötzlich keine Arbeit mehr für mich, Projekte fielen aus und Besucher blieben weg. Natürlich war ein Teil dieser Stille die Folge meines Entschlusses, mich zurückzuziehen, um zu schreiben. Doch die magische Kraft, womit dieser Zustand einsetzte, genau an dem Tag, an dem ich mich hinter meinen Computer setzte, bleibt bis heute für mich eine spielerische Botschaft des Lebens: Du wolltest es so, nun, hier hast du es.

Ich brauchte ein paar Wochen, um das ängstliche Gefühl zu überwinden, dass niemand mich mehr haben wollte. Das Spiel durchläuft schließlich viele Stadien und Wendungen, und wenn ich wirklich Arbeit will, gebe ich dies an meinen Manager weiter. Ich darf mich nur nicht beklagen, wenn es eine andere Arbeit ist, als ich dachte.

Bevor die Bombe fällt

Ich bearbeite einen ganzen Abend lang mit einer Gruppe von Menschen das Thema Todesangst. Es ist ein schwerer Abend, der mich ganz schön mitgenommen hat. Um die Gruppe danach etwas aufzumuntern, spiele ich einen Song der Popgruppe Doe Maar: »Bevor die Bombe fällt.« Und um mich selbst zu erholen, bleibe ich etwas länger auf. Um viertel nach eins in der Nacht erhalte ich einen anonymen Anruf mit einer Bombendrohung …

Ein Philosoph der erstaunt untersucht, wie der Kosmos gebaut ist, erinnert mich immer an eine Lampe, die sich erstaunt fragt, wie es doch kommt, dass das Zimmer so schön erleuchtet ist. Oder an ein Teelicht, das flucht, weil alles so dämmrig ist und voller unangenehmer Schatten, aus denen in jedem Moment Gespenster hervorspringen.

Harry Mulisch

Wenn du ein Problem nicht lösen kannst, so tust du manchmal gut daran, dir noch ein weiteres zu schaffen.

Fons Elders, Philosoph

Ernsthaftigkeit ist die Zuflucht derer, die nichts zu sagen haben.

Oscar Wilde

Ernste Menschen sind lächerlich.

Frank Zappa

Der vierte Schleier der Maya: Echtheit und Bedeutung

Beim ersten Schleier der Maya, der *Bewegung*, begeben wir uns noch relativ neutral in die Welt der *Unterschiede*. Wir sind uns des Davor und Dahinter, des Innen und des Außen, des Starren und des Beweglichen bewusst. Diese zeit-räumliche Wirklichkeitsschicht ist äußerst einfach und zugleich doch sehr raffiniert. Die dort geltenden Werte können zeit-räumlich ausgedrückt werden: beharrlich oder flexibel, chaotisch oder geordnet.

Beim zweiten Schleier, dem *Kampf*, wird die Atmosphäre rauer, weil wir in den Begriffen der *Kausalität* zu denken beginnen. Wir beginnen Ursachen aufzuzeigen und – mehr noch – sie zu bekämpfen. Wir beginnen, uns und andere als Ursachen von Ereignissen zu erleben. Dadurch entsteht die Idee der Verantwortung, der Freiheit und des über sich selbst verfügenden Ego. In diesem Schleier befinden sich die Gegensätze von Gut und Böse, Krieg und Frieden, Täter und Opfer. »Für den Frieden kämpfen« ist das zentrale sublime Paradox dieser Wirklichkeitsschicht.

Beim dritten Schleier, dem *Tanz*, verfallen wir der *Passion*. Es ist die Welt der Erfahrung, der Ästhetik, der Trennung zwischen schön und hässlich, angenehm und schmerzhaft, die wir betreten. Wir versuchen Schmerz zu vermeiden und suchen Genuss. Wir versteinern vor Angst, gefrieren vor Einsamkeit, schmelzen vor Rührung, strömen über vor Kummer, brennen vor Sehnsucht, zerstreuen uns durch Spaß und Vergnügungen und werden wiedergeboren aus Liebe.

Der vierte Schleier verführt uns zur Welt der *Bedeutung*. Wir suchen nach Wahrheit, Echtheit, Ziel und Funktion. Wir beginnen den Sinn des Lebens zu entdecken, unser wahres Selbst zu entwickeln oder aber unser falsches Ego abzulegen und alles für sinnlos zu erklären.

Ironischerweise sind es gerade jene Tätigkeiten, die uns ruhelos vorantreiben, die manchmal unserem Dasein seinen Sinn verleihen. Der Schleier selbst besteht aus dem Unterschied zwischen Ernst und Spiel, zwischen Sinn und Sinnlosigkeit. In diesem Zusammenhang ist es wichtig, sich klarzumachen, dass sowohl derjenige, der behauptet, das Leben habe einen Sinn, als auch derjenige, der diesen Sinn leugnet, sich auf die gleiche Illusion spezialisiert haben.

Dasselbe gilt für den vermeintlichen Kontrast zwischen jemandem, der das Leben als Spiel auffasst, und einem anderen, der alles als blutigen Ernst betrachtet. Dieser vierte Schleier schenkt uns eine lächerliche Art von Ernst, die Desillusionierung und Humor nicht etwa als Nebenprodukte, sondern vielmehr als seine höchsten Früchte mitliefert. Der Ernst und die Masken bilden das Vorspiel. Die Überraschung, das Lachen und die Verwunderung sind der Orgasmus.

Das bewusste Erkennen dieses Schleiers führt uns zum *Spiel*, zur Erfahrung des Glücks, während wir so tun, als ob. Wir tun, als ob wir wir selbst seien, als ob wir überhaupt jemand wären, und lachen darüber. Wir sind in die Welt hineingeworfen und wir können uns so benehmen, als hätten wir das selbst gewollt. Wenn uns das gelingt, sind wir gleichzeitig die Marionette und der Puppenspieler. Wenn uns das gelingt, bedienen wir uns des Schleiers des Sinnes und der Bedeutung, um das Dasein zu zelebrieren. Es lebe unser Schöpfungsdrang und unsere Neigung, Dinge ernst zu nehmen!

Gedanken und Übungen

Lustiger Glaube und ernster Humor

Spiel ist Kreativität, Überraschung, Echtheit, Bedeutung, Wahrheit. Bewegung ist *Leben*, Kampf ist *Überleben*, Tanz ist *Erleben*, Spiel ist *Sich-Einleben* – das Sich-Einleben in das So-tun-als-ob. Energie wird hier dafür benutzt, um Bewegungen und Rollen gewissermaßen ›aufzuladen‹ und mit einer Bedeutung zu versehen.

Ein guter Schauspieler lebt sich so stark ein, dass er vorübergehend völlig eins wird mit seiner Rolle. Ein fanatisch Glaubender tut dasselbe mit der Wirklichkeit. Auch diese *ist* so, wie er findet, dass sie sein müsse. Menschen, die sich weigern, ein Spiel zu spielen, nehmen sich selbst so ernst, dass es lächerlich wird. Sie spielen das Spiel der *einen Wirklichkeit*. Und sie spielen es mit einem solchem Ernst, dass sie vergessen, dass es sich um ein Spiel handelt.

Man kann allerdings auch dermaßen spielerisch sein, dass die Sache wiederum ernst wird. Mancher Clown hat tief religiöse Erfahrungen. So spricht der Meisterclown Didier Danthois von der »sacred art of clowning«, der heiligen Kunst des Clown-Seins.

An die Therapeuten

Spiele das Spiel. Gefährde die Arbeit noch mehr.
Sei nicht die Hauptperson. Such die Gegenüberstellung.
Aber sei absichtslos.
Vermeide Hintergedanken. Verschweige nichts.
Sei weich und stark. Sei schlau, lass dich ein und verachte den Sieg.
Beobachte nicht, prüfe nicht, sondern bleib geistesgegenwärtig bereit
für ein Zeichen.
Sei erschütterbar.
Zeig deine Augen, wink die anderen ins Tiefe, sorge für den Raum
und betrachte einen jeden in seinem Bild.

Entscheide nur begeistert. Scheitere ruhig.
Vor allem hab Zeit und nimm Umwege. Lass dich ablenken.
Mach sozusagen Urlaub. Überhör keinen Baum und kein Wasser.
Kehr ein, wo du Lust hast, und gönn dir die Sonne.
Vergiss die Angehörigen, bestärke die Unbekannten, bück dich nach Nebensachen,
weich aus in die Menschenleere, pfeife auf das Schicksalsdrama,
missachte das Unglück,
zerlach den Konflikt.
Beweg dich in deinen Eigenfarben, bis du im Recht bist und das Rauschen
der Blätter süß wird.
Geh über die Dörfer.
Ich komme dir nach.
Peter Handke

Pläne schmieden

Trauen Sie sich, unterschiedliche Szenarien zu entwerfen, was in bestimmten Situationen Ihrer Meinung nach geschehen könnte. Trauen Sie sich, diese zu visualisieren und dann auch wieder loszulassen. Doch bewahren Sie sich dabei eine lauschende Haltung gegenüber der Wirklichkeit, sodass diese sich Ihnen weiterhin mitteilen kann.

Vergessen Sie dabei nie, dass sowohl Erfolg wie auch Misserfolg Fallgruben sind.

Sharing the problem is half the solution.
Slogan von Origin

Drehen Sie alles um

Einer meiner Freunde schlenderte an einem heißen Sommertag über den Boulevard des Seebads Zandvoort. Ortseinwärts stand eine endlose Schlange von Autos. Auch in Richtung Ortsausgang stand eine mindestens genauso lange Blechschlange, nichts ging mehr. Mein Freund sagte zu seiner Freundin: »Das sieht gemütlich aus. Komm, lass uns ein Auto mieten und mitmachen.«

»Weil du vom Hügel sprichst«, fiel ihr die Königin ins Wort. »Ich könnte dir Hügel zeigen, im Vergleich zu denen würdest du diesen hier als das reinste Tal bezeichnen.«
Lewis Carroll, *Alice im Wunderland*

Till Eulenspiegel war schwer bepackt unterwegs. Immer wenn er einen Hügel hinauflief, lachte er fröhlich, immer wenn es bergab ging, vergoss er betrübt einige Tränen. Verwundert wurde er gefragt, welche Bewandtnis es damit habe. Er antwortete: »Steige ich bergauf, freue ich mich auf den baldigen Abstieg, doch wenn es bergab geht, muss ich weinen, weil ich bereits den nächsten Hügel vor mir liegen sehe.«

Shang Zu träumte, er sei ein Schmetterling; als er erwachte, wusste er nicht mehr, ob er ein Mann war, der von einem Schmetterling geträumt hatte, oder ob er ein Schmetterling war, der gerade träumte, dass er ein Mann sei …

Ein Hausarzt hat einen schwer hypochondrischen Patienten, der jede Woche mit alten und immer wieder neuen Symptomen in die Sprechstunde kommt. Geduldig hört der Arzt Woche für Woche dem Patienten zu und lässt sich erzählen, wie schwer dieser es zu haben glaubt. Eines Tages bleibt der Patient unabgemeldet einige Wochen lang weg. Als er wieder zur Sprechstunde kommt, sagt der Arzt: »Ich habe Sie vermisst, wo waren Sie?«
Der Patient antwortet: »Ich war krank.«

Sehen Sie den Wahnsinn in allem

Respektieren Sie Menschen, die vergessen haben, dass sie ein Spiel spielen. Hören Sie darauf, was sie sagen, doch bleiben Sie achtsam darauf, wer oder was da eigentlich spricht. Nehmen Sie sich die Freiheit, zu tun, was Sie wollen, wenn Sie fühlen, dass dem Lebensspiel dadurch gedient ist, doch seien Sie auch auf schwere Gegenmaßnahmen vorbereitet, wenn Sie bei diesem Spiel erwischt werden. Und vor allem: Üben Sie sich weiterhin in alltäglichem Humor.

Ein guter Freund von mir wurde vor ein paar Tagen von seiner Freundin verlassen. Dann läuft ihm eine extrem attraktive Frau über den Weg. Sie machen einen Strandspaziergang, es funkt zwischen den beiden, und er begreift, dass sie die Frau seiner Träume ist. Als sie sich in den Sand setzt, bleibt er stehen und sagt: »Moment, ich bin gleich wieder da, ich muss nur kurz die Trauer über meine vorige Beziehung zu Ende bringen.« Er läuft eine kleine Runde und kehrt daraufhin lachend zurück.

Produzieren Sie Oxymora

Ein Oxymoron (aus *oxys*, scharf(sinnig), und *moros*, dumm, stumpf) ist eine rhetorische Figur, bei der eine Formulierung aus zwei gegensätzlichen, einander (scheinbar) widersprechenden oder sich gegenseitig ausschließenden Begriffen gebildet wird.

Geben Sie sich selbst und anderen Namen, in denen ein Widerspruch steckt. Seien Sie die allerbescheidenste Person auf der ganzen Welt, eine keusche Hure, ein grausamer Samariter, ein jugendlicher Greis, ein reinlicher Landstreicher, ein reicher Bettler oder ein sympathischer Schuft ... Eine Party kann auf unangenehme Weise gemütlich sein, das Wetter kann deprimierend sonnig sein, Menschen können einträchtig miteinander streiten, und so ließe sich noch vieles nennen ...

➤ Die großen Weltanschauungen und Religionen haben jeweils ihre eigene Umgangsweise mit dem unvermeidlichen Schmerz des Daseins. Der Taoist wird über diese schmerzliche Seite des Lebens sagen: »Es ist manchmal ein wenig hiervon, manchmal ein wenig davon. Lass dich davon nicht durcheinanderbringen, bewege dich mit.« Der Buddhist: »Es ist alles Illusion, verursacht von deiner eigenen Angst und deinen eigenen Begierden. Mache dich los davon und du wirst frei sein.« Der Jude, der Christ und der Moslem werden sagen: »Es ist eine Strafe Gottes für deine Sünden. Halte dich an die Regeln und warte auf Gnade.« In der Psychotherapie hört man Menschen häufig sagen: »Das ist alles unverarbeiteter Schmerz aus deiner Jugend. Verarbeite ihn, lasse ihn verlö-

Üben Sie sich in Selbstspott

Übertreiben Sie Ihre verrückten Eigenschaften, als ob es Ihnen damit ernst wäre. Benutzen Sie dafür zufällige Gegenstände in Ihrer Nähe. Ich schwimme beispielsweise das Jahr über immer wieder im Meer. Im Winter benutze ich Ohrstöpsel, damit das kalte Wasser und der Wind mir nicht zu sehr zusetzen. Einmal fand ich die Stöpsel in meiner Hosentasche, holte sie heraus und sagte zu meiner Frau: »Das war jetzt wieder einmal eine gelungene Diskussion.«

Woody Allen bespricht am Anfang seines Films *Stardust Memories* eine Reihe klassischer Witze. Er fasst sie zusammen mit seiner eigenen Haltung gegenüber dem Leben: »Das Leben ist ein einziges langes Martyrium. Und außerdem dauert es viel zu kurz.«

Disziplinierter Anarchismus

Seien Sie gelegentlich ungehorsam. Brechen Sie Regeln, betrachten Sie kein einziges Ge- oder Verbot als heilig, fahren Sie bei Rot über eine Kreuzung, wenn es sinnlos ist, zu warten, klettern Sie einmal über einen Zaun. Seien Sie ungezogen, spielerisch, frech, benehmen Sie sich vielleicht sogar einmal wie ein Schuft. Das alles, um sich daran zu erinnern, dass das System ein Fluss ist, in dem Sie schwimmen, in dem Sie aber Ihre eigene Richtung bestimmen können.

schen und du wirst frei sein.« Der Esoteriker, der Magier und der Demagoge verkünden: »Das Leben ist das, was du daraus machst. Übernimm die Kontrolle über dein Leben, denke positiv und alles wird gut.«
Sie alle bieten einen ansprechenden Ausweg, sonst wären sie nie zu Weltreligionen geworden.

Gewollte Missverständnisse

Versuchen Sie, Dinge vorsätzlich falsch zu verstehen. Es gibt eine sehr schöne Gruppenübung aus der Clown-Ausbildung, von der ich durch Roeland de Vletter hörte. Jemand spielt einen Dolmetscher, ein Zweiter spielt einen wichtigen Professor, Politiker oder Filmstar. Die übrigen Gruppenmitglieder sind Journalisten, die an einer Pressekonferenz teilnehmen. Der Professor hält einen Vortrag in gebrabbelter Sprache. Der Übersetzer übersetzt dies, doch es dürfen auch Fragen gestellt werden, die vom Übersetzer wiederum in die Brabbelsprache übertragen werden. Daraufhin antwortet der Professor wiederum in der Brabbelsprache, und der Übersetzer vermittelt, was er gesagt hat. Dies kann zu herrlichen Missverständnissen führen. Beispielsweise wenn der Professor eine ellenlange Antwort gibt und der Dolmetscher das Gesagte schlicht mit »Nein« übersetzt.

Überraschen Sie sich selbst

Tun Sie bestimmte Dinge immer wieder ein klein wenig anders. Wenn Sie normalerweise eine Tür mit der rechten Hand öffnen, so tun Sie das nun einmal mit der linken. Gehen Sie üblicherweise die Treppe mit dem Gesicht nach vorn herab, so wenden Sie diesmal Ihr Gesicht der Treppe zu.

Trauen Sie sich, sich lächerlich zu machen. Üben Sie zum Beispiel einmal, auf der Straße zu singen oder auf einem Bein zu hüpfen. Wenn sich etwas Komisches ereignet, lachen Sie. Wenn Sie sich an einen Witz erinnern, erzählen Sie ihn dann spontan demjenigen, der gerade neben Ihnen steht und vielleicht ebenfalls auf die Straßenbahn wartet. Wenn Sie ein schönes Buch lesen, lesen Sie einmal ein Stückchen jemandem vor, der gerade in Ihrer Nähe ist.

Seien Sie offen für jede Art von Reaktion.

Fühlen Sie sich in allen Religionen zu Hause

Gehen Sie einmal in eine katholische bzw. evangelische Messe, besuchen Sie einmal eine Synagoge, nehmen Sie einmal teil an einem hinduistischen Ritual oder erleben Sie die islamitische Fastenzeit während des Ramadan mit.

In dem Maße, wie Sie Ihre eigene Seele immer besser kennenlernen, können Sie die Verfügungsgewalt über ein immer größer werdendes Pantheon von Göttern und Göttinnen erlangen, die Sie umgeben. Damit meine ich die lebendigen Archetypen der Ideale und Wahrheiten, wie sie auch von den verschiedenen Religionen transportiert und in die Welt gebracht werden.

Dies ist in Diskussionen häufig ein besonders heikler Punkt. Wenn Ihnen ein religiöser Fanatiker seine Wahrheit aufdrängt, ist es gut, wenn Sie persönlich sich im Klaren sind, dass Sie sich in seiner Wahrheit zu bewegen wissen. Doch sie ist nicht Ihre einzige Welt. Sie können nämlich den Fanatismus auch wieder loslassen und sich in anderen Welten bewegen. Sorgen Sie dafür, dass Sie zu einem Fanatiker, sei es ein religiöser oder ein atheistischer, sagen können: »Ich kann mich in deinem System bewegen, doch kannst du es auch in meinem?«

Die Intention ist wichtiger als die Erfüllung

Die Intention, mit der Sie etwas tun, ist unendlich viel wichtiger als das, was tatsächlich geschieht. Sie können sich aus Ihrem kleinen Selbst heraus die Freiheit nehmen, bestimmte Dinge zu erstreben. Ob diese dann verwirklicht werden oder nicht, das liegt nicht in Ihrer Macht. Selbsterlösung und Gnade gehen hier Hand in Hand miteinander.

Sie erreichen nur das, wofür Sie bereit sind

Nach all dem Bewegen, Kämpfen und Tanzen wird es Zeit, dass Sie über sich selbst lachen. Sie haben alles Mögliche ausprobiert, doch Sie kommen nicht weiter als bis dahin, wofür Sie bereit sind. Das ist ein Trost und zugleich ein Fluch. Ein Trost, weil Sie Ruhe finden können in der Erkenntnis, dass Sie alles probiert haben und Ihnen dennoch bestimmte Dinge noch nicht vergönnt sind. Ein Fluch, weil Sie vermuten können, dass noch mehr Möglichkeiten vorhanden sind, das Leben aber offenbar so grausam ist, dass es Ihnen die Möhre gerade so weit vor den Mund hält, dass es Ihnen nicht gelingt, davon abzubeißen.

Auch beim Unterrichten und ganz allgemein bei Tätigkeiten, durch die Sie anderen helfen, sollten Sie sich darin üben, die lächerliche Seite Ihrer Bemühungen auszuhalten. Martin Luther hat einmal gesagt: »Wenn ich wüsste, dass morgen die Welt unterginge, würde ich heute noch einen Baum pflanzen.« Ein mit Humor gesegneter Lehrer sagte einmal zu mir: »Wenn ich wüsste, dass heute die Welt unterginge, würde ich morgen noch einen Baum pflanzen.« Diese Haltung lebt aus einem Tätigsein, dem es nicht um das Erreichen eines Resultates geht. Ein Lehrer, der sich für einen Schüler einsetzt, bei dem die Chance groß ist, dass er den Stoff nicht versteht, kann dies nur durchhalten, wenn er seine Handlung um der Handlung selbst willen verrichtet. Die tröstliche Erkenntnis für den Lehrer besteht darin, sich damit versöhnen zu können, dass die Dinge häufig einfach Zeit benötigen oder in einem einzigen Leben unter Umständen nicht zustande kommen.

Ein englisches Sprichwort lautet: *You can lead a horse to the water, but you cannot make it drink*. Dies ist die andere Seite, der Fluch, den der Lehrer erfährt: Manchmal muss er mit ansehen, dass seine gesamten Anstrengungen nicht in fruchtbare Erde fallen.

Üben Sie sich darin, keine Meinung zu haben

Nehmen Sie alles wahr, doch versagen Sie sich eine Meinung darüber. Wissen Sie, dass Sie in jedem Moment in Aktion treten oder Partei ergreifen könnten, wenn die Situation es erforderte.

Die Wahrheit lügen?

Belügen Sie sich niemals selbst. Teilen Sie nie Komplimente aus, wenn diese nicht ernst gemeint sind, denn so etwas wird Ihnen auf vielen Ebenen zu schaffen machen. Es besteht immer ein Weg, wie Sie innerhalb einer bestimmten Situation daraus ein Spiel machen können. Wenn jemand ein Bedürfnis nach Komplimenten hat, so vergeben Sie eines, das für Sie wahr und kreativ ist. Suchen Sie sich etwas Konstruktives heraus, erzählen Sie eine Geschichte, die Sie sich aus der Situation selbst heraus ausdenken müssen, und zeigen Sie Anteilnahme.

Die Kunst ist eine Lüge, die uns erlaubt, uns der Wahrheit zu nähern.
Pablo Picasso

Die gut sitzende Maske

Verwenden Sie Zeit und Mühe darauf, die Maske zu finden, die am besten zu Ihnen passt. Sehen Sie es sich selbst nach, wenn Sie nicht genügend Kraft, Intelligenz oder Talente haben, Ihrem eigenen Ideal zu genügen.

Ich kenne einen Liebhaber der Kriegskunst mit einer außergewöhnlichen Intelligenz und einer absurden Dosis Talent, doch zugleich mit einem eklatanten Mangel an Durchsetzungsvermögen und Rückgrat. Nachdem er sein Heil in unterschiedlichen Kampfstilen und psychologischen Schulen gesucht hatte, beschrieb er sich selbst als einen Schwächling, der niemals etwas zu Ende bringe. Einer seiner Lehrer riet ihm, die Maske des Clowns und des Versagers weiter auszubauen, sodass die Überraschung, wenn er Schlagfertigkeit und Talent zeige, einen besonderen Effekt ergebe. Nach all den Jahren der Scham und der Selbstvorwürfe lernte er, diese »Persona« zu benutzen, um dorthin zu gelangen, wo er sein wollte. Seine ursprüngliche Neigung, übermäßig ernst zu sein, vermochte er zu etwas Erheiterndem umzubiegen, zum Beispiel wenn er halb bewusst vor einer Gruppe von Menschen stand und in seiner Nase bohrte. Seine Nachlässigkeiten und vergessenen Versprechungen machten seinen Charme aus. Menschen konnten ihm jetzt vergeben und ihn schätzen, weil nun deutlich geworden war, wie häufig er Dinge versucht hatte und wie tief in ihm das Muster des Nicht-Fertigbringens verwurzelt war.

Der schnellste Weg zum Ziel ist ein Umweg.

Die Kunst des Spiels

Tun Sie alles mit einer *spielerischen* Hingabe. Das heißt: Entwickeln Sie einen Blick für die paradoxe Kombination aus großem Einsatz und der Erkenntnis, dass das Leben nur ein Spiel ist. So können Sie sich intensiv in einen Kampf werfen und gleichzeitig diesen Kampf innerlich wieder loslassen. So kann ein Fußballspiel, ein Tennisturnier oder ein Wettschwimmen Ihnen jedes Mal wieder ›kindliche‹ Erneuerung verschaffen.

Jeder Spieler verfügt über eine prinzipielle Art von Opportunismus; er hängt sein Fähnchen nach dem Wind, meistens in die Richtung, die ihm am meisten nützt. Wenn Sie mit einem schwierigen Problem kämpfen und es fliegt ein schwarzer Vogel über Sie hinweg, so können Sie spielerisch schlussfolgern, dass die Wirklichkeit Ihnen bestätigt, dass Sie tatsächlich mit einem schwierigen Plan beschäftigt sind. Passt es jedoch besser in Ihr Spiel, über ein schlechtes Vorzeichen zu verfügen, um Ihren Plan nicht durchziehen zu müssen, so verändert sich die Interpretation des schwarzen Vogels. Damit will ich sagen: Das Spiel verdankt seine Tiefe und seine rituelle Kraft vor allem dem Gefühl für Dramatik beim Spieler selbst und weniger einer objektiven Wirklichkeit.

Der gleiche prinzipielle Opportunismus kehrt wieder, wenn es um Ihre Haltung gegenüber Ihrer eigenen Rolle auf der Weltbühne geht. Der Tod ist ein unvermeidliches Ereignis, allerdings eines, das Sie überraschen kann. Spielerisch mittanzen und mitspielen mit den Ereignissen, beinhaltet gleichzeitig, dass Sie auf den Moment warten, an dem für Sie die Zeit gekommen ist, zu verschwinden: neugierig darauf, wie Ihre eigene Geschichte wohl zu Ende gehen wird, neugierig auch darauf, wie Ihr Kampf aussehen wird. Legen Sie einen Kampf voller Hingabe hin, als sei es ein echter Kampf, oder werfen Sie sich in den Kampf wie in ein entspanntes Spiel?

Applaus und Schläge

Im großen menschheitlichen und individuellen Entwicklungsbogen ist eine Transformation enthalten: ein *externes* Normen- und Wertesystem wird zu einem *internen* System. Dazu gehört auch eine faustische Phase der Gottferne. Diese Phase kann uns lehren, dass es besser ist, Dinge zu bedauern, die wir getan haben, als Dinge, die wir nicht getan haben. Letztendlich besteht die Kunst darin, Bedauern und Reue hinter sich zu lassen und dafür, wie man ist, und für das, was man getan hat, einzustehen. Auch dies ist ein Aspekt von *The Razor's Edge*, weil wir einerseits zu der Erkenntnis kommen können, dass wir jemand sind, der niemals etwas geleistet hat, andererseits aber auch jemand, der auch die Früchte seiner Fehler erntet. Mit anderen Worten: Wenn wir daraufhin angesprochen werden, was wir falsch gemacht haben, ist es notwendig, ein »Parallelbewusstsein« zu haben. Wir müssen in der Lage sein, Schläge in Form von *Strafe* einzustecken und auf der anderen Seite Schläge in Form von *Applaus* für das zu ernten, was wir zuvor getan haben und was wir einmal gewesen sind, jedoch jetzt nicht mehr sind. Dies ist die ewige Prüfung eines erfolgreichen Künstlers: Die Anerkennung kommt immer zu spät. Dies kann praktisch sein, es kann aber auch starke Sehnsüchte entbinden. Dasselbe gilt für die Strafe. Auch sie kommt eigentlich stets zu spät, doch zugleich kann sie lehrreich sein.

Left and right hand path

Grob zusammengefasst besteht der rechte Weg daraus, dass wir innerhalb der Ge- und Verbote, die die Gesellschaft ausspricht, unsere eigene Persönlichkeit so stark wie möglich entfalten. Der linke Weg ist mehr der Weg des Paria, der verbotenes Gelände betritt, der bestraft und ausgestoßen werden kann, dabei jedoch immer auf immens interessantes und erneuerndes Material stößt. Es gibt Menschen, die äußerlich einen rechten Weg und innerlich einen linken Weg gehen oder andersherum. Auch gibt es Menschen, die antiautoritär, anarchistisch oder sogar kriminell zu sein scheinen, jedoch im Innern immer noch mit den Begrenzungen kämpfen, die ihnen die Gesellschaft auferlegt. Das Sich-Freimachen von diesen Grenzen hat zur Folge, dass wir uns dann weniger mit ihnen zu beschäftigen brauchen.

Sich selbst ertappen

Eine der wichtigsten Übungen auf der Ebene des Spiels besteht darin, die Welt immer wieder als neu erfahren zu lernen: Nichts ist selbstverständlich, und es ist ein Wunder, dass wir jeden Morgen wieder im selben Körper erwachen. So können wir uns in ein Gewohnheitsmuster begeben und auch wieder aus ihm aussteigen, wie wir uns beispielsweise darüber wundern, dass wir abends einen ganz bestimmten Hausschlüssel bei uns haben und dass in diesem Haus, zu dem er passt, ein Partner bzw. eine Partnerin und sogar Kinder, ein Hund und eine Katze auf uns warten, die sich eigenartigerweise so verhalten, als würden sie uns kennen ...

Magie und Mystik

Versuchen Sie einmal, mit den Umständen so umzugehen wie mit dem Wetter. Manchmal gelingt es Ihnen leicht, einen Zugang zu inspirierenden Bildern und Göttern zu finden, manchmal ist die Sonne auch verdunkelt. Tun Sie Ihr Möglichstes, aber verkrampfen Sie sich nicht, wenn etwas nicht gelingt. Akzeptieren Sie, dass Sie auch schwunglose Tage haben, versuchen Sie nicht, diese immer wieder künstlich zu durchbrechen. Wenn eine inaktive Periode zu lang dauert, wird es vielleicht irgendwann Zeit zu handeln. Aber manchmal kann es auch sein, dass Sie wochenlang vor sich hin schmoren und scheinbar passiv sind, während Sie im Begriff sind, neue Gedanken auszubrüten.

Ich betrachte mich selbst als einen Zwischenfall, als eine Zufälligkeit. Ohne besondere Gründe bin ich dieser Mann, mit diesem Äußeren, mit diesen Eigenschaften. Ich wurde auch nur geschickt. Nicht durch etwas oder von irgendwoher. Und ich bin mit diesem Zwischenfall nicht einmal so besonders solidarisch. Ich fühle mich solidarisch mit etwas, das viel größer ist: mit der Wirklichkeit, wenn man so will. Ich betrachte mich nicht als das einzige und wahre Zentrum in dieser Wirklichkeit.

Wessel te Gussinklo, niederländischer Erzähler

Der wirkliche Lebenskünstler verkehrt auf vertrautem Fuß mit dem Zufall. Er nimmt ihn wahr, er sieht dessen magische Tiefe und lernt, einer unsichtbaren Welt zuzuzwinkern. Ein Spieler lebt in der Welt der Zeichen, Vorzeichen und der lebenden Materie, aber er bewegt sich in ihr mit der größtmöglichen Nüchternheit. Alles kann eine Warnung sein, alles kann ein Zeichen sein, alles trägt zur Erfahrung des Lebens als einer Ganzheit bei.

Maskenfantasie

Verwandeln Sie den anderen in Ihrer Fantasie in sein (ihr) teuflischstes Antlitz und daraufhin in das allerengelhafteste. Genießen Sie es, beide Qualitäten in ihm wahrzunehmen. Gehen Sie bei dieser Übung von dem wirklichen Gesichtsausdruck eines Menschen aus. Wenn jemand Tränensäcke unter den Augen hat, so vergrößern Sie diese. Lassen Sie hellblondes Haar immer blonder werden, eine große Nase immer größer. Schließen Sie während einer realen Begegnung für kurze Zeit die Augen, dann öffnen Sie sie wieder und betrachten Sie den anderen, als sei es das erste Mal, dass Sie ihn sehen. Was fällt Ihnen dabei auf? Horchen Sie darauf, wie der Ton und der Inhalt eines Gesprächs oder einer Begegnung manchmal miteinander übereinstimmen, manchmal aber auch in Kontrast zueinander stehen.

Sich selber zum Narren halten

Üben Sie sich jeden Tag in impulsiven Aktionen: Hüpfen Sie auf einem Bein, singen Sie, schwimmen Sie nackt, sprechen Sie unbekannte Menschen an. Trainieren Sie sich in Offenheit und machen Sie sich unabhängig von Erfolg oder Misserfolg. Folgen Sie spontanen Eingebungen, bringen Sie Ihre Arbeit in Gefahr, haben Sie keine Angst davor, zu einer Möglichkeit zurückzukehren, die Sie liegen zu lassen drohten. Es ist besser, auf halbem Wege umzukehren, als einen Irrweg ganz bis zum Ende zu gehen.

Ich radelte einmal vom Amsterdamer Hauptbahnhof zu meinem Arbeitsplatz, als mir auffiel, dass ich noch ein großes Papiertaschentuch in meiner Hosentasche trug. Dies war ungewöhnlich, denn ich leere meistens, wenn ich zur Arbeit gehe, meine Taschen. Dabei radelte ich an einem ziemlich abgehalfterten jungen Mann vorbei, dessen Nase heftig triefte. Plötzlich schloss sich der Kreis. Ich fühlte den Impuls, anzuhalten und die Nase dieses Mannes zu schnäuzen, doch dann hörte ich plötzlich eine Stimme in mir, die sagte: »Dann könntest du den ganzen Tag lang die Nasen aller Bettler schnäuzen.« Und so bin ich eben weitergefahren. Es blieb aber ein Gefühl des Unfriedens, woraus ich lernte, dass es besser ist, derartigen Impulsen nachzugeben, auch wenn sie noch so irrational scheinen.

Authentizität ist Kraft

Es ist entscheidend, sich selbst gegenüber immer *ehrlich* zu sein und nicht von sich zu fordern, anders zu sein, als man ist. Diese Selbstakzeptanz ist nämlich der erste Schritt auf dem Weg jedweder Verwandlung und Entwicklung. Authentizität darf nicht mit zwanghafter Ehrlichkeit gegenüber der Außenwelt verwechselt werden. Wenn wir uns selbst gegenüber ehrlich sind, können wir es uns selbst auch erlauben, zu lügen oder zu übertreiben. Denn paradoxerweise ist auch unsere Unechtheit in diesem Moment etwas Authentisches.

Die Überraschung der Überraschung

Unsterblich werden können wir nur, wenn wir erkennen, dass unsere Hüllen und Masken vergänglich sind und dass unser überpersönliches Bewusstsein in eine andere Geschichte, in einen anderen Körper, in eine andere Zeit und an einen anderen Ort umziehen wird. Nur Menschen, die es nicht nötig haben, aufs Neue geboren zu werden, sind für die Ewigkeit bereit. Solange wir noch stark an unseren eigenen Masken hängen, leben wir nicht im vollen Umfang. Dasselbe gilt übrigens auch für Menschen, die gerne gehen möchten. Weil ihr Ego für sie eine solche Last ist, fühlen sie sich immer stärker daran gekettet. Vollumfänglich nach dieser Auffassung zu leben, heißt, mit den Rollen zu spielen, im Kampf zu tanzen und für die Stille zu kämpfen.

Ein Heiliger ist jemand mit einer Vergangenheit.
Ein Sünder ist jemand mit einer Zukunft.
Oscar Wilde

In seinem bereits erwähnten Buch *Endliche und unendliche Spiele* behauptet James Carse, dass gerade Menschen, die aufgrund ihrer *Persona* bekannt werden, zu Gefangenen eben dieser Maske werden können, wenn ihre Seele wirklich an diese ›ewige‹ Maske gekettet würde. Der arme Sophokles beispielsweise würde demnach immer noch in seinen Bühnenstücken wohnen. Gerade wenn jemand wie Sophokles über einen spielerischen Geist verfügt hat, wird er seine eigenen Theaterstücke genossen haben, inzwischen bereits viele Leben weiter sein und weiterspielen. Dieser spielerische Aspekt hängt auch mit der Fähigkeit zusammen, sich von seiner eigenen Geschichte überraschen zu lassen, nicht zu wissen, wo sie endet, und das Spiel anderen zu überlassen.

Unendlich viele Probleme

Es wäre besser, man würde das Wort Problem vermeiden –
und zwar aus zwei einfachen Gründen:

Es gibt unendlich viele Beispiele für Probleme,
die keine sind – ich komme darauf noch zurück.

Es gibt auch unendlich viele Beispiele für Probleme,
die zwar welche sind, doch nicht als solche bezeichnet werden –
auch darauf komme ich zurück.

Alle Ereignisse zum Beispiel, ja alle,
die um uns und die in uns – sie sind geschehen,
und man fragt sich, warum.

Verzeihung, meine einzige Antwort lautet: Warum nicht?

Denn alle Ereignisse sind Ausnahmen
von all den Regeln, denen zufolge sie sich nicht ereignet haben.

Es ist also besser, das Wort Problem nicht zu benutzen,
denn die Probleme, die es gibt, und die, die nicht existieren,
sind ein und dasselbe.

So könnte ich weitermachen, bis ich aufhöre.

Dafür* ließe sich viel sagen, jedoch nichts mehr danach.

Rutger Kopland (*1934), niederländischer Dichter und Psychiater

* im Niederländischen ein Wortspiel: ›daarvoor‹ bedeutet sowohl ›vorher‹ als auch ›dafür‹.

Leere

Bewegung

Kampf

Tanz

Spiel

Opfer

Dank

Stille

> Du bist der Würdigste und Wahrhaftigste unter allen Menschen.
> Und deine Verbannung, dieses endlose Leiden,
> dieser verzweifelte Krieg und dieser grimmige Kampf in dir selbst
> – deine Lüge, deine Wut und dein Wahnsinn –,
> sogar dein Wunsch nach deines Bruders Blut,
> sie waren notwendig, um dir dabei zu helfen, dass du der Mensch wurdest,
> auf den die Stadt jetzt in ihrem prächtigsten Schmuck wartet.
>
> Vyasa, Verfasser des Mahabarata-Epos, zu Yudishtira

Es kommt ein Moment, in welchem man sich zu einer solch hohen Kompetenzebene entwickelt hat, dass der einzige attraktive Zug, der einem nun noch bleibt, darin besteht, dass man zum richtigen Zeitpunkt und in voller Hingabe alles wegschenkt, worum man sich zuvor so sehr bemüht hat.

Es ist wie mit der Pflege eines blühenden Rosengartens: Sie haben die Rosen gepflanzt, gedüngt, geschnitten, und jetzt ist der Moment reif, das, was dort herangewachsen ist, abzuschneiden und zu verschenken.

Das Timing Ihres Opfers bestimmt alles. Bringen Sie es zu früh, so wird nicht deutlich, wie schön es hätte sein können; warten Sie zu lange damit, so fallen gleichsam beim Schenken die Blätter zu Boden.

Aber selbst wenn das Opfer schlecht getimt war oder wenn es nicht freiwillig erfolgte, selbst wenn ein kranker Körper, eine ungerechte Erziehung oder ein Unfall Ihnen Ihre Lebenskräfte geraubt hat, so können Sie sich immer noch hinterher entschließen, das Opfer zu *Ihrem* Opfer zu machen, zu einem Opfer, das für Ihre eigene Geschichte, für die Weltentwicklung, für Gott oder ganz einfach so gebracht wird.

Wenn Sie die Welt aus der Perspektive des Opferns und des Dienens betrachten, wird plötzlich alles zum Opfer. Ein Stein ist reine Geisteskraft, die sich so stark verlangsamen lässt, dass sie schnelleren Bewusstseinsformen ein Fundament zu bieten vermag. Die Bäume, die Tiere, die Menschen, alles bietet sich als eine Durchgangsstation an für ein Bewusstsein, das sich manifestiert, indem es schafft.

Menschen, in ihrer rührenden Einseitigkeit, opfern ihre Isolation, ihr Leiden, ihre Erfahrungen und ihre Freude einander: um in einem strahlenden Organismus von Seelen, einem Netzwerk von Juwelen, zu sein und zu werden.

Opfer bei den Musen

The Summation
When you pass through the fire
you pass through humble
You pass through a maze of self doubt
When you pass through humble
the lights can blind you
Some people never figure that out
You pass through arrogance you pass through hurt
You pass through an ever present past
and it's best not to wait for luck to save you
Pass through the fire to the light ...

Lou Reed auf der CD *Magic and Loss*

Nur ein großer Kummer oder eine große Freude können deine Wahrheit offenbaren. Wenn du begehrst, offenbart zu werden, musst du nackt in der Sonne tanzen oder dein Kreuz tragen.

Khalil Gibran, *Der Prophet*

Dieses ist das Reich Gottes:
Das Reich der Gefahr und der Herausforderung,
des ewigen Beginnens und des ewigen Werdens,
des aufgetanen Geistes und der tiefen Verwirklichung
das Reich der heiligen Unsicherheit ...

Martin Buber, Kommentar zum Buch Daniel

Ich bin kein Pessimist: Das Böse dort wahrzunehmen, wo es existiert,
ist meiner Meinung nach eine Form von Optimismus.

Roberto Rossellini

Der moderne Held, der Mensch von heute, der es auf sich nimmt, dem Ruf zu folgen und die Stätte jener Kraft zu suchen, mit der allein unser ganzes Geschick gestillt werden kann, kann und darf nicht warten darauf, dass die Gesellschaft ihren Pfuhl von Hochmut, Furcht, heuchlerischem Geiz und verstellter Feindseligkeit reinigt. »Lebe, als ob der Tag da wäre«, heißt es bei Nietzsche. Nicht die Gesellschaft hat den schöpferischen Heros zu lenken und zu erretten, sondern umgekehrt. Und so hat jeder von uns Anteil am höchsten Gottesgericht und trägt das Kreuz des Erlösers – nicht in den strahlenden Augenblicken großer Stammessiege, sondern in den Stillemomenten seiner einsamen Verzweiflung.

Joseph Campbell

Der Andere

Warum den Namen aussprechen von Göttern, Sternen,
Schaumflocken eines unsichtbaren Meeres,
Pollen aus entlegensten Gärten?
Wenn, was uns peinigt, das Leben selbst ist, wenn jeder neue Tag
seine Klauen in unsere Eingeweide gräbt, wenn jede Nacht,
zuckend, gemordet, hereinbricht.

Wenn wir den Schmerz in jemand anderem spüren, ist immer ein Mensch da,
den wir nicht kennen: das Opfer, der Feind, der Geliebte und alles,
was wir brauchen, um ganz zu sein.

Vereinnahme nie die Finsternis,
leere nicht den Becher der Freude in einem Zug.
Blick um dich: Es gibt einen anderen, immer einen anderen.
Was er atmet, ist dein Ersticken,
was er isst, ist dein Hunger,
Beim Sterben nimmt er die reinste Hälfte deines Todes mit.

Rosario Castellanos

Wir besitzen nur dasjenige, dessen wir uns entledigen.

Simone Weill

Der Mensch, dessen Lüste zur Ruhe gekommen sind gleich Pferden, die gut dressiert wurden von demjenigen, der sie zügelt; der Mensch, der jeglichen Stolz abgelegt hat, der von jeglicher Unreinheit befreit ist – der Mensch, der auf diese Weise zur Vollendung gelangt ist, der wird selbst von den Göttern beneidet.

Buddha

Yama, der Gott des Dharma, zu seinem menschlichen Sohn Yudishtira:
»Es ist unvermeidlich, dass Könige und Herrscher durch die Hölle gehen müssen, und

➤ Das Wort *sublim* benutzen wir, wenn wir überwältigende Schönheit erleben. Es ist, als ob uns die Größe der Schöpfung in solchen Momenten quasi »aufbrechen« wollte. Wehrlos stehen wir in Verbindung mit dem großen Mysterium, das uns hervorgebracht hat und uns wieder verschwinden lassen wird. Joseph Campbell weist in diesem Zusammenhang darauf hin, dass gerade die abscheulichen und schaudererregenden Erfahrungen sublim sein können. Er beschreibt Gespräche mit Überlebenden des Bombardements auf Dresden, die für dieses Erlebnis die Vokabel »sublim« benutzten.
Die Erfahrung des Sublimen vollzieht sich meistens in der Konfrontation mit etwas, das so schön ist, dass es weh tut, oder mit Dingen, die so schmerzhaft sind, dass sie schon wieder schön werden.
Das Schön-Hässliche kann sich in den kleinsten Dingen zeigen. Einmal sah ich im Goetheanum, dem Zentrum der Anthroposophischen Gesellschaft in der Schweiz, einige alte Menschen in einer so künstlerischen Weise die langen steinernen Treppen hinunterfallen, dass es eine

sei es auch nur für einen kurzen Moment. Was begleitet einen Menschen im Tod?«
Yudishtira: »Das Dharma. Es allein begleitet die Seele auf ihrer einsamen Wanderung, nachdem der Körper gestorben ist.«
Yama: »Welcher Verlust hat keine Betrübnis zur Folge, sondern Freude?«
Yudishtira: »Der Verlust der Wut. Wenn wir sie verlieren, sind wir kein Opfer der Trübsal mehr.«
Yama: »Wenn der Mensch es hinter sich lässt, wird er reich. Was ist das?«
Yudishtira: »Die Begierde. Wenn der Mensch sich ihrer entledigt, ist er reich.«

Aus dem *Mahabharata*

Die Wahrheit lautet: Das Böse wird durch dich selbst getan. Man wird besudelt durch sich selbst. Die Wahrheit ist, dass man durch sich selbst gereinigt wird. Reinheit und Unreinheit sind eine Sache des Individuums. Niemand kann einen anderen rein machen.

Buddha

Meine Reputation nimmt mit jedem Misserfolg zu.

George Bernard Shaw

Besser ist es, ein Opfer menschlicher Schwäche zu werden, als zu den Starken und Unterdrückern zu gehören, welche die Blumen des Lebens mit ihren Füßen zertreten.

Khalil Gibran

Noch so ein Sieg, und es ist um uns geschehen.

Pyrrhus

Nur Geburt kann den Tod überwinden: nicht die Wiedergeburt des Alten, sondern die Geburt eines Neuen. In der Seele und im Körper der Gesellschaft muss – wenn wir langfristig überleben wollen, eine fortwährende Wiedergeburt (Palingenesia) stattfinden, um das unablässige

Sterben aufzuheben. Denn wenn wir nicht wiedergeboren werden, wird das Werk der Nemesis durch unsere eigene Tugend vollbracht. Friede ist eine Falle; Krieg ist eine Falle; Veränderung ist eine Falle; Beständigkeit ist eine Falle; wenn der Tag der Überwindung des Todes angebrochen ist, wird der Tod uns einschließen; es gibt nichts, was wir tun können, außer uns kreuzigen zu lassen und wieder zum Leben erweckt zu werden; völlig vernichtet und dann wiedergeboren zu werden ...

Joseph Campbell

Die beste Art und Weise, mit dem Reinkarnationsgedanken zu leben, besteht darin, dieses Leben so zu leben, als wäre es das einzige.

Dritter Lama Sittuh

Wie sonst soll mein Herz entsiegelt werden,
außer dadurch, dass es aufgebrochen wird?

Khalil Gibran

Beleidigung wäre, die Opfer nur bedauernswert zu finden. Eine solche Erfahrung des Sublimen hat also einen paradoxen Effekt. Sie bricht uns auf, wir fühlen uns so klein und nichtig, dass wir fast verschwinden; und zugleich haben wir Anteil an etwas unendlich Großem. Das Sublime verursacht ein intensives Bewusstsein, das Gegensätze in sich vereint. Es handelt sich dabei immer um friedliche Gewalttätigkeiten, donnernde Stillen, volle Leeren und zeitliche Ewigkeiten.

Klassische Mythologie des Opfers

Unsere Jäger-Vorfahren hatten eine tiefe Ehrfurcht vor den Tieren, die sie töteten und verzehrten. Sie waren ihre Götter. Um sich mit dem Mord an ihren Göttern zu versöhnen, betonten sie, dass die Tiere sich freiwillig opferten. Der Ausgleich für ihr Blutvergießen bestand darin, die geopferten Tiere durch Rituale und Opfer zu ehren, in denen um die Rückkehr des Wesens des Verstorbenen in einer neuen Verkörperung gebeten wurde.

Der sich selbst konsumierende Bär

Das allerälteste bekannte Opferritual der Menschheit wurde vermutlich in den Höhlenbärengrotten in den Schweizer Alpen vollzogen. Vor etwa 60.000 Jahren verehrten unsere Ahnen, die in Höhlen wohnten, die Schädel der Höhlenbären, die von ihnen getötet worden waren, um aus ihnen Nahrung und Kleidung zu gewinnen. Auf Altären in diesen Höhlen wurden

Schädel gefunden, in deren Maul der Knochen einer Vorderpranke gesteckt war. Joseph Campbell erklärt dies so, dass es sich dabei um eine bewusste oder unbewusste Wiedergabe der Tatsache handelte, dass jegliches Leben nur auf der Basis des Tötens oder Getötetwerdens existieren kann. Das Leben frisst sich selbst.

Ehrfurcht und Eigeninteresse

Das Opfer in seiner magisch-unterstützenden Kraft war von Anfang an eine Kombination aus dem Zum-Ausdruck-Bringen von Ehrfurcht und dem Bedürfnis, selbst zu überleben. Eine Pflanze, ein Tier oder ein Mensch wurden geopfert, um ein Nahrungsopfer durch die Tiergeister oder – später – die Feldgötter zu erzwingen. Es waren Geschenke, mit denen Geschenke erfleht wurden. Die Opfer sollten die unberechenbare Natur beschwören, sie machten es den Menschen leichter, ein Gefühl der Kontrolle über sein von Verhängnissen bedrohtes, unbeherrschbares Schicksal zu gewinnen. Darum standen die Priester als die Vollzieher der Opferrituale in so hohem Ansehen: Wer das Opfer richtig ausführt, der beeinflusst das Schicksal und hat somit Macht über Götter und Menschen.

Das alles verzehrende Feuer

Sämtliche Nahrung, die wir zu uns nehmen, verschwindet in einem Verdauungsorgan, das als ›Opferstätte‹ betrachtet werden kann. Sogar die Luft, die wir einatmen, wird verdaut und verbrannt, damit wir leben können. Unter diesem Aspekt sind wir ›wandelnde Opferfeuer‹. Aber wir sind selbst wiederum Nahrung, zum Beispiel für Raubtiere, Aasfresser oder aber für die Würmer auf den Friedhöfen beziehungsweise das Feuer des Scheiterhaufens.

Der wichtigste hinduistische Opfergott ist Agni, der Feuergott. Von ihm wird gesagt, er sei das Feuer, das die Welt verzehrt. Jedes Opferfeuer, das entzündet wird, ist ein Mund Agnis. Und weil letztlich alles auf der Welt Opfer ist, besteht die Welt aus einem einzigen großen Opfer, das die Götter sich selbst darbringen, einem Opfer Agnis an Agni. Daher auch folgendes Gebet:

Agni ist das Feuer, in welches das Opfer geworfen wird, Agni ist das Opfer, das im Feuer verschwindet, und Agni ist derjenige, der die Opfergabe ins Feuer wirft.

Somaproduktion

Diese Vorstellung der Welt als ein Opfer, das die Götter sich selbst bringen, kehrt in den großen Mythologien der Welt in unterschiedlichster Weise wieder. Einer der älteren Sprüche der Veden lautet: Nur eine Gottheit kann eine Gottheit verehren. Und ein verwandter Spruch: Das Opfer, das die Götter dem Menschen bringen, besteht darin, dass er den Göttern opfern kann.

Etwas plastischer formuliert es die Hindu-Mythe vom Soma. Dies ist eine Art ätherischer Dunst, der aus der Welt aufsteigt und von den Göttern getrunken wird. Menschen, die voller Leidenschaft durchs Leben gehen, liefern das beste Soma. Aber weil die Götter sich selbst in uns erleben, sind all unsere Prüfungen und Heimsuchungen auch zugleich Opfer, die die Götter sich selbst bringen.

Blut ist ein ganz besonderer Saft.
Mephisto, nachdem er Faust mit dessen eigenem Blut einen Vertrag unterschreiben lässt

Blutopfer

Das genannte Prinzip der magischen Kräfte, die als Dämpfe aus Körpern aufsteigen, finden wir bei Ritualen wieder, in denen Blut vergossen wird. In der Unterstellung, dass aus frisch vergossenem Blut Kräfte gewonnen werden können, wurden und werden Opfertiere, aber auch Menschen, aufgeschnitten und in Stücke gehackt. Noch pochende Menschenherzen werden dem Sonnengott angeboten, Blut von Opfertieren und Opfermenschen wurde in verschiedenen Tempeln durch eigens dafür angefertigte Rinnen um die Betenden herum geführt, und frisch abgetrennte Köpfe standen als makabre Triumphzeichen an den Straßen.

Auch in der Voodoo-Religion gibt es Blutrituale. Dort ist man der Ansicht, dass die aus dem Blut freiwerdende Kraft die Meditation verstärkt.

Weniger blutrünstig begegnen wir diesem Prinzip in einigen Formen der Heilkunst, wo Aderlässen oder dem Hervorrufen von Brandblasen oder Blutergüssen eine heilende Wirkung zugeschrieben wird.

Eine moderne Form des Blutopfers ist das Spenden von Blut mit dem Ziel, dass andere Menschen dadurch geheilt werden können.

Kali als »Mutter Zeit«

Die Hindu-Göttin, die alle Blutopfer trägt und stimuliert, heißt Kali. Ihr Name bedeutet sowohl »die Schwarze« als auch »die Zeit«. Kali ist die schwarze Mutter, aus der alles Leben hervorgeht und zu der alles Leben zurückkehrt. Sie hat das Recht, Opfer zu verlangen, denn sie schuf uns und nimmt uns wieder zu sich. Sie ist die Zeit, die uns hervorbrachte und uns frisst. In der griechischen Mythologie wird sie als Kronos dargestellt, der seine eigenen Kinder verschlingt. Voller Blutdurst mäht sie um sich und trennt die Köpfe von den Rümpfen. Ihre Tempel sind stark frequentiert. Man kann dort Gebete verrichten, doch man darf dort auch hassen und verfluchen – alles wird akzeptiert.

Viele derartige Furcht einflößende Götter wie Kali – selbst Buddha hat eine zornige Seite – werden mit einer erhobenen Hand dargestellt, und dies nicht ohne Grund. Wir Europäer denken häufig, dass diese Gebärde »Stopp, kein Zugang« bedeutet. Denn wir wurden einst von unserem Gott aus dem Paradies verjagt. Doch die Symbolik dieser Gebärde ist viel beruhigender: »Hab keine Angst, denn was du siehst, wirkt zwar wie ein Blutbad, doch es geschieht nichts Schreckliches. Es handelt sich lediglich um den Übergang vom Geist zur Materie und umgekehrt, der sich hier abspielt. Es ist ein loderndes Feuer, das einen göttlichen Trank ergibt. Es ist ein Opfer, das der Geist bringt, damit er in der Materie erscheinen kann, und es ist ebenfalls ein Opfer, wenn er daraus wieder entfernt wird. Es ist ein Opfer Gottes, das er sich selbst bringt. Erkenne deine göttliche Natur, verbrenne und trinke mit.«

Der geopferte Gott

Dem Motiv des Gottes, der sich selbst opfert bzw. ein Opfer bringt, begegnen wir in vielen Variationen. Den Menschen am nächsten stehen die Rituale aus der Zeit des Matriarchats, wo Frauen jedes Jahr einen oder mehrere Söhne opferten, um eine gute Ernte zu erreichen. Pasolini schildert das in seinem Film *Medea* besonders eindrucksvoll: Ein Junge begibt sich begeistert zum Altar, er schreckt einen Moment zurück, doch dann lässt er sich erwürgen. Aber auch Väter, die ihre Söhne (beispielsweise Abraham und Isaak) oder Töchter (zum Beispiel Agamemnon und Iphigenie) opferten, begegnen uns häufig in der Mythologie. Wie in den christlichen Riten symbolisch das Blut des Geopferten getrunken und sein Körper gegessen wird, so geschah es in jenen Zeiten tatsächlich.

Die bekannteste Mythe eines Gottes, der seinen (menschlichen) Sohn opfert, ist natürlich die von Jesus Christus. Auch hier handelt es sich um einen Gott, der etwas von seiner eigenen Substanz in die Materie herabsteigen lässt, die durch das Kreuz symbolisiert wird, und der diesen Anteil nach dem Opfer wieder zu sich nimmt. Das göttliche Blutopfer bringt den Menschen Erlösung und Freiheit.

Auch andere Kulturen kennen derlei transformierende und aufgrund ihrer Opferkraft erlösende Götter. Die Mayas hatten ihren eigenen »Tempel des Kreuzes« und nannten ihren Erlöser Kukulcan. Die Azteken nannten ihn Quetzalcoatl. Der Name bedeutet »gefiederte Schlange« und lässt sich als ein Hinweis auf die Doppelnatur des Gott-Menschen verstehen: geistig (die Federn) und zugleich erdgebunden (die Schlange).

Mit diesem Quetzalcoatl verbindet sich eine besondere Geschichte. Als die ersten europäischen Missionare in Südamerika eintrafen, trauten sie zunächst ihren Ohren nicht. Die Azteken kannten bereits eine Gottheit, die aus einer jungfräulichen Geburt hervorgegangen, gekreuzigt und wiedergeboren worden war. Nur hieß sie nicht Jesus, sondern Quetzalcoatl. Rasch wurden zwei Theorien entworfen, um diese peinliche Entdeckung zu erklären. Die erste bestand darin, dass man annahm, der Evangelist Thomas sei bis in diese entfernten Erdgegenden gelangt und habe auch hier sein Evangelium gepredigt. Der Name Jesus sei daraufhin zu dem Namen Quetzalcoatl verballhornt worden. Die zweite Theorie war fast genauso abenteurlich: Der Teufel habe den Missionaren eine Falle stellen wollen, indem er hier einen Glauben etabliert habe, der dem Christentum täuschend ähnlich war, sodass die christlichen Missionare nichts wirklich Neues mitbringen konnten.

Geografisch etwas näher bei uns, in der isländischen Edda, wurde beschrieben, wie der Vatergott Odin sich selbst neun Tage lang am Weltenbaum Yggdrasil aufhing. Odin sagt dort: »Mit einem Speer wurde ich verwundet und dem Odin geopfert, ich mir selbst.«

Ein Amerikaner, ein Deutscher, ein Engländer und ein Franzose fliegen in einem viermotorigen Flugzeug über den Ozean. Plötzlich fällt ein Motor aus. Der Pilot erklärt, dass einer von ihnen sich opfern muss, um das Gewicht der Maschine zu vermindern. Der Amerikaner ruft: »God bless America« und springt aus der geöffneten Tür des Flugzeugs. Eine Weile später fällt ein weiterer Motor aus. Der Deutsche ruft: »Deutschland über alles« und springt. Als schließlich noch der dritte Motor ausfällt, blicken sich der Franzose und der Engländer gequält an. Dann ruft der Franzose: »Vive la France!« und stößt den Engländer hinaus.

Grausame Schlachten und Helden

Doch nicht nur Götter martern sich selbst. Die Geschichte der Menschheit ist voller grausamer Schlachten, bei denen sich Menschen gegenseitig martern. Hier wird ein fundamentaler Unterschied zwischen den jeweiligen Opferqualitäten deutlich. Es kommt nämlich häufig vor, dass die Stärkeren die Schwächeren zu »Auserkorenen« machen, um sie opfern zu können. Sklaven, Kriegsgefangene oder besiegte Völker wurden zu allen Zeiten mit deutlich weniger Skrupeln geopfert als Mitglieder der siegreichen Gruppe selbst.

Innerhalb oder außerhalb des Stammes

Während die weniger expansionsorientierten, Ackerbau treibenden Völker ihre Opfer mehr innerhalb ihres eigenen Stammes suchten, opferten die Jägervölker auch ihre Feinde. Auf diese Weise sind Mischformen von Ritualen entstanden. Elias Canetti schildert in seinem Buch *Masse und Macht* einen Stamm in Südamerika, der einen anderen angreift, um als Anstifter des Unglücks, das diesen Stamm getroffen hat, zu fungieren und anschließend geopfert zu werden (siehe das Kapitel »Paradoxien des Kampfes«). Dies kann außer als Kampfritual auch als Opferritual betrachtet werden.

Die Inkas kannten ein Ballspiel, bei dem zwei Mannschaften gegeneinander antraten. Der Anführer des siegreichen (!) Teams wurde nach Beendigung des Wettkampfes als Ausdruck der dem Gegner gebührenden Ehrbezeugung noch auf dem Spielfeld enthauptet.

Der sich selbst opfernde Held

Grundsätzlich gehört es zu den besonders schätzenswerten Merkmalen eines Helden, dass er sich selbst opfert. Sei es, um einen anderen, einen Stamm, die Menschheit oder ein Ideal zu retten – immer ist der Held bereit, sein eigenes Leben der Gefahr auszusetzen. Wir sind hier wieder beim Mysterium des freien Willens angelangt. Denn: Welchen Gesetzen folgen wir, wenn wir unserem Herzen folgen? Ist es kulturell bedingt und bestimmt, dass wir der individuellen Freiheit einen so hohen Stellenwert einräumen? Ist eine indische Witwe, die sich auf den brennenden Scheiterhaufen mit dem Leichnam ihres Mannes wirft, eine Heldin? Ist sie bemitleidenswert, weil die Tradition es von ihr fordert? Ist es eine Tat der Vernunft, weil es doch niemanden mehr gibt, der ihren Lebensunterhalt garantiert?

Viele Helden beschreiben nach ihrer vollbrachten Heldentat, dass sie dabei nicht nachdachten, sondern rein impulsiv handelten. Etwas in ihnen war, ohne vorherige Reflexion, bereit, das größtmögliche Opfer zu bringen. Sie sagen, sie hätten keine Wahl gehabt. Doch was ist es dann, was wir in ihnen verehren? Ihre günstigen genetischen Voraussetzungen? Ihre harmonische Jugend? Oder erkennen wir in ihnen die (in uns selbst eingeschlummerte) Gewissheit, dass wir alle eins sind und dass wir in unserem Kern unzerstörbar sind?

Moderne Mythologie des Opfers

Einem Häuptling aus Tonga, Finao, wurde zu Beginn des vorigen Jahrhunderts die Funktion von Geld erklärt. Er verstand sie zwar, doch er lehnte sie ab:

»Wenn ein Mann mehr Yams besitzt, als er benötigt, so soll er sie gegen Schweinefleisch oder ein Stück Stoff eintauschen. Natürlich ist Geld viel bequemer und praktischer, doch weil es nicht verdirbt, wenn man es aufbewahrt, werden Menschen es sammeln und anhäufen, statt es zu verteilen, wie es ein Häuptling zu tun hat. So werden sie egoistisch werden. Wenn hingegen Nahrungsvorräte (so wie es sich gehört, weil diese am nützlichsten und außerdem notwendig sind) die wichtigsten Besitztümer eines Mannes sind, kann er sie nicht aufbewahren, weil sie irgendwann verderben. Er wird also gezwungen sein, sie gegen etwas anderes Nützliches einzutauschen oder sie umsonst mit seinen Nachbarn, seinen Häuptlingen oder den Menschen, von denen er abhängig ist, zu teilen. Ich begreife nun sehr gut, was die Papalagis (die Europäer) so egoistisch werden lässt – es ist dieses Geld.«

Es sieht so aus, als hätte sich gegenüber der Epoche der Menschenopfer vieles geändert, doch der Schein trügt. Unser neuer Gott heißt »Ökonomie«, und das, was wir opfern, heißt »Ökologie«. Wir verehren das Wirtschaftswachstum, und die Umwelt muss ölverschmierte Federn lassen.

Unsere neuen Priester, die Ökonomen und Wissenschaftler, verkünden seligmachende Techniken und sprechen von beherrschbaren Risiken im Zusammenhang mit Kernkraftwerken, der Verbrennung fossiler Brennstoffe und anderer Quellen der Umweltverschmutzung.

Wenn wir Krieg führen, so tun wir das häufig mit Ländern, denen wir zuvor Waffen verkauft haben. Wir schlachten nicht mehr massenhaft ab, sondern wir treffen die Tempel des Feindes: die Kraftwerke, Waffenlager, Fernsehstationen. Dass wir dabei ab und zu ein ziviles Ziel treffen, ist ein einkalkuliertes Risiko. Und auch wir – die vermeintlichen Zuschauer – scheinen uns damit abgefunden zu haben, dass unser Dasein eben Opfer verlangt. Fasziniert betrachten wir die entsprechenden Bilder, vielleicht in derselben Trance, die vor 60.000 Jahren bei den ersten Opferritualen ebenfalls auftrat.

Der Abfall gehört der Zukunft

Viele Opfer werden, genau wie früher, auf die Schultern unserer Kinder abgewälzt. Ein Großteil der Verschmutzungen, die wir heute verursachen, hat eine vorausberechenbare Langzeitwirkung. Doch wir hängen eben sehr an unserem Wohlstand, und wir möchten ihn gerne noch so lange wie möglich genießen. In dieser Hinsicht unterscheiden wir uns kaum vom Vater des Ödipus, der sein eigenes Kind opferte, um länger König bleiben zu können.

Das Opfer des Kindes in der Erziehung

Eine interessante neuere Entwicklung in der Mythologie des Opfers ist die Aufmerksamkeit für das Opfer, das das Kind bringt, um das Überleben seiner Eltern zu sichern. Die klassische pädagogische Kultur betont mehr die Opfer, die von den Eltern gebracht werden. Darüber braucht auch nicht lange diskutiert zu werden. Im vorigen Jahrhundert erwachte jedoch die Erkenntnis, wie schwer Kinder darunter leiden, wenn Eltern ihre Frustrationen an diesen, von ihnen abhängigen Wesen auslassen.

Das Opfer der jüngeren Generation besteht darin, dass sie Ungerechtigkeiten ertragen oder große Dummheiten mit ansehen muss. Die Form, die dieses Verhalten annehmen kann, weist in zwei Richtungen, die der guten Absichten der Eltern oder aber die regelrechten Missbrauchs. Aber das schwerste Opfer der Kinder besteht häufig daraus, dass sie Liebe zu Menschen aufbringen – häufig sind es ihre Eltern –, vor denen andere die Flucht ergreifen würden. Besonders deutlich wird dies bei Ehescheidungen. Der Vater sagt dann eigentlich durch sein Handeln: »Ich halte es bei dieser Frau hier nicht mehr aus, aber von euch wird erwartet, dass ihr es noch fünfzehn Jahre mit ihr aushaltet.«

Religiöse Opfer

Jede Religion verlangt Opfer von ihren Anhängern. Dies kann zum Beispiel der allwöchentliche Kirchenbesuch sein. Doch noch viel tiefer geht das Opfern bestimmter Gedankengänge. Um die Überzeugung zu hegen, dass Jesus tatsächlich körperlich zum Himmel aufgefahren ist, muss man sehr viele naturwissenschaftliche Erkenntnisse aus dem Bewusstsein verbannen. Um den Gedanken denken zu können, dass die Juden wirklich einen exklusiven Bund mit Gott geschlossen haben, muss man sich gegen die Schönheit vieler anderer Rituale abschirmen. Man muss Menschen mit anderen Lebensweisen als »minderwertig« oder »vom Weg abgekommen« betrachten und so weiter.

Aber auch Antireligiöse, Atheisten, Agnosten, Rationalisten oder auch ganz einfach oberflächliche Menschen bringen Opfer. Ihr Glaube an die rationale Erklärbarkeit wird täglich auf die Probe gestellt, und sie müssen sich ungeheuer anstrengen, um ihr Bedürfnis nach Verehrung, dem Bringen von Opfern und nach Danksagung zu leugnen. Sie wissen nicht, was ihnen entgeht, und gerade darin besteht ihr Opfer.

Das verborgene Opfer

Heute, nachdem der wissenschaftliche Bann, der auf esoterischen Gedankengut lag, etwas weniger stringent geworden ist, ist es leichter, über verborgene Opfersubstanz zu sprechen. Sowohl bei Materialisten wie bei spirituell denkenden Menschen ist es Mode, davon auszugehen, dass »alles Energie ist«. Dies für sich genommen sagt eigentlich nicht sehr viel aus, denn buchstäblich bedeutet das griechische Wort *energein* lediglich »in etwas wirksam sein«.

Etwas diffuser, aber poetischer, können wir auch von Vitalität oder Lebenskraft als Opfersubstanz sprechen. Ferner passt gut zur Denkweise dieses Buches auch der Begriff der Opferkraft als *Zeitpotenz*: »Ich habe dir die besten Jahre meines Lebens geopfert.«

Die größten Opfer, die in unserer Zeit gebracht werden, sind die, durch die mehr *Bewusstsein* erworben wird. Und Bewusstsein kostet Lebenskraft.

➤ Es gibt Formen des Sublimen, bei denen weder der freie Wille noch die Zufriedenheit noch eine wesentliche Rolle spielen. Wir sitzen im Sessel unseres Schicksals, das Leben, das auf uns wartete, passt ganz genau zu uns, wir akzeptieren alle die Umstände, selbst unsere Neigung, uns ihnen zu widersetzen. Wir denken nur allzu leicht, dass die soeben beschriebene Haltung nur von strahlenden Siegern, Nobelpreisträgern, großen Dichtern umgesetzt werden kann. Aber nichts hindert uns daran, ebenfalls auf diese Art und Weise das Mauerblümchen zu betrachten, das nicht mehr zur Tanzstunde geht, weil die Angst davor, nicht mehr aufgefordert zu werden, zu groß geworden ist, oder auf den nicht von seiner Mutter losgekommenen Sohn, der mit Depressionen auf der Bank sitzt, oder nach der Mutter, die die besten Jahre ihres Lebens für ihre unzufriedenen Kinder schuftete, und an den Mann, der sie schließlich verließ, oder auf den Nachbarn, der mit 88 Jahren seine letzten Lebensjahre in Einsamkeit verbringt.

Die Chance ist groß, dass auch sie Spitzenleistungen erbringen. Was sie tun, ist, näher betrachtet, wahrscheinlich das Schönste, wozu ein Mensch in seinem Schicksal in der Lage ist. Wenn es stimmt, dass die Menschheit ein einziger großer Organismus ist, dann rackern sie sich auch für uns ab oder verkümmern auch für uns ganz allein für sich, auf einer Zweisitzerbank.

Und viele Angriffe auf unsere Lebenskraft kosten unsere Lebens-Zeit. Denn durch intellektuelle Arbeit werden wir nachhaltiger ermüdet als durch handwerkliche. Andererseits werden wir durch intellektuelle Arbeit auch wieder reicher und können danach ein paar Mal im Jahr mit dem Flugzeug in die unberührte Natur fliegen, um aufzutanken. Andere werden jedoch ihre Freizeit dafür aufwenden müssen, um die Folgen unserer Ausflüge zu beseitigen. Bei diesem »Zeit-Raub« werden die saubere Luft und die Natur geopfert.

Die Opfersubstanz ist hier Zeitpotenz: die Zeit nämlich, die notwendig war, damit diese saubere Luft entstehen konnte, und die Zeit, die die Welt braucht, um sich wieder vom ausgestoßenen Kerosin zu erholen.

Wer ist in welchem Netz gefangen?

Unsere Zeit ist die Zeit eines bisher unerreichten intellektuellen Bewusstseins, wie es im »World Wide Web« symbolisch zum Ausdruck kommt, welches von einer unsichtbaren Spinne wie Fäden um die gesamte Welt gesponnen wurde. Was wir opfern, ist immer dasselbe: Wir zehren von subtilen Lebenskräften, die aus der Zukunft und der Vergangenheit importiert werden. Ob es sich dabei nun um die Zeit handelt, die die tropischen Regenwälder benötigen, um heranzuwachsen, oder die Zeit, die die Weltmeere brauchen, um die Verschmutzung zu überwinden, oder, noch näher an unserer eigenen Erfahrungswelt, die Zeit, die wir eigentlich brauchen, um alle Informationen, die auf uns zukommen, zu verarbeiten oder sie zumindest auf ihre Brauchbarkeit hin zu selektieren. Und ganz unmittelbar können wir dies erleben, wenn wir wahrnehmen, was ein paar Stunden ununterbrochener Arbeit am Computer mit uns anstellen.

Wir haben es mit einer Beschleunigung der Lebenserfahrung zu tun. Kinder werden heute schneller klug, aber auch schneller müde. Der durchschnittliche

Jugendliche versteht heute mehr von Lebensphilosophien als mancher Gelehrte aus dem 19. Jahrhundert. Doch diese unbegrenzten Möglichkeiten öffnen sich zulasten des Halts und der Verehrungsfähigkeit.

Das Opfermotiv erscheint auf vielen Ebenen. Wir befinden uns in einer einzigartigen, intensiven und besonders kritischen Phase der Menschheitsentwicklung. Hier dabei sein zu dürfen, ist ein Vorrecht. Dafür mitverantwortlich zu sein, ein Opfer.

Neue Opfer in der Kunst

Die Mythologie des Künstlers ist bereits seit vielen Epochen mit dem Opferprinzip verbunden. Der Drang zur Wiedergabe des unsagbaren, unbegreiflichen Mysteriums in und hinter den Dingen zwingt manchen Künstler, durch Feuer sublimer Schönheit zu gehen, aus denen er nicht ohne Brandspuren hervorgeht. In dieser Hinsicht lässt sich ein Künstler mit der Motte in einer Parabel des Sufi-Mystikers Hallaj vergleichen:

Eine Motte entdeckt nachts eine brennende Öllampe. Das Feuer zieht sie an, und sie will nichts weiter, als ihm näher zu kommen. Doch das Glas trennt sie von der Befriedigung ihres Verlangens. Wie besessen wirft sie sich immer wieder gegen das Glas. Am Ende der Nacht kehrt sie beschädigt und angesengt zu ihren Freunden zurück und berichtet ihnen von dem Wunder, das sie erblicken durfte. Diese lächeln nüchtern und merken an, dass das große Geheimnis, das sie hat erblicken dürfen, ihr offenbar nicht viel Gutes gebracht hat.
Dann, eines Nachts, gelingt es ihr tatsächlich, an dem Glas vorbeizuschlüpfen. Und für einen ganz kurzen und ewigen Moment wird die Motte eins mit ihrem Geliebten.

Wenn Sie sich zum Lebenskünstler entwickeln wollen, so sollten Sie nicht denken, dass Sie dieses Ziel lediglich mit einem Glas Wein auf einer schönen Terrasse erreichen. Die Erfahrung der Schönheit und der Wahrheit wird Sie in Brand setzen, und sie kann Sie eine Menge Lebens-Zeit kosten.

Das Ende eines endlosen Lebens

Eine besonders geistvolle Behandlung der Magie des Opfers zeigt die Schriftstellerin J. K. Rowling in ihren erfolgreichen Büchern über den Zauberlehrling Harry Potter. Sie behandelt grundlegende moralische Dilemmas in einem humoristischen, magischen Kontext. Der Held der Geschichte hat im

JASPER JURNEN / ANP

Das Els Castellers-Festival im Vendrell. Einige hundert Menschen bauen eine Burg aus Menschen. Jedes neue Stockwerk entsteht auf den Schultern derer, die das vorige bilden – viele Schultern, auf denen das Ganze ruht.

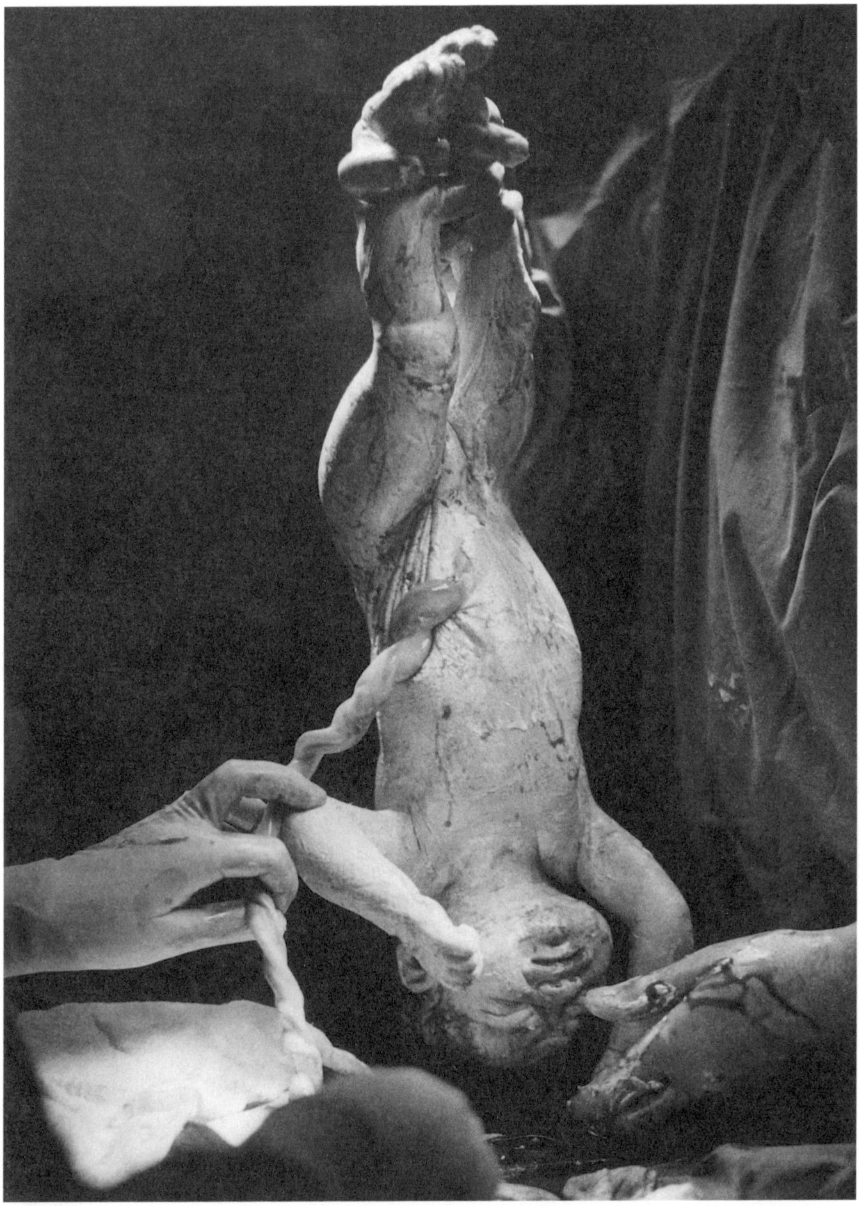

ABC PRESS

Viele Münder, die gestopft werden müssen. In jeder Sekunde werden auf unserer Erde vier Babys geboren. Dieses Foto stammt aus dem Jahr 1973.

jungen Alter seine Eltern verloren. Sie wurden durch den Schwarzmagier Voldemort getötet, und Harry hat eine blitzförmige Narbe auf seiner Stirn, ein Überbleibsel des Versuchs Voldemorts, ihn zu töten.

Die mythologische Kraft der Harry-Potter-Romane basiert auf einer starken Substanz: ein Auserkorener, der gleich zu Beginn Opfer bringt. Er wächst unterdrückt und vernachlässigt bei Pflegeeltern auf, und erst kurz vor Beginn seiner Pubertät ereilt ihn der Ruf, seine wahre, magische Natur zu entwickeln. Das Thema des Opfers kommt meines Erachtens nirgends schöner heraus als im ersten Band der Reihe, *Harry Potter und der Stein der Weisen,* worin der liebenswürdige Herr Flamel und seine Frau gut sechshundert Jahre alt geworden sind, weil sie entdeckt haben, dass sich aus dem Stein der Weisen ein Lebenselixier destillieren lässt. Als sie begreifen, dass Voldemort auf der Suche nach dem Stein ist, um damit seine magischen Kräfte zu vergrößern, entschließen sie sich, den Stein zu vernichten. Mit diesem Opfer nehmen sie sich selbst die Möglichkeit, ihr Leben weiter zu verlängern. In Würde und Dankbarkeit vollziehen sie eine Gebärde, an der sich die Welt ein Beispiel nehmen kann.

Apokalyptische Bedrohungen

Viele Heldenfilme behandeln das Thema, wie eine nahende Apokalypse abgewendet werden kann. Die Welt droht durch einen Kometen, ein tödliches Virus oder durch das Böse schlechthin unterzugehen. Das Opfer des Helden besteht meistens aus dessen Bereitschaft, große Risiken einzugehen. Meistens sterben einige Freunde und Kameraden des Helden, doch er oder sie selbst kehrt häufig siegreich aus dem Kampf zurück.

Manchmal wird der Untergang der Welt durch den tatsächlichen Tod des Helden oder der Heldin abgewendet. So spielt zum Beispiel in *The Seventh Sign* Demi Moore eine schwangere Frau, die davon hört, dass das Ende der Zeiten angebrochen ist, weil es niemanden mehr gibt, der sich für die Welt opfern will. Die Apokalypse ist bereits in vollem Gange, überall auf der Welt vollziehen sich Katastrophen, als sie den Entschluss fasst, ihr Leben für den Rest der Welt zu opfern. Sie stirbt während der Entbindung, und die ultimative Katastrophe wird abgewendet.

Noch viel beklemmender jedoch ist der Film *Das Opfer* von Andrei Tarkowski. Wir sehen dort einen älteren Mann – eine Rolle, die Erland Josephson spielt –, der sich seinem Sohn gegenüber über den Mangel seiner Zeit an spiritueller Einsicht beklagt. Dann bricht der Dritte Weltkrieg aus:

Atombomben werden abgeworfen, alles ist in Panik. Der Held bittet flehentlich zu Gott, er sei bereit, alles zu opfern, wenn nur der Lauf der Geschichte zurückgedreht werden könne. Er geht zu Maria, einer Frau, der er bislang immer aus dem Weg gegangen war, weil er sie als Hexe betrachtete. Er fleht sie an, mit ihm zu schlafen, doch sie weigert sich. Erst als er ihr eine Pistole an die Stirn setzt, beschließt sie, aus Mitleid ein Opfer zu bringen. So sehen wir die beiden, in der Luft schwebend, wie sie sich miteinander vereinigen. Am nächsten Tag ist keine Spur der Massenvernichtung mehr zu erkennen. War alles nur eine Wahnvorstellung? Der Held hält sein Wort und zündet alles an, was er besitzt. Dann wird er für verrückt erklärt und mit einem Notarztwagen abtransportiert. Sein noch junger Sohn liegt unter dem zentralen Baum, der die Weltachse, den Baum der Erkenntnis von Gut und Böse, sowie das spätere Kreuz darstellt, und murmelt: »Am Anfang war das Wort. Warum, Papa?«

Andrei Tarkowski hat diesen Film seinen Sohn Andruscha gewidmet, als »Hoffnung und Trost«. Russlands bekanntester Regisseur starb noch im selben Jahr an Krebs.

Die Last und das Opfer

In dem japanischen Film *Narayama* wird ein Dorf in Nordjapan beschrieben, etwa um 1890, in dem die meisten Bewohner unter der Armutsgrenze leben. Die Winter dort sind so kalt und die Nahrungsmittelvorräte dermaßen begrenzt, dass in jedem Herbst entschieden wird, wie viele Kinder verkauft werden und wie viele Eltern sterben müssen. Die Mythe des Dorfs schreibt vor, dass die Alten kurz vor dem ersten Schnee auf dem Rücken ihrer Söhne auf den hohen Berg Narayama getragen werden müssen. Dort haben sie in Stille abzuwarten, bis sie mit ihren Ahnen vereinigt werden.

Wir folgen einer Familie, in der eine Großmutter lebt, die noch wunderbar weiße Zähne hat, die sie für allerlei Tätigkeiten in und um das Haus einsetzt. Außerdem beherrscht sie einen Trick, Fische zu fangen, den niemand außer ihr kennt. Ihr Sohn, ein Witwer, ist dankbar für die Hilfe seiner immer gut gelaunten und weisen Mutter.

Dennoch arrangiert die Großmutter eine Frau für ihren Sohn und kündigt an, dass sie im selben Winter auf den Narayama getragen werden will. Ihr Sohn widersetzt sich dem, mit dem Argument, dass sie noch viel zu gesund und noch viel zu nützlich sei, um bereits zu sterben: Sie habe noch so schöne, starke Zähne. Da schlägt sich die Großmutter auf einem Mühlstein ihre eigenen Zähne aus und enthüllt ihrer Schwiegertochter das Geheimnis, wie sie Fische fängt. Auf diese Weise macht sie deutlich, dass es in Bezug auf ihren Tod kein Entrinnen gibt.

Parallel zu diesem Drama vollzieht sich bei den Nachbarn eine ganz andere Geschichte. Dort sitzt ein ständig nörgelnder, nutzlos gewordener Großvater in einem Käfig, weil er sonst seinen Enkelkindern zu viel Essen wegnähme. Sein Widerstand gegen den Narayama ist so groß, dass er in einem Netz hinaufgezogen werden muss. Die Verachtung, die sein Sohn ihm gegenüber empfindet, ist so stark, dass er seinen Vater auf halber Strecke in einen tiefen Felsspalt wirft.

Wie unterschiedlich ist das Abschiedsritual zwischen Mutter und Sohn. Als müsste er bis ins Körperliche hinein fühlen, wie ihre Last ihn bedrückt, trägt er sie auf dem Rücken hinauf zum Berggipfel. Schweigend legen sie den schweren Aufstieg zurück. Die Rituale schreiben vor, dass sie die letzte Wegstrecke allein zurücklegen muss. Doch er kann es nicht lassen und begleitet seine Mutter, wobei er entdeckt, dass dort oben überhaupt kein schöner Übergang zwischen Leben und Tod auf sie wartet. An den zahllosen Skeletten sieht er, wie verzweifelt und einsam die Menschen gestorben sind. Manche haben sich erhängt. Seine Mutter ermahnt ihn, er solle zurückgehen, und setzt sich dann in einer Meditationshaltung nieder. Dann empfängt sie den Segen: Es beginnt zu schneien, und ganz langsam wird sie ohne großen Schmerz erfrieren.

Der Berg muss seine schwere Schneelast tragen.
Wenn er schmilzt und zu fließendem Wasser wird,
empfängt die ganze Welt es mit Wohlbehagen.
Rabindranath Tagore

Der predigende gedungene Mörder

Ein beeindruckender Antipode des reinen Naturfilms *Narayama* ist *Pulp Fiction* von Quentin Tarantino. Auch hier werden parallele Handlungsstränge dargestellt, unzählige paradoxe Situationen, in welchen sich Opfer, Rettungen und Segnungen miteinander abwechseln beziehungsweise gegenseitig verursachen. Das Sublime offenbart sich in der Spannung zwischen den Alltagsdialogen und der wahnsinnigen Selbstverständlichkeit, mit der hier Blut vergossen wird. Ironischer- und vielsagenderweise ist dieser harte Gangsterfilm einer der Filme der vergangenen zwanzig Jahre, in dem am meisten Moral gepredigt wird. Blutdurstige Mörder führen lange Diskussionen über Gut und Böse und darüber, was sich gehört oder nicht gehört. Ständig wird von Vergeltung, Rettung, Opfer und Vergebung gesprochen, und dies in einem Film, der vor »Schuld« trieft.

Der geschickte Spieler gibt seine Position im Spiel auf,
um anderen ihre Chance zu geben, das Spiel besser zu spielen.
James Carse

Soma aus Koma

Einer der beeindruckendsten Schritte im Bereich der neuen Opfermythologie wurde vor Kurzem durch den Film *Matrix* vollzogen. Dieser Film handelt wiederum vom Erkanntwerden, dem Kräftesammeln und den Erlösungstaten eines Auserkorenen: Neo. Es ist ein wunderbares Heldenepos, in dem eine deutliche Anspielung auf das Sterben und die Auferstehung Christi hineinkomponiert ist. Doch der Film geht noch weiter. Die Geschichte spielt sich in einer Zukunft ab, in welcher Menschen von Maschinen gezüchtet werden und bei ihrer »Geburt« ein Loch im Schädel erhalten, sodass sie an eine virtuelle Realität angeschlossen werden können. So verbringen sie ihr gesamtes Leben in einem fötalen, komatösen Zustand und bekommen dabei von einem Computer einen illusionären Lebenslauf vorgesetzt. Währenddessen wird die ›wirkliche‹ Welt von Maschinen in Gang gehalten, die den Rest Energie, der noch aus den Organen der Menschen gewonnen werden kann, für ihre eigene Weiterexistenz benutzen.

Neo wird aus einem Traumzustand erweckt durch Morpheus, dem Anführer einer Widerstandsgruppe, die in ihm den Messias erahnt. Er erwacht, und es zeigt sich, dass er einen blassen, schwachen Körper hat, der erst noch lernen muss, selbstständig zu funktionieren. Nach seinem schmerzhaften Erwachen in der grauen Wirklichkeit vernimmt Neo, dass er wiederum an das Computernetzwerk angeschlossen werden soll. Denn er muss den Kampf mit den Maschinen der Illusion (der Matrix) aufnehmen, die ihn mittels virtueller Konfrontationen töten können. Denn auch wenn sich alles nur in der Vorstellung, im Geist, abspielt – der Körper beginnt tatsächlich zu bluten, wenn der Geist von der Wirklichkeit der Illusion überzeugt ist.

Hier schleicht sich eine höhere Form von Buddhismus ein. »Matrix« ist eine Anspielung auf ein Computernetzwerk, doch wörtlich bedeutet dieses Wort »Urmutter« und es deutet auf die Schleier der Maya hin. Der Film führt die Kraft der Illusionen in einer solch überzeugenden Weise vor, dass man als Zuschauer beinahe selbst aus seinen Illusionen erwacht. Natürlich gibt es eine Reihe von Schießereien, doch ansonsten enthält der Film eine große Menge von Einweihungsszenen, wie zum Beispiel den Sprung über eine imaginäre Höhe und der verwirrende Besuch beim Orakel (einer Hausfrau, die gerade Kekse backt).

Der Film erreicht seinen Höhepunkt, als Neo von seinem Gegner virtuell erschossen wird und dieses für Wirklichkeit hält, wodurch er dann tatsächlich körperlich stirbt. Dann zieht ihn die Überzeugung seiner geliebten Trinity – wörtlich: Dreieinigkeit – aus dem Tod zurück, und er erlebt eine Auferstehung durch ihren Kuss. Nun folgt eine beeindruckende Auseinandersetzung, in deren Verlauf Neo mit seiner Geisteskraft eine Reihe von Kugeln, die auf ihn abgefeuert werden, in der Luft zum Stillstand bringt. *Mind over matter, mind over mind* – es macht keinen Unterschied mehr. Der letzte Schritt besteht darin, dass Neo in die Haut seines jetzt hilflos gewordenen Gegners kriecht und diesen von innen heraus explodieren lässt.

Manche fassen diese Szene als einen simplen Triumph der Gewalt auf. Ich persönlich bin der Meinung, dass es sich hier um eine perfekte Wiedergabe der erlösenden Kraft des Mitleids handelt: Man kennt den anderen so gut, dass man in seine Haut kriechen kann, um ihn aus seinem verhärteten Ego zu erlösen und ihn zum Licht zurückzuführen.

Ikarus

Wir modernen Menschen vollziehen unsere Opfer weniger bewusst, doch nicht weniger zahlreich. Wenn ein »Terrorist« in seinem ikarusartigen Hochmut bereit ist, sein Leben zu opfern im Kampf – die beiden Mythologien des Kampfes und des Opfers gehen häufig, wenn auch nicht notwendigerweise, Hand in Hand miteinander – gegen eine dekadenten Feind, so stellt dieser Feind Opfergaben in Form von Hochhäusern bereit, die babylonische Höhen erreichen (und aus denen dann auch wieder neue Ikarusse herabstürzen). Manchmal zeigt sich hinterher auch, dass die Opfer auch von der »ahnungslosen«, überfallenen Partei bewusster gewählt wurden, als es in der ersten Entrüstung von den Betroffenen suggeriert wurde (wie zum Beispiel beim Angriff auf Pearl Harbour (und, in vergleichbarer Weise, möglicherweise auch im Falle der Twin Towers). Noch immer werden Opfer gebracht, um die Götter günstig zu stimmen. Für die eine Partei ist dies Allah, für die anderen der Gott der Demokratie, der Freiheit oder einfach der Mammon ...

Bei der Beschäftigung mit derartigen Opfern ist es empfehlenswert, die moralische Entrüstung, die derartige irrationale Prozesse hervorrufen, nicht zu unterdrücken, sondern sie zu einem Gefühl der Ehrfurcht für beziehungsweise Verwunderung darüber zu erweitern, was sich hier vollzieht. Erst wenn wir uns etwas von diesem Opfer-Willen aneignen, beginnen wir, ein Gefühl für das Ehrfurcht erweckende Mysterium zu entwickeln, welches sich vollzieht, wenn in solch massenhafter Weise Opfer gebracht werden. So zum Beispiel, indem wir in massenhafter Gleichgültigkeit Tiere als Industrieprodukt heranzüchten, um sie daraufhin zu ›entsorgen‹, sobald sie krank werden (dies unter anderem aufgrund der Krankheiten, die die industrielle Massentierhaltung erst hervorruft).

Nochmals: Ich sage nicht, dass wir diese Art von Schlachtungen nicht anklagen sollen. Wir sollen uns dafür einsetzen, dass dieser Wahnsinn eingedämmt wird, aber genauso wichtig ist es, dass wir uns selbst erforschen. Wie steht es eigentlich mit unserer tief im Inneren verborgenen Bereitschaft, die Welt als Ganze und die Menschheit im Besonderen dem Feuer des Bewusstseins zu opfern? Sind wir motiviert, uns selbst und die Schönheit unserer Erde in das Opferfeuer zu stürzen? Denn genau dies ist der Prozess, der sich gerade vollzieht.

Die Essenz eines Opfers besteht darin, dass dem Opfer eine Verkürzung seiner Existenzzeit aufgezwungen wird, um damit die Blüte von etwas anderem zu ermöglichen. Im großen Zusammenhang heißt das: Wir verbrennen beschleunigt unsere Erde, um dadurch Erfahrung und Bewusstsein zu erlangen. Das Bedürfnis nach Erfahrung kann natürlich von der Sehnsucht nach billigem und schnellem Genuss eingegeben worden sein, doch möglicherweise wurzelt es tiefer. Möglicherweise ist die Menschheit im Begriff, sich bewusstseinsmäßig auszudehnen und zu vertiefen, und sie benutzt den Körper von Mutter Erde als Opfer für das Feuer der Erkenntnis und – ironischerweise – des Mitleids ...

Paradoxien des Opfers

Eine Person, die wirklich gepackt wird von einem Ruf, einer Hingabe, einem Glauben, einer Begeisterung, wird ihre Sicherheit opfern, wird sogar ihr Leben opfern, wird persönliche Beziehungen opfern, wird nichts geben auf persönliche Entwicklung: Sie wird sich gänzlich dem Mythos hingeben.

Joseph Campbell

Ein heldenhafter Opfertod ist immer etwas Paradoxes. Man zeigt deutlich, wie wichtig man das Leben eines anderen findet, indem man sein eigenes Leben gering schätzt. Man kann dieses Paradoxon auch umkehren: Der Held, der sich opfert, macht sein eigenes Leben wertvoller, indem er das Leben eines anderen wertvoller macht.

(Un-)Alltägliche Opfer

Den ganzen Tag über bringen wir Opfer. Der Schuhmacher opfert seinen Waldspaziergang, damit er Brot auf dem Tisch hat und andere besser wandern können. Der Arme opfert seine Lebenskraft indem er auf Vieles verzichtet, sodass andere im Wohlstand leben können (unabhängig von der Frage, ob dies notwendig ist!), und der Reiche opfert seine Einfalt, um die Illusion seines Glücks zu bestätigen.

Das Profitparadox ist ein weiteres Beispiel, das uns allen zu schaffen macht: Zu viel Gewinn führt zu Verlust. Der Vater, der viel abwesend ist, opfert die Beziehung zu seinen Kindern, um ihnen viel Geld bieten zu können. Der Vater, der anwesend ist, opfert seine mögliche Karriere, um eine tiefere Beziehung zu seinen Kindern aufzubauen. Die Belohnung all dieser Menschen ist abhängig von der Art und der Wertschätzung ihres Opfers, sei es durch sie selbst, sei es durch ihre Umgebung. Irgendwann spielt selbst das keine Rolle mehr. Man opfert einfach, weil es nicht anders geht. Die Kunst wird dann darin bestehen, mit voller Hingabe zu opfern, aus dem Unvermeidlichen ein Gebet zu machen. Wenn wir im Stau stehen, zu Hause sitzen und tippen, unsere Zähne putzen: Bei jedem Atemzug opfern wir Zeit, Energie und Bewusstsein.

Ein anderes Paradox wird durch die Tatsache gebildet, dass Opfer widersprüchliche Gesichter zeigen. Stellen Sie sich einmal vor, ein Krieg bräche aus und Ihr Land würde besetzt. In irgendeiner beliebigen Straße wird es wohl immer irgendwelche Väter oder Mütter geben, die mit sich selbst nicht im Reinen wären, wenn sie nicht in den Widerstand gingen. Sie opfern ihre Sicherheit, verlassen ihre Familie und sterben heldenhaft. Sind hier Menschen lediglich ihrer Natur gefolgt, und ihre Familien mussten das eigentliche Opfer bringen? Und wie steht es mit dem Mann, der zu ängstlich oder zu fürsorglich war, um zu kämpfen? Hat er ein Opfer gebracht, indem er bei seiner Familie blieb? Oder hat er seine Chance, mutig zu werden, geopfert?

Bei all diesen Entscheidungen wird also auch eine große Menge anderer Möglichkeiten geopfert. Dies hängt mit der fundamentalen menschlichen Trennung zwischen Geist und Materie zusammen. Wir fühlen uns einsam und als Opfer – bis zu dem Moment, in welchem wir uns wieder in die Gesamtheit aufgenommen fühlen. Jede Einseitigkeit, jede Entscheidung ist also zugleich ein Opfer.

Am deutlichsten sehen wir dieses Verhältnis in der biografischen Entwicklung der Frau. Wenn sie Kinder bekommt, verliert sie an Schönheit. Sie bekommt möglicherweise einen Dammriss, ihr Bauch, ihre Brüste und ihre Haut werden schlaff, ihr Gebiss schlechter. Aber auch die Frau, die dieses Opfer nicht bringt, wird geopfert, denn sie entbehrt in ihrem Leben die Möglichkeit, dieses Opfer zu bringen; und auch das ist wieder ein Opfer.

Ein Opfer annehmen

In einer meiner Therapiegruppen befand sich ein Mann von außerordentlich hoher moralischer Bildung, der stark mit allen Gruppenmitgliedern mitlebte, fast jede Woche kleine Aufmerksamkeiten für sie und sogar für mich mitbrachte – kurz: immer das rechte Wort, die richtige Geste. Dennoch befand er sich nicht ohne Grund in Behandlung. Er hatte sich in die Idealisierung einer unerreichbaren Geliebten verrannt. Als er jedoch selbst an der Reihe war, psychotherapeutisch an sich zu arbeiten, zeigte es sich, wie schwierig es für ihn war, zu formulieren, welche Art von Hilfe er brauchte. Er blieb in einem großen Bauwerk von Rationalisierungen stecken, in welches er sich auf Nimmerwiedersehen zurückzog.

➤ Solange wir das Echo von Katastrophen, die Menschen im Leben treffen können, exklusiv weiterhin als »unverarbeitete Trauer« oder als »unverarbeitetes Trauma« etikettieren, gestehen wir dem »Opfer« nicht zu, zu erleben, mit wie viel Faszination, Ehrfurcht und Aufregung die Erfahrung der höheren Macht einhergeht.
Bei der therapeutischen Behandlung von Inzest, Vergewaltigung und anderer »krie-

gerischer Gewalt« wird recht häufig die Phase, in welcher die körperlichen Gefühle der Erregung während des Unrechts einen Ort erhalten, als eine notwendige betrachtet. Ein Psychotherapeut mit einem Blick für religiöse Qualitäten wird nicht selten bei Opfern – insbesondere solchen sexuellen Missbrauchs – ein fast schamanisch anmutendes und magisches Talent antreffen können, als hätte die Wunde, die der oder dem Betreffenden zugefügt wurde, Kräfte entbunden oder Talente freigelegt, die nur noch verwandelt und verfeinert zu werden brauchen. Stattdessen werden solche Erfahrungen nur allzu leicht als »neurotische Allmachtsgefühle« abgetan, die die erfahrene Ohnmacht kompensieren sollen. Es gibt Kulturen, in denen dies anders gehandhabt wird, wo jemand, der schwere Gewalt oder eine vorübergehende Verrücktheit überlebt hat, einen Ort inmitten der Gruppe der religiösen Berater zugewiesen bekommt.

Das Besondere bestand darin, dass ihm eigentlich am meisten dadurch geholfen war, dass er zuschauen konnte, wie andere sich einer Therapie unterzogen. Die Erlebnisse seiner Gruppenmitglieder wirkten in seinem eigenen Leben nach, und auf diese Weise zog er großen Nutzen aus der Therapie. Doch nach einem halben Jahr ertrugen die anderen Gruppenmitglieder es immer schwerer, dass es ein Mitglied gab, das sich selbst nie der Diskussion stellte. Jemand, der immer nur gab und nichts von der Gruppe nehmen wollte. Schließlich wurde der Ärger unter den Gruppenmitgliedern so groß, dass sie ihr beliebtestes Gruppenmitglied vor eine Entscheidung stellten: Sie wollten nicht mehr mit ihm weiterarbeiten, solange er selbst nicht formuliert hatte, was er sich von der Gruppe erhoffte. In einer der erhitzten Diskussionen, die nun folgten, tat er folgende Äußerung: »Ich finde es schön, in dieser Gruppe zu sein, und ich will auch gerne etwas Gutes für meine Mitmenschen bedeuten.« Die Antwort eines Gruppenmitglieds lautete: »Dies kannst du nur, indem du auch etwas Gutes für dich selbst bedeuten willst.« Die Gruppe hatte noch nicht die Fähigkeit, sich durch ihn *selbst* zum Opfer zu machen.

In order to save the village, we had to destroy it.
Kommentar eines amerikanischen Offiziers in Vietnam

So to cure you, they must kill you,
the sword of Damocles hangs above your head.
Lou Reed

Welches Opfer ist sinnvoll?

Es ist eine äußerst heikle Angelegenheit, zu entscheiden, welche Opfer sinnvoll sind. Einen Mann, der bei der Rettung eines Kindes ums Leben kommt, feiern wir als Helden. Ein Mann, der bei der Rettung einer Katze umkommt, finden manche einen Helden, andere betrachten ihn als Dummkopf. Einen Mann, der bei der Rettung seiner Briefmarkensammlung ums Leben kommt, empfinden wir als bemitleidenswert und lächerlich.

Ein besonders bitteres Beispiel für ein Opfer, das Opfer verlangt, ist der Kampf gegen den Krebs. Eines der Opfer, die die moderne Menschheit dem Gott der Erkenntnis und der Macht gebracht hat, ist die radioaktive Strahlung. Wir wollten wissen, was wir damit erreichen könnten, und nun haben wir den Salat. Mehr als wir uns selbst eingestehen wollen, haben unsere ›giftigen Lebensweisen‹ dazu geführt, dass die Krebskrankheit in grassierender Form auftrat. Die Ironie besteht darin, dass wir diese Krankheit daraufhin mit Gift und wiederum radioaktiver Strahlung bekämpfen.

Wenn wir dann einige Menschen gerettet haben, die der Meinung waren, dass sie noch nicht dafür reif seien, das allerletzte Opfer zu bringen, quellen unsere Krankenhäuser von radioaktivem Müll über, den wir daraufhin in arme Länder exportieren, wo plötzlich die Krebshäufigkeit wieder ansteigt. Das kleine bisschen Heilung, welches uns die Ursache der Krankheit gebracht hat, ist ein Nichts, verglichen mit der Zahl der neuen Krankheiten, die geboren werden.

Ein anderes bitteres Beispiel ist die Art und Weise, wie wir uns bemühen, viel zu früh geborene Kinder durch Brutkästen und künstliche Beatmung und Ernährung am Leben zu halten. Hier kann von einem zweischneidigen Opfer gesprochen werden. Die Truppe von mindestens hundert Mitarbeitern, die benötigt wird, um eine Millionen Euro verschlingende Abteilung mit fünfzehn Brutkästen in Gang zu halten, fühlt sich gut, indem sie dieses Opfer bringt. Denn sie beziehen daraus Status, Lohn und Identität. Die Föten, die in den Brutkästen liegen und um ihr Leben beziehungsweise gegen ihr Sterben kämpfen, bringen in dem Sinn ein Opfer, dass sie in einer *Matrix*-artigen Umgebung all dies über sich ergehen lassen müssen.

Ein gesund geborenes afrikanisches Baby bringt ein ›gespiegeltes Opfer‹, weil wir ihm in Zeiten der Hungersnot nicht mal einen Bruchteil der Hilfe schicken, die wir im eigenen Land dafür aufwenden, kaum lebensfähige Kinder am Leben zu erhalten. Wenn wir, als engagierte Außenstehende, leugnen, wie imponierend beide Opfer sind und wie willkürlich der Unterschied zwischen Helden und Feiglingen eigentlich ist, so haben wir das Wesen des Opfers nicht begriffen.

Wenn jemand dich auf die eine Wange schlägt,
so biete ihm die andere Wange dar.
Jesus Christus

Der Mensch hat nur zwei Wangen.
Dritter Lama Sittuh

Wenn ein Schlag ein Opfer ist

Zu den eigenartigsten Paradoxien des Opfers gehört die Tatsache, dass man manchmal gerade dadurch ein Opfer bringt, dass man einem anderen einen Schlag versetzt. Denn ein Opfer braucht keineswegs nur im gelassenen, passiven Erleiden von Unrecht zu bestehen.

Während der Belagerung Kyotos im 16. Jahrhundert vernahmen die Belagerer jeden Abend helle Flötentöne, die aus der Stadt kamen. Sie klangen so rein und so bezaubernd, dass den Soldaten ihre Kampfeslust verging. Der Kommandant der Belagerer erfasste dies und beschleunigte die Eroberung. Die Stadt, die an einem steilen Hang lag, wurde von einem bis dahin als unbegehbar geltenden höheren Bergkamm aus eingenommen.

Die überrumpelten Kämpfer flüchteten aus der Stadt, wurden verfolgt und getötet. Einer der Offiziere verfolgte einen etwas ungeschickten jungen Mann. Als er ihn mit Leichtigkeit übermannt hatte, erblickte er im Lendengürtel des Jungen die Flöte. Der erfahrene Krieger brach in Tränen aus und sprach: »Oh, lieber Jüngling, du hast mich so tief berührt mit deinem wunderschönen Spiel. Was für eine Grausamkeit des Schicksals, dass es uns nun einander so gegenüberstellt. Ich muss dich töten, denn wenn ich es nicht tue, werden gleich meine Kameraden kommen, die es mit Sicherheit tun werden, und dann mit weniger Respekt. Ich werde wenigstens für dich beten.«

Mit diesen Worten enthauptete er seinen geliebten Gegner. Er sorgte für sein Begräbnis und führte sorgsam die vorgeschriebenen Rituale aus.

Eine buddhistische Nonne strebte leidenschaftlich nach Gewaltlosigkeit und Mitleid. Jedes Mal jedoch, wenn sie für ihren Orden Einkäufe erledigte und zum Markt ging, kam ein abstoßender Händler auf sie zu, der sie begrapschte und sich an ihr zu vergreifen versuchte. Das machte sie rasend vor Wut, und jedes Mal brauchte sie viele Stunden der Meditation, um ihre Ruhe wiederzufinden. Eines Tages ging der Mann besonders weit. Da verlor sie ihre Selbstbeherrschung und warf den widerlichen Kerl zu Boden. Gerade als sie ihren Fuß erhob, um ihn mit einem harten Tritt auszuschalten, erblickte sie den Abt des Klosters. Sie erstarrte vor Scham, doch der Abt spornte sie an: »Tritt hart zu, doch tu es mit Mitleid!«

Falsche Erlösung, falsche Opfer

Viele Bücher, die Wege zum inneren Wachstum schildern, verkünden Halbwahrheiten über spirituelle Gesetzmäßigkeiten. Vor allem aufpeppende Bücher und Übungsprogramme, die betonen, dass man alles erreichen kann, was man möchte, treiben es in dieser Hinsicht recht bunt. Natürlich ist es wahr, dass man in vielerlei Hinsicht eine Menge aus dem eigenen Leben machen kann. Aber genauso wahr ist es, dass auch das Leben aus uns etwas machen kann. Einfach zu behaupten, dass jeder an die Spitze gelangen kann, ist nicht nur eine Beleidigung des gesunden Menschenverstandes, es ist auch eine Beleidigung der Hunderten von Prinzen, die dazu verurteilt sind, in der Dornenhecke stecken zu bleiben.

Außerdem können wir uns fragen, worin Erfolg eigentlich besteht. Ist jemand mit einem hohen Einkommen erfolgreich, oder ist es nicht vielmehr der einfache Straßenkehrer? Das Mauerblümchen, das unverheiratet bleibt, weil es seine kranke Mutter pflegt, trägt vielleicht sehr viel zum Glück in der Welt bei. Während ihr erfolgreicher, vermögender Bruder, der bereits sein drittes Haus sein Eigen nennt, nicht die geringste Ahnung hat, was aufopferungsvolle Pflege bedeutet, geschweige denn, was Glück ist.

Opfer, Selbsterlösung und Gnade

Erfolg und Misserfolg nehmen im Bereich des Opfers ziemlich undeutliche Positionen ein, genau wie die Frage nach den persönlichen Verdiensten. Die Tatsache, ob wir in der Lage wären, auf eine souveräne Art und Weise mit einem schweren Schicksal umzugehen, könnte selbst durchaus wiederum von eben diesem Schicksal bestimmt sein. Die großen Geister dieser Welt betonen immer wieder, dass nichts ihr eigenes Verdienst sei. Sie haben ihr Ego geopfert und leben in einer Wahrheit, die viele nicht wahrhaben wollen: Je größer du wirst, desto kleiner wirst du.

Sogar bei Menschen mit einer besonders hoch entwickelten geistigen Kraft müssen wir uns klarmachen, dass die ganze Menschheit sie trägt. Jeder

Nelson Mandela kennt unzählige Steve Bikos. Wir sollten dessen eingedenk bleiben, dass die Erleuchtung, zu der sie emporsteigen, auf dem Wege über die Schultern von Millionen schlafender oder leidender Mitmenschen erreicht wurde.

Zu sagen, dass ein bestimmter Lebenslauf eine einzige Erfolgsgeschichte ist, wäre nicht nur eine Illusion gegenüber der betreffenden Person selbst, es ist auch eine Beleidigung gegenüber den vielen anonym Bleibenden, deren Leben genauso sehr Teile eines kosmischen Geheimnisses sind wie das jener einen strahlenden Gestalt.

Wenn ›die Großen‹ sich keinerlei Erfolg persönlich zurechneten, würden wir dann nicht jeden Misserfolg als ein vergleichbares Opfer ehren können? Ist ein Stern ein Erfolg, weil er in der Finsternis strahlt? Oder steht und fällt sein Licht in Beziehung zu eben dieser Finsternis?

In der Sphäre des Opfers kann ein Leben durchaus kein Erfolg sein, genauso wenig wie es ein Misserfolg zu sein braucht. Wenn wir alles sind, was jemals existiert hat, so wären wir sowohl Hiob als auch Krösus, Alexander der Große oder ein Bettler in Kalkutta, ein Selbstmörder, ein chronisch Kranker oder ein geistig Behinderter.

Wenn wir auch nur eines all dieser Leben als »misslungen« oder als sinnloses Opfer abtun würden, so täten wir auf geistigem Gebiet im Kleinen das, was Adolf Hitler im Großen mit seinen Gaskammern versuchte.

Die Erfahrung des Sublimen mittels des Opfers kommt zustande, wenn *Selbsterlösung* – ich habe hart dafür gearbeitet – und *Gnade* – es wurde mir alles geschenkt – zusammenwirken.

Der Schatten des tief leidenden Prinzen in den Dornenhecken liegt ebenfalls nah beim Sublimen: *Selbstvorwürfe* – ich habe alles vermasselt – kombiniert mit *Ohnmacht* – es ist mir alles so zugestoßen.

Dieser Quadrant von Gegensätzen birgt in seiner Mitte dasselbe Mysterium, über das wir bereits im Zusammenhang mit dem Tanz sprachen: Das Geheimnis befindet sich in der Mitte, wissend. Wir können mit unserem kleinen Ego nicht wissen, wie das Opfer zustande kam. Denn wir *sind* selbst das Opfer, so wie wir auch selbst das Wissen sind.

Der Selbstmord als Opfer

Das wohl verwirrendste Paradoxon in diesem Zusammenhang ist das Opfer des Bösen. Wenn die Christenheit ihre Erlösung dem Kreuzestod Christi zu verdanken hat, so steht sie bei demjenigen in der Schuld, der in diesem Opferdrama eine nicht wegzudenkende Rolle spielte, Judas. Zwischen ihm und seinem Lehrer entstand eine Polarisierung. Jesus Christus sprach von einem Königreich, das nicht von dieser Welt ist, und Judas, dem es um das Konkrete, Diesseitige ging, machte dies rasend, weil er dieses Königreich bereits hier und jetzt verwirklicht sehen wollte. So fanden eigentlich zwei Opfer statt: die Kreuzigung Christi auf Golgatha und der dramatische Selbstmord des Judas durch Erhängen.

Es gibt Interpretationen dieses Ereignisses, die davon ausgehen, dass Judas von Jesus den ausdrücklichen Auftrag empfangen habe, seinen Anteil zu dem Opfer beizutragen. Insbesondere im Johannes-Evangelium lässt sich deutlich lesen, wie Jesus Judas das Brot reichte und sagte: »Was du tun willst, tue gleich.«

Noch einen Schritt weiter geht Martin Scorsese in seinem brillanten Film *Die letzte Versuchung Christi*. Da sehen wir die Vision eines Jesus, der sich weigert, sein Opfer zu bringen. Es ist Judas, der ihn zur Ordnung ruft und ihn darauf hinweist, dass er selbst das schwierigste Opfer, nämlich das des Verrates, gebracht hat. Dies hilft Christus, der bereits am Kreuz hängt, seinen Auftrag wieder zu ergreifen. Sterbend sagt er aus vollem Herzen Ja zu seinem Schicksal. Dann erstrahlt ein alles verzehrendes Licht, und der Film endet.

Jede Sekunde, die wir leben, ist die Folge einer häufig unbewussten Entscheidung, (noch) keinen Selbstmord zu begehen.

Dritter Lama Sittuh

Sublime letzte Opfer

Es gehört wohl zu den schmerzlichsten Momenten des Lebens, wenn ein Kind früher als eines seiner Eltern stirbt oder wenn ein Kind so unglücklich ist, dass es sich »entscheidet« zu sterben. Dies widerspricht unserer Sehnsucht, alt zu werden, bevor wir sterben. Denn dann brauchen wir nicht mehr zu erleben, dass unsere Kinder alt werden und sterben. Jemand, der mit vierundachtzig im Schlaf dahingeht, hat in diesem Sinne ein gesegnetes Leben gehabt. Doch jemand, der mit vierundzwanzig bereits stirbt – sei es ein glücklicher Tod oder nicht –, würde unter diesem Blickwinkel einen sinnlosen Tod sterben. Unter dem Aspekt des »vielseitigen Opfers« können wir uns sagen, dass dies eigentlich Lügen sind beziehungsweise dass zumindest auch das Umgekehrte wahr sein kann. Ein Sprichwort sagt: Wen die Götter

➤ Der Westen kennt drei faszinierende Bilder in Bezug auf das menschliche Leiden. Die jüdische Tradition kennt die Geschichte von Hiob, der von seinem Gott willkürlich geprüft wird und dennoch dabei bleibt, dass er nicht gesündigt habe. Daraufhin erscheint Gott, der nur betont, wie groß er sei. Woraufhin Hiob sein Haupt beugt. Dies ist die Geschichte der göttlichen Allmacht und Willkür.

Das griechische Pendant hierzu ist Prometheus, der aus Mitleid mit den schlecht ausgestatteten Menschen das Feuer vom Olymp stiehlt. Er wird von Zeus am Kaukasus angekettet. Jeden Tag pickt ein Adler ein Stück aus seiner Leber, doch jede Nacht wächst diese wieder nach, sodass seine Qualen niemals aufhören. Der Dichter Aischylos lässt Prometheus sagen: »Lass Zeus tun, was er will. Es macht mir noch weniger als nichts aus.« Aus dieser Mythe wurde der Humanismus geboren, der Impuls der Eigenverantwortung des Menschen.

Der dritte Diener, der geprüft wird, ist der göttlich-menschliche Christus, der durch sein Leiden, seinen Tod und seine Auferstehung seine leidenden

lieben, den lassen sie jung sterben. Wenn wir unsere Angst vor dem Tod ein wenig abgebaut haben, können wir vielleicht den Ausspruch des Pythagoras akzeptieren: Es sterben mehr Menschen zu spät als zu früh.

Nicht nur beim Tod oder beim Selbstmord, auch bei Fällen spektakulären Niederganges, wie zum Beispiel bei Demenz, Querschnittslähmung oder Aids, sollten wir immer einen gewissen Raum für die Möglichkeit reservieren, dass dahinter ein genialer Regisseur steht. Dies nicht, um das Opfer oder das Leiden zu leugnen, sondern vielmehr, um offen zu sein für das Sublime. Ich habe bei Sterbenden mehr als einmal durch alle Bewusstseinstrübungen hindurch Reaktionen auf Komplimente wahrgenommen, die ich ihnen machte: ein Augenzwinkern, ein Lächeln, das von einem Wesen zeugte, das auch in seinem schwersten Leiden noch über seine eigene kleine Größe zu lachen vermochte.

Stellvertretendes Brennen

Wenn wir die Menschheit in ihrer Ganzheit als ein Wahrnehmungs- und Bewegungsorgan Gottes sehen können, so ist jegliches Leiden eines anderen in irgendeiner Weise auch *mein* Leiden. Dabei sollten wir es uns aber auch nicht allzu schwer machen: Wenn unser Nachbar Kopfweh hat, brauchen wir uns nicht selbst ins Bett zu legen.

Die Haltung, die zum Opfer gehört, besteht darin, zumindest zu erkennen, dass sich überhaupt ein Opfer vollzieht, wenn jemand krank ist oder leidet. Manchmal lässt sich dies leichter nachempfinden, manchmal weniger. Jeder, der an Krebs leidet, bringt ein Opfer, oder er ist ein Opfer, das unserer modernen Lebensart gebracht wird, zu der die Kernenergie, Zucker und andere schädliche Substanzen gehören. Jeder, der eine schwere Jugend hatte, *ist* beziehungsweise *bringt* ein Opfer für die Suche der Menschheit nach Liebe. Jeder, der in einer Depression, im Wahnsinn oder im Selbstmord strandet, trägt schwarze, schwere Energie von und für andere. Diese Menschen, so könnte man sagen, verbrennen sich stellvertretend für andere.

Mitmenschen erlöst. Er bildet eine Brücke zwischen dem alttestamentarischen allmächtigen Gott und dem griechischen Humanismus.

Ohne die Tragödie, die sich in solchen Schicksalen verbirgt, auch nur im Geringsten leugnen zu wollen, führe ich nachfolgend drei Beispiele von Selbstmorden beziehungsweise Selbstmordversuchen an. Damit möchte ich Sie, liebe Leser, davon überzeugen, dass außer der Tragik dieser Ereignisse dabei auch das Element der Größe, der Schönheit, der Ironie und des sublimen Opfers eine wesentliche Rolle spielen.

Der Nachbar des Champions

In meinem Wohnort hatte ich einen lieben Freund, dessen Eltern ziemlich begütert waren. Er war ein außerordentlich gut aussehender Junge, und er hatte einen Nachbarjungen, der Rennfahrer werden wollte. Die reichen Eltern wollten lieber nicht, dass ihr Sohn mit diesem Nachbarn niederer Herkunft spielte. Einige Jahre gingen ins Land, und der arme Nachbarjunge wurde tatsächlich ein weltberühmter Rennchampion. Der schöne Sohn der reichen Eltern versuchte dasselbe, doch ihm fehlte das Talent. Was er auch anpackte, irgendwie ging es immer schief. Obwohl er intelligent und schön war, gelang es ihm nie, glücklich zu werden. Letztendlich wurde er kein Rennfahrer, sondern Gebrauchtwagenhändler. Das Leben wurde für ihn immer unerträglicher. An einem schwarzen Tag schloss er sich in seiner Garage ein, startete den Motor seines Autos, und auf diese Weise starb er doch noch hinter dem Steuer.

Mit ins Boot genommen

Ein anderer Einwohner meines Küstendorfes hatte genug vom Leben. Eines Morgens in aller Frühe beschloss er, so weit ins Meer hinauszuschwimmen, bis er dort irgendwo vor Erschöpfung ertrinken würde. Er war bereits anderthalb Stunden unterwegs und hatte die letzte Sandbank hinter sich gelassen, als ihm auf dem offenen Meer ein Motorboot entgegenkam. Es handelte sich um seinen Nachbarn, der Makrelen fischte. Durch diesen Zufall entstand eine surrealistische Situation. Der Nachbar fragte ihn erstaunt: »Was machst denn du so weit draußen im Meer?«
»Ich beende gerade mein Leben.«

Der Nachbar reagierte ganz nüchtern und sagte: »Jetzt steig erst mal in mein Boot.« Willig ließ sich der unterkühlte und extrem erschöpfte Mann ins Boot hineinhieven. Dabei murmelte er: »Nicht einmal das gelingt mir.« Dabei war es nicht ganz deutlich, ob er damit seinen Wunsch, aus dem Leben zu scheiden, oder das Einsteigen ins Boot meinte. Die Folge seines Ausflugs war eine schwere Lungenentzündung, von der er sich nach lang andauernden Fieberanfällen allmählich erholte. Er lebt noch heute, »genauso willig wie damals, als ich mich in das Boot hineinhieven ließ«.
Sein Nachbar verstarb ein halbes Jahr später im Schlaf.

Wie neue Wallfahrtsorte entstehen
Ein Mann hat die Grenze dessen erreicht, was er zu ertragen können glaubt, und scheidet aus dem Leben, indem er aus dem obersten Stockwerk seines Hochhauses springt. Einen Monat später springt einer seiner Freunde an derselben Stelle aus derselben Wohnung. Ein Polizist berichtete mir, dass dies sehr häufig vorkommt: Liebende und Familienmitglieder wählen häufiger denselben Ort, um dort auf dieselbe Weise aus dem Leben zu scheiden.

Qualitäten des Opfers

Das gut gemästete Opfertier

Die unterschiedlichen philosophischen und religiösen Traditionen haben differenzierte Opferbegriffe. Das taostische »Go with the flow« propagiert das Gesunderhalten des Körpers. Demgegenüber steht die christlich-islamische Auffassung, dass das Märtyrertum eine gute Sache ist, eine Auffassung, der wir auch bei Zigeunervölkern begegnen. In verkappter Form tritt diese Haltung wieder im Calvinismus und in gewissen aufputschenden Managementtheorien auf, die auf dem Prinzip des »Was uns nicht umbringt, macht uns stark« basieren.

Der doppelte Brennpunkt dieser Sichtweisen besteht darin, dass beide zugleich möglich und wahr sein können. Wie eine Ziege bei den Hindus und Moslems häufig gut genährt und mit Blumen verziert zum Opferstein geführt wird, so kann auch der Mensch seinen Körper liebevoll pflegen, um ihn zerstören zu lassen. Wir halten unsere Psyche rein mit dem Ziel, sie wiederum von Sinneserfahrungen und dem dazugehörenden Schmerz ›füllen‹ zu lassen.

Die Erlösung des anderen

Wenn wir davon ausgehen, dass sich sowohl Steine, Pflanzen, Tiere wie auch unsere Mitmenschen opfern, damit wir eine gewisse Bewegungsfreiheit erhalten, so können wir auch davon ausgehen, dass wir selbst ebenfalls eine erlösende Wirkung auf unsere Umgebung ausüben, wenn wir einsehen, wie tief greifend überall um uns herum Opfer wirksam sind. Dies ist die Essenz der Parzival-Frage an den kranken Amfortas. Er kommt nicht mit Tipps daher, sondern mit einer empathischen Frage: »Was fehlt dir?« Allein schon die Tatsache, dass man den anderen in seinem Schicksal wahrnimmt, an seinem Los Anteil nimmt und ihn dadurch akzeptiert, bedeutet sehr viel.

Es ist ein Opfer, das wir der Rose darbringen, wenn wir wahrnehmen, welches Opfer sie bringt.

Die magische Wirkung des Opfers

Ein Zauberer kennt das Wesen des Opfers, insofern er seinen eigenen Lebenslauf dem kosmischen Bewusstsein – oder, ganz einfach ausgedrückt: dem Leben selbst – als ein einziges großes Opferritual darbietet. In primitiveren Kulturen wird diese ehrfurchtsvolle Haltung in unzähligen Variationen zum Ausdruck gebracht, die bis hin zum Menschenopfer reichen können. Letzteres lässt sich als ein Versuch des menschlichen Geistes verstehen, an etwas teilzunehmen, dem er ohnehin nicht entrinnen kann. Wenn das Leben sich in solch schicksalhafter Weise an uns vollzieht, so sollten wir uns mit voller Hingabe von ihm mitreißen lassen, ja ihm notfalls noch einen Schubs geben. Auch die Sprache kennt den Ausdruck »dem Schicksal nachhelfen« oder auch »mit seinem Leben spielen«. *If you fall, dive.*

Dies ist kein neuer Gedanke, ganz tief in unserem Inneren kennen wir ihn alle. Wenn wir das tragische Ende eines Films betrachten, so tut dies weh. Doch es bringt auch eine Erfahrung des Friedens mit sich: Ja, so ist das Leben. Und vielleicht sogar eine Art von Bewunderung angesichts der Art und Weise, wie heroisch der Held sein Schicksal erleidet.

Oran

Columban ist der berühmte Heilige der Insel Iona. Er war derjenige, der die dort lebenden Kelten erstmals mit dem Christentum in Berührung brachte.

Als dieser Pionier zum ersten Mal seinen Fuß auf die Insel Iona setzte, bot sein treuester Gefährte Oran ihm an, sich lebendig begraben zu lassen, als ein Opfer, das seiner Mission zusätzliche Kraft verleihen sollte. Columban akzeptierte diesen Vorschlag, und so wurde Oran lebendig begraben. Nach drei Tagen wurde das Grab geöffnet, um Orans Leichnam in einen Sarg zu legen. Zu ihrer großen Überraschung entdeckten die Mönche, dass Oran noch lebte. Während sein Körper noch steif war vom Liegen, begann er begeistert zu sprechen:
»Es ist überhaupt kein solch großes Mysterium um den Tod. Und genauso wenig sieht die Hölle so aus, wie sie beschrieben wird.« Woraufhin Columban rasch den Auftrag gab, ihn aufs Neue zu begraben, mit den Worten: »Schnell, streut ihm Sand in die Augen, bevor er noch mehr Unsinn redet.«
Auf diese Weise wurde Oran doch noch lebendig begraben, und um ganz sicher zu gehen, wurde das Grab nicht mehr geöffnet. Der Ort, an dem er starb, wurde zu einer heiligen Begräbnisstätte für achtundvierzig schottische, vier irische und acht norwegische Könige. Es wird sogar behauptet, dass der historische Duncan und sein Mörder Macbeth hier begraben liegen.

Opferbereitschaft

Man kann das Opfer eines bescheidenen Lebens an irgendeinem Ort leichter bringen, wenn man weiß, dass man in der Lage wäre, wegzugehen. Ähnliches gilt für die Frage der Treue zum Partner. Wenn ich weiß, dass ich leicht einen anderen Partner finden könnte (weil ich möglicherweise schon Erfahrung auf diesem Gebiet habe), so kann ich zu einer anderen Form innerer Ruhe gelangen, wenn ich dennoch bleibe. Irgendwo zu sein ist einfacher, wenn ich weiß, dass ich weggehen könnte. Es ist leichter, voll mit beiden Beinen im Leben zu stehen, wenn man jeden Moment aus diesem Leben aussteigen könnte.

Kampf-Spiel, Tanz-Spiel, Spiel-Spiel und Opfer-Spiel

Der *Kampf* ist der Versuch, ein Opfer zu vermeiden beziehungsweise es einem anderen abzufordern. Der Ausgangspunkt ist dann ein sogenanntes Nullsummenspiel, wobei der Gewinner genauso viel gewinnt, wie der Gegner verliert. Auf der Ebene des *Spiels* wird die Vitalität, um die gekämpft wird, in dem Maße größer, wie die Spieler einsehen, dass das Spielen an sich schöner ist als das Gewinnen oder das Verlieren.

Während auf der Ebene des *Kampfes* der Tod des Gegners das Ende des Spiels darstellt, ist sowohl auf der Ebene des *Tanzes* als auch auf der Ebene des *Spiels* der Tod ein Teil des Spiels selbst und keineswegs dessen Ende. Auf der Ebene des *Opfers* hingegen ist der Tod weder der Verlust eines Spielers, noch ist er ein Ereignis im Spiel, sondern das letztendliche *Ziel* dieses Spiels. Auf der Ebene des Opfers wissen wir, dass einer unweigerlich verlieren wird, und wir spielen das Spiel des Verlierens auf eine solche Weise, dass es uns einen Gewinn bringt in Form einer vertieften Erfahrung und nicht zuletzt als Auferstehungskraft.

Im Prinzip ist all dies in den Tanz Kalis eingeschlossen: Alles erscheint und wird wieder vernichtet durch dieselbe Zeit, die es hervorgebracht hat. Unsere ›Funktion‹ besteht darin, ein Bewusstsein dieses Zerstörungsprozesses zu erwerben.

Würdige Vernichtung

Die Qualität eines Opfers wird durch die Würde bestimmt, in der wir uns vernichten lassen oder mit der wir dasjenige vernichten, was sonst von selbst zugrunde gehen würde. Der Apfel, der zwangsläufig irgendwann verfaulen müsste, um neuem Leben zu dienen, kann als ein Opfer der Natur betrachtet werden, wenn wir ihn essen. Wir können den Apfel, den wir selbst gerne mit Genuss äßen, einem anderen schenken und damit das Opfer des nicht befriedigten Hungers bringen.

Das Leben, das durch unsere Adern strömt, vollzieht sich unabhängig von unserem Willen. Die tragische Schönheit des Menschen besteht darin, sich darein zu schicken und das Haupt in Stolz demütig zu beugen.

Gott, lindere meinen Schmerz nicht, doch gib mir mehr Mut.
Die Großmutter von Emanuel Berl

Das Ertragen des Unerträglichen ist das wahre Ertragen.
Japanisches Sprichwort

Vergessen Sie das Glück

Ein Opfer ist nur dann möglich, wenn wir wirklich die Finsternis des Schmerzes, der Übermüdung oder des Verlustes betreten wollen, ohne irgendwelche geheimen Bindungen, aus denen wir die Vorstellung ableiten können, dass »es doch nicht wehtun wird«. Natürlich ist es ein Trost, wenn wir aus

➤ Wenn ich mit diesem Buch eine Wahrheit verkündigen möchte, so ist es die, dass man niemals nur eine Wahrheit verkündigen kann. Alles in unserer Welt hat sein Gegenteil, seine Ergänzung und dasjenige, womit es zu einer höheren Einheit gelangen kann. Alles kennt eine höhere Ebene, auf welcher die nächstniedere wieder ungeschehen gemacht wird. Daher die Bedeutung der Paradoxie als der stärksten Annäherungsform an die Wirklichkeit. Licht und Finsternis, Gut und Böse, Ewigkeit und Zeitlichkeit schließen einander nicht aus, sondern sie bedingen einander, wodurch wir höhere Qualitäten erhalten, mit unmöglichen Bezeichnungen wie »ewige Zeitlichkeit« oder »zeitliche Ewigkeit«. Auf dieselbe Weise schließen Schönheit und Hässlichkeit einander nicht aus, sondern sie verstärken einander, sodass auf einem höheren Niveau eine sublime Schönheit erfahren werden kann. Genauso können wir auf liebevolle Art grausam sein; und häufig sind Menschen, die mit ihrer inneren Zerrissenheit ringen, die »heilsten« Personen, denen man begegnen kann.

Erfahrung wissen, dass am Ende jedes Tunnels wieder Licht scheint, doch zu großes Vertrauen darauf blockiert häufig die Verzweiflung, die zum Opfer dazugehört. Ein Opfer kommt häufig durch das fast bereitwillige Vergessen der Tatsache zustande, dass die Dinge immer glücklich enden. Es ist, als wüssten wir, dass wir einen Moment lang ertrinken müssen und darum mit dem Wassertreten aufhören müssen. Jedes Mal wird es aufs Neue wehtun.

Hier saß Anna ... so allein ...
Eine mit den Fingernägeln in eine Mauer eines unterirdischen argentinischen Gefängnisses gekratzte Nachricht, geschrieben während der Unterdrückung durch die Militärjunta und erst Jahre nach dem Tod dieser unbekannten Anna entdeckt.

Wenn Sie diesen Satz lesen, so versuchen Sie einmal, Ihr Mitleid, Ihre Bestürzung angesichts des unsagbaren Leidens dieses Menschen nicht zu unterdrücken, sondern versuchen Sie diese Empfindung zur Empfindung von *Schönheit* zu erweitern. Dies ist die beste Art und Weise, dem Leiden und Sterben dieser Unbekannten Anerkennung zu zollen und sie in ihrem sublimen Wert zu würdigen.

Es gibt so viel Leid, so viele Opfer in der Welt, an denen wir gleichgültig vorübergehen. Nicht aus bösem Willen oder Lieblosigkeit, sondern einfach deswegen, weil wir nicht stark genug sind, unsere Machtlosigkeit auszuhalten. Genau wie sich an uns Freiheit vollzieht, so vollzieht sich das Opfer, die Heldentat, aber auch die Feigheit an uns. Das Einzige, was wir als *per-sona*, als *Per-sön-lichkeit* tun können, besteht darin, wirklich zu re-sonieren, d.h. in unserer Rolle aufzustrahlen, wie bescheiden und einmalig sie auch sein mag.

Die Lebenshaltung, die zum Opfer gehört, besteht im Bewältigen kritischer seelischer Kurven, wenn wir motiviert sind, die Sphäre des *Spiels* bis an ihre äußersten Grenzen und Möglichkeiten zu erforschen.

Hier lauern unendlich viele Fallen. So kann sich natürlich vor allem jeder erstbeste Masochist opfern und dieses Gebiet für sich reklamieren, doch dann wird der Funke nicht überspringen. Das Opfer wirkt erst, wenn wir, funkensprühend vor Schmerz und Genuss, vor Egozentrik und Altruismus, Freiheit und Zwangsläufigkeit einen ›Kurzschluss‹ verursachen.

Ein unbewusstes Genießen, während wir mit unseren bewussten Fähigkeiten glauben, dass wir leiden, *doesn't do the trick*. Dabei wird etliches an Kraft zwischen den verschiedenen Erdschichten versickern. Auch ist es möglich, süßlich und liebenswürdig vom Opfern zu reden, aber auch dann wirkt der Prozess eher aushöhlend statt erfüllend.

Ganz nahe kommen wir dem eigentlichen Kern, wenn wir die Aufforderung Jesu Christi befolgen: »Lass deine linke Hand nicht wissen, was deine rechte tut«, oder, um mit Carlos Castaneda zu sprechen, der (in *Die Kraft der Stille*) von einem »sich selbst Anpirschen« spricht. Ein wunderbares Paradoxon, das man nicht genug genießen kann!

Opfer vollziehen sich einfach, und zwar ständig. Es ist nur eine Frage des Hinschauens. *Das Opfer ist die Welt, welcher als genetischer Code die Vergänglichkeit einverleibt wurde.* Alles ist Opfer: Das Kind, das bei der Geburt den Körper der Mutter extrem ausweitet, *verlangt* ein Opfer, und es *bringt* ein Opfer, indem es zur Welt kommt. Ich will damit nicht sagen, dass das Opfer auch ganz unabhängig von unserer Blickrichtung vorhanden ist. Alles kann auch Bewegung sein, Kampf, Spiel, Freiheit oder Schicksal. In dem Moment aber, da wir die Dinge als *Opfer* zu sehen beginnen, nehmen wir uns die Freiheit, unsere Freiheit aufzugeben.

Der fünfte Schleier der Maya: Opfer

Der fünfte Schleier der Maya unterhält die *Trennung* zwischen Geist und Materie. Wir erleben dadurch die Welt unserer Gedanken und die Welt unserer Sinne auf grundsätzlich unterschiedliche Weisen. Dabei teilen wir uns gleichsam in polarisierende Parteien auf. Menschen, die die Betonung auf die Materie legen, empfinden den Geist als unsicher und flüchtig. Menschen, die dem Geist das Primat zuerkennen, erleben die Materie als flüchtig und unsicher.

Ein Materialist sieht den Menschen als einen Zellhaufen, der sich des Denkens bedient, um sich fortzupflanzen. Ein spiritueller Mensch sieht den Menschen als eine Form des Bewusstseins, die sich eines Körpers bedient, durch den sie sich ausdrücken und Erfahrungen sammeln kann.

So wie Kausalität eine Zusammenfassung der Polarität von Ursache und Folge darstellt, so kann man den konstanten Übergang von der Materie zum Geist mit dem Terminus der *Transformation* zusammenfassen. Am deutlichsten sehen wir dies bei der Geburt, wo Geist in der Materie erscheint, und beim Sterben, wo Materie zum Geist ›verdunstet‹. Aber eigentlich kann das gesamte Leben hindurch von einem Übergang vom Geist in Körper und von Körper in Geist gesprochen werden.

Dieser Prozess kann äußerst einfach verlaufen: Wenn Sie eine gute Idee haben und diese in die Tat umsetzen, so kann man bereits von einer Transformation von Bewusstsein in Materie sprechen. Oder umgekehrt: Wenn Ihr Blutzuckerspiegel zu stark absinkt, bekommen Sie Lust auf Süßes ...

Der Aspekt des *Opfers* tritt dann auf, wenn Sie Ihre eigene Transformation oder die von etwas oder einem anderen in den Dienst anderer Prozesse stellen. Konkret können Sie von einem Opfer sprechen, wenn Sie einen Apfel, den Sie selbst hätten transformieren können, auf einen Altar legen und ihn dort verfaulen lassen. Oder wenn Sie Ihr Studium unterbrechen, um für Ihre kranke Mutter zu sorgen.

Ein Opfer basiert also immer auf der Abweichung von einem Leben, das ohne sie möglicherweise einfacher, bequemer und angenehmer verlaufen wäre. Von einem solchen haben wir alle feste Vorstellungen. Ein junges Kind soll erwachsen werden, selbst Kinder bekommen, seine Eltern bestatten und dann schließlich selbst alt werden. Gibt es sein junges Leben für ein allgemein geschätztes Ziel hin, so sprechen wir von einem sinnvollen Opfer. Scheidet es ohne Angabe von Gründen aus dem Leben, so sprechen wir von Vergeudung oder einem sinnlosen Opfer.

Alle Handlungen, die von einem zuvor akzeptierten festgelegten Verlauf abweichen, können auf diese Weise zu Opfern werden. Und je enger unsere Definition eines akzeptierten Verlaufs ist, umso umfänglicher wird unser Erleben eines Opfers.

Die Schönheit eines Opfers besteht daraus, dass wir uns von Annehmlichkeiten und Sicherheiten lossagen können und durch den Schmerz hindurch eine neue Art von Glück erreichen können. Die Magie eines Opfers entsteht, indem wir ein klein wenig Gott spielen. Denn vollführen nicht auch die Schicksalsgötter, oder einfacher gesagt: »das Leben«, große Gesten der

Schöpfung und Vernichtung? Wenn wir aus unserer Biederkeit aussteigen und uns einem Aderlass unterziehen, imitieren wir die Gottheit, die uns dies jederzeit antun könnte.

Nicht ohne Grund erwarten wir von Helden, dass sie ihr Leben aufs Spiel setzen. Sie sollen uns mittels der Illusion einer Trennung daran erinnern, dass die Trennung eine Illusion ist.

Ich bin Gott sei Dank immer noch Atheist.
Louis Buñuel

Materie ist eine unserer größten Illusionen.
Arthur Stanley Eddington

Gedanken und Übungen

Körper und Geist

Opfer bedeutet die Bereitschaft, um eines Größeren willen zu leiden, die Bereitschaft, etwas zu verlieren, zu zerstören, möglicherweise ohne etwas dadurch zu gewinnen. Es geht dabei darum, Chancen vorübergehen zu lassen, um eine willentliche Verweigerung von Bequemlichkeiten, die häufig mit materiellen oder spirituellen Zielsetzungen verbunden ist. Man opfert ein reiches Familienleben um der Karriere willen oder umgekehrt. Aber dies braucht keine bewusste Entscheidung zu sein; häufig ist ein Opfer eine vorgegebene Tatsache. Mit jeder Handlung vollziehen wir im Grunde Opfer. Welchen Weg auch immer wir einschlagen, immer werden die möglichen Alternativen geopfert. Die Geschichte der Zukunft wird *jetzt* geschrieben. Das Sichverbrennen, das wir im Bereich des *Tanzes* schilderten, kehrt auf dieser Ebene wieder, aber es wird hier zu einer stilleren Form von Leidenschaft, voller Ehrfurcht – und häufig ist es ein stellvertretendes Sichverbrennen.

If you want to touch the sky, you better learn how to kneel.
U2 in *Mysterious Ways*

Eine Wurzel ist eine Blume, die Ruhm verschmäht.
Khalil Gibran

Prüfen Sie einmal, ob Sie noch an alten Vorstellungen darüber, was ein Opfer ist, festhalten:

- Können Sie vor sich selbst eingestehen, dass auch Sie leiden?
- Können Sie vor sich selbst eingestehen, dass Sie glücklich sind?
- Erleben Sie sich wie in einem Teufelskreis gefangen, und können Sie dieser Tatsache so etwas wie einen religiösen Sinn geben? Sogar der Zwangsneurotiker kann sein Verhalten als das tiefe Bedürfnis nach Opferritualen betrachten.
- Wagen Sie es, hinzuschauen, wenn die Welt in Flammen steht?
- Können Sie für irgendetwas kämpfen, ohne dass dies unbedingt ein Resultat liefert? Ein wunderbares Beispiel hierfür findet sich in dem Film *Fight Club* (1999). Jedes Mitglied dieses Clubs muss einen Kampf auslösen und schließlich verlieren.
- Können Sie Ihre Resultate und Erfolge leicht loslassen?
- Üben Sie sich genügend darin, das, was Sie erfahren, auch zu genießen?

Die ganz einfachen und alltäglichen Opfer

Wenn Sie durch einen Wald laufen und dort ein Stückchen Müll entdecken, heben Sie es auf und nehmen Sie es mit. Doch fühlen Sie sich nicht dazu verpflichtet, weiteren Müll zu suchen. Es geht um die Schönheit des Opfers, nicht darum, die Welt zu retten. Wenn Sie den Müll aufheben, wird der Wald wieder zu *Ihrem* Wald, der Müll wird wieder zu *Ihrem* Müll. Die Handlung des Aufhebens ist auch eine Selbstreinigung.

Eine häufige Selbstreinigung führt zu keinem »sauberen« Selbst, doch sie führt zu einem transparenten Selbst. Der opfernde Gott und der geopferte Körper erstrahlen auf ein und derselben Linie.

Körperliche Angstübungen

Suchen Sie die Angst in sich auf und versuchen Sie zu unterscheiden, wo Angst ein Signal von Unwissenheit darstellt oder wo sie einen Hinweis auf unberechtigten Selbsterhalt darstellt. Konkrete Übungen dazu sind Akrobatik, Übungen mit einem scharfen Schwert, das Aufsuchen von großen Höhen. Menschen mit einem Mangel an Angst bringen ein Opfer, indem sie ihre

Angst vergrößern; Menschen mit einer übermäßigen Angst opfern, indem sie einen Teil ihrer Angst überwinden.

Gelingt es Ihnen nicht, Ihre Angst zu beeinflussen, so versuchen Sie einmal in Ihrer Angst zu ›wohnen‹ und betrachten Sie dann Ihre Isolation im Hinblick auf weniger ängstliche Menschen. Sie sind ein Einsiedler, und dies ist weder gut noch schlecht – es ist einfach Ihr Beitrag.

Ihr Ego

Wie bereits in Kapitel über das Spiel dargestellt wurde, ist die Tatsache, welche Wichtigkeit jemand sich selbst beimisst, sehr individuell geprägt. Sie können alles so persönlich machen, wie Sie wollen. Ist jemand wütend auf Sie als einzigartiges Individuum, oder ist er nur wütend auf jeden, der Ihnen ähnelt? Häufig nehmen Sie an einem Spiel teil, in das Sie eigentlich nur zufällig geraten sind. Dann fragen Sie sich, wer sich da eigentlich in der betreffenden Situation tatsächlich als Gefangener erlebt. Ist es so, dass Menschen sich unberechtigterweise auf Ihre Kosten ausleben? Betrachten Sie die Sache einmal als Ihr Opfer in dieser bestimmten Situation. Sie waren der Sündenbock, der Blitzableiter.

Wenn es unmöglich geworden ist, mit jemandem zu sprechen,
so beten Sie weiterhin für ihn.
Henk van Hattem

Den Überfluss haben wir überlebt,
wir werden auch den Hunger überleben.
Russisches Sprichwort

Vergeudung und Sparsamkeit

Wenn Sie ein Gerät mit einer aufladbaren Batterie haben, ist es gut, diese ab und zu bis zum Letzten aufzubrauchen. Es ist sogar so, dass eine Batterie erst dann optimal funktioniert, wenn sie gut geladen wurde, nachdem sie einige Male völlig entleert worden ist.

Dieser moderne Vergleich lässt sich als Hinweis für eine Haltung des Opferns heranziehen. Die beste Art von Sparsamkeit ist manchmal Vergeudung. So bewusst Sie mit Ihrer aufbauenden Energie umgehen, so selbstdestruktiv müssen Sie ab und zu beim Wegschenken oder Vernichten Ihres Kapitals sein.

Dasselbe gilt für *Bindungen*. Auf der einen Seite verlangt unser vom Überfluss geprägtes Leben eine bewusste Haltung der Pflege und der Wertschätzung dessen, was uns anvertraut ist; andererseits ist es wichtig, sich auch völlig losmachen zu können und alles auf einen Schlag opfern zu können. Vielleicht erleben Sie einmal im Leben die Situation, dass Sie alles verlieren. Üben Sie sich darin, dies als Ihr Opfer zu betrachten, das Sie sich selbst bringen, um sich freizumachen von jeglicher Bindung. Doch auch das Umgekehrte hat Gültigkeit. Wenn Sie zu reich werden und Ihr Herz an zu viele Dinge hängen, so ist dies Ihr Opfer, das Sie sich selbst bringen. Sie opfern Zeit und machen sich Ihre Hände schmutzig, bis Sie irgendwann einmal ein Opfer auf der anderen Seite der Waage bringen können, und sei es erst im Augenblick des Todes.

Was Sie im Leben auch bekommen, genießen Sie es,
doch betrachten Sie es immer als geliehen.
Das erspart enorm viel Schmerz.
Henk van Hattem

Freuden sind Geschenke des Schicksals,
Die ihren Wert in der Gegenwart erweisen.
Leiden dagegen sind Quellen der Erkenntnis,
Deren Bedeutung sich in der Zukunft zeigt.
Rudolf Steiner

Tausend Tode sterben

Angst ist ein schlechter Ratgeber. Aber Angst ist auch eine perfekte Technik, das Ego sterben zu lassen. Der Weg des Lebenskünstlers führt langsam aber unweigerlich zu den Quellen der Angst, um diese dann vollständig zu durchleben, bis ihre Wirkung aufhört.

Dies soll nicht heißen, dass Sie tollkühn werden müssen. Jede Äußerung von Angst hat auch einen Signalwert. Ängste stellen uns Fragen über unser Schicksal und unsere Bindungen: »Verfüge ich über genügend Fähigkeiten, dieses Risiko einzugehen?« Und: »Bin ich schon bereit, mich in dieses neue Gebiet zu wagen?«

Anders gesagt: Jedes Gefühl der Angst kann ein guter Warner sein und ein spontan auftretendes Signal, sich in Bereitschaft zu versetzen. Die Momente, in denen dies auch wirklich nützlich ist, erkennen Sie an Ihrem erhöhten Adrenalingehalt.

Unbestechlichkeit

Identifizieren Sie sich so wenig wie möglich mit Erfolg oder Misserfolg. Menschen, die Sie übermäßig bewundern, sind genauso gefährlich wie Menschen, die Sie zu Unrecht mit Kritik bedenken. Ein berechtigtes Zeichen der Wertschätzung zwischen Menschen kann mit der berechtigten Dankbarkeit gefeiert werden. Berechtigte Kritik kann durch einen echten Versuch zur Selbstkorrektur belohnt werden.

Jede Handlung hat positive und negative Folgen. Folgen Sie dem Weg, der für Sie vorgegeben ist, und fühlen Sie sich für das verantwortlich, was Sie tun, jedoch ohne mit Ihrem Schmerz zu kokettieren und ohne allzu lang im Genuss zu schwelgen.

Am schwierigsten verwirklichen lässt sich dies im Verhältnis zu Menschen, die Ihnen nahestehen. Können Sie sie als eine Durchgangsstation wie viele andere betrachten, oder darf ihnen nichts zustoßen?

Solschenizyn wurde inhaftiert, und seine Peiniger drohten damit, seiner Familie etwas anzutun. Er antwortete: »Schauen Sie mir in die Augen und fragen Sie sich, ob Sie mich mit derartigen Drohungen kleinkriegen.« Da wurde es seinen Henkern deutlich, dass er sich längst von den Bindungen zu seinen Blutsverwandten gelöst hatte. Und sie ließen seine Familie in Ruhe.

Religion ist für Menschen, die Angst vor der Hölle haben,
Spiritualität ist für Menschen, die schon dort gewesen sind.
Text auf einem T-Shirt

Leben Sie mit Risiken und konzentrieren Sie sich ab und zu auf Untergangsszenarien und akzeptieren Sie sie. Wagen Sie es, sich vorzustellen, dass Sie alles verlieren werden und dass dies wehtun wird, dass Sie daran sterben werden und dass Sie wiedergeboren werden. Leben Sie mit dem Gedanken, dass Sie bereit sind, alles zu opfern.

Hierzu gehört auch das Loslassen von Scheinwahrheiten. Die Kunst besteht darin, mit religiösen Systemen und Doktrinen umzugehen wie mit einem freundlichen Gastgeber, bei dem Sie sich eine Zeit lang zu Hause fühlen können, doch der Ihnen nicht Ihren letztendlichen Wohnort bieten kann.

Die Kirche ist der Beweis dafür, dass Gott nicht existiert.
Harry Mulisch

Seien Sie kritisch in Bezug auf komplizierte Systeme, in denen Sie erst nach vielen Scheinopfern zur Erleuchtung gelangen. Prüfen Sie sich eingehend, ob Sie jemand sind, der sich dort wirklich beheimatet fühlen kann. Passt ein solches Opfer zu ihnen, so darf man Ihnen gratulieren. Im anderen Fall sollten Sie sich merken, dass Himmel und Hölle *jetzt* existieren, immer.

Gelingt es Ihnen noch nicht, solche Dinge in ausreichender Intensität zu erfahren, so brauchen Sie möglicherweise einen Glauben. Hier liegt auch der Unterschied zwischen dem *Glauben an* und dem *Erfahren von* etwas Göttlichem. Nicht derjenige, der *nicht* glaubt, sondern derjenige, der glaubt, ist blind. Denn seine Tragik liegt darin, dass er das Göttliche nicht wahrnimmt.

Ein anderer Aspekt des Glaubens hängt mit der Historizität von Wundern zusammen. Klammern Sie sich nicht zu sehr an die Frage, ob sich Wunder im materiellen Sinn tatsächlich ereignet haben oder nicht. Ein rechter Zauberlehrling enthält sich des Urteils, er geht nicht auf Fragen nach dem Sinn und dem Realitätswert ein. Er kann sich durch die Geschichten betören lassen, er kann sich ver-wundern, doch es macht für ihn keinen Unterschied, ob sich etwas tatsächlich ereignet hat oder nicht.

Zur Unbestechlichkeit gehört, dass Sie die Einsamkeit als Ihren Ausgangspunkt akzeptieren sowie das Gefühl, ein Ausgestoßener zu sein. Versuchen Sie nicht, auf Anerkennung aus zu sein, auch nicht auf Schutz. Befolgen Sie die Regeln, solange sie Sie nicht behindern.

Gott ist ein erlebbarer Kreis, dessen Mittelpunkt überall
und dessen Umkreis nirgends ist.
Aus dem *Buch der 24 Philosophen*

Wenn Sie verlauten lassen, dass auch Sie ein Sohn oder eine Tochter Gottes sind – so bereiten Sie sich darauf vor, dass Sie gekreuzigt werden.
Dritter Lama Sittuh

Grundsätzlicher Opportunismus

Fordern Sie nichts vom Leben. Hängen Sie Ihre Ziele so hoch wie Sie wollen, Sie werden dabei doch Ihrer eigenen Natur folgen. Stattdessen sollten Sie Ihre Vorstellung einer Erfüllung opfern. Opfern Sie Ihre Idee, dass Ihre Vorstellung, Ihre Vision etwas bedeutet. Wählen Sie den Gedanken als Ausgangspunkt, dass das Leben, das Ihnen beschert ist, genauso sein muss, wie es ist, und dass sich genügend daran erleben lässt, sowohl wenn Sie sich ihm widersetzen als auch wenn Sie sich ihm hingeben. Versuchen Sie dieses und jenes und passen Sie sich den Ergebnissen an. Ihr bewusstes Wollen ist lediglich die Spitze eines Eisbergs, Ihr unbewusster und überbewusster Wille ist unendlich viel größer.

Königliche Demut

Trauen Sie sich, Ihre persönliche Rolle auf der Weltbühne in ihrer ganzen großartigen Demut anzuerkennen. Mit diesem Paradox der »großartigen Demut« meine ich, dass das Mysterium des Universums sich in Ihnen und in Ihrem Lebenslauf manifestiert, dass Sie nur eine beschränkte Form von Bewusstsein haben, wenn Sie Ihr Erleben auf das begrenzen wollen, was Sie innerhalb Ihres Körpers wahrnehmen. Hierbei handelt es sich um einen Wahrnehmungsfehler, weil Ihre Energien weit über Ihren Körper hinausreichen. Ihre Haut als Wahrnehmungsorgan ist bei Weitem nicht die Grenze Ihrer Persönlichkeit. Sie können Dinge an anderen Menschen spüren, andere können Dinge bei Ihnen spüren. Andere tragen manchmal auch Energien mit sich herum, die von Ihnen stammen. Dabei spielt das Wetter eine Rolle, auch Sie erleben das Wetter, und vielleicht erlebt sogar das Wetter Sie ...

Sie bringen Opfer, und Sie sind selbst ein Opfer. Jeden Abend vor dem Einschlafen können Sie das, was Sie erlebt haben, einer Welt darbringen, die Zeuge einer Gottheit in einer viel zu engen Behausung ist. Diese Gottheit, also Sie selbst, erfreut sich an ihrer Schöpfung und genießt sie, sie stößt sich an ihr, sie geht so gut oder so schlecht, wie es möglich ist, schöpferisch und opfernd mit ihr um. Opfern Sie, was Sie erreicht haben, opfern Sie auch das, worin Sie versagt haben.

Kontemplieren Sie Ihre unentbehrliche Nichtigkeit. Meditieren Sie Ihre Kleinheit und Bedeutungslosigkeit; dann wiederum Ihre Größe und Ihre Bedeutung für die gesamte Schöpfung.

Was will Ihr Schicksal?

Jede verstörende oder schmerzhafte, aber auch jede exstatische Erfahrung kann Sie erschüttern und etwas in Ihnen zum Sterben bringen, sodass Sie nicht mehr selbst wollen, sodass Sie sich vom Leben führen lassen und nicht mehr derjenige sind, der Sie einst waren. Das soll nicht heißen, dass Sie Ihren eigenen Willen nicht zu erfahren brauchen. Sie können fühlen: Es will in mir, es denkt in mir, es fühlt in mir. Was ist mein Schicksal? Eigenwille oder Freiheit bewegen sich in einem Wechselspiel mit dem Schicksal. Es geht dabei vor allem um Ihre Haltung, die Sie dem Schicksal gegenüber einnehmen. Ihr Körper ist dann ein Teil Ihres Schicksals, Ereignisse sind Äußerungen des Schicksals und so weiter.

Es gibt keine Feinde, keine Freunde, nur Lehrer.
Osho

➤ Paradoxen Reichtum kann man unabhängig vom eigenen äußeren Zustand erreichen. Dieser innere Reichtum ist paradoxer Natur, weil er letztendlich zur Stille führt und schließlich zusammenfällt mit der größtmöglichen Einfachheit. Der Weg des inneren Reichtums nimmt seinen Anfang aus der Leere, verläuft dann über Haltungen und Fähigkeiten im Leben, die der Seele die Kenntnis und Beherrschung vieler Kräfte vermitteln. Danach geht es darum, diese Kräfte der eigenen Entwicklung (und der der anderen) zum wahren Menschsein dienstbar zu machen. Am Ende der Reise bedeutet innerer Reichtum, dass man alles

Trauen Sie sich, stumpfsinnige Dinge zu tun. Die dümmsten und scheinbar selbstdestruktivsten Handlungen verursachen häufig ein Krisen, die Sie zu neuen Erfahrungen führen können. Sie selbst sind die geheime Ursache der Dinge, die Ihnen zustoßen. Widerstand, Protest und Akzeptanz liegen auf einer Linie. Üben Sie Hingabe.

Wenn es Ihnen gelingt, sich selbst als einen Geist zu sehen, der durch die Materie reist, so können Sie in doppelter Weise Lösungen entwickeln. Denn in dem Moment, in dem Sie eine Bewusstseinsschicht kultivieren, die mit jener Weisheit verbunden ist, die Formen erscheinen und wieder verschwinden lässt, werden Sie zu einem Teil der Kraft, die das Opfer vollzieht, wie auch des Bewusstseins, welches geopfert wird. Dieses Gefühl des »heute ich, morgen du« oder umgekehrt bildet die Basis für ein Mitleid, das alle Bindungen abgelegt hat, und für die Erkenntnis einer zauberhaften Ekstase, die die Trennung von Schön und Hässlich, Gut und Böse, Schmerz und Lust hinter sich lässt.

Wer dagegen protestiert, dass er geopfert wird,

und wer sich in sein Los schickt – beide zeigen die zwei Gesichter desselben Prozesses. Beide verbrennen sich und suchen ein Verhältnis zu ihrem Schicksal.

hinschenken kann, was man sich erworben hat.
Durch diesen paradoxen Reichtum lernen wir, dass der schaffende Geist in jedem Sandkorn gegenwärtig ist, in allen Wassern des Ozeans, jedoch auch in Hochhäusern, Kriegsmaschinen, ja sogar in der Atombombe.
Paradoxer Reichtum hilft uns, zu erfahren, dass alles jetzt gegenwärtig ist. Dass Himmel und Hölle sich nicht irgendwo »weit weg« in Zeit und Raum befinden, sondern als Bewusstseinsebenen in der eigenen Seele zugänglich sind.

Schaden verursachen

Es gibt zwei Arten von Schäden, die wir verursachen können: Schäden durch zerstörerische Handlung oder Schäden durch Fahrlässigkeit. Letztere entstehen manchmal, weil wir einen schmerzhaften, aber notwendigen Eingriff unterlassen haben, manchmal aber auch, weil wir konstruktive Hilfe unterließen. Diese beiden Schadensarten lassen sich natürlich wieder unterteilen in Schaden aufgrund von Unwissenheit versus Schaden aufgrund von bewusstem Handeln, oder in persönlichen Schaden versus Schaden, der einem anderen zugefügt wird.

Es ist eine philosophische Frage, ob sich alles Böse, jeglicher Hass auf eine Form von Unwissenheit zurückführen lässt, oder ob es tatsächlich Menschen gibt, die sich bewusst für die Welt des Hasses entscheiden. Wir können diese Frage hier nicht beantworten, aber manchmal ist es wichtig, abzuwägen, inwieweit wir optimal glücklich sind. Manchmal erreichen wir unser »optimales Stadium«, indem wir ein wenig Glück zugunsten anderer abgeben. Manchmal verlagert sich unser Gefühl der Zufriedenheit mit dem Schicksal dann auf eine höhere Ebene. Das Glück, das wir dann in Bezug auf unser physisches Wohlergehen verlieren, kann durch eine gewisse Zufriedenheit und Dankbarkeit kompensiert werden, die entstehen, wenn wir auf unsere eigene Opfergebärde blicken.

Vielleicht ist das schönste Opfer ein Lebenslauf,
in dem so wenig wie möglich an persönlicher Entwicklung geopfert wird.
Dritter Lama Sittuh

Leere

Bewegung

Kampf

Tanz

Spiel

Opfer

Dank

Stille

No matter what your seat in the opera,
it's been a great show, it really has.
Joseph Campbell

Dank kennt vielerlei Erscheinungsformen. Häufig kommt er als Freude zum Ausdruck. Dank ist dann eine Form der Anerkennung dafür, dass etwas geschenkt und empfangen wurde. Aber es gibt auch einen unbewussten Dank, der sich zum Beispiel an der brausenden Lebenskraft und der selbstverständlichen Fröhlichkeit eines kleinen Kindes ablesen lässt. Selbst wenn es schwer krank ist, bedarf es nur einer kurzen Besserung seines Zustandes, und es strahlt wieder. Dieser Dank richtet sich nicht an ein Gegenüber, an ein Ziel. So ist es auch, wenn wir für etwas dankbar sind, das uns nicht unmittelbar geschenkt wurde, wie zum Beispiel für einen Sonnenuntergang. Wir können ihn als ein Geschenk betrachten, indem wir einfach dankbar dafür sind, dass es ihn gibt. Einfach froh sein über etwas Selbstverständliches, Überpersönliches ... In dem Augenblick, da Sie zum stillen Zeuge der zärtlichen Umarmung zweier Liebender werden, können Sie dankbar an deren Glück teilnehmen, selbst wenn die beiden gar nicht wissen, dass Sie existieren.

Je älter wir werden, umso mehr verlieren wir häufig die selbstverständliche Fähigkeit, danken zu können. In unserem Verletztsein, durch unser besessenes Streben nach Kompensation vergessen wir häufig, was uns jeden Tag geschenkt wird. Es wird dann zu einer regelrechten Kunst, dankbar zu sein für das, was wir haben.

Gereifter Dank zeigt sich in der Spannkraft des wirklich erwachsen gewordenen Menschen, der sich, obwohl er häufig vom Leben gehörig in die Mangel genommen wurde, eine über alles erhabene Unschuld erwerben konnte. Dank zeigen wir, wenn wir bereits alles Mögliche erlebt haben und trotz allem immer noch freudig überrascht sein können. Dieser Dank basiert dann auf einem durchlebten Staunen, einer disziplinierten Spontaneität. Der Dank des Erwachsenen ist kein unpersönlicher, zielloser mehr. Wir sind meistens *für irgendetwas* dankbar, selbst wenn es sich nur um kleine Dinge handelt.

Die Dimension des Sublimen tritt in diesem Bereich immer dann auf, wenn wir für etwas dankbar sein können, obwohl es schmerzvoll ist: eine schwere Krankheit, der Verlust eines geliebten Menschen, ja sogar ein Krieg. Wenn wir trotz allem sagen können: »Es war die schönste Zeit meines Lebens.« Es kann sich auch um den »kleinen Kummer« handeln. Das Paar, bei dessen inniger Umarmung wir einst Zeuge waren, sehen wir jetzt weinend auseinandergehen. In dem Augenblick, da wir still eine Träne hinunterschlucken, werden wir zum dankbaren Teilhaber an dem, was ihnen widerfährt.

Dank verwandelt sich dann irgendwann: Aus einem Augenblick wird ein *Prozess*, der auch das Gegenteil – die Gleichgültigkeit, die Undankbarkeit und selbst den Vorwurf – umfassen kann. *Bless your barricades.* Und: »Was mich nicht umbringt, macht mich stärker.«

»Sublimer Dank« bedeutet, dass wir Ja sagen können zur Vergänglichkeit. Die Schönheit der Welt ist etwas Überwältigendes, nicht zuletzt gerade dank ihrer vergänglichen Natur. Auch wir sind schön und vergänglich. Dank wird auf diese Weise wieder zu etwas Allgemeinem, nicht personenbezogenem. Ein Ja-Sagen in Bezug auf das Nein-Sagen. *Joyful participation in the sorrows of the world.*

Würde der Mensch schmerzfrei existieren, den Schmerz im weitesten Sinn von leiblich bis seelisch genommen, er wäre sich seiner selbst nicht bewusst, er könnte sein Glück und den Himmel nicht genießen, weil er nicht wüsste, was Glück und Himmel sind.

C. S. Lewis

Dank bei den Musen

Ich hatte die Ehre, sowohl meinen Vater als auch
meinen Sohn begraben zu dürfen.
    Freek de Jonge

Es ist besser eine einzige Kerze entzünden
als die Finsternis zu verfluchen.
    Mahatma Gandhi

Danke

Wie wär's damit, diese Antibiotika nicht mehr einzunehmen
Wie wär's damit, mit dem Essen aufzuhören, wenn ich satt bin
Wie wär's mit diesen transparenten hängenden Karotten
Wie wär's mit diesem immer unerreichbaren Kudo?

Danke Indien
Danke Terror
Danke Desillusionierung
Danke Zerbrechlichkeit
Danke Konsequenz
Danke, danke Stille

Wie wär's, wenn ich dir nicht für alles die Schuld geben würde,
Wie wär's, wenn ich nur einmal diesen Moment genießen würde,
Wie wär's, wie schön es sich anfühlte, wenn ich dir endlich vergeben würde,
Wie wär's, das alles zu betrauern, eins nach dem anderen?

    Alanis Morissette auf der CD *Supposed Former Infatuation Junkie*

Ich lernte Schweigsamkeit von den Redseligen, Toleranz von den Intoleranten und Freundlichkeit von den Unfreundlichen; dennoch bin ich eigenartigerweise diesen Lehrmeistern gegenüber undankbar.
    Khalil Gibran

Das Böse ist nichts Absolutes, es ist ein Mittel zur Entwickelung der individuellen Wesenhaftigkeit und der Freiheit. Der Materialist gibt nicht zu, dass die Gedanken, die wir an der Natur heranbilden, zuvor in dieser enthalten sind. Er glaubt, dass wir sie in sie hineinlegen. Die Rosenkreuzer des Mittelalters stellten ein Glas Wasser vor den Neophyten und sagten zu ihm: Damit dieses Wasser im Glas sein kann, muss es jemand hineingetan haben. Ebenso verhält es sich aber mit den Ideen, die wir in der Natur finden. Sie müssen hineingelegt worden sein durch die göttlichen Geister, die Gehilfen des Logos.
Die Gedanken, die wir aus der Welt ziehen, finden sich in Wahrheit in ihr. Alles, was wir schaffen, ist notwendigerweise darin eingeschlossen. Es ist eine falsche Idee mancher Mystiker, den Wert des physischen Leibes herabzusetzen. Er hat denselben Wert wie der Astralleib, er soll der Tempel der Seele werden.

Rudolf Steiner, Paris, 28. Mai 1906, In Kosmogonie (GA 94)

Wer aus Liebe leidet, leidet nicht mehr. Alles Leid ist dann gelitten.

Meister Eckhardt

Siehe, das Königreich Gottes ist unter euch.

Jesus, Lukas 17,21

Klassische Mythologie des Dankes

Danksagungen, Gefühle der Dankbarkeit, Hingabe und Verehrung sind so alt wie die Menschheit. In dieser Hinsicht lassen sie sich als ›klassisch‹ bezeichnen. Doch die klassische Mythologie des Dankes erstreckt ihre Ausläufer mühelos bis in unsere Zeit.

Überall auf der Welt begegnen wir Mythologien des Dankes. Meistens gehen diese mit einem Opfer einher, zum Beispiel nach einem Sieg oder einer guten Ernte. Doch jede Religion hat auch ihre einfachen täglichen Rituale, und diese sind häufig Dankgebete. Einer universalen Form des Dankes begegnen wir in der Gestalt von Festen, mit denen die Jahreszeiten-Wechsel gefeiert werden. Diese Art von Markierungen fordert uns ein erhöhtes Bewusstsein ab und fungiert als Erinnerung an die Vergänglichkeit des Daseins. Sie rufen in uns die Erkenntnis wach, dass wir Teil eines viel größeren Prozesses sind. Sie stellen uns als Individuum in eine soziale und historische

Perspektive. Jedes Jahreszeitenfest hat seinen eigenen Zauber, und für jede Jahreszeit, die beginnt oder endet, dürfen wir dankbar sein.

Viele heidnische Jahreszeitenfeste wurden von der christlichen Kirche übernommen. Die tatsächliche Rückkehr des Lichtes bei der Wintersonnenwende finden wir wieder bei der Ankunft dessen, der das Licht der Welt ist. Die flackernde kleine Kerze in der Finsternis kehrt wieder in der Gestalt des zerbrechlichen kleinen Kindes in der Krippe. Die Auferstehung der Natur aus dem Winterschlaf, die wir durch Fruchtbarkeitssymbole wie Ostereier und den Osterhasen begehen, können wir mit dem Leiden, dem Sterben und der Auferstehung Christi in Verbindung bringen.

So haben schon seit Urzeiten Menschen in ihren Religionen in ihren Dankritualen, die die Übergänge der Jahreszeiten feierten, dem Dank einen ganz wichtigen Stellenwert eingeräumt. Bei den Völkern des Nordens ist der Dank am größten im Moment, wenn der Winter vorbei ist und der Frühling beginnt. Die Schlachtfeste des Herbstes sind bei uns ein wenig aus der Mode gekommen, seit wir das traditionelle Schlachten von Tieren vor allem im ländlichen Raum durch die Fließbandschlachtung von Tieren ersetzt haben. Und die Sommersonnenwende feiern wir lieber in einem südländischen Ferienland als in unseren manchmal kühlen nördlichen Breiten.

Initiations- und Bestallungsriten lehren also die essenzielle Einheit von Individuum und Gruppe; Einen weiteren Horizont noch eröffnen die Feste, in denen der Jahreslauf kulminiert: dass so, wie das Individuum ein Organ der Gruppe ist, der Stamm, die Stadt und schließlich die ganze Menschheit nichts anderes sind als Phasen des kosmischen Riesenorganismus.

Joseph Campbell, in: *Der Heros in tausend Gestalten*

Nach dem Opfer kommt der Dank

Überall in der Welt werden Helden wegen der von ihnen bestandenen Prüfungen und der Bedeutung, die diese für die Gemeinschaft haben, verehrt. In der klassischen griechischen Mythologie wird der vielgeprüfte Ödipus unter die Götter aufgenommen, ebenso die Heldin Psyche. Der älteste und weiseste Kentaur, Chiron, wird als Dank für sein erzieherisches Wirken und seinen schmerzhaften Tod in das Sternbild des Schützen versetzt. Auch der durch einen einzigen Tritt des Herkules zermalmte Krebs gelangt als ein unsterbliches Wesen ans Firmament.

Zu den ältesten Formen, durch welche Gemeinschaften ihren Dankgefühlen Ausdruck verliehen, gehört das Errichten von Gedenksteinen. Menschliche Helden erhalten als Dank nach ihren bestandenen Abenteuern häufig eine Führerposition. Wenn der Held oder die Heldin das Abenteuer nicht überlebt hat, werden Standbilder oder Denkmäler errichtet oder Legenden erzählt, die sich um seine oder ihre Person ranken.

Wie verhält es sich mit gewonnenen oder verlorenen Schlachten? Seit Menschengedenken danken wir für sie und gedenken ihrer. Wenn sich irgendwo ein Wunder vollzogen hat, stiften wir an der betreffenden Stelle ein Monument, als Ausdruck des Dankes, jedoch auch in der verstohlenen Erwartung, dass die wundertätige Wirkung dieses Ortes erhalten bleiben möge. Auf diese Weise sind Wallfahrtsorte wie Lourdes entstanden. Bei all diesen Ritualen handelt es sich um uraltes Brauchtum.

Natürliche Musik

Der alte Ruf des Ozeans,
das Vogelgezwitscher kleiner Flüsse,
(Mit Gold statt Silber färbt der Winter
ihr Wasser und blattgrün statt braun säumt er die Ufer)
erstimmt vierkehlig in einer Sprache.
Drum glaub ich, wären wir nur stark genug,
ohne die Trennwände der Angst und der Begierde
den Sturm der kranken Völker,
die Wut der der hungerleidenden Städte zu hören,
so fänden wir auch diese Stimmen
rein wie die eines Kindes; oder dem Atem eines Mädchens gleich,
das allein am Ozeanstrand tanzt und von Geliebten träumt.

Robinson Jeffers (1887–1962)

Sich weihen

Wenn wir tief von der Schönheit und der Liebe eines bestimmten Menschen ergriffen sind, verbinden wir uns ihm in Treue, wir »trauen« uns mit ihm. Oder aber wir gehen – etwas weniger tiefgreifend – eine Verbindung ein, die eine Ehrbezeugung gegenüber dieser Person darstellt. Wir *widmen,* ja *weihen* uns diesem anderen dann in unterschiedlicher Konsequenz.

Wenn wir von einem Gott oder vom Göttlichen tief berührt worden sind, so ist es kein Opfer, wenn wir unser Leben in den Dienst dieses Wesens stellen. Es ist ein Zeichen der Freude, eine Äußerung von Liebe und Dank für das, was wir aus diesem Quell an Inspiration empfingen. Wir schenken unserem Quell gewissermaßen etwas zurück. Beten wird dann Danken. Das Tun guter Werke ist dann ebenfalls ein Danken.

In der heutigen Zeit gibt es viele Menschen, die ihr Leben einem Ideal weihen. Dieses Ideal kann beispielsweise auf dem Gebiet der Wissenschaft, des Sports, der Kunst oder aber im Familienleben liegen. Wir können an dem Maß der Lebensfreude, die Menschen ausstrahlen, häufig sehen, ob dieses Sichweihen, diese Hingabe stärker aus einem Opfermotiv oder mehr aus dem Dank heraus gelebt wird.

In vielen Formen moderner Spiritualität ist Gott von den vielen Projektionen, mit denen er belegt wird, befreit. Er ist schon längst nicht mehr der strenge alte Mann mit einem Bart. Gott ist wieder das allumfassende, allgegenwärtige Mysterienwesen. Ein Vorteil, der mit einem derartigen Gotteserleben zusammenhängt, besteht darin, dass auch unser Dankgefühl allumfassend werden kann. Wenn das Göttliche sich überall manifestiert, können wir *überall* dafür dankbar sein, ausnahmslos. Eine zeitgemäße, moderne Form der religiösen Hingabe besteht dann darin, dass wir das Leben in seiner umfassenden Ganzheit feiern. Auf diese Weise geraten wir in die Nähe alter, toleranter, matriarchal geprägter Weiherituale, in denen die »hundertacht Namen der Göttin« verehrt wurden, jener Göttin, die so viele Erscheinungsformen und Namen hat.

Als mehrere Journalisten Niels Bohr besuchten, um einen Beitrag über sein Leben und Werk vorzubereiten, fiel einem der Journalisten ein rostiges Hufeisen auf, das über dem Eingang von Bohrs Sommerhaus angenagelt war. Der Journalist wunderte sich sehr darüber und fragte Bohr, wie er als Naturwissenschaftler so einem Aberglauben anhängen könne; daran glaube er doch nicht ernsthaft. Nein, natürlich glaube er nicht an diese Dinge, antwortete Bohr, aber das sei kein Problem: Man habe ihm versichert, es funktioniere auch, wenn man nicht daran glaube.

Ishtadevata oder: Die Wahl eines eigenen Gottes

Eine der beeindruckendsten Formen, sich einem höheren Wesen zu weihen, wurde im Buddhismus entwickelt. Dort kennt man das Prinzip der erwählten (ishta) Gottheit (deva). In jedem buddhistischen Kloster haben die Bewohner eine Vorliebe für irgendeinen bestimmten Buddha oder Bodhisattva. Man erwählt sich dann eine Darstellung dieses Buddha (tanka) und beginnt, diese zu verehren. Nach vielen Jahren beginnt das Symbol aufzustrahlen, als ob der Dank und die Hingabe, die ihnen zufließen, ihnen guttäten.

Übertragen wir dies in die heutige Zeit, so können wir selbst uns eine Gottheit oder ein Ideal umschreiben, bei welchem wir uns ›zu Hause fühlen‹. Wir erwählen uns einen Namen, eine Statue oder eine Idee, und dann weihen wir uns der Gottheit, den Göttern unserer Wahl.

Wenn ich dies strengen Monotheisten vortrage, reagieren sie manchmal verärgert. Sie werfen mir vor, ich würde einem Polytheismus huldigen. Dem entgegne ich, dass auch Religionen, die sich monotheistisch wähnen, im Grunde polytheistisch orientiert sind. Denn der Begriff, den sie sich von Gott machen, ist unzähligen Projektionen unzähliger Individuen ausgesetzt. Dasselbe Wort bedeutet sogar für Menschen, die zur selben Splittergruppe gehören, häufig ganz unterschiedliche Qualitäten: Barmherzigkeit, Züchtigung, Trost, Gleichgültigkeit, Schutz ... Es mag vielleicht nur einen Gott geben, doch dieser ruft zahllose und gegenläufige Erfahrungen hervor.

Wenn wir ein gesundes Seelenleben erreichen wollen, so sollten wir uns in Dankbarkeit üben. Wenn Sie Ihre Dankbarkeit auf ein bestimmtes Ziel lenken wollen, so suchen Sie sich möglichst ein Abbild Ihrer hohen Quelle. Dies kann etwas ganz Konkretes sein. Für manche Eltern zum Beispiel sind es ihre Kinder. Für manche Kinder sind es ihre Eltern. Manche verehren das Göttliche in ihrem Partner, ihrer Arbeit, ihrem Hobby, in der Natur.

Das uralte Prinzip des *Ishtadevata* besteht darin, dass wir uns ein mythisches Bild, einen bestimmten Baum, einen Film, einen Popstar erwählen, durch den wir uns zutiefst inspiriert fühlen. Es können auch mehrere sein, wie es bei den Griechen oder den Hindus der Fall war und ist. Danach richten Sie Ihre Rituale auf die Gottheit aus, die Sie selbst erwählt haben. Diese Rituale können Sie sich selbst zusammenstellen, solange nur ein gewisses Maß an liebevoller Ehrfurcht und inniger Dankbarkeit in ihnen zum Ausdruck kommt.

Das Bewusstsein des Überflusses

Die Erfahrung lehrt, dass Dankbarkeit uns selbst bereichert und auf uns selbst zurückstrahlt. Begeisterung macht reich. Doch dies funktioniert nur, wenn wir ehrlichen, freudigen Dank einbringen. Ein echter Liebestest in dieser Beziehung kann darin bestehen, ob wir den anderen freigeben können. Dass wir uns einfach freuen, dass er oder sie existiert. Und dass wir neugierig darauf sind, wie seine weiteren Wege verlaufen werden.

If you love somebody, set them free.
Sting

Wir können dies mit einer Übung zur Steigerung des Bewusstseins des Überflusses vergleichen. Wenn wir um mehr Geld beten, wird das nicht funktionieren. Doch Dankbarkeit für das, was wir haben, und ein Sich-Öffnen für immer neue Überraschungen werden ihren Effekt haben. Allerdings wird es uns erst dann gelingen, uns für mehr zu öffnen, wenn wir in unserem Herzen erleben, dass wir bereits mehr als genug haben.

Während der großen Flutkatastrophe des Jahres 1953 wurden viele Dörfer der niederländischen Provinz Zeeland völlig überflutet. Tausende von Menschen ertranken. In einem bestimmten Dorf ragte nur noch die Spitze des Kirchturms aus dem Wasser. Rettungsboote fahren vorbei und retten die Menschen, die sich auf den Turm geflüchtet haben. Die Helfer schicken sich an, als Letzten den Pfarrer ins Boot zu holen. Doch dieser weigert sich: »Nein, fahrt nur weiter. Ich vertraue auf Gott.«
Noch zwei weitere Male kommt das Boot vorbei. Jedes Mal reden die Menschen im Boot dem Geistlichen zu: »Das Wasser steigt weiter, jetzt kommen Sie doch endlich!« Doch der Pfarrer weigert sich standhaft: »Ich vertraue auf Gott.«
Schließlich steigt das Wasser bis über die Turmspitze, und der Pfarrer ertrinkt. Empört langt er bei der Himmelstür an und beklagt sich bei Petrus: »Da habt ihr mich aber ganz schön in der Kälte stehen lassen mit meinem Gottvertrauen!«
Worauf Petrus antwortet: »Wir haben dir dreimal Hilfe geschickt, aber du bist nicht eingestiegen.«

Wechselseitige Projektion

Es drängt sich ein philosophischer Zirkelschluss auf: Wer denkt sich eigentlich wen aus? Ist es der kleine Mensch, der sich eine archetypische Gottheit erschafft? Dann wäre es lediglich eine Projektion seiner selbst, der der Mensch Dankbarkeit entgegenbrächte. Oder projiziert sich eine Gottheit in einen Menschen, der daraufhin ein Gefühl des Wiedererkennens empfindet? Anders ausgedrückt: Liegt es eigentlich voll und ganz in unserer eigenen

Hand, welchem Gott wir danken wollen? Liegt es nicht bereits in den Genen eines Kriegers, einen Kriegsgott zu verehren, oder in den Genen einer Mutter, eine Muttergöttin anzubeten? Die einfachste Lösung dieser Frage besteht vielleicht in einer wechselseitigen Projektion: von Menschen auf die Gottheit und von der Gottheit auf den Menschen. Wiederum gilt: Das Geheimnis befindet sich in der Mitte, wissend.

Moderne Mythologie des Dankes

Nicht »Ich liebe dich« ist der Schlüssel zum anderen,
sondern »Ich liebe mich«, auch wenn das platt und unmoralisch klingt.
Denn erst dann, wenn er »Ich liebe dich« zu einem anderen sagt,
gibt der, der sich selbst liebt, etwas wirklich Kostbares weg.
Harry Jekkers auf der CD *Das Geheimnis des lachenden Piccolo*

Eine der größten Errungenschaften des letzten Jahrhunderts besteht darin, dass uns heute nichts mehr erstaunt, doch dass uns nach wie vor alles verwundern kann. Die moderne Wissenschaft bescherte uns die Atombombe, und die modernen Medien fungieren als alles enthüllende Klatschgöttinnen. Politische Führer erweisen sich überall auf der Welt als korrupt, hypersexuell oder todlangweilig. Prinzessinen lassen sich scheiden und makellose Fotomodells leiden an Essstörungen oder Wutanfällen. Unsere Ikonen werden immer häufiger auf verarmende Weise durch allzu menschliche Züge bereichert. Es ist fast nicht mehr möglich, einen inspirierenden Menschen zu finden, der saubere Hände hat. Diese Schlussfolgerung kann einen pessimistisch stimmen, doch sie kann einen auch erleichtern. Der Vorteil ist dann der, dass wir dadurch milder werden können. Denn wenn diese Menschen mit all ihren Fehlern existieren dürfen, dann dürfen wir dies auch. Wenn wir ihnen mit all ihren Mängeln Anerkennung zollen können, so dürfen wir auch Anerkennung in Bezug auf uns selbst empfinden.

Wahrheitskommission

Zu den Höhepunkten des vergangenen Jahrhunderts gehören für mich die Rituale der südafrikanischen Wahrheitskommission unter Leitung von Desmond Tutu. Dort erhielten Menschen die Gelegenheit, ihre Fehler, die sie während des Apartheidregimes begangen hatten, zu beichten; dafür gingen sie straffrei aus. Es war ein Ritual menschlicher Akzeptanz. Opfer und Henker begegneten einander, manchmal mit »hard feelings«, manchmal in dem Wissen, dass Vergebung für beide Parteien eine Erlösung bedeutet.

Alle menschlichen Aspekte kamen auf den Tisch: Folterer, die noch immer den Genuss und die Erregung, die ihre Arbeit ihnen bereitet hatte, nicht unterdrücken konnten. Winnie Mandela, die ihre Chancen nicht ergriff, und Nelson Mandela, der dies tat.

Eine 54-jährige Frau liegt mit ihrem 57-jährigen Ehemann im Bett. Sie sind seit 31 Jahren glücklich miteinander verheiratet, sind bereits Großeltern und haben im Laufe der Jahre einiges miteinander durchgestanden. Sie ist eher heftig und spitz, er eher intellektuell und manchmal etwas introvertiert. Sie liegen ruhig nebeneinander, lesen und haben dabei beide ihre Lesebrille auf. Sie blickt über ihre Brillengläser hinweg zu ihm hinüber und sieht die vielen feinen Falten um seine Augen. Zärtlich berührt sie ein paar von ihnen und sagt: »Die hast du von mir.«

Oprah Winfrey

Im Laufe ihrer Karriere hat die wohl berühmteste Fernsehmoderatorin der Welt, Oprah Winfrey, eine interessante Entwicklung durchgemacht. Lange Zeit legte sie in ihren Programmen die Betonung auf die Fehltritte und Untaten von Menschen, insbesondere von Männern. Sie ließ die Opfer zu Wort kommen und stellte die Täter an den Pranger. Dies änderte sich im Laufe der Zeit: Nun begann sie immer stärker die positiven Seiten ihrer Gäste zu betonen. Sie versuchte dazu beizutragen, dass sich Opfer und Täter miteinander versöhnten, und holte Menschen ins Rampenlicht, die sich aus tiefen existenziellen Talsohlen herausgearbeitet hatten.

In den letzten Jahren arbeitet sie mit einem Ele-

➤ Während ein großer Teil der Menschheit ums Überleben kämpft, genießen wir das zweifelhafte Vorrecht, uns mit dem Sinn des Lebens und unserer Haltung gegenüber den großen Lebensfragen beschäftigen zu können.
Es ist wichtig, zu erkennen, dass dies ein »schmerzhafter Luxus« ist. Luxus, weil wir uns in diesem Moment keine Sorgen zu machen brauchen, ob wir heute noch etwas zu essen haben werden oder morgen noch leben werden. Schmerzvoll, weil die Beschäftigung mit dem, was das Leben uns zufügt, verborgene Formen intensiven Leidens und Glücks sichtbar macht, die sonst verdrängt würden durch die Notwendigkeit, die grundlegenden Lebensbedürfnisse zu befriedigen.
In Momenten, da wir nicht um unsere physische Existenz zu kämpfen brauchen, bricht der Kampf um unser seelisches

und geistiges Wohl erst richtig aus. Dies ruft neue Formen von Pflichten hervor, und zwar gegenüber uns selbst wie gegenüber einer zukünftigen Menschheit, die möglicherweise später einmal die von uns entwickelten neuen Lebenshaltungen zur Kenntnis nehmen wird. Wir haben darum die Pflicht, uns auf moderne Weise mit diesen mythologischen und psychologischen Kräften zu beschäftigen, die bereits jahrtausendelang Anlass zu Staunen, Dankbarkeit und Respekt gaben, jedoch auch zu Raserei und Krieg.

Noch nie in der Geschichte der Menschheit waren wir so frei wie heute, dass wir in aller Aufrichtigkeit auf unsere Jugend, unsere Fehler und die unserer Erzieher blicken können. Noch nie zuvor waren wir in der Lage, so viele unterschiedliche Kulturen in uns aufzunehmen.

Lassen Sie uns nach Wegen suchen, nicht nur physisch, sondern auch geistig eine Welt zu betreten, die von einander widersprechenden Wahrheiten, armseligem Luxus, drohenden Umweltkatastrophen und maximaler Verbundenheit miteinander charakterisiert ist.

ment, das sie als »Angel Network« bezeichnet. Sie gibt Menschen die Gelegenheit, sich bei anderen Menschen zu bedanken, die einen großen Einfluss in ihrem Leben hatten. So ruft sie dazu auf, Wunder zu erkennen. Dadurch entstehen ganz neue Dankrituale auf dem Weg über ein Medium, das die Welt zu einem Dorf hat schrumpfen lassen.

Man sagt mir: »Du musst dich entscheiden zwischen den Vergnügungen *dieser* Welt oder dem Frieden *der künftigen.*« Worauf ich antworte: »Ich habe sowohl die Freude dieser als den Frieden der künftigen Welt erwählt. Denn tief in meinem Herzen weiß ich, dass der Erhabene Dichter nur ein einziges Gedicht schrieb und dass dieses vollendet ist, sowohl in Bezug auf den Rhythmus als auch den Reim.«

Khalil Gibran

Der zappende Gott

Die Erfindung der elektronischen Kamera hat uns neue Metaphern beschert. Das allsehende Auge des allwissenden Gottes stellt sich heute als in jede Ecke des Raumes platzierte Überwachungskameras dar. Gott als *Big Brother*. Doch es gibt auch den Film.

Am stärksten in der Nähe der klassischen Mythologie bleibt der Filmemacher Wim Wenders mit seinen Engelfilmen *Der Himmel über Berlin* (1987) und *In weiter Ferne, so nah* (1993). Dort sehen wir Engel, die die Schönheit des menschlichen Verhaltens notieren und dankbar ihre Erfahrungen darüber austauschen. Hier wird aufs Neue die Soma-Hypothese ins Bild gebracht: Ein gut geführtes Leben ist Nahrung für die höheren Wesen. Später machte Wenders einen etwas herberen Film über dasselbe Motiv, *Am Ende der Gewalt (1997)*. Darin sehen wir eine Big-Brother-artige Welt, in welcher alles von Kameras registriert und aufgezeichnet wird. Gott sieht nicht alles, doch er kann, wenn er will, das Videoband zurückspulen. Dasselbe vermögen im Film *Rendezvous im Jenseits* (1991) die Engel, die das Leben jedes Verstorbenen bis ins letzte Detail genau kennen und aufs Neue erlebbar machen können.

Gott als gnadenlosen Regisseur sehen wir in dem bereits erwähnten Film *Die Truman Show* (1998), in dem der menschliche Held von seinem Schöpfer in einem Zustand der Unwissenheit gehalten wird, der ihn mithilfe Tausender von Kameras ausspioniert und beeinflusst. Viel lieber und auch besorgter ist der Gott im Film *Ist das Leben nicht schön?* (1946) von Frank Capra. Da verfügt Gott noch nicht über Kameras, sondern er wird als eine Art allwissender Bergkristall wiedergegeben.

Gott als objektivem Wahrnehmer begegnen wir im Film *Night on Earth* (1991) von Jim Jarmusch. Aus der göttlichen Perspektive nähern wir uns der Erde und betrachten eine Reihe besonderer Ereignisse, die sich in unterschiedlichen Ländern im selben Augenblick simultan vollziehen. Hier ist die Gottheit keine verurteilende Instanz mehr. Sie wird, wie wir selbst auch, etwas milder. Vielleicht kann sie Respekt dafür aufbringen, wie wir uns abrackern. Jedenfalls ist es deutlich, dass sie das Kleine zu schätzen vermag, sonst würde sie niemals einen Film darüber drehen ...

Ich habe gehört, dass viele von euch auf ein Wunder warten. Ein Wunder, das daraus besteht, dass ich, Gott, die Welt retten werde. Doch wie sollte ich euch retten ohne eure Hände? Wie sollte ich Recht sprechen ohne eure Stimme? Wie sollte ich lieben ohne euer Herz?! Nach dem siebten Schöpfungstag habe ich alles in andere Hände gegeben. Meine ganze Schöpfung und meine Macht, Wunder zu tun! Nicht ihr, sondern ICH warte auf ein Wunder.

Anonym

Der große und der kleine Geschichtenerzähler

Die moderne und die klassische Mythologie treffen sich in der Auffassung, dass das Leben nicht weniger, aber auch nicht mehr ist als das *Leben und Erzählen von Geschichten*. Dies erklärt unseren unstillbaren Hunger nach neuen Theaterstücken, Filmen und Spielen. Wir sind dafür geschaffen, Geschichten zu genießen. Wenn Gott nach unserem Ebenbild geschaffen wurde (oder umgekehrt, wenn einem dies wichtig ist), so kann es gar nicht anders sein, als dass er uns geschaffen hat, um Geschichten zu erzählen. Unser Leben wäre dann eine einzige lange Rahmenhandlung mit einem vorhersagbaren Ende, doch mit unendlich vielen Überraschungen auf dem Weg dorthin.

Gott reist, genau wie wir, zappend von Lebenslauf zu Lebenslauf. So wie wir beispielsweise von einer Talkshow zum Reality-TV springen, so geht er bei uns vorbei: »Mal kurz nachschauen, wie es dem faden Fred in Berlin geht. Ach, der langweilt sich noch immer. Und wie geht es dem rasenden Ramon in Guatemala? So, so, der hat angefangen, organischen Kaffee anzubauen! Und die müde Mary in Denver? Wow, sie ist dann doch noch Künstlerin geworden! Oh, der gläubige Gerrit im holländischen Hinterland ist noch immer wütend auf mich. Mal schauen, was geschieht, wenn ich ihm ein nettes Mädel schicke.«

Diese moderne Gottheit ist dankbar, dass wir ihre Geschichten leben. Hier geht es nicht um Reinkarnation, sondern um Multi-Inkarnation. Und wir unsererseits können unseren Dank zeigen, indem wir der Gottheit eine schöne Geschichte erzählen, indem wir uns und sie damit überraschen.

Manche chassidischen Juden befassen sich schon lange Zeit mit solchen Gedanken. Gott ist für sie der große Erzähler. Ihr Dank besteht darin, dass sie ihm ihrerseits Geschichten erzählen. Wir brauchen sie uns nicht auszudenken, wir müssen nur ein wenig aufmerksam sein. Besondere Anekdoten, kleine und große Wunder vollziehen sich parallel zur Eintönigkeit des Lebens, aber auch zu seinen Gräueln. Man hat sogar in den Gaskammern noch kleine Zettel von chassidischen Juden entdeckt, auf denen sie sich Notizen machten: »Wir mussten hinein. Ich grüßte einen Soldaten, und er grüßte zurück.«

Paradoxien des Dankes

Es ist wahrlich ein Elend, dass ich eine leere Hand nach den Menschen ausstrecke und dann nichts empfange; doch zum Verzweifeln ist es, wenn ich eine volle Hand ausstrecke und niemanden finde, dem ich geben kann.

Khalil Gibran

Dank ist eine paradoxe Energie. Er ist zugleich ein Gefühl, eine Handlung und eine Interpretation. Danken wird assoziiert mit ›etwas empfangen‹. Doch guter Dank ist auch ein Geschenk, das wir machen. Wir empfangen etwas, und wir entgelten das Geschenk mit der Freude, die wir ausstrahlen. Wir geben etwas Schönes zurück, wenn wir Freude über das empfinden, was wir bekommen. Dadurch schwindet der Unterschied zwischen Geben und Nehmen. Etwas geben dürfen, das macht uns dankbar. Wenn ein Geschenk mit Dank empfangen wird, ist dies wiederum ein Geschenk gegenüber dem Geber. Dank wird dann zu einem empfangenden Weitergeben.

Der Kunde ist der wichtigste Besucher unseres Unternehmens.
Er braucht uns und unser Geschäft nicht, aber wir brauchen ihn.
Er unterbricht unsere Arbeit nicht, sondern sorgt dafür, dass wir Arbeit haben.
Er ist kein Fremder in Bezug auf unser Geschäft, sondern ein wichtiger Teil davon.
Er erweist uns einen Gefallen, wenn er uns die Gelegenheit gibt, ihn zu bedienen!
Mahatma Gandhi

Liebt einander,
aber macht die Liebe nicht zur Fessel.
Khalil Gibran

Ein verwandtes Paradox entsteht, wenn wir voller Hingabe ein *Opfer* bringen. Je mehr dieses Opfer aus vollem Herzen gebracht wird, desto weniger bleibt es ein Opfer. Es geht dann fließend in Dank über. Das Leiden verwandelt sich in Freude. Aufs Neue empfangen wir, während wir geben: *Happy to serve you …*

Dank ist bei Weitem nicht immer abhängig von den *angenehmen* Dingen, die uns zustoßen. Wir können auch vom Schicksal ›aufgebrochen‹ werden und dadurch zur Erleuchtung gelangen. In dieser Sichtweise wäre das Glück selbst für einen Mafioso erreichbar, wenn er ausreichende Distanz zu seinem eigenen Reservoir der Gewalt und der Gesetzlosigkeit erlangt hat.

Ein besonders beeindruckendes Beispiel für einen solchen Verlauf gibt Martin Scorsese in seinem geradezu elektrisierenden Film *Bringing Out The Dead – Nächte der Erinnerung* (1999). Dort wird ein Drogenhändler durch seinen Konkurrenten vom Balkon eines Hochhauses gestürzt. Er wird jedoch nicht zerschmettert, denn sein Fall wird zwei Stockwerke tiefer durch ein Gitter mit eisernen Spitzen gebremst. Lebend aufgespießt bleibt er hoch über der Straße hängen. Die Feuerwehr hat keinerlei Eile, den sterbenden Kriminellen zu retten. Und er hat sich längst mit seinem Schicksal versöhnt. Mit dem Kopf nach unten hängend genießt er die Aussicht und die Schönheit des Funkenregens, den die Flex verursacht, mit der die Stäbe, an denen er aufgespießt ist, durchtrennen soll. Plötzlich befindet er sich in einem ekstatischen Zustand, und wir, die Zuschauer, wissen nicht, ob das Feuerwerk, das in synchroner Harmonie mit dem Funkenregen über der ganzen Stadt losbricht, nur von ihm wahrgenommen werden kann. Doch wir wissen, dass sich von diesem ansonsten so unmoralischen Mann noch einiges lernen lässt.

Stolze Dankbarkeit

Der Weg des Menschen zum Erwachsensein besteht aus vielen Stationen. Die ersten vierzehn Jahre leben wir in Abhängigkeit (*dependency*), von unseren Eltern, unserer Umgebung usw. In der Pubertät und in der Adoleszenz beginnen wir zu revoltieren. Wir geraten in eine umgekehrte Abhängigkeit (*counter-dependency*). Denn eigentlich sind wir immer noch abhängig, weil wir noch die Normen anderer benötigen, um uns gegen sie auflehnen zu können. Dann folgt eine Periode einer relativen Unabhängigkeit (*in-dependency*). Wir sind stark und vital, und wir erleben uns als frei handelnde Wesen. Die letzte Phase ist geprägt von der Erkenntnis der gegenseitigen Abhängigkeit (*inter-dependency*) aller Wesen. Unter anderem durch das Entwickeln langjähriger Freundschaften und Liebesbeziehungen erfahren wir, dass wir Teil eines größeren Ganzen sind. Wir erfüllen unsere Rolle, wobei wir nicht genau wissen, wann wir die treibende Kraft sind oder wann wir selbst getrieben werden. Wir sind selbstständig, gerade weil wir wissen, dass wir nicht unbedingt fähig sein müssen, alles allein zu tun.

Es ist diese Mythologie des gegenseitigen Schenkens, die bewirkt, dass wir entdecken, dass scheinbar so diametral entgegengesetzte Kräfte wie Stolz (das Ego) und Dank (der Andere) letztendlich ein und dieselbe Energie darstellen. Es macht keinen Unterschied mehr, wessen Verdienst etwas ist. Nur die Erfahrung des Glücks, bestimmte Momente erleben zu dürfen, zählt noch.

Wir können niemals mehr etwas ausschließlich für den anderen tun, weil ein gutes Geschenk auch auf uns selbst seine Rückwirkungen hat. Schopenhauer zufolge ist sogar das allerhöchste Geschenk – die Hingabe des eigenen Lebens für einen anderen – auf das metaphysische Wissen gegründet, dass letztlich wir und dieser andere *eins* sind.

Verwandt mit diesem Paradoxon der *stolzen Dankbarkeit* ist das des *egozentrischen Mitleids*. Nur ein Mensch mit einem ausreichend entwickelten Ego kann dieses Ego einem anderen zur Verfügung stellen. Eine Beziehung gewinnt an Tiefe, wenn beide Partner allein sein können. Mit einem anderen

Menschen mitleben und mitempfinden können wir am besten dann, wenn wir auch unser eigenes Leid anerkennen und uns von uns selbst und einem anderen haben trösten lassen. Das Tor des Dankes vereinigt also Altruismus und Egoismus.

Heulen vor Glück

Ein einfaches Beispiel dafür, wie Extreme einander berühren, sehen wir bei dem Phänomen, dass Menschen, die intensive Freude empfinden, vor Glück weinen. Dies tun sie meistens, wenn sie etwas ganz Einzigartiges erleben. Etwas Schönes wird besonders schön, weil es sich nur ein einziges Mal ereignet: Ein gewonnenes Finale, die Geburt eines Kindes, die Hochzeit Ihrer Tochter ... Und es stimmt auch wiederum traurig, denn dadurch fühlen wir, wie vergänglich wir sind. Wir sehen hier auch deutlich, dass besonders intensive Formen von Glück wehtun können. Und dass intensive Formen von Schmerz uns andererseits dankbar und glücklich machen können. Fragen Sie einmal Menschen danach, die einen geliebten Menschen in einer beeindruckenden Weise haben sterben sehen ...

Der freie Mensch lebt notwendigerweise in Ungewissheit.
Erich Fromm

Ich bekenne, ich habe gelebt.
Pablo Neruda

Erlösende Schuld, der befreiende Schlag

Eine der großen Paradoxien des freien Willens hängt mit dem Phänomen zusammen, dass wir wider besseres Wissen häufig viel zu lange unvernünftige Dinge tun. Es ist, als wären wir darin gefangen. Wir reagieren gereizt auf unseren Partner oder uninteressiert gegenüber unseren Kindern. Wir sollten weniger essen und mehr Sport betreiben. Wir sollten eigentlich nicht rauchen. Sie leben nicht das Leben, das Sie leben wollen. Sie ärgern sich über alles und jeden, schenken Ihrem alten Nachbarn zu wenig Aufmerksamkeit oder konfrontieren einen Untergebenen mit weit überzogener Kritik. Sie wissen im tiefsten Herzen, dass dies eigentlich nicht die richtige Art und Weise ist, wie Sie sich verhalten sollen, und dennoch ist es schwierig, damit aufzuhören.

Die Menschen möchten das Selbst als etwas Neues sehen …
Es ist weder Licht nocht Finsternis.
Khalil Gibran

Im Grunde handelt es sich hier um zwei Arten von Ich-Erleben, dem eingeschlossenen, handelnden Teil, und jenem Teil, der über ein besseres Wissen verfügt, jedoch ebenfalls unfrei ist, weil es ihm an Einfluss mangelt. Freiheit erfahren Sie, wenn es zu einem Kurzschluss zwischen diesen beiden Ichen kommt, zwischen den, wie Goethe es ausdrückt, »zwei Seelen«, die »ach, in meiner Brust« leben.

Wie ein gutes Gewitter sich erst zusammenbrauen muss, so erfordert der Kurzschluss zwischen dem handelnden und dem wissenden Seelenteil ebenfalls eine Vorbereitung. Zuerst muss gelebt und vorzugsweise auch geopfert werden. Erst wenn genügend Schaden entstanden ist, spüren wir die Wachheit und die Fähigkeit, mit der wir unser Verhalten verändern und verbessern können. Der wissende Teil kann sich endlich gegenüber dem eingeschlossenen Teil durchsetzen. Es ist, als würde der eingeschlossene Teil erst zugänglich, nachdem er Schaden verursacht hat.

Dieser Prozess lässt sich am besten verstehen, wenn wir hier noch eine dritte Instanz ins Spiel bringen: *den Willen zum Erzählen unserer Geschichte*. Ist das unser höheres Ich? Ist es Gott? Vielleicht kommen in diesem Erzähl-Willen beide zusammen …

Ein Kreis des Dankes

Sie können dieses Sichaufbauen einer Spannung, das sich über lange Zeiträume hinweg vollzieht, und die dann erst erfolgende Veränderung durch Entladung als ein unerwünschtes Muster in Ihrem Leben betrachten. Sie können der Ansicht sein, dass Sie dies eigentlich nicht benötigen sollten, um ein besserer Menschen zu werden. Doch eine solche Haltung macht das Problem nur noch schlimmer. Im Grunde sagen Sie jetzt nämlich, dass Sie zweimal etwas falsch machen, und Sie bleiben in Ihrem Schuldgefühl stecken, wenn sich irgendwelche Veränderungen einstellen. Die Kunst besteht darin, zu akzeptieren, dass Sie unzufrieden sind; oder (das umgekehrte Paradoxon), dass Sie dafür dankbar sein können, dass Sie sich schuldig machen und sich schuldig fühlen. Dies hat Ihnen die Dramatik, das lange Vorspiel der Geschichte geliefert. Sie können sich Ihrem Opfer gegenüber schuldig fühlen, und das ist sehr gesund. Aber Sie sollten auch dankbar sein für das Opfer, das Sie *und*

Ihre Opfer für das Ganze der Geschichte bringen. Sie können wütend sein auf die *Bad Guys* oder Verachtung für die *Loser* empfinden, doch Sie sollten ihnen auch einmal dankbar sein. Denn der Junkie, der in der Gosse liegt, sorgt dafür, dass Sie heute in der Lage sind, innerhalb der großen Geschichte etwas anderes, Neues zu erzählen.

Letztendlich können Sie auch sich selbst dankbar sein, weil Sie gelebt haben, Fehler gemacht haben und weil Sie dadurch, ob Sie es nun wollten oder nicht, dennoch ein besserer Mensch wurden. Wenn Buddha mit seiner Aussage recht hat, dass letztendlich nur jeder sich selbst *benachteiligen* kann, so ist es auch wahr, dass Sie auch nur sich selbst beziehungsweise dem Leben, das in Ihnen wirksam ist, *dankbar* sein können.

Wenn das Leben keinen Sänger findet, der ihm aus dem Herzen singt,
bringt es einen Philosophen hervor, der von des Lebens Geist spricht.
Khalil Gibran

Milde und Empathie

Ein weiterer Aspekt der »erlösenden Schuld« besteht darin, dass sie es uns ermöglicht, uns in andere Menschen einzuleben. Für jemanden mit sauberen, unbefleckten Händen ist es manchmal schwieriger, Empathie gegenüber ringenden und versagenden Mitmenschen zu zeigen, als für jemanden, der selbst das Leben in dieser Beziehung kennengelernt hat. Schuld kann uns unter Umständen also von einem Mangel an Empathie erlösen. Weil wir uns auf dieser Ebene nicht besser als ein x-beliebiger anderer fühlen, haben wir es nur mit ›Verwandten‹ zu tun.

Menschen, die nicht gerne mit Schuld, Scham und Reue leben, könnten die Sache auch so formulieren, dass wir Menschen eben einen Drang dazu haben, erst durch Schaden klug zu werden. Wir müssten häufig zuerst etwas Törichtes getan haben, bevor wir zur Weisheit oder zur Liebe zurückkehren können. Das Paradoxon hierbei besteht darin, dass es schade wäre, dies schade zu finden. Denn es handelt sich um die notwendige, unvermeidliche *Verirrung*, die unser Leben erst zu einer vollständigen Geschichte macht. Es ist gerade diese Art von ›Dummheit‹, die bestätigt, dass wir alle zusammen auf der Suche sind.

Im Himmel wird man es so herrlich finden, Gott anzuschauen,
dass man zu seiner eigenen Erfahrung gar nicht mehr kommt.
Der Ort dafür ist hier.
Joseph Campbell

Je weniger wir uns gegen das Glück wehren, desto himmlischer wird die Erde. Je nüchterner wir mit dem Glück umgehen, umso irdischer wird der Himmel.
Fünfter Lama Sittuh

Viel hängt davon ab, wo wir die Grenze zwischen uns und dem anderen ziehen. Wenn wir das eigentlich menschliche Element im Umgang miteinander darin sehen, dass der eine für den anderen sowohl die Lasten wie auch die Reichtümer trägt, so gibt es eigentlich nur solche Geschichten, die im gemeinsamen Zusammenwirken entstehen. Dann gibt es dort keine wirkliche Abgrenzung. Wir leugnen keineswegs eine persönliche Verantwortung, sondern wir begrüßen vielmehr die Tatsache, dass innerhalb der Geschichte etwas Greifbares entsteht, wofür wir verantwortlich sein dürfen.

Auf diese Art und Weise können wir zu einer gewissen milden Selbstbetrachtung gelangen, wobei wir uns lächelnd zumurmeln: »Ich bin neugierig, was ich alles brauchen werde, um diese Situation zu verwandeln.« Lebenskunst ist die Fähigkeit, die Schläge, die das Leben uns zufügt, willkommen zu heißen.

Als ich Mitte dreißig war, arbeitete ich viel zu hart. Jedes Jahr hielt ich mehr als zweihundert Vorträge, ich hatte mindestens fünf Patientengruppen pro Woche, ich verfasste Bücher und Artikel und schulterte darüber hinaus noch viel Beratungs- und Coacharbeit. Das Geld strömte nur so herein, und meine Ausgaben wurden immer höher. Ich fühlte mich als Gefangener meines eigenen Erfolges, ohne dass ich wusste, wie und wo ich hätte auf die Bremse treten sollen. Eines Abends wandte ich mich an meinen Engel und bat ihn, mir einen kleinen Schubs zu versetzen, der mich in die richtige Richtung stieße. Am folgenden Morgen bekam ich einen Brief mit der Nachricht, dass eine Klage gegen mich eingereicht worden war. Ich weiß noch, dass ich in Richtung des Himmels murmelte: »Ich bat um einen Schubs, keinen Nackenschlag.« Aber irgendetwas in mir musste auch darüber lächeln, denn dies war wirklich der erlösende Schlag. Die Sache griff mich so an, dass ich Herzbeschwerden bekam und meine Tätigkeiten für eine gewisse Zeit deutlich einschränken musste.
Heute, viele Jahre später, empfinde ich Dankbarkeit für all das, was ich in meinen

guten und schlechten Absichten, meiner Unwissenheit und meiner Allmacht alles getan habe, für die Wertschätzung, aber auch den Tadel, die ich empfangen habe, und dafür, wie diese mich geprägt haben. Ich zwinkere dankbar den simplen logischen Gesetzmäßigkeiten zu, die allen menschlichen Verhaltensweisen zugrunde liegen. Gesetzmäßigkeiten, die von Bedeutung (oder auch nicht) sind und die gerne gelebt, befolgt und auch übertreten werden wollen.

Die Opfer zu würdigen wissen

Dankbarkeit ist das Aufnehmenkönnen der Welt in die eigene Seele. Mythologisch gesprochen hieße das, dass wir um des Dankes willen unsere Seele zu einer Schale für den anderen machen müssen. Es ist das mythologische Bild des Grals. Und zur Entwicklung dieses Grals gehört notwendigerweise die Irrfahrt, die unser Inneres für ein höheres Ziel aufbricht.

Ein wunderbarer Film, der dieses Thema tiefgründig behandelt, ist *König der Fischer* aus dem Jahre 1991 von Terry Gilliam, einem der Erfinder von Monty Python.

Ein Bekannter von mir hatte viel Geld verdient und lud seinen Kampfkunstmeister und mich zu einem Diner im Amsterdamer Okura-Hotel ein. Er hatte einen Extrasaal angemietet, mit Geishas in jeder Ecke. Das Essen war eigens aus Tokio eingeflogen worden, und der Höhepunkt des Abends bestand in einem riesigen Krebs, den wir roh essen sollten. Das Tier lag auf einer großen Schale mit Eissplittern und war vom Kopf an aufgeschnitten. Die Ringe seines Panzers waren sauber aufgeklappt und sein weißes Fleisch war in mundgerechte Würfel geschnitten. Als ich mit meinen Stäbchen das erste Stückchen greifen wollte, bewegte der Krebs seine Fühler. Schockiert rief ich: »Er lebt noch!« Die Geishas interpretierten meinen Ausruf als Zeichen der Anerkennung und begannen stolz zu nicken: »Yesss, yesss, still alive!«
Es stellte sich heraus, dass dies für sie der Beweis war, dass der Krebs frisch war. Er war lebendig aufgebrochen und in Stücke geschnitten worden. Und nun lag er vor meinen Augen im Sterben.
Meine erste Reaktion war, sofort mit dem Essen aufzuhören. Aber dann wäre das Opfer dieses riesigen Tieres völlig umsonst gewesen. So entschied ich mich, mich über mein anfängliches Zögern hinwegzusetzen und den Geschmack dieses frischen Fleisches zu würdigen.

Durch die Pforte der Sinne hindurch

Wenn wir uns der Wirklichkeit mit einer Haltung der Ehrfurcht nähern, so wird *jeder* Gegenstand zu einem Rätsel, der wiederum das Rätsel des gesamten Kosmos in sich birgt. Was ist das Wesen eines Streichholzes? Was ist das Wesen von Holz? Was ist das Wesen einer Lampe? Was ist das Wesen von Glas? Wir können natürlich die unterschiedlichen Verwendungsbereiche, Eigenschaften und Namen aufzählen. Doch wenn wir tiefer in unsere Wahrnehmung eintauchen, verharren wir in Ehrfurcht. Das *Wesen* ist nicht durch Worte ausdrückbar, das Wesen muss geschaut werden. Wir wissen nichts – und wir wissen alles. Denn wenn jeder Gegenstand ebenso geheimnisvoll ist wie der gesamte Kosmos, so ist jeder Gegenstand auch genauso geheimnisvoll wie wir selbst.

Das Wesen unserer selbst oder eines Mitmenschen können wir *erfahren*, in einer Art von wortlosem Wissen.

Immer wenn ich mit meinem Gefühl in das Wesen eines anderen einzudringen versuche, ereignet sich etwas Seltsames: Ich gelange rasch zu etwas viel Größerem, einem Urgrund, einem Quell. Das ›Einmaligste‹ liegt wieder einmal ganz nah beim Universalen.

Je individueller, desto universeller

Eines der Ziele dieses Buches besteht darin, Ihnen, liebe Leserinnen und Leser, das Erlebnis zu vermitteln, dass die Mythologie der Welt sich an jedem von uns in einzigartiger Weise vollzieht. Das Einzige, was Sie dafür zu tun brauchen, ist, den eigenen Lebenslauf ernst zu nehmen.

Hieraus ergeben sich zwei Paradoxa. Das erste wurde bereits in dem Kapitel über das Spiel ausgeführt, nämlich das Paradoxon, dass das Leben umso lustiger wird, je ernster wir es nehmen.

Die zweite ist das »Ego-Paradoxon«. Je ernster Sie Ihre persönliche Geschichte nehmen, desto universeller wird sie. In diesem Kapitel lege ich einen besonders starken Akzent auf das Erkennen der eigenen Ungeschicklichkeit in der der anderen und umgekehrt. Genauso gut können wir auch unsere eigene Größe in der der anderen erkennen und umgekehrt.

Die Schlussfolgerung, die wir mit diesen Paradoxa verbinden können, ist die, dass wir uns nicht krampfhaft abzuplagen brauchen, um unser Ego loszuwerden. Nehmen Sie Ihr eigenes Ich ernst, studieren Sie Ihren eigenen Lebenslauf im Zusammenhang mit dem anderer, und Ihr Ego wird so groß, dass es die ganze Welt umfasst.

Einen Tautropfen betrachtend, entdeckte ich das Geheimnis des Meeres.
Khalil Gibran

Zu viel der Ehre

Eine der schmerzhaftesten Erfahrungen, die man beim Halten von Vorträgen machen kann, besteht darin, dass einem manchmal genau die falschen Personen im Publikum zujubeln. Wenn zum Beispiel ein abgehobener oder ein angetrunkener Zuhörer aufsteht und in den Saal ruft, Sie hätten die besten Ideen von allen!

So muss auch Gott gewiss ab und zu auf seinem Thron sitzen und sich gehörig genieren, wenn wieder einmal Menschen an ihn glauben, die den Rest seiner Schöpfung tadeln.

Mit diesem Problem des unerbetenen Dankes verwandt ist die Trittbrettfahrer-Spiritualität von Menschen, die gerne betonen, ach wie dankbar sie für das geistige Licht seien, ohne dass sie die Finsternis kennen wollen, aus der dieses Licht möglicherweise stammt. Die Dankbarkeit für die eine Hälfte der Wirklichkeit wird zu einem Vorwurf gegenüber der Kraft, die beide Seiten erst hervorbringt.

Umgekehrt kann ein Vorwurf auch zu einer Ehrbezeugung werden. Es gibt Menschen, die anderen bis ans Ende ihres Lebens etwas vorwerfen. Dies ist häufig dann zu viel der Ehre. Aber sogar der erbitterte Kampf darum, wer Gott eigentlich ist, kann zu einem Gottes-Dienst werden. Oder, etwas näher an der Alltagsrealität: Die enorme Liebe, die manchmal aus Menschen spricht, die fuchsteufelswild sind auf ihren Chef oder ihren Vater. Manchmal verwandeln sich derartige Vorwürfe tatsächlich in ein Gefühl der Wertschätzung und der Anerkennung.

Erschütternd beispielsweise die Rolle des Vaters in dem Roman *Charakter* von Ferdinand Bordewijk (1938). Da er weiß, dass er nicht direkt in das Leben seines Sohnes einbezogen werden wird, wird er zu einer Qual für diesen. Bei der letzten Konfrontation mit ihm eröffnet ihm sein Sohn all seine Kränkungen und weigert sich, ihm die Hand zu geben, weil sein Vater sein Leben lang immer gegen ihn gearbeitet habe. Der Vater dreht die Situation mit einem einzigen Wort ins Gegenteil: »Oder aber *für* dich gearbeitet.«

Nun gibt es in der Psychotherapie ein Phänomen, das ziemlich seltsam erscheint: Je individueller eine bestimmte Therapie wirkt, desto »untiefer« ist sie. Je tiefer sie in die Seele des Menschen absteigt, umso weniger individuell ist sie. In der Tiefe beginnen Probleme einander immer stärker zu ähneln, bis sie schließlich überhaupt keine persönlichen Züge mehr haben.

Thorwald Dethlefsen

In seiner Lebens<u>form</u> ist das Individuum notwendigerweise lediglich ein Bruchteil und eine Karikatur des Gesamtbilds des Menschen. Der ist von vornherein eingeschränkt: als Mann oder als Frau; und in jeder entsprechenden Periode seines Lebens ist er wiederum eingeschränkt: er ist Kind, Jüngling oder Jungfrau; außerdem ist er notwendigerweise in seiner Lebens<u>rolle</u> spezialisiert: als Handwerker, Kaufmann, Diener oder Dieb, Priester, Führer, Ehegatte, Nonne oder Hure; man kann nicht alles gleichzeitig sein. Darum findet sich die Totalität – der vollständige Mensch – nicht im einzelnen Individuum, sondern im »Körper« der Gesellschaft als Ganzer; das Individuum kann lediglich ein Organ sein. Aus seiner Gruppe hat er seine Lebenstechniken, die Sprache, in der er denkt, und die Vorstellungen, durch die er gedeiht, bezogen; aus der Vergangenheit dieser Gesellschaft stammen die Gene, die seinen Körper aufbauten. Wenn er so vermessen ist, sich davon zu lösen, sei es tatsächlich, sei es in Gedanken oder gefühlsmäßig, kappt er die Verbindung mit den Quellen seines Daseins.

Joseph Campbell

Das Ego-Paradoxon besteht also daraus, dass wir so einzigartig werden, dass wir wiederum alles werden. Je größer unser Ego, desto kleiner ist es eigentlich. Das »Schatten-Paradoxon« beinhaltet demzufolge, dass ein aufgeblähtes Ego eigentlich ein ganz kleines Ego ist, denn es passt nur wenig anderes hinein. Das »gespiegelte Paradoxon« bedeutet, dass unser Ego umso stärker wird, je fanatischer wir versuchen, uns von ihm loszumachen. ICH muss mein Ego loswerden.

Bitch

Heute hasse ich mal wieder die ganze Welt.
Du bist so verdammt gut zu mir, ich weiß. Ich kann's aber auch nicht ändern.
Ich hab' versucht, dir das klar zu machen.
Aber du schaust mich immer noch so an, als wär' ich im Innern ein süßer
unschuldiger Engel.
Gestern hab' ich geheult. Und du hast dich wahrscheinlich gefreut, endlich mal
meine softe Seite zu sehen.
Ich kann gut verstehen, dass dich das durcheinander bringt.
Du bist wirklich nicht zu beneiden mit mir.
Ich bin halt ein bisschen was von allem, und alles schön durcheinander:

Schlampe, Lover, Kind, Mutter, Sünderin, Heilige.
Ich schäme mich nicht dafür. Ich bin deine Hölle und dein Traum.
Und dazwischen gibt es nichts.
Und du weißt, dass du es auch gar nicht anders haben willst.

Das Beste wäre, du nimmst mich, wie ich bin.
Dafür musst du allerdings vielleicht stärker sein als du bist.
Eins kann ich dir versichern – wenn ich dich mal nervös mache, wenn ich's
zu weit treibe:
Morgen bin ich wieder vollkommen anders, und was heute ist, bedeutet gar nichts.

Und wenn du gerade denkst, du hast mich begriffen, dann ändere ich mich
schon wieder.
Ich glaube, das ist gut so. Tu, was du tun musst. Aber versuch' nicht, mich zu ändern.

Ich bin eine Schlampe, ich bin ein Quälgeist, ich bin eine Göttin, die niederkniet.
Und wenn's dir weh tut, wenn du leidest, dann bin ich dein Engel – undercover.
Es gab Zeiten, da war ich total zu und wurde wiederbelebt.
Kann nicht sagen, dass ich jetzt nicht lebe.
Du weißt, ich würde es nicht anders wollen.

Meredith Brooks auf der CD *Blurring the Edges*

GISELA SCHEIDLER / ABC PRESS

Geburtstagsfest für Baghwan, München, 3. Mai 1989

ABC PRESS

Rockfestival 1994 zum 25-jährigen Jubiläum des Woodstock-Festivals 1969

Qualitäten des Dankes

Die folgenden Dank-Geschichten können auch beim Opfer stehen.

Kees

Ich kenne einen Mann, der nur wenige Freunde hat. Seine ganze Liebe schenkte er einem streunenden Hund mit Namen Kees, den er während einer Reise durch Polen gefunden hatte. Kees gedieh durch die Liebe seines neuen Herrn und erreichte das rekordverdächtige Lebensalter von siebzehn Jahren. In seinen letzten Jahren wurde Kees immer schwächer, und es schien, als bliebe er nur noch seinem Herrn zuliebe am Leben, der alles tat, um seinen geliebten Hund so lange wie möglich bei sich zu behalten. Kees bekam mehrere Schlaganfälle. Beim dritten Mal konnte er nur noch hinken, weil die Hälfte seines Körpers leicht gelähmt war. Nachdem er ein paar Monate später einen vierten Schlaganfall erlitten hatte, konnte er ironischerweise wieder normal laufen. Beim fünften starb er. Sein Herr veröffentlichte eine Traueranzeige, um den »Hund seines Lebens« zu ehren.

Schwarzes Licht

Ich leitete einmal eine Gruppe, die sich mit Meditation und Magie beschäftigte. Einmal hatten wir gerade über das undurchdringliche schwarze Dunkle und die Kraft der Finsternis gesprochen. Es war ein Abend, an dem eine Art elektrischer Ladung in der Luft hing, und unweit des Gebäudes hörte ein Hund nicht auf zu bellen. Am selben Nachmittag hatten wir einen Gruppenbesuch auf einem sogenannten »Blindenboot« organisiert, wo wir in völliger Finsternis bestimmte Übungen durchführen wollten. Zwei Mitglieder der Gruppe erschienen nicht. Hinterher stellte sich heraus, dass es einem von ihnen, einer Frau, plötzlich schwarz vor Augen geworden war. Sie war bewusstlos geworden und von ihrem Fahrrad auf den Asphalt gestürzt. Ein anderes Gruppenmitglied, das sie gut kannte, hatte sich ihrer angenommen und sie ins Krankenhaus gebracht. Dieser Mann blieb bei ihr, während sie an der Grenze von Leben und Tod balancierte. Es stellte sich heraus, dass sie ein Aneurysma hatte, eine Erweiterung der Gehirnschlagader, die fast geplatzt wäre. Wie durch ein Wunder war dies nicht geschehen, doch ihr Leiden war jetzt ans Licht gekommen, weil die Schwellung gegen das Bewusstseinszentrum des Gehirns drückte.
Am Ende des Nachmittags stieß der Mann wieder zur Gruppe. Voller Respekt folgten wir seinem Bericht, was er alles mit ihr erlebt hatte. Ich fragte ihn, wie er das Ganze empfunden hatte. Er antwortete in einem etwas wehleidigen Ton: »Nun, lieber wäre ich mit euch zu diesem Boot gegangen.« Dies erschütterte mich, weil der Tenor, der in dieser Gruppe geherrscht hatte, immer der gewesen war: »Achte auf das, was

dir das Leben unaufgefordert an eindrucksvollen Erfahrungen vorsetzt, und würdige sie.« Es tat mir weh, dass dieser Mann den vielleicht intimsten Moment im Leben dieser Frau mit ihr hatte teilen dürfen und dennoch nicht dafür dankbar sein konnte. Die betreffende Frau selbst hat nach dem Fall in die Schwärze eine jahrelange Odyssee durch die Finsternis ihrer eigenen Seele durchgemacht und ist schließlich bereichert und stärker daraus hervorgegangen. Es dauerte fast fünf Jahre, bis sie dankbar auf diesen Moment zurückblicken konnte.

Alles und jeder sein

Eines der schönsten Dank-Spiele, das uns in das Zentrum des Dankes führt, besteht daraus, zu spüren zu versuchen, dass Sie alles und jeder sind. Dass Sie also auch der langweilige Ober sind, der wilde Autofahrer, die Bäume, das Meer, die Berge, der Fluss ...

Die ›verbotenen Gebiete‹ des Menschseins sind dabei am schwierigsten zu erreichen und sich anzueignen: der Lustmörder, der Killer, der Faschist, die Hure, der Zuhälter, der Tyrann und so weiter. Dennoch brauchen wir gar nicht so weit zu reisen, um ihnen zu begegnen.

Adoption des Schattens

Viele Politiker suggerieren, dass die Kultur des Westens die zivilisierteste und am wenigsten gewalttätige von allen sei, und viele Medien verbreiten diese Auffassung unbesehen. Sie ist jedoch eine Lüge. Das westliche Bewusstsein ist verantwortlich für die mechanisierte Kriegführung und produziert Gräuel wie Streubomben, chemische Waffen, Napalm, Landminen und – als finstere Krönung seiner Anstrengung – die Atombombe. Zu suggerieren, dass wir in einer gerechten Gesellschaft leben, die ein Auffangnetz für die Allerärmsten bietet, bedeutet, die scheinheilige, selektive Blindheit der Mangelwirtschaft zu teilen. Wir schieben unsere Probleme zukünftigen Generationen zu, die möglicherweise mit dann nicht mehr lösbaren Fragen der Gewalt und der Umweltverschmutzung konfrontiert sein werden.

Die heute erreichte Größenordnung der Gewalt gegenüber der Natur ist einzigartig in ihrem Umfang. In direktem Zusammenhang mit ihr steht die Gewalt gegen unsere eigene Natur. Wir produzieren Menschen, die seelenlos aufstehen, mechanisch zur Arbeit gehen, sich von immer stärkeren Reizen stimulieren lassen, nicht mehr darüber nachdenken, was das Leben eigentlich ausmacht, und die ihre eigene Seele ermorden.

Die ersten Schritte auf dem Weg zu einer anderen Haltung bestehen in der Anerkennung der Tatsache, dass unsere eigene Natur gewalttätig ist, sowie aus einem übenden Umgang mit vielfältigen Formen des Sterbens und der Wiedergeburt. Es gibt viele Formen von Gewalt. Feige Formen der Gewalt im kleinsten Rahmen sind zum Beispiel das Ausleben des eigenen Frusts an Kindern oder das Zusammenschlagen eines wehrlosen Menschen durch Gruppen. Wir haben diese Möglichkeit alle in uns, wir *sind* all dies.

Rituelle Schlachten

Besonders interessant im Zusammenhang mit dem »Ich-bin-alles«-Dankspiel ist auch das Phänomen der rituellen Schlachten zwischen Fußballfans, weil es besonders nahe an den Bereich der Mythe des Mannes herankommt, der sein Dasein sinnlos findet, nachdem er seine Funktion als Befruchter erfüllt hat. Die Frau kann sich relativ leicht mit dem Leben identifizieren. Der Mann wird sich, auch aufgrund seiner größeren aggressiven Ladung und seiner größeren Muskelmasse, mit der Neigung zum Zerstören und Zerstörtwerden beschäftigen müssen. Dies ist eine der allerschwierigsten Aufgaben. Die stärkste Sublimation dieses Vernichtungsimpulses besteht darin, so intensiv zum ›Killer‹ der unterdrückenden Muster in der Seele zu werden, dass Sie für einen anderen Menschen – sowie hoffentlich auch für sich selbst – zu einer existenziellen Konfrontation werden können, sowohl in seelischer als auch körperlicher Hinsicht.

Der nächste Schritt besteht im Erkennen des eigenen Schattens, den man aufgrund des Feedbacks anderer erfährt. Diese Spiegelungen der eigenen unangenehmen Seiten können schmerzhafte Konfrontationen darstellen. Der einzige Trost bei derartigen Entdeckungen liegt in der Erkenntnis, dass man selbst nicht besser ist als irgendein anderer. Es kann zu einem Gefühl der Erleichterung und des Dankes führen, dass es etwas gibt, was durch Sie artikuliert und zumindest von Ihnen willkommen geheißen wird.

Falscher Dank

Viele Formen von Dankbarkeit bewegen sich in Bezug auf ihre Auswirkungen noch im Stadium ihres Gegenteils. Eines der bekanntesten Rituale des falschen Dankes ist das Wiederholen von Sätzen wie: »Das hättest du nicht zu tun brauchen.« Oder, noch schlimmer, der Trick, der den Eindruck erwecken soll, man verschmähe ein Geschenk: »Kannst du das wirklich entbehren?« – »Iss das doch lieber selbst, es tut dir gut.« – »Oh nein, nicht doch, lass mich das für dich bezahlen.« – »Behalte es doch lieber selbst!« Die rituelle Antwort auf diese Sucht, sich in alles einzumischen, besteht in der nachdrücklichen Bestätigung des Gebers, dass er das Geschenk absolut nicht selbst verwenden kann: »Nein, wirklich, ich mache doch nichts damit.« Und schließlich wird das Geschenk mit einer kaum erkennbaren Gebärde der Freude oder Dankbarkeit doch in Besitz genommen.

Eine andere Art von Gewalt, die wir unserer eigenen Seele und der anderer antun können, ist geheuchelte Freude oder Dankbarkeit. Häufig sind es Menschen, die es schwierig finden, authentische Dankbarkeit zu zeigen, die hier übertreiben. Sie belasten den Geber dann doppelt; denn dieser muss die Wiederholungen *und* die übertriebenen Reaktionen auch noch wohlwollend ertragen.

Dasselbe gilt für das Mitleid. Vor Sentimentalität und Süßlichkeit triefendes Mitleid riecht förmlich nach scheinheiliger Täuschung. Das wirklich aufrichtige Mitleid kennt die Fähigkeit, einen Schlag auszuteilen oder einen Streit anzufangen, wenn dies die Sprache ist, in der der andere sich bevorzugt ausdrückt.

Falsche Undankbarkeit

Die umgekehrte Situation in Bezug auf das, was ich gerade beschrieb, existiert ebenfalls. Es gibt viele verborgene Anzeichen von scheinbar undankbarem Verhalten.

Menschen, die Probleme mit dem Dankbarsein haben, können sehr verunsichert werden, wenn jemand etwas Liebes für sie tut. Sehr bekannt ist auch die Reaktion von Pflegekindern gegenüber sehr fürsorglichen Pflegeeltern. Sie empfinden Angst und Freude zugleich durch die Wärme, die ihnen entgegenströmt, sie besitzen jedoch noch kein ›Verdauungsorgan‹ dafür. Denn sie sind bereits einmal abgewiesen worden. Auch um zu verhindern, dass sie zu abhängig und verletzlich werden, beginnen sie zu nerven, zu triezen, sie werden ungehorsam oder benehmen sich grob. Im Grunde ist dies ein Zeichen verborgener Dankbarkeit, und die Kunst besteht darin, sie trotz dieser vermeintlichen Abwehr weiter zu lieben. Dabei kann es hilfreich sein, ihrem Verhalten deutliche Grenzen zu setzen.

Eine der unangenehmsten (Neben-)Wirkungen, denen wir begegnen können, wenn wir in den Bereich der eigenen Kraft kommen, ist das Maß, in welchem Menschen unvorsichtiges, unsensibles oder aggressives Verhalten in

Ihre Richtung an den Tag legen. Es ist, als läge diese Art von Energie auf der Lauer, bis sie, ohne üble Folgen befürchten zu müssen, auf jemand losgelassen werden darf. Betrachten Sie dies als einen Ausdruck der Wertschätzung – man erachtet Sie offenbar für so stark, dass es Ihnen nichts ausmacht, wenn man Ihnen auf die Zehen oder die Seele tritt.

Widmung

Dieses Buch widme ich dem Mann, den ich während der vergangenen zehn Jahre keinen einzigen Tag nicht im Bewusstsein trug: Joseph Campbell (1904-1987). Zusammen mit Gruppen schaute ich mir seine Videotapes an, im Auto hörte ich mir seine Vorträge an, und im Bett las ich seine Bücher. Seine Leidenschaftlichkeit, seine Begeisterung, seine immense Belesenheit und seine Überschau machten mich mutiger, weniger einsam und etwas bescheidener. Lange Zeit erlebte ich mich als Einzelgänger in Bezug auf meine Neigung, mich von bestimmten Dingen bis zur Besessenheit in ihren Bann ziehen zu lassen. Hierzu ein Beispiel: Als die CD *Magic and Loss* von Lou Reed herauskam, tat mir die Schönheit seiner Texte und seiner Musik schrecklich weh. Die einzige Art und Weise, mit der Energie, die dieses Werk in mir hervorrief, ins Reine zu kommen, bestand darin, die Scheibe Tag und Nacht abzuspielen. Ich schlief mit ein und demselben Song ein, der durch die Repeat-Funktion meines CD-Spielers wiederholt wurde. Manchmal wachte ich mitten in der Nacht auf, weil mich der Kopfhörer an den Ohren schmerzte, manchmal schlief ich einfach weiter. Erst nach vielen Wochen, in denen ich unzählige Male dieses Meisterwerk angehört und studiert hatte, begann ich es auszuhalten, ohne schreien, weinen oder stöhnen zu müssen.

Welch eine beruhigende Wiedererkennung bedeutete es für mich daher, als ich von der Witwe Joseph Campbells hörte, dass er von bestimmten Büchern oder Kunstwerken dermaßen besessen sein konnte, dass er sich nirgendwohin begab, ohne ein Exemplar des betreffenden Buches oder ein Foto des betreffenden Kunstwerkes bei sich zu tragen. Sie beschreibt seine Liebe für ein Buch wie *Finnegans Wake* von

➤ Wenn man sich dem Sublimen öffnet, so bringt einen das sofort in Konflikte mit gesellschaftlichen Normen und Werten. Im Elend ruft jeder Ach und Weh. Wir rufen jedoch: Wow! Menschen diskutieren über den Glauben an Gott, und wir erleben, dass wir selbst Gott sind. Bevor wir es uns versehen, sind wir auf dem Scheiterhaufen gelandet. Von jeder Gemeinschaft wird unregulierte Gewalt als etwas Schlechtes betrachtet. Dies ist verständlich, denn jegliche Gewalt, die sich nicht gegen einen als solchen erkannten Feind richtet, bedroht

James Joyce folgendermaßen: »Joe ruhte nicht eher, bevor er nicht das ganze Buch so gut wie auswendig kannte. Es war manchmal beängstigend, wie tief er in die Haut James Joyces kriechen konnte und wie selbstverständlich er dessen mysteriöse Sprache erfasste. Es war ein regelrechtes Dreiecksverhältnis: Wenn wir einen Spaziergang machten, hatte er meine Hand in seiner rechten und *Finnegans Wake* in der linken.«

Darf ich Sie etwas fragen?

Ein anderer hochgeschätzter Lehrer war für mich Paul Watzlawik (1921-2007). Als ich noch Student war, verfügte die Fakultät einmal über überschüssige Mittel, sodass wir ihn einladen konnten. Und weil man wusste, wie besessen ich von Watzlawik war, bat man mich, einen Artikel zur Einführung in sein Werk zu verfassen. Als Gegenleistung durfte ich bei einem geschlossenen Training für die Mitarbeiter der Fachgruppe anwesend sein.

Ich konnte gar nicht genug davon bekommen: Seine klaren Analysen menschlicher Kommunikationsweisen, seine Belesenheit und sein Humor wurden lediglich von seiner Sprachbegabung noch in den Schatten gestellt. Er war gebürtiger Ungar und sprach fließend sieben Sprachen. Auch das Niederländische verstand er indirekt.

Ich reiste ihm nach, durch Europa und auch in Amerika. Jeden freien Moment bestürmte ich ihn mit meinen Fragen. Zu den Dingen, die mich an ihm faszinierten, gehörte, dass er fehlerlos und akzentfrei Deutsch, Italienisch, Französisch, Ungarisch, Lateinisch und Spanisch sprach, sein Englisch jedoch einen starken ungarischen Akzent hatte. Ich fragte ihn, wie es denn möglich sei, dass jemand mit einem so hoch entwickelten Sprachgefühl noch immer Vorträge mit einem derart schweren Akzent hielt. Er lächelte und antwortete plötzlich in akzentlosem Englisch: »Amerika wimmelt von Menschen, die akzentfrei amerikanisch sprechen; mein Marktwert wird unter anderem durch meinem charmanten Akzent bestimmt.«

die Gemeinschaft. Dennoch ist Gewalt ein integraler Bestandteil des Lebens. Von der Geburt bis zum Tode und vor allem in der Zeit dazwischen. Das vergangene Jahrhundert war das gewaltreichste der gesamten Geschichte. Es wäre jedoch naiv, unsere Zeit deswegen auch als die schlechteste aller Zeiten zu bezeichnen.
Wenn wir Mitleid gegenüber dem durch Gewalt verursachten Leid empfinden, müssen wir erkennen, dass mancher, der von Gewalt betroffen und in ihr gefangen war, in einer späteren Phase nicht selten auch dankbar auf die betreffenden Ereignisse zurückblicken kann. Wie ist Steve Biko gestorben? Können wir erkennen, wie sein Leiden und Sterben eine mitfunkelnde Facette des Triumphs von Nelson Mandela ist?

Obwohl er ein Meister der Paradoxien war, bat er mich nach meiner tausendsten Frage ohne Umschweife, ihm jetzt bitte endlich seine Ruhe zu gönnen. Das war ein perfektes Timing. Er hatte seine Liebe zum Paradox völlig außer Acht gelassen, und seine Botschaft vom Leben als einem Spiel war bei mir angekommen. Wie ein leicht entflammbarer Schmetterling flog ich weiter zum nächsten Feuer.

Moderne Hexen

Eine Künstlerin, die während meiner Zwanziger- und Dreißigerjahre einen besonders großen Einfluss auf mich hatte, ist Kate Bush. Mein Gott, wie war ich in diese Frau, ihre Musik, ihre Texte und ihr Theater verliebt! Ich hatte das Glück, dass ich sie einmal interviewen durfte, kurz bevor sie im Amsterdamer Karree auftrat. Speziell für sie hatte ich einen wunderbaren astrologischen Kalender mitgebracht. Ich kannte den Maler, der ihn geschaffen hatte, und hatte darauf spekuliert, sie mit ihm in Kontakt zu bringen. Doch sie hat nie darauf reagiert.

Das Interview verlief sehr mühsam. Es stand unter Zeitdruck, und Kate sprach mit einer kindlichen, hohen Stimme – was ich aufgrund ihrer Musik hätte erwarten können. Meine Fragen fielen häufig auf den falschen Boden. Ihre erste LP zum Beispiel enthält einen Song über eine inzestuöse Beziehung zwischen Bruder und Schwester. Weil sie ein sehr enges Verhältnis zu ihren Brüdern hatte, fragte ich, ob dieser Text autobiografische Elemente enthielte. Kate musste lachen und bestritt dies. Sie entschuldigte sich und fragte mich, ob sie trotz des Interviews kurz zur Toilette dürfe. Ich war durchaus froh über eine kurze Unterbrechung. Als sie wiederkam, war sie in meinen Augen völlig verändert. Sie erschien mir älter, ernsthafter und gereift. Danach haben wir miteinander nur noch in meinen Träumen gesprochen. Aber ihr Werk ist bis heute für mich eine Inspirationsquelle geblieben.

Die ganze Reihe weiblicher Barden mit spirituellem Hintergrund, die heute aktiv sind, zu denen ich Tori Amos, Alanis Morissette, Tony Childs, Loreena McKennitt, Erykah Badu, Loren Hill und sogar Madonna zähle, gehört für mich zu einer Strömung der »weisen Hexen«, die unter anderem durch Kate Bush in Gang gesetzt worden ist.

Der Pfeil des Eros

Von Kindesbeinen an habe ich mich für das Bogenschießen interessiert und die Begeisterung dafür an meinen Sohn weitergegeben. Eines Tages machte er seine Schießübungen mit meinen metallenen Lieblingspfeilen, wobei er einen davon in dem Wald, wo wir immer trainierten, verlor. Wir suchten intensiv danach, doch vergebens. Er blieb verschwunden.

Monate gingen ins Land, und ich bemerkte, dass der Verlust eines meiner mir so teuren Pfeile an mir nagte; er lag jetzt irgendwo in der Nähe des Ortes, wohin ich jeden Tag kam, und oxydierte vor sich hin. Es versetzte mir auch einen Stich, dass ich, der immer so gern von Intuition sprach, nicht in der Lage war, meinen eigenen Pfeil wiederzufinden.

Ich nahm mir vor, den Pfeil zu finden, und begab mich allein in den Wald. Konzentriert versuchte ich mich auf den Pfeil einzustellen. Ohne jeden Erfolg. Als ich so mit leeren Händen im Wald herumstolperte, erinnerte ich mich plötzlich an die Geschichte eines Freundes, der entdeckt hatte, dass die Waldgeister, wir wollen sie Zwerge nennen, ein ausgesprochenes Interesse für die Art und Weise zeigten, wie Menschen miteinander die körperliche Liebe betreiben. Er hatte mir erzählt, dass er sich manchmal irgendwo im Wald hinsetzte und einer unsichtbaren Welt erzählte, wie die Menschen »es« tun. Danach wurde er immer mit eigenartigen »Zufällen« belohnt, wie zum Beispiel goldenen Ringen, die plötzlich auf seinem Weg lagen, und anderes mehr.

So habe ich damals in die Nähe des Ortes, wo der Pfeil verschwunden war, gesetzt und zu erzählen angefangen. Ausführlich, sorgfältig und liebevoll beschrieb ich den Waldwesen, wie Menschen die körperliche Liebe betreiben und was sie dabei spüren. Ich erzählte es in einer ganz ernsthaften Weise, Schritt für Schritt, fast so, als wollte ich blinden Kindern Aufklärungsunterricht erteilen. Als ich fertig war, erzählte ich ihnen mein Problem mit dem Pfeil und wie sehr ich es zu schätzen wüsste, wenn sie mir helfen würden, ihn zu finden. Ich schwieg und wusste nicht, worauf ich nun eigentlich wartete. Insgeheim hoffte ich natürlich, dass vor mir ein Zwerg auftauchen würde, der meinen Pfeil in den Händen hielt, doch es geschah nichts. Ich blieb noch einen Moment lang sitzen, dann beschloss ich, leicht enttäuscht, nach Hause zu gehen. Als ich aufgestanden war und mich umdrehte, lag der Pfeil hinter mir ...

Weiße und schwarze Engel

Mein Verhältnis zu meinem Engel und meinem Erzengel verdient gesonderte Erwähnung. Ich hielt einmal einen Vortrag in Leiden und hatte zuvor noch etwas Zeit. Ich durfte mich in einem stillen Klassenraum einer Schule vorbereiten. Ein paar Tage zuvor hatte ich den Film *Ist das Leben nicht schön?* gesehen. Dort verdient sich ein etwas ungeschickter Engel namens Clarence seine Flügel, indem er den Helden der Geschichte begleitet. Der Film endet mit der Wiedervereinigung des Helden mit seiner Familie. Glöckchen läuten, und das Kind des Helden sagt: »Horch, Papa, jedes Mal, wenn ein Glöcklein klingelt, bekommt ein Engel seine Flügel.«

Ich murmelte meinem Engel zu, dass ich hoffte, dass auch er mit mir seine Flügel bekäme. Sofort begann in dem Klassenzimmer eine Glocke zu läuten, obwohl es keine volle, halbe oder viertel Stunde geschlagen hatte. Ich musste lachen und begriff, dass mein Engel bereits längst seine Flügel bekommen hatte. An diesem Abend reiste ich mit dem Zug zurück. Ich saß ganz vorne, unmittelbar hinter der Kabine des Zugführers. Ich sprach die Erinnerungen dieses Tages in meinen Memorekorder. Als ich den Vorfall mit der klingelnden Glocke diktierte, begann vorn in der Kabine des Zugführers ebenfalls eine Glocke zu läuten.

Mein Erzengel ist Michael. In anderen Kulturen kennt man ihn unter dem Namen Viveka. Immer benutzt er – oder ist er weiblich? – ein Schwert, mit dem er das Zeitliche vom Ewigen unterscheidet. In der christlichen Mythologie ist er das Antlitz Christi. Jahrelang begab ich mich nachts mit dem Gefühl in den Schlaf, dass ich ein dem Erzengel Michael Geweihter sei. Ich erlebte mich als eine Feder in einem Flügel Michaels. Mit der Bemerkung, wie froh ich war, mitfliegen zu dürfen, und im Akzeptieren der Tatsache, dass ich auch jeden Moment als eine herumfliegende Feder entfernt werden konnte, schlief ich dann ein. Die Situation, in der ich Michael am stärksten brauchte, ereignete sich, als ich drei Monate lang an einem Schulungskurs Anthroposophie teilnahm. Eines Abends hatten wir gehört, wie Rudolf Steiner indirekt über seine Mitmenschen auf Salonfesten mit den Wesen des Bösen gekämpft hatte. Hochmütig kehrte ich in mein Gartenhäuschen im Wald zurück. Ich fand es überhaupt nicht gut, wie Steiner gehandelt hatte, und war der Meinung, dass das Böse frontal angegangen werden müsse. Ich stellte mich in den Wald, nahm meine stärkste Meditationshaltung ein und rief: »Los, Ahriman, jetzt wollen wir einmal direkt miteinander reden.« Es war noch keine halbe Minute vergangen, da war es, als stiege ein schwerer Ton aus der Erde empor, und eine pechschwarze Energie begann sich um mich herum aufzubauen. Das Licht der Sterne am Himmel verblasste, einer nach dem andern, und es war, als ob ein schwarzer Schleier von unten her um mich herum zugezogen würde. Ich bekam es mit der Angst zu tun und rannte zurück in mein Gartenhäuschen, während ich mit hoher Stimme »Michael, Michael!« rief.

Dieses Abenteuer hat mich nicht kalt gelassen. Ich spürte danach allerlei kalte, schwarze Stellen in meinem Körper. Nach einigen Monaten löste sich immer wieder einmal eine davon auf, beispielsweise während eines Fieberanfalls. Dann stiegen alle möglichen gewalttätige Bilder oder von kaltem Hass geprägte Gefühle in mir auf, als ob sie Besitz von mir ergreifen wollten. Das Fieber und der Raum, den ich dieser Art von Bildern überließ, halfen mir bei der Überwindung.

Das letzte Mal, dass ich Michael laut angerufen habe, war, als jemand mich bat, einen Vortrag über die Rolle der Gegenhierarchien zu halten, destruktive Kräfte, die sich tief in der Erde befinden und die man auch von Dante in seiner *Hölle* beschrieben findet. Ich sagte den Vortrag zu, fand aber, dass ich dafür auch die nötige »Feldforschung« betreiben müsse. Von meinem Meditationsort aus stieg ich in meiner Vorstellung in die Erde hinab. Anfangs fühlte es sich an wie eine steuerbare, geführte Imagination. Doch plötzlich bemerkte ich, dass ich mich körperlich verwandelte. Nicht nur, dass noch gewalttätigere Kräfte in meiner Seele frei wurden, auch meine Lebenskräfte wurden von ihnen ergriffen. Ich stieß auf heftige Selbstmordanwandlungen, und danach kamen alle möglichen Energien auf mich zu, zersplitternde, klebrige, kristallisierende oder andere, nur schwer zu beschreibende Prozesse. Ich weiß noch, dass ich über einen kritischen Punkt hinausging und dabei dachte: »Oh je, das kann jetzt nicht mehr rückgängig gemacht werden.« In den Tagen, die darauf folgten, gelang es mir nicht mehr, aus diesen um mich kreisenden Messern herauszukommen, und ich wurde rasch ernsthaft krank: hohes Fieber, Herzrasen, Visionen. Ich fühlte mich tief unten in der Erde gefangen. Als mir im Hinterkopf klar wurde, dass ich dies nicht mehr lange durchhalten würde, kam eine grüne, bronzene, engelartige Gestalt herab zu mir und trug mich »in ihren Armen« hinauf. Ich habe das wirklich wie eine Rettung erfahren und mich danach allmählich erholt. Den Vortrag habe ich dann aus eigenem Erfahrungswissen halten können.

Auch in den darauf folgenden Jahren habe ich häufig übermütig und forschend verschiedene Grenzen überschritten. Dabei wurde ich so häufig gerettet, dass ich nicht mehr die Empfindung habe, dass mein eigenes Leben noch mir gehört. Ich finde das nicht schlimm – eine Leihgabe ist mindestens genauso schön

Kleine Götter

So weit zu meinen großen Göttern. Meine kleinen, greifbaren Götter bestehen aus den Menschen, die mir teuer und nahe sind. Ich möchte sie hier nicht alle persönlich nennen. Das würde selbst mir als Exhibitionisten zu intim. Sie, die sich von mir geliebt wissen, spüren, dass ich ihnen dankbar bin. Ihr sollt wissen, dass ich eure Liebe fühle und schätze. Ihr habt mich am Leben erhalten, sogar in den Momenten, als es so aussah, als könnten wir einander umbringen.

Viel Schmerz, Gefühle der Scham und der Wut verdanke ich Menschen, die häufig zu Recht, manchmal aber auch zu Unrecht, glaubten, sie seien ein Opfer von mir, und sich in ihrem Bedürfnis nach Rache und Anerkennung an mir ›festbissen‹. Ich erkenne ihnen gegenüber an, wie viele Fehler ich gemacht habe, und ich wünsche ihnen, dass sie mir irgendwann einmal werden vergeben können.

Der erzwungene Rückblick, Scham und Empörung haben mich mit meiner Angst, vom Forum meiner »Opfer« vernichtet zu werden, in Berührung gebracht. Als ich diese Phase durchgestanden hatte, glomm in der Ferne die Treue zu meiner eigenen Lebensgeschichte auf.

Und meinem Tanzlehrer möchte ich Folgendes sagen: Wie schön du tanzen kannst! Und wie du über deine schlechten Knie nörgeln kannst! Zuerst ein Leben lang Flamenco stampfen und dann überrascht sein darüber, dass dies seinen Preis hat!

Kämpfer und Maler

Von meinen Kampfsport- und Meditationslehrern wollen die meisten lieber nicht genannt werden. Das kann ich ein wenig nachvollziehen: Schließlich bin ich nicht ihre beste Reklame. Doch bei einem von ihnen kann ich es nicht lassen: Mein lieber, bis zuletzt für deine Mutter sorgender, immer lachender und Scherze machender Sensei S. Mit deinem kleinen, dicken Körper, deinem schiefen Schädel, deiner frühen Glatzköpfigkeit und mit deinen zuletzt vom hohen Blutdruck geröteten Kopf bist du einer der schönsten Menschen, denen ich je begegnen durfte. Genau wie dein Vorbild Miyamoto Musashi verbandest du Malerei und die Kunst des Schwertkampfes miteinander. Stolz warst du, als du im Amsterdamer Stedelijk-Museum ausstellen durftest, und noch stolzer, als eines deiner Gemälde – als einziges, wie du betontest – gestohlen worden war. Ein kräftiger Tiger. »Der Dieb hatte Geschmack«, sagtest du vergnügt.

Sechster Dan im Karate, Experte in den inneren chinesischen Kampfarten. *Master of all Weapons*, vom spitzen kleinen Bleistift bis zur Maschinenpistole mit Dämpfer. Ich empfand große Beklemmung, als ich zu deinem verborgenen Dojo ging. Unbeleuchtete Wege, knurrende Hunde. Und dann plötzlich: dein Tempel, in dem häufig Polizei, Mafia und Mossad brüderlich zusammen trainierten. Bei dir habe ich gesehen, wie Friedfertigkeit und Gewalt harmonisch zusammengehen können.

Applaus und gute Reise.

Lieb und teuer

Ich hatte die Ehre, sechs Jahre in Ausbildung und Therapie bei Albert Pesso (*1929) sein zu dürfen, dem Tänzer, Psychotherapeuten und Schriftsteller. Drei Dinge will ich über ihn berichten.

Einmal griff ich mit voller Wucht sein System und alles, was ihm lieb und teuer war, an. Er behielt seine Würde und antwortete nur: »I'm fighting myself not to fight you.«

Ich will auch nicht verschweigen, dass ich mich geniere für jenes eine Mal, als ich eines Abends im Ausbildungszentrum zu Bett gehen wollte und ihn noch in der Küche antraf. Statt ihm aus der Ferne gute Nacht zu wünschen, ging ich auf ihn zu und küsste ihn auf die Stirn, so wie ich es früher bei meinem Vater getan hatte. Erst später begriff ich, dass ich mich ihm allzu intim aufgedrängt hatte und er es gelassen erduldet hatte.

Das Dritte ist etwas, das mich in all den Jahren am stärksten getragen hat. Es ist die Tatsache, dass er mich schon sehr früh während meiner Ausbildung in Körperpsychotherapie stimulierte, Therapien in seiner Gegenwart durchzuführen. Er setzte sich dann unmittelbar neben mich, ließ mich arbeiten und flüsterte mir ab und zu einen Rat ins Ohr oder stellte eine Frage zu dem, was ich da tat. Heute, nach so vielen Jahren, ist seine Gegenwart noch immer ein lebendiger Archetyp für mich, so etwas wie eine zweite Natur, auf die ich immer zurückgreifen kann.

Dieses Buch

Das Schreiben dieses Buches hat mich etwa drei Jahre in Beschlag genommen. Zuerst sollte es ein Buch über die innere Kunst des Kriegers werden unter dem Titel *Schwert und Waage*. Doch als es Gestalt anzunehmen begann, protestierte ich innerlich. Das Leben war für mich längst nicht nur *Kampf*. Denn jede gute Kriegskunst ist auch *Tanzkunst*. Oder aber – ein weiterer Aspekt – man geht so urteilsfrei in einen Kampf hinein, dass er ganz und gar *Bewegung* ist. Langsam aber sicher erweiterte sich das Konzept in zwei Richtungen. Auf dem Weg zur Basis kam nach der Bewegung noch die *Leere*, und auf dem Weg in die andere Richtung erschien nach dem Tanz noch das *Spiel*. In diese Pfade mündeten später noch die des *Opfers*, des *Dankes* und der *Stille*. Als im Konzept alles fertig war, begriff ich, wie organisch dieses Buch meine früheren Bücher fortsetzt. So lassen sich die sechs Polaritäten, die ich in meinem Buch *Universal Man. Urmotive der menschlichen Biographie* behandle, in den »Schleiern der Maya« wiederfinden. Die Polarität von Chaos und Ordnung zum Beispiel in den Tierkreisbildern der Fische und der Jungfrau und so weiter. Diese Bilder erhalten jetzt lediglich ihr Fundament in den Qualitäten der *Leere* und der *Stille*.

Die Ausarbeitung all dieser Ideen erwies sich jedoch, wie sich rasch zeigte, als ungeheuer zeitintensiv. Ich beschloss, ein Freijahr zu nehmen, um mit diesem Buch den Anfangspunkt eines größeren Projekts über die »Mythologischen Aspekte des menschlichen Lebenslaufs« zu setzen. Dabei brauchte ich Unterstützung.

Da erschien Trudy D. auf meinem Weg. Ich war ihr bereits zehn Jahre zuvor nach einem Vortrag begegnet, den ich gehalten hatte. Damals war sie Ende vierzig und traf mich als ein weises Kind an, energisch und kampfeslustig, mit einer starken Tendenz zur Unruhe. Wir hörten einander zu, und ich lernte von ihr, dass man in der Nacht jeden Menschen, dem man begegnen möchte, aufsuchen kann, selbst Menschen, die bereits lange verstorben sind.

Zehn Jahre später – seither war ich ihr nicht mehr begegnet –, hatte sie eine große Erbschaft gemacht. Sie hatte von meinen Plänen gehört, bestellte mich zu sich und sagte nur: »Ich finde es wichtig, dass dieses Buch zustande kommt.« Sie fragte mich, wie viel es kosten würde, mich sechs Monate lang freizustellen. Ich nannte ihr die Summe, und sie überwies sie auf mein Konto. Sie hat niemals mehr nachgefragt, wo das Buch blieb, auch nachdem es ein Jahr länger dauerte als ursprünglich geplant.

An diesem Buch hat eine lange Reihe von Menschen mitgewirkt. Diejenigen, die mich bewusst oder unbewusst geprägt haben, sind zu zahlreich, um hier genannt zu werden. Eine Reihe von ihnen kann ich glücklicherweise dennoch anführen. Ron Nansink, mein größter Freund und Feind, mein gleichgültiger, immer abwesender und jederzeit verfügbarer Kamerad; Jeroen Sluiters, mein warmherziger Possenreißer; Dione Dijkman, meine platonische Tanzdame, neben vielen anderen.

Der Mann, der dieses Buch noch besser kennt als ich selbst, ist mein Lektor Nard Besseling. Ich habe ihm vorgeschlagen, seinen Namen in großer Schrift auf die Titelseite zu setzen, doch dafür ist er einfach zu nüchtern und zu bescheiden. Nard, es ist dein Verdienst, dass dieses Buch das geordnete Chaos darstellt, das mir vorschwebte. Es ist dein Verdienst, dass siebzig Prozent aller Sätze überarbeitet wurden, ohne dass ich mich nur einen einzigen Moment meinem Geisteskind entfremdet fühlte.

Auch gab es manche weisen Männer und Frauen, die mir hier und da einen einfachen Fingerzeig gaben, wie Ronald van Es, der nicht nur den niederländischen Titel dieses Buches fand, sondern auch die vielen immer wieder überholten Versionen abtippte, Okkie Nijhuis, die mir einen Schubs in die richtige Richtung gab, Ineke Reitsma-Roozen, die mich von einem Teil meiner pastorenhaften Tendenzen erlöste.

Dann noch die unerreicht scharfsinnige und zielorientierte Fotorechercheurin Rosana van der Wagt. Sie hat für dieses Buch Tausende von Fotos durchgesehen. Darunter waren Hunderte der grausamsten Bilder, die je entstanden sind. Es ist ihr Verdienst, dass die Bilder dieses Buches eine gewissen Balance aufweisen.

Iteke Weeda möchte ich für ihre begeisternden Anmerkungen danken.

Dank auch vielen weiteren Menschen, die ich hier unerwähnt lasse. Die Menschen, die mich am Leben hielten mit ihrer körperlichen, seelischen und spirituellen Liebe. Natürlich sind dies meine Frau Sylvia und meine Kinder Victor und Rowena. All diese Bindungen haben mich zu dem gemacht, was ich bin: ein unerklärliches Stück Dankbarkeit.

Der letzte Schleier der Maya: Dank

Dieses gesamte Buch basiert auf dem Phänomen, dass wir ›die Wirklichkeit‹ nur auf dem Weg über unsere Sinne kennenlernen können. Dieses Sinnesbewusstsein bedient sich allerlei Techniken, die sowohl enthüllend als auch verschleiernd sind. Der nullte Schleier der Maya hing mit der Wahrnehmung der *Leere* zusammen. Der erste Schleier war der des *Unterschiedes* (Zeit – Raum), der zweite der der *Kausalität* (Ursache – Folge). Den dritten nannten wir *Passion* (Schmerz – Freude). Den vierten bezeichneten wir als *Bedeutung* (Spiel – Ernst). Den fünften nannten wir *Transformation* (Materie – Geist). Immer ist ein Schleier der Anlass, einen Unterschied zu machen, die Welt in Gegensätzen zu erleben.

Dank ist der letzte Schleier. Dieser ›verursacht‹ den Unterschied zwischen dem, was wir unmittelbar als *uns selbst*, und dem, was wir als *den anderen* erleben. Damit hängt auch der Unterschied zusammen zwischen all dem, was wir in unserer Seele bewillkommnen, und dem, wo dies nicht der Fall ist.

Dank heißt »Ja sagen« zum Leben. Wenn dieser Dank sich erweitert, werden wir zu immer mehr Dingen Ja sagen. Und wenn wir irgendwann zu gar nichts mehr Nein sagen, verschwindet der Unterschied zwischen Ja und Nein. Das Ja, das in Bezug auf alles empfunden wird, kann dann gar nicht anders: Es wird immer stiller und stiller.

Der Unterschied zwischen Ja und Nein in der Seele hängt mit dem Unterschied zwischen *mir* und *dem anderen* zusammen. Dank bestätigt und transzendiert zugleich diese Trennung. Denn wir sind immer für etwas dankbar, und sei es auch nur für die Tatsache, dass wir am Leben sind. Dankbar sein bedeutet, dass wir einen *Unterschied* machen, nämlich zwischen dem, wofür wir dankbar sind, und dem, wo dies nicht der Fall ist; doch es bedeutet auch, dass wir mit etwas *verbunden* sind. Wir öffnen unser Herz und werden ein Teil desjenigen, woran wir Freude erleben. Ein gutes Theaterstück wird durch den Applaus bereichert. Wir klatschen, und das Theaterstück wird zu einem bewusst gewollten Teil von uns. Doch auch unser Applaus wird ein Teil des Stückes. Hier beginnt die Transzendierung.

Weil ich ein so erfülltes Leben geführt habe, fällt es mir erstaunlich leicht, Abschied von diesem wunderbaren Dasein zu nehmen. Jetzt, da ich vor der letzten Pforte stehe und ich diesen ausgebrannten und verbrauchten Körper zurückgebe, erfahre ich einen Strom, der sich in zwei Richtungen bewegt und der sich am besten mit dem

Wort Dankbarkeit beschreiben lässt. Pflichten fallen weg, Ängste sind verschwunden, Begierden sind zur Ruhe gekommen, der Reichtum der Leere wird mit einer durch nichts zu löschenden Glut ausgefüllt. Der Abschied ist nahe. Der kleine Schlaf oder das große Unbekannte kann beginnen.

Aus einem Brief von Elena Christie,
kurz bevor sie im Alter von vierzig Jahren verstarb.

Dies ist der Anfang vom Ende, denn je dankbarer wir sind, desto weniger existieren wir. Wir werden ein Teil von allem. Und je weniger wir existieren, umso weniger bleibt das andere übrig. Sogar die Trennung von Gott verschwindet. Das *andere,* mit dem wir so lange eine Beziehung suchten, verschwindet, weil wir selbst dieses andere *werden*. In dem Moment, da wir einen Teil des Göttlichen bilden, empfinden wir eine stille Art von Freude. Eine Freude jenseits jedweder Zweiteilung.

Dieses Buch ist kurz vor seinem mystischen Gipfel angelangt. Doch bevor wir in Schweigen verfallen, noch einmal ein Wort des Dankes gegenüber der Maya, dieser mysteriösen Göttin der Sinne. Wir waren mit so viel Überzeugung Gefangene ihrer berauschenden Wirkung, dass es schmerzt, sie loszulassen. Es ist so, als ob wir aufs Neue aus einer Gebärmutter verstoßen würden. Wir wissen nicht, ob unsere Reise durch ihre Schleier für irgendetwas gut war. Denn dieses »Für-irgendetwas-gut-Sein« war ja selbst ein Teil der Schleier. Doch es gibt etwas, das wir mit Sicherheit wissen können: Es war eine beeindruckende Manifestation von Schöpferkraft, *wir* waren eine beeindruckende Manifestation von Schöpferkraft.

Gedanken und Übungen

Unvermeidliches Glück

Dank ist eine Ich-Du-Beziehung wie auch die Freude, die sich daraus schöpfen lässt. Freigiebigkeit, die Kunst des Empfangenkönnens, Vergeben und Feiern gehören hier mit dazu. Aber auch Vorwürfe, sich der Freude verweigern und das Gefangensein in Schmerz und Trauer. Dinge, die uns in den Schoß geworfen werden, Dinge, die wir unerwartet, nach einem harten Dasein, irgendwann trotzdem noch empfangen. Wo liegt die Grenze zwischen Selbsterlösung und Gnade?

An diesem Punkt des Buches können wir uns aus einem gewissen Überblick über dessen Ganzes eine Reihe von Fragen stellen:

- Gibt es bestimmte Aspekte, Mythologien, die wir bevorzugen? Listen Sie zum Beantworten dieser Frage einmal Ihre wichtigsten Werte auf.
- Liegt bei Ihnen die Betonung auf Gesundheit, so wird wahrscheinlich *Bewegung* einer Ihrer Favoriten sein, dicht gefolgt von allen taostischen Philosophien, die einen Bezug zum »Go with the Flow« haben.
- Legen Sie einen großen Wert auf Erfolg, dann sollten sie einmal prüfen, ob dies eher in der Form des *Kämpfens* oder des *Spielens* geschieht.
- Wenn Sie stark in Kategorien wie »Gewinnen« oder »Verlieren« denken, sollten Sie mehr im *Kampf* leben. Denn dann befindet sich dort für Sie ein bevorzugtes Zugangstor zu Erfahrungen des Sublimen.
- Wenn Sie eher in Kategorien wie »Spiel« und »Vergnügen« denken, ist das *Spiel* Ihr Tor. Machen Sie sich klar, dass auch vermeintlich gewichtige Lebens-Sinnfragen sich im Spiel befinden. Darunter fallen häufig Themen wie zum Beispiel das Treffen der richtigen Entscheidungen. In dem Maße, wie Sie bewusster nach *der Wahrheit* oder *dem Sinn* suchen, wird Ihr Schatten sich desto intensiver im *Unsinn* aalen, der das Leben ebenfalls ist. Ihre Zweifel sagen Ihnen dann eigentlich: Ich finde nichts wichtig genug, obwohl es sich so anfühlt, als wäre beides wichtig. Etwas in Ihnen beschäftigt sich dann in fanatischer Weise mit dem Spiel.
- Genuss als höchstes Ziel fällt unter die Kategorie *Tanz*, wie auch viele polare Zielsetzungen wie zum Beispiel der Wunsch, niemandem Schmerz zufügen zu wollen oder der, zum Kern der Dinge vorzudringen. Überall da, wo Schönheit und Hässlichkeit mitspielen, ist Tanz wirksam. Menschen, die in Bedrängnis geraten sind, erleben das Leben häufig als eine einzige lange Qual. Wenn sie daran ein masochistisches Vergnügen erleben, fällt auch dies in die Kategorie Tanz.
- In einer meditativeren Betrachtungsweise können Sie Ihr Leid auch unter der Kategorie *Opfer* einordnen. Wenn Sie stark mit Idealen leben, die mit unserem Lebensumkreis zusammenhängen, so können diese Ihnen erzählen, dass Sie in der Mythologie des Opfers leben. Wie viel Raum gestehen Sie sich zu, wie viel Schaden dürfen Sie anrichten? Erlauben Sie sich selbst kaum zu atmen, oder lassen Sie andere das Opfer für Sie tragen? Viele materialistische und spirituelle Rituale hängen mit dem Opfer zusammen.
- Leben Sie in den Tag hinein und nehmen Sie die Dinge, wie sie kommen, so leben Sie in *Dank*. Machen Sie sich gut klar, dass dies nicht etwa ein

höheres oder niedereres Stadium darstellt als andere Mythologien. Wie bereits gesagt: Auch Kinder und Zurückgebliebene leben in den Tag hinein und in Dank. Ob Sie es wichtig finden, mit einem bestimmten Maß an Lebenserfahrung in Dank zu leben, das hängt von Ihrem persönlichen Mix aller in Ihnen vorhandenen mythischen Schichten ab.

Dasselbe gilt für den letzten Schritt, den wir in diesem Buch noch vollziehen werden: die *Stille*. Menschen, die aufgrund schwerer Angriffe auf ihre seelische und körperliche Integrität aus ihrem Körper vertrieben wurden, können ein gedankenloses, stilles Dasein führen. Auch hier gilt die Frage, ob sie eigentlich nicht lieber mehr Arten von Mythen leben möchten. Die Stille eines Menschen, der vielerlei Schicksalsschläge durchlebt hat, ist eine wesentlich andere als die eines Menschen, der still über seinem eigenen Lebenslauf schwebt.

Durch alle Schichten hindurch bewegen

Mit der jetzt gewonnenen Übersicht sollten Sie einmal versuchen, sich einer Situation, einem Ereignis, in das Sie einbezogen sind, auf acht unterschiedliche Weisen zu nähern. Die Reihenfolge, in der Sie dies tun, ist nicht so wichtig.

- Können Sie sich weigern, etwas zu beurteilen? Können Sie alles einfach wegzaubern? Das ist ein möglicher Weg im Bereich der *Leere*.
- Können Sie die Dinge ganz einfach in ihren körperlichen Merkmalen erleben, ohne weiter in deren Bedeutung einzudringen? Das ist *Bewegung*.

In jedes Ereignis lässt sich durchaus ein Element des *Kampfes* projizieren. Gerade unwichtige Ereignisse eignen sich herrlich dafür, um das In-den- und Aus-dem-Kampf-Treten zu üben. Hoffentlich hilft dies auch Menschen, die sich in den Kampf verbissen haben. Im Grunde hätten sie die Möglichkeit, indem sie ihre normalen alltäglichen Handlungen bewusst übertreiben, sich von diesen Einseitigkeiten stärker zu lösen.

Rücken Sie dasselbe Ereignis in das Licht der Schönheit beziehungsweise der Hässlichkeit und des Genusses, so *tanzen* Sie.

Sehen Sie in allem die Vernichtung, die das Leben an sich selbst vollzieht, so befinden Sie sich in der Sphäre des *Opfers*.

Üben Sie sich darin, froh zu sein oder aber Vorwürfe zu empfinden gegenüber dem, was sich vollzieht, so üben Sie den *Dank*.

Vergrößern Sie eine innere *Stille* bei allem, was Sie wahrnehmen.

Fotos der Reihe nach betrachten

Dieses Buch enthält eine Reihe von Fotos, die einen Zugang zum Sublimen darstellen. Es sind Fotos, aus denen eine gewisse Unendlichkeit spricht, selbst wenn diese nur unendlich klein wäre. Ich habe absichtlich eine Mischung von solchen Bildern vorgenommen, die ausgesprochen zu einer ganz bestimmten Kategorie gehören, und solchen, die mehrdeutig sind. Betrachten Sie die Bilder einmal der Reihe nach, lesen Sie die Bildlegenden aber *nicht*, und spüren Sie, was die Bilder unmittelbar in Ihnen auslösen. Dies allein kann schon vielsagend sein. Lesen Sie danach die Bildlegenden, die wir absichtlich in einer nicht allzu auffälligen Schrifttype gedruckt haben, und prüfen Sie einmal, wie diese Texte Ihre Wahrnehmung beeinflussen.

Üben Sie sich danach an den unterschiedlichen Schleiern der Maya. Versuchen Sie jedes Fotos aus so vielen unterschiedlichen Haltungen wie nur möglich zu interpretieren. Ein und dasselbe Foto enthält immer eine objektive Ebene voller heller und dunkler Flächen, Bewegung also, doch es kann auch die Schönheit des Tanzes ausdrücken, die Kraft des Kampfes, das Unsinnige des Spiels und das Vernichtende des Opfers. Wenn Sie Achtung vor dem empfinden, was das Foto hervorruft, werden Sie dieses Bild von selbst in die Sphäre des Dankes rücken.

Wenn Sie sich lang genug mit dem Verschieben solcher Interpretationen geübt haben, wird eine reiche Stille übrig bleiben.

➤ Je besser wir in der Lage sind, das Glück im Jetzt zu erfahren, desto weniger verlieren wir es im Prozess, durch den wir es festhalten wollen. Dieses Buch möchte zeigen, dass wir unser Schicksal nicht »abzulegen« brauchen, um das Sublime zu erfahren. Ob wir nun aus Destruktion und Kampf oder vielmehr aus Kreativität und Spiel heraus leben – das Glück wartet gleich um die Ecke auf uns, ja vielleicht noch näher.
Geistesgegenwart hilft uns dabei, zu entdecken, dass das Leben, das wir führen, genauso ist, wie es sein muss. Der Widerspruch dagegen und unsere Hingabe an es sind Verwandte, der Rhythmus des Lebens drückt sich abwechselnd

Weiterentwicklung der Schamübung

Die folgende Übung setzt die Schamübung fort, wie wir sie in dem Kapitel über den Tanz beschrieben haben.

Nachdem Sie tief in die Wärme der Scham eingetaucht sind, gehen Sie über zur Danksagung. Diese besteht daraus, zu formulieren, dass Ihr Leben zwangsläufig Raum beansprucht und damit unvermeidlich anderen Leben Schaden zufügt. Das Akzeptieren dieses Opfers ist von äußerster Wichtigkeit. Aus der Scham und der Akzeptanz kann ein Gefühl der Dankbarkeit erwachsen, das häufig mit einem Willen zur Entwicklung einhergeht. Eine Möglichkeit, dieses Danksagen umsetzen zu können, ist darum: »Ich verspreche dir, dass dein Leiden nicht umsonst gewesen ist und dass ich mich weiterentwickeln werde. Die Geschichte, die wir miteinander teilen, hat einen Ort erhalten – zumindest in meinem Willen, zu lernen.«

in Bewegung, Auseinandersetzung, Tanz, Spiel, Opfer und Dank aus; es ist unmöglich, das Glück einfach abzustellen, und sei es auch nur, weil für manche Unglückliche der Tod eine Erleichterung wäre.

Dankbarkeitsübungen

Unabhängig von der Schamübung, die wir im Kapitel über den Tanz darstellten, entsteht zumeist von selbst eine Übung, worin wir auf dieselbe Art und Weise spontan einige Menschen, Tiere, Pflanzen und Gegenstände als Symbole um uns herumstellen, doch diesmal solche, denen wir viel verdanken. Das können anfangs lauter positive Manifestationen sein: wichtige Schriftsteller, Filme, Künstler, oder ein Baum, der uns viel Trost und Schatten gespendet hat, ein Tier, das wir sehr gemocht haben. Aber nach und nach werden Sie dahin gelangen, dass Sie sich auch bei Menschen bedanken können, die es Ihnen schwer gemacht haben. Betreten Sie dieses Gebiet nicht zu rasch; einer der größten Fehler, die man hier machen kann, besteht darin, zu schnell Vergebung schenken zu wollen, zu schnell dankbar sein zu wollen für äußerst dramatische Erfahrungen. Geschieht dies, erreicht unsere Verwandlung nicht die gewünschte Tiefe. Bleiben Sie in diesem Bereich authentisch, ganz nah bei dem, was Sie elementar denken und fühlen.

Sie brauchen diese Übung nicht wie ein Ritual durchzuführen. Sie können immer stärker im Dank leben, indem Sie sich bei jedem Ereignis, wie klein und unbedeutend es auch sein mag, realisieren, dass es andere Menschen gibt, die Ihnen dies ermöglicht haben.

Gedenken Sie einfach der Millionen von Menschen vor Ihnen, die Ihre Sprache weitergetragen und entwickelt haben. Der Tausenden, die die Straßen angelegt haben, auf denen Sie fahren und gehen. Der Dutzenden, die Ihre Kleider anfertigten, Ihre Züge fahren lassen und so fort. Sie können dem Dank gar nicht entrinnen, wenn Sie sich einmal für ihn geöffnet haben. Vermeiden Sie immer Sentimentalität. Anerkennung genügt völlig. Es ist schön für Sie und den anderen, wenn sich dabei Momente der Freude einstellen.

Danken Sie Ihrer Umgebung

Entwickeln Sie ein eigenes Verhältnis zu den Gegenständen und Wesen, die Ihnen dienen. Geben Sie Ihrem Auto einmal einen Kuss, danken Sie dem Raum, in dem Sie übernachten durften. Laufen Sie einmal mit besonderer Aufmerksamkeit über einen Teppich oder über das Gras. Küssen Sie bei jedem Schritt, den Sie machen, den Boden mit Ihren Füßen. Vollziehen Sie Ihre Schritte mit gesteigerter Aufmerksamkeit. Sorgen Sie dafür, dass Sie beim Laufen nicht allzu viel Lärm machen, und achten Sie darauf, dass Sie Ihre Füße in einer ganz bestimmten sanften Weise abrollen, die Ihnen hilft, Ihre Bewegungen fließender zu machen. Denken Sie hierbei beispielsweise an die Art, wie verschiedene Tiere dies tun wie die Katze oder der Tiger.

Erotische Ironie

Der Terminus »erotische Ironie« stammt von dem Schriftsteller Thomas Mann. Sie ist ein Mittel, zu akzeptieren, dass jeder Mensch seine komischen und peinlichen Abweichungen hat, die ihn unverwechselbar machen. Üben Sie sich darin, derlei Dinge bei Menschen zu erkennen und sie zu benennen, in einer Art und Weise, die Liebe und spielerisches Herangehen verrät. Wenn Ihre Mitmenschen Ihnen dann dafür dankbar sind, dass Sie so leicht und unproblematisch über ihre Eigen-artig-keiten sprechen, so haben Sie es richtig gemacht. Es geht beispielsweise darum, spielerisch die Tatsache zu formulieren, dass jemand eine scharfe hohe Sprechstimme oder auffallend vorstehende Zähne hat, jedoch auch um auffallende Talente oder ungezogene Seiten. Nicht alles braucht artikuliert zu werden, es kann auch durch ein Augenzwinkern in die Sphäre des Dankes erhoben werden.
Noch einen Schritt weiter führt das Benennen eines schwereren Tabus: Sie sehen jemanden, dessen Gesicht durch eine schwere Brandwunde entstellt ist. Prüfen Sie sich, ob Sie in der Lage sind, sich über Ihren anfänglichen Schrecken hinwegzusetzen, und suchen Sie die Schönheit in der zerkrumpelten Fleischmasse. Fangen Sie ein Gespräch an und prüfen Sie bei sich selbst, ob Sie die Parzival-Frage stellen können: »Was fehlt dir, was ist mit deinem Gesicht geschehen?«

Üben Sie sich in Arroganz

Sie können die folgende Übung allein durchführen oder in der Form einer Präsentation vor einer Gruppe. Tun Sie so, als hätten Sie alles, was insgeheim an Größenwahn in Bezug auf Sie selbst in Ihrem Hinterkopf lebte, auch tatsächlich umgesetzt. Beginnen Sie mit Sätzen wie: »Eigentlich habe ich immer schon gewusst, dass ich das Zeug dazu hatte ...«

Die anderen können ernsthaft auf Ihre Geschichten eingehen und Fragen stellen wie zum Beispiel: »Wie machst du das denn?« und so weiter. Es kann eine Atmosphäre wie auf einer Pressekonferenz oder in einem Unterrichtsraum mit Schülern entstehen. Lassen Sie nicht davon ab, Ihre Größe zu repräsentieren, und lassen Sie sich von der Schlagfertigkeit der Reaktionen so überraschen, als wären Sie tatsächlich so groß.

Weitergeben von Dank

Es wäre fahrlässig, wenn Sie jedes Mal, wenn das Glück Sie überkommt, dächten: Das ist mein eigenes Verdienst. Auf jeden Fall lohnt sich die Mühe, mit einer Welt geistiger Wesen zu rechnen – dabei ist es unerheblich, ob Sie diese nun als Engel, Verstorbene, Energien oder Gesetzmäßigkeiten des Karma bezeichnen –, die Tag und Nacht für Sie tätig sind, um die Dinge für Sie zu regeln: die eine richtige Begegnung für Sie vorbereiten, die auch dafür Sorge tragen, dass Sie das richtige Pech haben, die Ihnen die richtigen tröstenden Gedanken einflüstern, wenn Sie traurig sind, und so weiter.

Ist es für Ihren Geist nicht viel bereichernder, der Möglichkeit Rechnung zu tragen, dass solche Wesen dies für Sie tun, als diese Möglichkeit zu leugnen und zu behaupten, dass alles nur blinder Zufall sei oder aber Ihr eigenes Verdienst? Denn Ihre Haltung der Dankbarkeit ist etwas, das sich wie ein Bumerang in der Gestalt von Glücksgefühlen auf Sie zubewegt.

Zum Schluss noch ein Schatten-Hinweis: Vor allem dann, wenn sich viel Hass über Sie ergossen hat, ist es besonders wichtig, dass Sie eine Phase durchlaufen, in der Sie sich zu Recht auf Ihre Leistungen berufen oder in der Sie Ihre Vorwürfe kräftigst artikulieren. Auf diese Weise stärken Sie Ihr Ego, und Sie haben in aller Schönheit auch wiederum etwas, das Sie loslassen können.

Eine geistige Lobby

Auch Ihr Verhältnis zu den Verstorbenen ist von großer Bedeutung. Das Leben kann wie ein Staffellauf betrachtet werden. Diejenigen, die vor Ihnen lebten, trugen die Lebensflamme voran und liefen ihren Teil der Strecke. Nun sind Sie die Resultante und der Repräsentant des Lebens. Im Kultus mit den Toten ist es wichtig, deren Bemühungen anzuerkennen und ihren Geist um Inspirationen anzurufen.

Vor dem Einschlafen können Sie sich, wenn Sie Trost oder guten Rat suchen (oder einfach als Ausdruck Ihrer Verbundenheit), auf einen wichtigen Mitmenschen konzentrieren, sei er lebendig oder bereits tot. Arbeiten Sie an Ihrer »geistigen Lobby«: Wählen Sie geistige Symbole aus, durch die Sie sich inspiriert fühlen. Dabei kann durchaus ein eigenartiges Pantheon zustande kommen: etwa ein Bild von Shiva neben dem von Buddha und Christus. Es kann ein Foto von Ramana Maharishi enthalten neben einem von Madonna. Sie können sich dem Erzengel Michael hingeben, und Sie können Ihre verstorbene Tante in Ehren halten. Tun Sie es in beide Richtungen, seien Sie also auch eine Stütze für jene Menschen, mit denen Sie sich verbunden haben. Denken Sie an sie, bevor Sie einschlafen. Stellen Sie sich vor, dass Sie miteinander durch ein Gewebe aus Liebe verbunden sind, und stellen Sie dann und wann ein wenig von Ihrer Lebenskraft anderen zur Verfügung.

Dank bedeutet, mit einer Gruppe von Geistern zu leben, die Sie bereichern und begleiten und denen Sie sich widmen. Ob es nun wahr ist oder nicht, spielt keine Rolle. Wichtig ist, dass Sie Energie, Dankbarkeit und Hingabekraft in etwas investieren, das größer ist als Sie selbst, sodass Sie den Zugang zum Mysterium des Lebens pflegen.

Irrationale und magisch-rituelle Handlungen bereichern das Leben, solange Sie sich selbst dadurch nicht auf lieblose Weise zum Verschwinden bringen. Sie bleiben selbst für Ihre Handlungen verantwortlich. Sie sind die Augen und Ohren Gottes, Sie sind derjenige, der in Hingabe lebt zu ... Selbst wenn Sie das Gefühl haben, dass Sie nicht mehr existieren, sollten Sie andere in der Illusion lassen, dass sie Ihnen etwas geben. Geben Sie ihnen die Möglichkeit, ihnen etwas zu geben.

Das Paradox, das entsteht, wenn du den buddhistischen Weg gehst, ist, dass das Selbst sich vom Selbst befreit und schließlich leugnet, dass es ein Selbst gibt. Wenn du und Gott in eins zusammenfallen, fallen auch das Opfer und der Dank

zusammen. Es gibt niemanden mehr, bei dem du dich bedanken kannst, und was übrig bleibt, ist glückselige Stille.
Warte nicht auf einen Gott, der dich erlöst, der Einzige, der dich befreien kann, bist du selbst.
Buddha

Wenn du glaubst, du seist frei, ist keine Erlösung mehr möglich.
Ram Dass

Milde

Sie schulen sich so diszipliniert wie Sie können, und Sie benutzen Ihre Talente so gut wie möglich. Das Resultat liegt vielleicht nicht in Ihren Händen, vielleicht aber doch. Es hängt alles davon ab, wen Sie als den Eigentümer Ihrer Hände betrachten und ob Sie der Meinung sind, dass Ihre Hände eines Eigentümers bedürfen. Oder dass Ihre Hände zu existieren aufhören, wenn Sie sich in Dank auflösen. Dies ist die Spannung zwischen Selbsterlösung und Gnade. Falsches Ego entsteht, wenn Sie die Dinge zu persönlich nehmen, wenn Sie denken, dass etwas Ihr Verdienst oder Ihr Versagen ist.

Freiheit ist eine anspornende Illusion, die Ihnen hilft, sich auf den Weg zu begeben und groß zu sein. Je näher Sie dem Ziel kommen, desto weniger zählt Freiheit noch. Unfreiheit ist eine Fallgrube, Freiheit ist die Krücke, mit der Sie versuchen, aus der Grube herauszuklettern.

Sogar die Neugierde, wie es mit Ihnen wohl weitergehen mag, ist eine Fallgrube. Sie horchen auf die Gedanken der Götter, und Sie sind selbst ein solcher Gedanke. Sie sind selbst der Gott, der sich seiner selbst durch Ihr Herz hindurch gewahr wird.

Das folgende Schema beinhaltet eine Übersicht der zentralen Begriffe dieses Buches. So können auf einen Blick wechselseitige Beziehungen, Gegensätze usw. erkannt werden.

	a priori/ Schleier der Maja	Gegensätze	Normen, Werte, Essenz	Lebensgefü
1. Leere	Nr. 0 nicht vorhanden	Fülle – Leere	Unbestechlichkeit keine Hoffnung keine Furcht	Nicht-Existenz
2. Bewegung	Nr. 1 Unterschiede Bildung von Mustern	Zeit – Raum Chaos – Ordnung statisch – dynamisch	Flow Vitalität Gesundheit Flexibilität	leben
3. Kampf	Nr. 2 Kausalität	Ursache – Folge gut – böse Gewinn – Verlust	Kraft Kompetenz Freiheit Verantwortung »Survival of the fittest«	überleben
4. Tanz	Nr. 3 Passion	schön – hässlich Genuss – Schmerz Sympathie – Antipathie	Intensität Sich verbrennen	erleben
5. Spiel	Nr. 4 Bedeutung	Ernst – Humor Sinn – Sinnlosigkeit Wahrheit – Lüge	Kreativität Wahrheit Glaube Ziel Sinn	sich einleben
6. Opfer	Nr. 5 Transformation Auflösung	Materie – Geist Leben – Tod Sicherheit – Risiko	stellvertretend leiden dienen	sterben
7. Dank	Nr. 6 Relation Licht	Subjekt – Objekt geben – nehmen Ich – der andere	freudig empfangen Bewusstsein des Überflusses	auferstehen
8. Stille	Nr. 0 Identität	Ruhe – Unruhe	Ungeteiltheit reiche Überschau gedankenfreies Bewusstsein	Unsterblichkei

Schatten	Paradoxien	repräsentative Mythe, Religion, Kultur
Gleichgültigkeit Zynismus Übersättigung Depression Nihilismus	erfüllte Leere armseliger Reichtum (Reichtum)	Zen-Buddhismus
Verwirrung Erstarrung Bindungsunfähigkeit Unfähigkeit, loszulassen	Stillstand in der Bewegung geordnetes Chaos Das einzig Stabile: Veränderung	Taoismus Flow-Theorie
Macht Ohnmacht Blindheit für tiefere Schönheit Hass illusionäre Feinde	Opfer des eigenen Erfolgs Macht der Ohnmacht Kampf für den Frieden	Judentum Christentum Islam Evolutionstheorie
Begierde Lust Sucht	Schönheit des Hässlichen Freude am Leiden Übermut als Feigheit Jung bleiben durch Altwerden	Hinduismus Tantra Afrika, Indien Tanzrituale Sufismus, Derwische
Oberflächlichkeit Relativismus Absolutismus Grimmigkeit Monomanie	Tiefe der Oberfläche Ernst des Humors enthüllende Maske offenbares Geheimnis	moderne Medien und Kommunikation System- und Spieltheorie Zufall und Synchronizität
Erdverhaftung Erdflucht	Selbsterhaltung durch Tod dienend führen	alte Opferriten Germanen Inkas Christentum Moderne Umwelt-Opfer
Euphorie Vorwürfe Egoismus Altruismus	Dankbarkeit schenken Geben als Geschenk erleben Ego entwickeln, um zu geben	Vergebungsrituale Oprah Winfrey New Age
Trägheit Ungreifbarkeit	»the roaring silence«	alle mystischen Strömungen, alte wie neue

Leere

Bewegung

Kampf

Tanz

Spiel

Opfer

Dank

Stille

Kompromiss
Den Berg der Stille kann ich nicht besteigen
durch den verwirrenden Wald der Erinnerung;
so will ich unter dem Segel des Traumbewusstseins
weitertreiben auf einem Meer aus ew'gem Schweigen.
Jan Slauerhoff (1898-1936)

Der Terminus Oktave charakterisiert ein Verhältnis zwischen zwei miteinander verwandten Tönen. Zunächst haben wir einen Grundton, dann folgt ein Abstand von sechs dazwischen liegenden, grundsätzlich anderen Tönen.

Dann folgt ein Ton, der dieselbe Stimmung wie der Grundton hat. Dieser achte Ton unterscheidet sich vom ersten, doch auch wiederum nicht.

So ist es auch mit den Qualitäten der *Leere* und der *Stille*. Sie sind dasselbe und doch auch wiederum nicht. Stille ist die höhere Oktave der Leere. Und zwischen ihnen liegen sechs andere Arten der Welterfahrung.

Leere trägt, umgibt und durchdringt die anderen sechs Gebiete, genauso wie es die Stille tut.

Wir sind durch die Gebiete der *Bewegung*, durch den *Kampf* hindurchgegangen, durch *Tanz*, *Spiel*, *Opfer* und *Dank*, durch alle Formen von Glückseligkeit – und plötzlich ist sie da: die stille Erkenntnis, dass alles einen Ort hat.

Doch eigentlich war es schon die ganze Zeit hindurch gegenwärtig, dieses wortlose, wissende Geheimnis.

Unser sterbliches Selbst wimmert, jauchzt, kriecht, springt, tanzt und bestätigt, was wir bereits wussten: wie herzzerreißend schön dieses Leben ist und wie wir durch immer wieder andere Pforten gehen, die doch dieselben sind.

Der wissende Teil hat keine Meinung, er verhält sich still und begnügt sich damit, alles zu umfassen. Das allumfassende Selbst, die erhabene Stille in uns, ist ein Mysterium, das es verdient, auf so viele unterschiedliche Weisen wie nur möglich verehrt zu werden.

Ein Mysterium, das sich letztlich selbst durch Stille ehrt.

➤ Die heutige Welt ist so überwältigend mit ihren Informationsströmen, ihrem Relativismus und ihren vielfältigen Formen der Zerstreuung, dass die Gefahr droht, uns vollkommen darin zu verlieren, uns aus unserem Körper drängen zu lassen. Offenheit für das Sublime bedeutet: auf losgelöste Weise verbunden zu sein mit dem, was sich im jeweiligen Moment in der Welt vollzieht. Der Zugang zum Sublimen liegt im still-wahrnehmenden Bewusstsein, aus dem heraus wir mitkämpfen, mitspielen, mitgenießen können an den großen Mysterien, die sich in der Welt vollziehen.

Stille bei den Musen

»Hör auf zu schreien. Du hast weder Paradies noch Hölle erlebt. Hier gibt es kein Glück, keine Strafe, keine Familie, keine Feinde. Steige in Stille auf.
Hier endet das Wort, wie auch jeder Gedanke. Dies war die letzte Illusion.«

Vyasa zum sich auflösenden Judishtira, am Ende des *Mahabarata*

The roaring silence

Titel einer CD von Manfred Man

Leere ist Quelle, Stille ist Resultat.
Leere ist Möglichkeit, Stille ist Verwirklichung.

Vierter Lama Sittuh

Es gibt weder Schöpfung noch Vernichtung,
weder Schicksal noch freien Willen,
weder Weg noch Leistung; dies ist die letzte Wahrheit.

Sri Ramana Maharishi

We shall not cease from exploration
And the end of all our exploring
Will be to arrive where we started
And know the place for the first time.

T.S. Elliott

Wovon man nicht sprechen kann, darüber muss man schweigen.

Ludwig Wittgenstein

Das Zentrum des Zyklons

Buchtitel von John Lilly

Nur in der Zeit ist das Wort, in ihr nur ist Musik;
Aber wenn etwas nichts kann als leben,
Bleibt ihm Sterben allein. Die Worte der Rede reichen
In das Schweigen hinein. Nur in der Ordnung der Form
Können Wort und Musik

Die Stille erreichen – wie eine chinesische Vase,
die regungslos steht und dennoch unendlich bewegt ist.
Nicht das Schweigen der Geige, solange der Ton noch schwingt,
Nicht nur dies, sondern vielmehr das Zugleich-Sein,
Und dass das Ende dem Anfang vorangeht,
Denn Ende und Anfang bestehen von jeher
Noch vor dem Anfang und nach dem Ende.
Alles ist immer jetzt.
T.S. Elliott

In dem Moment, indem du ihren Namen nennst, ist sie verschwunden.
Ein Rätsel über die Stille aus dem Film *La Vita e bella*

Wer schweigt, weiß.
Wer spricht, weiß nicht.
Aus den Veden

ABC PRESS

Koffer von Kindern, aufgenommen im Vernichtungslager Auschwitz am 15. März 1979

ABC PRESS

Kriegstanz der Papua auf Neuguinea. Der Speerkampf dauert so lange, bis einer der Krieger dabei den Tod findet.

Klassische und moderne Mythologie der Stille

Über die ganze Welt verbreitet und zu allen Zeiten war die Erkenntnis lebendig, dass die letztendliche Einswerdung mit dem Quell, dem Allumfassenden, mit Gott, nur mittels einer wortlosen Kommunikation möglich ist. Aufzuhören mit Sprechen, das wird und wurde von Strebenden aller Art gefordert.

In unserer Zeit der Überinformation und der Reizüberflutung der Sinne sind die Orte, an denen es noch wirklich still ist, sehr selten geworden. Viele moderne Menschen genehmigen sich einen vorübergehenden Aufenthalt in einem Kloster, in dem noch geschwiegen wird. Wenn ihnen dies zu teuer oder zu schwer ist, ziehen sie sich ins Solarium oder in die Schwerelosigkeit eines Floating Tanks zurück. Manche werden still, indem sie Lärm aufsuchen.

Paradoxien der Stille

Mit lauter Stimme schrie ich:
Horche auf die Stille!
Sam Keene

Vielsagende Stille

Wichtiger als die Frage, ob sich noch äußere Orte der Stille finden lassen, ist die, ob wir in der Lage sind, inmitten des Tumults noch innere Stille zu finden.

Auf dieser Ebene ist Stille ein Bereich, in dem wir am meisten erzählen und wo uns am meisten erzählt wird.

Alles ist dort zugleich anwesend: Leere, Bewegung, Kampf, Tanz, Spiel, Opfer, Dank und ... Stille. Von der Leere her hat sich ein Fundament gebildet. Und der Tempel hat ein offenes Dach – durch die Stille.

An diesem Punkt sind wir beim letzten Paradoxon dieses Buches angelangt. Ein Paradoxon, mit dem sich schon andere unsterblich blamiert haben. Nämlich der Versuch, mit Worten zu erklären, was Stille ist.

Natürlich könnte ich hier lange bei der Mystik verweilen. Die wortwörtliche Bedeutung dieses Terminus ist »stille sein«. Ich könnte viele Seiten darüber schreiben, wie sich das Mysterium des Lebens jenseits des Denkens befindet.

Stattdessen habe ich mich dafür entschieden, dieses Buch mit wenigen Worten zu beenden.

Es folgen am Ende dieses Kapitels über die Stille noch einige Gedanken, Gedichte und Fotos, die Sie hoffentlich stille werden lassen.

➤ Einmal im Leben besuchen wir etwas, das ganz offiziell als sublim definiert wurde: die ägyptischen Pyramiden, die Niagarafälle, den Borobudur oder den Grand Canyon. Aber im Sandkasten des Spielplatzes um die Ecke lassen sich genau dieselben Formen und Gestalten bewundern. Allein, damit wollen wir uns nicht abgeben. Das Sublime auf dem Wege über ein Vergrößerungsglas wahrzunehmen, kostet vielleicht zu wenig Anstrengung. Wenn wir in Ehrfurcht vor einem Teppich beten, über den wir jeden Tag hinweglaufen können, erzeugt dies in uns – leider – ein Gefühl des Lächerlichen.
Das Sublime muss sich uns also richtiggehend aufdrängen, indem es uns erschüttert – während eines Unwetters, eines Sturms auf hoher See, einer Überschwemmung, eines Erdbebens oder einer Sonnenfinsternis.

Qualitäten der Stille

Intervall
Sie können dahin gelangen, dass Sie eine Lücke oder einen Raum zwischen den Gedanken entdecken. Achten Sie, wenn Sie beobachten, wie Ihre Gedanken Sie durchziehen, sehr genau auf den Augenblick, in dem sich ein Gedanke verflüchtigt und der nächste auftaucht. Dieser Raum zwischen den Gedanken ist wie das Intervall zwischen dem jetzigen Moment und der Zukunft; der eine Gedanke ist weg, und der nächste noch nicht da.
Dieser Übergang geschieht sehr schnell und ist außerordentlich subtil. Er bringt jedoch die momentane Verfügbarkeit eines Raumes mit sich, mit dem Sie Kontakt aufnehmen und den Sie sogar ausdehnen können. Diesem Raum ist eine gewisse Offenheit eigen, die ganz nahe bei der Leere liegt. [...] Wenn dieser [höhere] Raum in Erscheinung tritt, gibt es keine Gedanken, kein »Bewusstsein«, keine Wahrnehmungen. Die Erfahrung ist vollkommen still – eine »Raum«-Erfahrung, die trotz ihres friedvollen Charakters eine ungeheuer befreiende Wirkung haben kann ...
Tarthang Tulku in *Raum, Zeit und Erkenntnis*

Der nullte Schleier der Maya: Stille

Hinter jeder Türe, die ich öffne,
machst du eine andere Türe zu.
So bleibst du verborgen,
nie wird mehr als ein Zipfel
des Schleiers gelüftet.
Aus einem Lied von Boudewijn de Groot
auf einen Text von Lennaert Nijgh

Gedanken und Übungen

Wortloses Wissen

Stille ist die geräuschlose Zusammenfassung von allem. Es wird zu allem Ja gesagt, aber auch Nein. Es wird nichts gesagt, und wer schweigt, stimmt zu. Die Stille kann die eines Hohlkopfes sein, aber auch die eines Menschen, der so reich ist, dass er sich für die Armut entschieden hat. Jenseits aller anderen Normen landen wir wieder bei der Leere, der strahlend-vollen, vollen Leere.

Es liegt auf der Hand, welcher Natur Stille-Übungen sind.

Üben Sie die Stille, indem Sie die nachfolgenden Fotos immer wieder aufs Neue betrachten. Lassen Sie Ihre Vorurteile hinter sich und werden Sie still. Erleben Sie die Stille eines Menschen, der sich eine unhörbare Symphonie anhört.

Aus der Leere kamen wir in Bewegung, unsere Reibung verursachte Kampf.
Durch die Schönheit des Gefechts erlebten wir den Kampfplatz als Tanzboden.
Und unser Schöpfungsdrang verzauberte den Fußboden zu einem Spielfeld.
Nachdem wir das Spiel einmal gemeistert hatten, verbrannten wir das Feld als einen Altar für das Opfer.
Erkenntnis ließ uns vor Dank erstrahlen.

Nach allem Lobgesang bleibt die Stille,
die volle Stille, die uns Leere schenkt.

Haben Sie vielen Dank, verehrte Leser,
dass Sie sich die Mühe gemacht haben, diese Reise mit mir zu unternehmen.

Manfred van Doorn, Herbst 2000

Wir leben nur, um Schönheit zu entdecken.
Alles andere ist eine Art des Wartens.
Khalil Gibran

➤ Zitat aus Joyce, Ein Porträt des Künstlers als junger Mann:

»Der Schrecken ist das Gefühl, das den Geist in der Gegenwart all dessen hält, was im Leiden des Menschen ernst und beständig ist und vereint ihn mit den geheimen Ursachen.«

Diese Zeilen enthalten ein paar wichtige Gedanken. Zuerst: die Verbindung zwischen dem Menschen als wahrnehmendem Wesen und der leidenden Welt; und zweitens, im Zusammenhang mit dem Schrecken, dem Terror, der Verweis auf die geheime Ursache. Diese ist so Ehrfurcht erweckend, weil sie weit außerhalb von uns und zugleich tief in uns verborgen liegt.
Das Sublime findet immer wieder aufs Neue seinen Grund in der Verbundenheit des Einsamen, das leidet, und dem Ewigen, das in das Zeitliche verliebt ist. Wir blicken voller Bewunderung auf den strahlenden Buddha, aber werden mindestens genauso bewegt

Die neuesten Befunde

Es existierten, wie wir zu wissen glaubten, zwei Welten –
die echte und die andere.

Dieser Unterschied hat sich kürzlich bei einem anderen Forschungsprojekt
als überflüssige Illusion erwiesen:
Fachleute haben menschliche Gehirne durchforstet
und keine Unterschiede gehört oder gesehen.
Im Gegenteil, was sie fanden, ließ sich nicht durch Worte
beschreiben, so unglaublich einfach,
so schön.

Sie notierten:

»Die Nacht fiel durch die Fenster unseres Institutes,
Mondlicht strich über die jungen Brüste
unserer weiblichen Versuchsperson.

Und tatsächlich, die von ihren Gehirnzellen angetriebenen Apparate
seufzten und in unseren Mikroskopen sahen wir
in ihren Molekülen Milchstraßen von Verlangen.

Wir suchen noch immer fieberhaft nach Formeln.«

So einige entzückte, unbeabsichtigt lyrische Zitate
aus ihrem Rapport.

Rutger Kopland

Stille

Dieser neuen Liebe inne, stirb.
Dein Weg beginnt drüben.
Werde der Himmel.
Lege die Axt an dein Gefängnis.
Entrinne.
Tritt ins Freie, wie ein plötzlich in Farbe Geborener.
Jetzt!
Von dichten Wolken bist du eingehüllt.
Stiehl dich seitwärts hinaus.
Stirb und sei still.
Stille ist das sicherste Zeichen deines Gestorbenseins.
Dein altes Leben war kopflose Flucht vor dem Schweigen.
Wortlos bricht der Vollmond hervor.

Dschalal ad-Din Rumi (1207–1273)

vom leidenden Christus am Kreuz oder der Mutter, die ihren toten Sohn im Schoß hält. Warum ist dies so? Weil wir der Buddha sind, weil wir Christus am Kreuz sind, weil wir die trauernde Mutter sind. Unser Leiden besteht zu einem Teil aus Mit-Leid mit uns selbst, Mit-Leid mit der Welt und dem verborgenen Schock des Verbundenseins mit der geheimen Ursache der Welt. Schopenhauer spricht dies sehr schön aus: »Jeder Mensch ist alle Götter … auf seine eigene Weise.«

»Blitze des Sublimen«, Gemälde von Gertrud D.

Die Erde, vom Weltall aus gesehen (Foto: Tony Stone images)

Buddha-Kopf (Museum für Völkerkunde, Leiden)

Die von Panik ergriffene neunjährige Kim Phuc, Mitte, nach einem amerikanischen Napalm-Angriff auf Vietkong-Armisten am 8. Juni 1972. Die Napalmbombe traf ungewollt südvietnamesische Truppen und Bürger. Kim Phuc reißt sich die Kleider vom Leib, während sie flüchtet. (Foto: Nick UT/AP)

Phan Ti Kim Phuc betrachtet während einer Ausstellung im Museum of Tolerance ein Los Angeles 1996 ein Foto, das sie mit ihrem schlafenden Sohn zeigt. Ihr Rücken ist noch immer von Narben übersät. (Foto: Nick UT/AP)

Die neun Chöre der himmlischen Hierarchien. Miniatur der Hildegard von Bingen aus dem Rupertsberger Codex, um 1180

Momentaufnahme: Ein HIV-Erreger, der Verursacher von AIDS, dringt in ein weißes Blutkörperchen ein. (Foto: Tony Stone Images)

Ein vereistes Gipfelkreuz auf dem Cresterìa de la Caldara, einem Vulkankrater auf den kanarischen Inseln. (Juan José Santos)

Racheakt auf Haiti, 15. Januar 1992: Der Leichnam eines Tonton Macoute, der bewaffneten Diener des Diktators Duvalier, wird verbrannt; Teile davon werden später gegessen. (Foto: ABC Press)

Quang Duc, ein buddhistischer Mönch, zündete sich selbst an, aus Protest gegen die Verfolgung von Buddhisten durch die vietnamesische Regierung. Saigon, 11. Juni 1963. (Foto: Malcolm Browne/AP)

Joseph Mallord William Turner: Das Sklavenschiff (1840). Der Untertitel dieses Gemäldes lautet: »Getötete und sterbende Sklaven werden über Bord geworfen. Ein Taifun zieht auf«. (Museum of Fine Arts, Boston)

Flamenco-Tänzerin (Foto: ABC-Press)

Wasserwirbel (Foto: Tony Stone Images)

Geburt: Eine Hand geben – die erste Begegnung mit der Welt. (Foto: Gerard Schachmess/ABC Press)

Diego Maradona schrieb seinen umstrittenen entscheidenden Treffer im Finale der WM 1986 der »Hand Gottes« zu (Foto: G. Ranciman/Corbis Sygma)

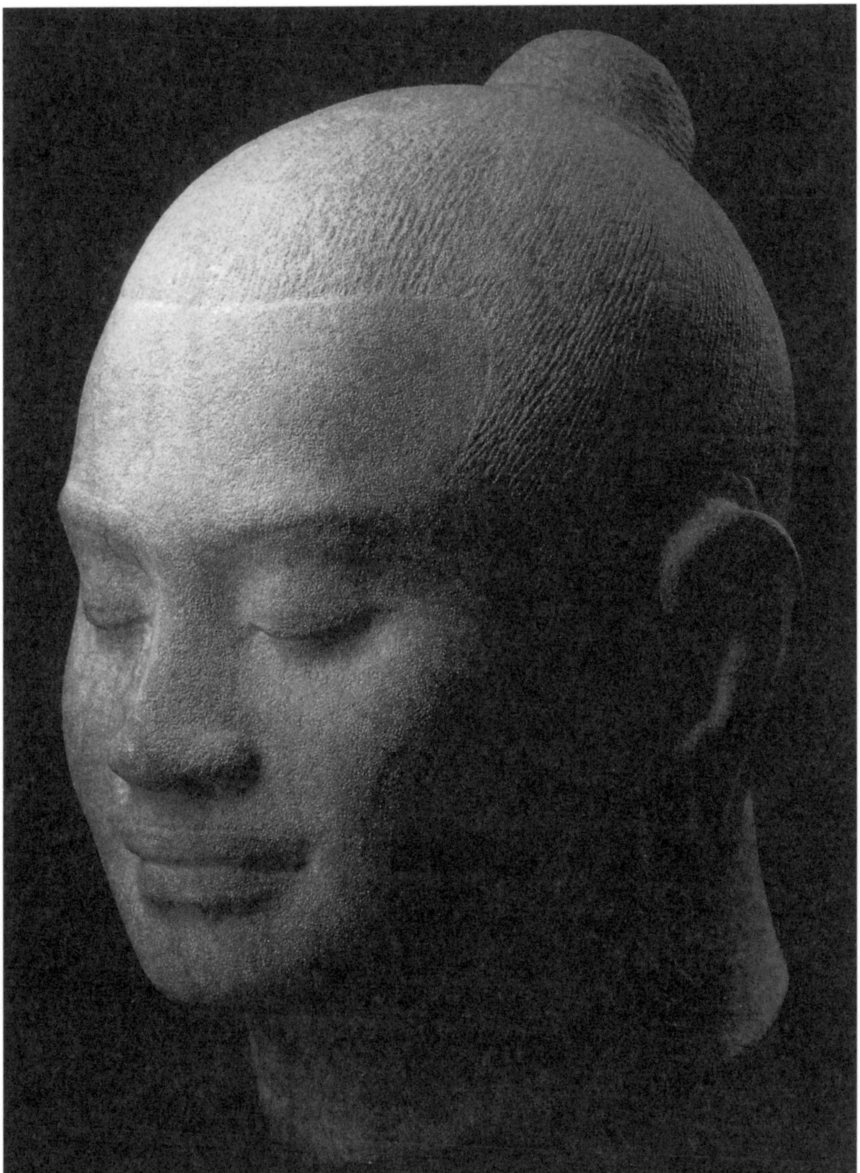

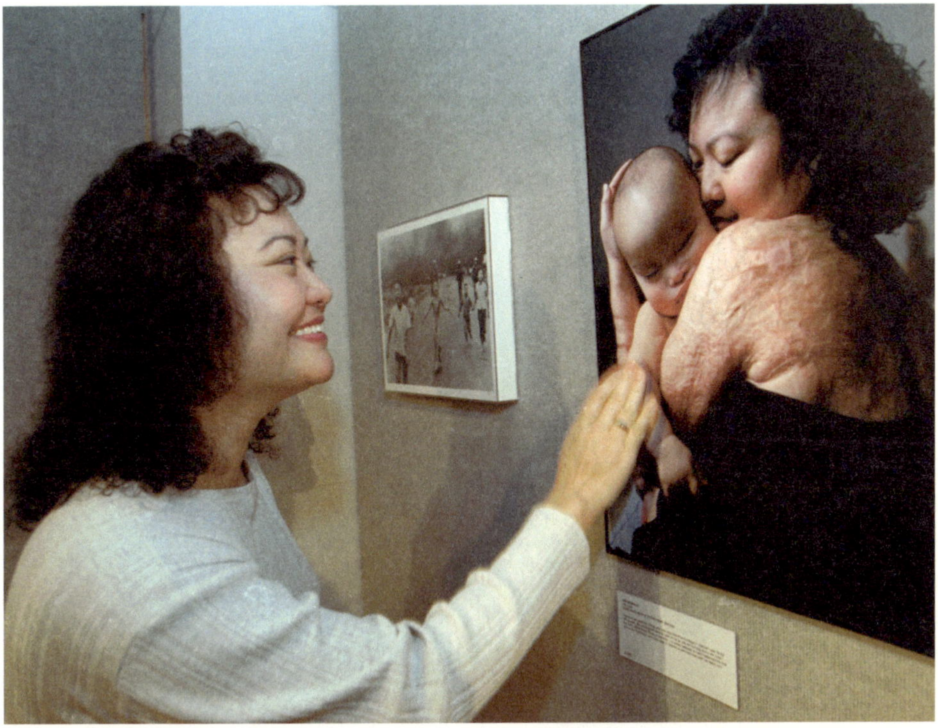

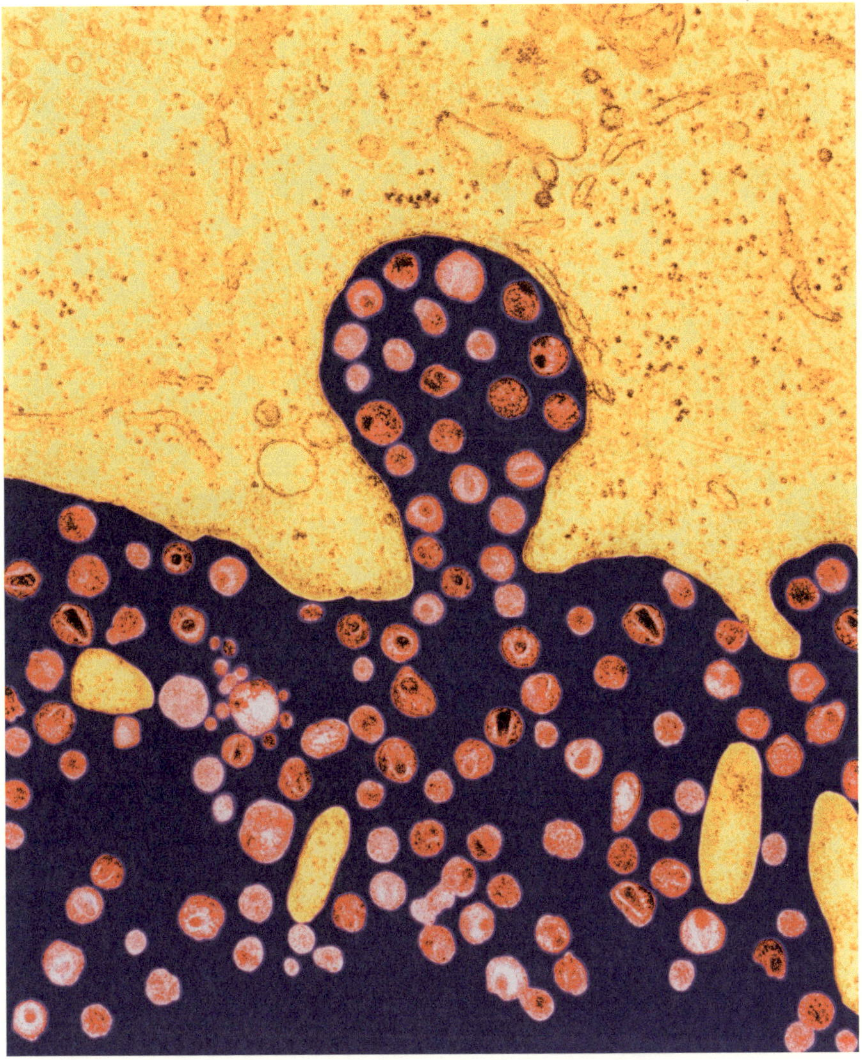

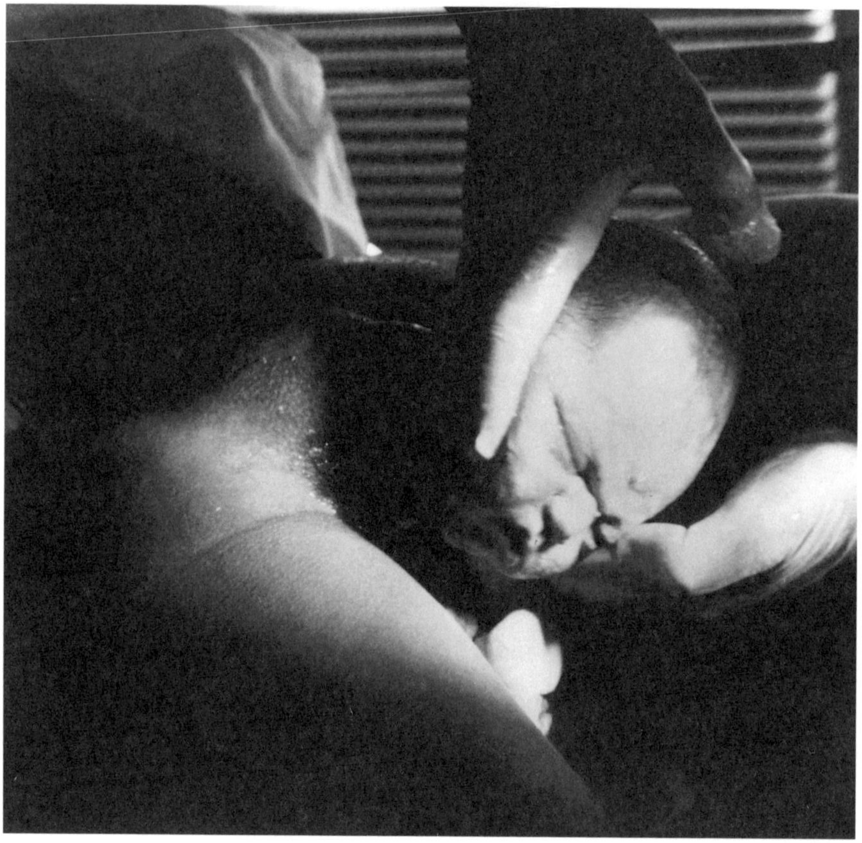

FOTO KJELD DE RUYTER

FOTO TONY STONE IMAGES

Panta rhei – alles ist im Fluss